Lothar Semper
Werner Gress
Guntram Mahl
Klaus Franke
Bernhard Gress

Die Neue Handwerker-Fibel

1.) Vorklang (Doppel)
1.) Vorbereitung
2.) Bearbeitung
3.) Kontrolle

Dr. Lothar Semper
Dipl.-Kfm. Werner Gress
Dr. Guntram Mahl
Ass. Klaus Franke
Dipl.-Kfm. Bernhard Gress

Die Neue Handwerker-Fibel

für die praxisnahe Vorbereitung auf
die Meisterprüfung Teil IV und die Ausbildereignungsprüfung

Band 3 **Berufs- und Arbeitspädagogik**

mit fallbezogenen Übungs- und Prüfungsaufgaben

41., überarbeitete Auflage

Holzmann Buchverlag

Die Handwerker-Fibel enthält in der Regel Berufsbezeichnungen, Gruppenbezeichnungen usw. nur in der männlichen Form. Wir bitten diese sinngemäß als Doppelbezeichnungen wie zum Beispiel Frau/Mann, Handwerksmeisterin/Handwerksmeister, Betriebsinhaberin/Betriebsinhaber usw. zu interpretieren und anzuwenden, um auch dem Anteil der weiblichen Berufsangehörigen des Handwerks zu entsprechen.

Impressum
41., überarbeitete Auflage 2002
Band 3: Best.-Nr. 1743.11   ISBN 3-7783-0533-6
Band 1 bis 3: Best.-Nr. 1741.99   ISBN 3-7783-0534-4
© 2002 by Hans Holzmann Verlag, Bad Wörishofen
Alle Rechte, auch des auszugsweisen Nachdrucks und der Übersetzung bei Hans Holzmann Verlag
Umschlaggestaltung: Atelier Günter Egger, Bad Wörishofen
Satz: abc.Mediaservice GmbH, Buchloe
Herstellung: Offizin Andersen Nexö, Leipzig

Vorwort

Seit über drei Jahrzehnten ist die Handwerker-Fibel das Lehrbuch, das bei der Vorbereitung auf die Meisterprüfung im Handwerk am häufigsten zum Einsatz kommt und das auch bei der Vorbereitung auf die Ausbildereignungsprüfung in weiten Bereichen zugrunde gelegt wird. Sie ist sowohl **Grundlage für das Selbststudium**, das für jeden Lernerfolg unentbehrlich ist, als auch das **wichtigste Lernmittel und Begleitmaterial für Meistervorbereitungskurse oder Meisterschulen**. Darüber hinaus hat sich die Handwerker-Fibel auch als Handbuch für die wirtschaftliche Betriebs- und Unternehmensführung des Handwerksmeisters nach der Meisterprüfung, sei es als selbstständiger Unternehmer oder als angestellte Führungskraft oder **Ausbilder im Handwerk**, bewährt.

Jährlich wird der Inhalt der Handwerker-Fibel überarbeitet, aktualisiert und an die neuesten Anforderungen der Praxis der Handwerkswirtschaft sowie der Betriebe und an die Entwicklungen in der Wissenschaft, in der Gesetzgebung und Rechtsprechung angepasst. **Sie vermittelt anwendungsbezogenes Wissen** und Problemlösungskompetenz für die Praxis.

Dieser Band 3 der 41. Auflage der Neuen Handwerker-Fibel **basiert inhaltlich und methodisch** auf der Verordnung über gemeinsame Anforderungen in der Meisterprüfung im Handwerk vom 18. Juli 2000 **(AMVO)**, den Erläuterungen des Bundesministeriums für Wirtschaft und Technologie zu dieser Verordnung sowie auf dem **Rahmenstoffplan** für handlungsorientierte Vorbereitungslehrgänge auf Teil IV der Meisterprüfung im Handwerk des Forschungsinstituts für Berufsbildung im Handwerk an der Universität zu Köln und des Deutschen Handwerkskammertages.

Durch diese ordnungspolitischen Vorgaben wird die Handlungsorientierung als didaktisches Konzept bei der „Ausbildung der Ausbilder" und bei der Durchführung der Meisterprüfung im Prüfungsteil IV umgesetzt.

Unter **Handlungsorientierung** versteht man ein didaktisches Konzept, bei dem berufliche Handlungssituationen oder Handlungsfälle, die an der Betriebs- und Berufspraxis orientiert sind, exemplarisch zum Gegenstand der Ausbildung gemacht werden. Beim Lernprozess muss der Lernende **selbstständig Handlungen planen, durchführen und kontrollieren**. Die angestrebte Qualifikation ist **berufliche Handlungskompetenz** als Fähigkeit, in beruflichen Situationen sach- und fachgerecht durchdacht und in wirtschaftlicher und gesellschaftlicher Verantwortung zu handeln.

Auf der Grundlage des Rahmenstoffplans und der Prüfungsvorschriften der AMVO und der AEVO wurde der **Inhalt von Band 3** der Neuen Handwerker-Fibel **nach folgenden sieben Handlungsfeldern gegliedert**:

1. Allgemeine Grundlagen
2. Planung der Ausbildung
3. Einstellung von Auszubildenden
4. Ausbildung am Arbeitsplatz
5. Förderung des Lernprozesses
6. Ausbildung in der Gruppe
7. Abschluss der Ausbildung.

Die **weitere Untergliederung** erfolgte nach den **Handlungssituationen** bzw. Lernsituationen des Rahmenstoffplans.
Bei jeder Handlungs- bzw. Lernsituation sind die zu erwerbenden **Kompetenzen** vorangestellt.

Die **Gliederung und optische Gestaltung** des vorliegenden Lehrbuches mit gestrafften Texten, Abbildungen und farblichen Hervorhebungen gewährleisten ein hohes Maß an **Übersichtlichkeit**.

Die Übersicht, die Lesbarkeit und die Lernbarkeit der Inhalte werden zusätzlich erhöht durch ein tief gegliedertes **Inhaltsverzeichnis**, großzügig und zahlreich gestaltete **Überschriften, farblich hervorgehobene Texte, farbig gestaltete Abbildungen** und **farblich abgesetzte Randbemerkungen**. Ein umfangreiches **Stichwortverzeichnis** ermöglicht es dem Nutzer, das Buch auch als **Nachschlagewerk** beim Selbststudium, bei der Lösung von fallbezogenen Handlungssituationen und in der betrieblichen Ausbildungspraxis einzusetzen.

Der Schwerpunkt der Inhalte ist nicht auf Begriffswissen, sondern in erster Linie auf **anwendungsbezogenes Handlungswissen für die Praxis** gelegt. Deshalb enthält der Textteil dieses Buches auch **zahlreiche Handlungsanleitungen und Ablaufschemata**.

Nach den Textteilen zu jeder Handlungssituation folgen **handlungsorientierte, fallbezogene Aufgaben**. Sowohl beim Teil IV der Meisterprüfung als auch bei der Ausbildereignungsprüfung werden fallbezogene Aufgaben gestellt. Deshalb enthält dieses Buch eine Mischung aus drei im Wesentlichen in der **Prüfungspraxis** zur Anwendung kommenden **fallbezogenen** Aufgabentypen, nämlich Aufgaben mit programmierten Auswahllösungen, Situationsaufgaben mit Leitfragen und offenen Antworten sowie Situationsaufgaben mit frei formulierter Lösung.

Die Aufgaben sind so strukturiert, dass sie auf die wesentlichen Schwerpunkte der AMVO und des Rahmenstoffplanes ausgerichtet sind, wichtige Inhalte der berufs- und arbeitspädagogischen Kenntnisse und die Handlungsziele der anzueignenden Handlungskompetenz zusammenfassen, die Lernergebnisse sicherstellen und eine Brücke zur Meisterprüfung herstellen. Sie dienen dem handlungsorientierten Vorgehen im Unterricht oder beim Selbststudium, ermöglichen eine den Lernprozess begleitende Kontrolle und eine rationelle Vorbereitung auf die Prüfung.

Die fallbezogenen Aufgaben mit **programmierten** Auswahllösungen sind durch Ankreuzen einer der fünf vorgegebenen Lösungen zu bearbeiten. Die richtigen Lösungen sind am Schluss des Buches zur Kontrolle abgedruckt.

Bei allen fallbezogenen Aufgaben erfolgt am Schluss der Aufgabenstellung eine Rückverweisung zum Textteil als Lösungshilfe und um bei festgestellten Lücken entsprechend nachlesen bzw. nacharbeiten zu können.

Durch die Handlungsorientierung als didaktische Leitkategorie für die berufs- und arbeitspädagogischen Vorbereitungslehrgänge werden die fachorientierten Lerngebiete nicht abgeschafft, sondern der Weg des Zugangs zur Theorie wird durch mehr Praxisnähe verändert. Deshalb ist im Rahmen der handlungsorientierten Ausbildung und Vorbereitung auf die Prüfung in Teil IV der Meisterprüfung und der im Wesentlichen inhaltsgleichen Ausbildereignungsprüfung ein **Lehrbuch**, wie es der Band 3 des Gesamtwerkes der Neuen Handwerker-Fibel darstellt, für ein erfolgreiches Lernen, für den Erwerb der erforderlichen berufs- und arbeitspädagogischen Kenntnisse, für die Aneignung von Handlungskompetenz und für das Bestehen der Prüfung die elementare Grundlage und somit unabdingbar notwendig.

Es ist mit oder ohne Verbund mit weiteren handlungsfeld- und handlungssituationsbezogenen Aufgabenstellungen ein **elementares Lernmaterial**, welches das notwendige Grundlagen- und Handlungswissen zur Verfügung stellt und **das handlungsorientierte Lernen bewirkt, begleitet, unterstützt und absichert**. Bei Beginn der thematischen Behandlung eines jeden Handlungsfeldes und jeder Handlungssituation muss in das Thema **eingeführt** werden. Auch bei weiteren Stufen der Lehrgangsgestaltung sind lehrer- bzw. dozentenzentrierte Informationsphasen notwendig. Dazu brauchen Dozenten wie Teilnehmer der Lehrgänge systematisch dargestellte fachorientierte Lernstoffe für die Aneignung von Fachwissen und für das **lernbegleitende Nachschlagen und Nacharbeiten von Unterrichtseinheiten** und als Informationsquelle entsprechend angeordnete Texte, die das notwendige Grund- und Handlungswissen als Lösungshilfe und als Voraussetzung für erfolgreiches „Handeln" in der Praxis und für die **Bewältigung von Handlungssituationen** und Handlungsabläufen bereitstellen.

Das **Zusammenwirken von Textteil, handlungsorientierten fallbezogenen Aufgaben im Lehrbuch und ggf. weiteren handlungssituationsbezogenen Aufgaben** ermöglicht eine selbstständige und gründliche Vorbereitung auf die praktische Berufsarbeit des Ausbilders und auf die Prüfung. Der Buchtext ermöglicht es ferner dem künftigen Ausbilder zwar in erster Linie, aber nicht ausschließlich auf „Standardfälle" bezogene Handlungskompetenz zu erwerben, sondern auch der Vielfalt und Vielschichtigkeit der Anforderungen der gesamten **Ausbildungspraxis aus ganzheitlicher Sicht** gerecht zu werden.

Die bisher in 40 Auflagen mit bestem Erfolg eingesetzte Handwerker-Fibel wurde in den letzten drei Jahrzehnten von vielen jungen Handwerkern genutzt und der erfolgreichen Prüfungsvorbereitung zugrunde gelegt.

So dürfte auch die überarbeitete 41. Auflage dieses Lehrbuches künftig den zahlreichen Nutzern einen erfolgreichen Weg in die Meisterprüfung, in die Tätigkeit als Ausbilder und somit in eine erfolgreiche Zukunft öffnen.

Im Rahmen der Aktualisierung der 41. Auflage diese Bandes wurden u.a. vor allem die neue Meisterprüfungsverfahrensverordnung vom 17.12.2001 und das Gesetz zur Änderung des Aufstiegsfortbildungsgesetzes berücksichtigt. Da das Lehrbuch auch den Anforderungen der Ausbildereignungsprüfung entspricht, ist es somit für die Vorbereitung auf diese Prüfung geeignet. Ferner ist dieser Band 3 auch geeignet für die Vorbereitung auf den 4. Prüfungsteil (Berufs- und Arbeitspädagogik) der Prüfung **„Kaufmännischer Fachwirt/in (Hwk)"**.

Wir wünschen Ihnen bei der Vorbereitung und Ablegung Ihrer Prüfungen viel Erfolg.

Juli 2002

Die Verfasser und der
Holzmann Buchverlag

Erwerben Sie zusätzliche Sicherheit für die erfolgreiche Ablegung:
- der Meisterprüfung:
  – Mit der **Übungsaufgabe für den schriftlichen Teil** der Meisterprüfung im Prüfungsteil IV (berufs- und arbeitspädagogische Kenntnisse).
  – Mit dem **Meister-Trainer zur Neuen Handwerker-Fibel auf CD-ROM** können Sie mit Hilfe zahlreicher, fallbezogener Aufgaben üben sowie die Prüfung simulieren.
  – Das **Meisterlexikon zur Neuen Handwerker-Fibel auf CD-ROM** beinhaltet den gesamten Text und alle Grafiken der Neuen Handwerker-Fibel sowie eine Vielzahl fallbezogener Aufgaben, um Ihren Wissensstand zu testen.
- der Ausbildereignungsprüfung:
  – Mit der **Übungsaufgabe für den schriftlichen Teil** der Ausbildereignungsprüfung.

Zweckmäßigerweise geben Sie zusammen mit den Kollegen Ihrer Meisterklasse bzw. Ihres -kurses und nach Absprache mit den zuständigen Lehrkräften eine Sammelbestellung auf an den Holzmann Buchverlag, Postfach 13 42, 86816 Bad Wörishofen, Tel. 0 82 47/3 54-1 24, Fax 0 82 47/3 54-1 90, sofern Sie die Materialien nicht automatisch vom Kurs- oder Schulträger bzw. von den Lehrkräften erhalten.

Die **Zentralstelle für Weiterbildung im Handwerk (ZWH)** hat **Teilnehmerunterlagen** nach Handlungssituationen und Aufgaben für die Ausbildung der Ausbilder (Meistervorbereitung Teil IV, Ausbildereignungsprüfung) erarbeitet, **die im Verbund mit Band 3 der Neuen Handwerker-Fibel** bei der Vorbereitung auf die Prüfungen eingesetzt werden können. Diese Unterlagen können Sie beim Holzmann Buchverlag beziehen, sofern sie nicht vom Lehrgangsträger schon zur Verfügung gestellt wurden.

Bestelladresse: Holzmann Buchverlag, Postfach 13 42
 86816 Bad Wörishofen
 Tel. 0 82 47/3 54-1 24
 Fax: 0 82 47/3 54-1 90
 Bestell-Nr. 1710

ID: page_1
1 Handlungsfeld: Allgemeine Grundlagen 27

1.1 Handlungssituation: Bedeutung und Stellung der Berufsbildung darstellen 27

- 1.1.1 Grundstruktur des Bildungswesens in der Bundesrepublik Deutschland 27
- 1.1.2 Struktur des beruflichen Bildungssystems 29
- 1.1.3 Bildungs- und gesellschaftspolitische Anforderungen und Ziele an das berufliche Bildungswesen 29
  - 1.1.3.1 Öffentliche Verantwortung 29
  - 1.1.3.2 Transparenz, Chancengleichheit und Durchlässigkeit 30
    - *Transparenz*.. 30
    - *Chancengleichheit*................................... 30
    - *Durchlässigkeit des Bildungswesens*.............. 30
    - *Differenzierung und Individualisierung* 31
- 1.1.4 Gleichwertigkeit von Berufsbildung und Allgemeinbildung ... 31
- 1.1.5 Gründe für die Aus- und Weiterbildung 32
  - 1.1.5.1 Bedeutung der Berufsbildung für den einzelnen Menschen 32
  - 1.1.5.2 Bedeutung der Berufsbildung für die Gesellschaft ... 33
    - *Wirtschaftspolitische Bedeutung der Berufsbildung* .. 33
    - *Arbeitsmarktpolitische Bedeutung der Berufsbildung* . 34
    - *Sozialpolitische Bedeutung der Berufsbildung* 35
    - *Handwerkspolitische und einzelbetriebliche Bedeutung der Berufsbildung*................... 35
  - **Handlungsorientierte, fallbezogene Aufgaben** 36

1.2 Handlungssituation: Bedeutung des dualen Systems der Berufsausbildung beurteilen 37

- 1.2.1 Struktur und Aufgabenschwerpunkte der Lernorte im dualen System 37
  - 1.2.1.1 Aufgabenschwerpunkte des Betriebes als Ausbildungsstätte 37
  - 1.2.1.2 Aufgabenschwerpunkte überbetrieblicher Ausbildungsstätten zur Ergänzung der betrieblichen Ausbildung 39
  - 1.2.1.3 Aufgabenschwerpunkte der Berufsschule als Ausbildungsstätte 41
    - *Gesetzliche Bestimmungen zur Berufsschulpflicht* ... 41
    - *Formen des Berufsschulunterrichts*................ 42
    - *Berufsgrundbildungsjahr* 42
    - *Weitere berufliche Schulen* 43
  - 1.2.1.4 Abstimmung zwischen den Lernorten 43
  - 1.2.1.5 Kosten und Finanzierung im dualen System 44
  - 1.2.1.6 Zuständigkeiten, Aufsicht und Kontrolle im dualen System 46
    - *Zuständigkeit von Bund und Ländern*............. 47
    - *Zuständigkeit der Wirtschaft*.................... 47
    - *Bundesinstitut für Berufsbildung*................ 47

	1.2.2	Vorteile und Schwachstellen des dualen Systems	48
		1.2.2.1 Vorteile des dualen Systems	48
		1.2.2.2 Schwachstellen des dualen Systems	49
		1.2.2.3 Ansatzpunkte zur Sicherung und Weiterentwicklung des dualen Systems – Maßnahmen zur Sicherung der Ausbildungsqualität	49
		1.2.2.4 Vergleich des dualen Systems mit alternativen Ausbildungsformen in Deutschland bzw. Ausbildungssystemen in Europa	50
		1.2.2.5 Möglichkeiten von Partnerschaften in EU-Projekten	52
		Handlungsorientierte, fallbezogene Aufgaben	52
1.3	**Handlungssituation: Rechtliche Rahmenbedingungen der Ausbildung kennen und berücksichtigen**		54
	1.3.1	Bedeutung des Grundgesetzes und der Landesverfassungen für die berufliche Bildung	55
		1.3.1.1 Grundgesetz	55
		1.3.1.2 Landesverfassungen	56
	1.3.2	Bildungsrelevante Gesetze und Verordnungen im Überblick	56
	1.3.3	Berufsbildungsgesetz, Berufsbildungsförderungsgesetz, Handwerksordnung	57
		1.3.3.1 Berufsbildungsgesetz	57
		Ausbildung	57
		Fortbildung	58
		Umschulung	58
		Inhalt des Berufsbildungsgesetzes	58
		1.3.3.2 Berufsbildungsförderungsgesetz	59
		1.3.3.3 Handwerksordnung	59
	1.3.4	Die Bedeutung von Arbeitsvertragsrecht, Tarifvertragsrecht und Betriebsverfassungsrecht, von Arbeitsschutz- und Unfallschutzrecht sowie der Sozialversicherung für die Ausbildung	60
		1.3.4.1 Arbeitsvertragsrecht	60
		Urlaubsrecht	60
		Lohnsicherung	62
		Verjährung	63
		Haftung des Arbeitnehmers	64
		1.3.4.2 Kündigungsschutzrecht	64
		Allgemeiner Kündigungsschutz	64
		Kündigungsschutzklage	65
		Besonderer Kündigungsschutz	65
		1.3.4.3 Tarifvertragsrecht	68
		Tarifvertragsparteien	68
		Tarifgebundenheit	68
		Inhalt des Tarifvertrages	69
		1.3.4.4 Betriebsverfassungsrecht	69
		Betriebsrat	69
		Jugend- und Auszubildendenvertretung	69
		Rechte der Arbeitnehmervertretungen	70
		Zusammenarbeit zwischen Arbeitgeber und Betriebsrat	70

		Mitwirkungs- und Mitbestimmungsrechte	71
		Aufgaben der Jugend- und Auszubildendenvertretung	71
		Rechte des einzelnen Arbeitnehmers und Auszubildenden.	71
	1.3.4.5	Arbeitsschutzrecht	72
		Betrieblicher Arbeitsschutz.	72
		Sozialer Arbeitsschutz	73
		Betriebsaushänge.	74
		Jugendarbeitsschutzrecht	75
		Jugendschutzgesetz	78
		Arbeitszeitrecht	79
		Mutterschutzrecht	81
		Schwerbehindertenrecht	85
	1.3.4.6	Sozialversicherungsrecht	86
		Versicherungsträger.	86
		Versicherungspflicht.	86
		Beiträge.	86
		Meldeverfahren	87
		Sozialversicherungsausweis	88
	1.3.4.7	Unfallschutzrecht	88
		Unfallverhütung.	88
		Versicherungsschutz	88
1.3.5	Finanzielle Förderungsmaßnahmen für Auszubildende (u. a. Arbeitsförderungs- und Ausbildungsförderungsrecht)		89
1.3.6	Berechtigung zum Einstellen und Ausbilden von Lehrlingen – persönliche, fachliche und betriebliche Eignung prüfen und feststellen		89
	1.3.6.1	Persönliche Eignung für die Einstellung	90
	1.3.6.2	Fachliche Eignung für die Ausbildung	90
		Fachliche Eignung für die Ausbildung in Handwerksberufen.	91
		Fachliche Eignung für die Ausbildung in nichthandwerklichen Berufen	92
		Bestellung eines Ausbilders	93
	1.3.6.3	Betriebliche Eignung für die Ausbildung	93
1.3.7	Überwachung der Eignungsvoraussetzungen und Entzug der Einstellungs- und Ausbildungsberechtigung		94
	1.3.7.1	Maßnahmen der Handwerkskammer zur Beseitigung von Mängeln der Eignung	94
	1.3.7.2	Entzug der Einstellungs- und Ausbildungsbefugnis . .	94
1.3.8	Ordnungswidrigkeiten in der betrieblichen Berufsausbildung und deren Ahndung		95
1.3.9	Begriffsabgrenzung: Ausbildender, Ausbilder, Ausbildungsbeauftragter, Ausbildungshilfskraft		95
	1.3.9.1	Ausbildender	96
	1.3.9.2	Ausbilder als Ausbildungsbeauftragter	96
	1.3.9.3	„Unterweiser" als Ausbildungshilfskraft	96
		Handlungsorientierte, fallbezogene Aufgaben	97

1.4 Handlungssituation: Aufgaben, Stellung und Funktionen des Ausbilders einschätzen, Anforderungen an die Ausbilder ... 99

- 1.4.1 Qualifikationsprofil des Ausbilders ... 99
- 1.4.2 Pädagogische Aufgaben des Ausbilders ... 100
  - 1.4.2.1 Lehren, Lernen organisieren und Erziehen ... 100
    - Lehren, Lernen organisieren ... 100
    - Erziehen ... 100
  - 1.4.2.2 Beurteilen und Bewerten ... 101
  - 1.4.2.3 Überwachen und Beraten ... 101
    - Überwachen ... 101
    - Beraten ... 101
  - 1.4.2.4 Innovieren ... 102
- 1.4.3 Besondere Bedeutung der Vorbildfunktion des Ausbilders ... 103
- 1.4.4 Stellung und Funktionen des Ausbilders im Handwerksbetrieb ... 104
  - 1.4.4.1 Stellung des Ausbilders ... 104
  - 1.4.4.2 Funktionen des Ausbilders im Handwerksbetrieb ... 105
    - *Ausbilder als Fachmann* ... 106
    - *Ausbilder als Organisator der Ausbildung* ... 106
    - *Ausbilder als Psychologe* ... 106
    - *Ausbilder als Vertreter des Auszubildenden* ... 106
    - *Ausbilder als Vorgesetzter und Führungskraft* ... 107
    - *Ausbilder in seiner Verwaltungstätigkeit* ... 107
- 1.4.5 Arbeits- und Ausbildungsbedingungen des Ausbildenden bzw. des Ausbilders ... 107
  - 1.4.5.1 Ausbildender ... 107
  - 1.4.5.2 Ausbildungshilfskräfte ... 108
  - 1.4.5.3 Hauptberuflicher Ausbilder ... 108
  - 1.4.5.4 Ausbildungsmeister und Gesellen ... 108
- 1.4.6 Ausbilder im Spannungsfeld unterschiedlicher Ansprüche und Erwartungen ... 108
- 1.4.7 Selbstverständnis des Ausbilders ... 110

Handlungsorientierte, fallbezogene Aufgaben ... 111

1.5 Handlungssituation: Mit Partnern im dualen System zusammenarbeiten, die Handwerksorganisationen und ihre Aufgaben in der Berufsbildung kennen sowie die Möglichkeiten der eigenen Mitwirkung in der Organisation abwägen und begründen ... 113

- 1.5.1 Beteiligte und Mitwirkende in der Ausbildung ... 113
  - 1.5.1.1 Zusammenarbeit mit der Berufsschule ... 113
  - 1.5.1.2 Zusammenarbeit mit der überbetrieblichen Unterweisungsstätte ... 115
  - 1.5.1.3 Zusammenarbeit mit der Handwerkskammer ... 115
  - 1.5.1.4 Zusammenarbeit mit der Innung ... 116
  - 1.5.1.5 Zusammenarbeit mit der Arbeitsverwaltung ... 117
  - 1.5.1.6 Zusammenarbeit mit dem Gewerbeaufsichtsamt ... 118
  - 1.5.1.7 Zusammenarbeit mit den Eltern des Lehrlings ... 118
  - 1.5.1.8 Zusammenarbeit mit dem Betriebsrat ... 119

        1.5.1.9　Zusammenarbeit mit der Jugend- und
                 Auszubildendenvertretung 119
    1.5.2　Aufgaben von Handwerkskammer und Innung in der
           Berufsbildung, Aufgaben und Rechtsstellung des
           Berufsbildungsausschusses, des Ausbildungsberaters und
           des Lehrlingswarts 119
        1.5.2.1　Handwerkskammer als zuständige Stelle 119
                 Wichtige Aufgaben im Einzelnen 119
                 Berufsbildungsausschuss 120
                 Ausbildungsberater 121
        1.5.2.2　Aufgaben der Innung in der Berufsausbildung 123
                 Wichtige Aufgaben im Einzelnen 123
                 Lehrlingswart 123
    1.5.3　Möglichkeiten der ehrenamtlichen Tätigkeiten in Gremien
           und Ausschüssen der Handwerkskammer und der Innung ... 124
        1.5.3.1　Grundsätzliche Möglichkeiten 124
        1.5.3.2　Mitwirkung bei Gesellen- und Abschlussprüfungen,
                 Aufgaben und Anforderungsprofil der Mitglieder von
                 Prüfungsausschüssen 125
                 Zusammensetzung der Prüfungsausschüsse 125
                 Handlungsorientierte, fallbezogene Aufgaben 128

2　Handlungsfeld: Planung der Ausbildung 131

2.1　Handlungssituation: Ausbildungsberufe auswählen und Ausbildungsplatzentscheidungen treffen – Berufsausbildung als Teil der Personalplanung und Personalentwicklung – Entscheidungsfindung unter Berücksichtigung der Einflussfaktoren 131

    2.1.1　Aufgaben der Personalplanung 131
    2.1.2　Aufgaben der Personalentwicklung 132
    2.1.3　Kosten-/Nutzenanalyse 132
    2.1.4　Verzeichnis der staatlich anerkannten Ausbildungsberufe 133
    2.1.5　Ausbildung in Handwerksberufen 133
    2.1.6　Ausbildung in nichthandwerklichen und
           handwerksähnlichen Berufen 133
           Handlungsorientierte, fallbezogene Aufgaben 134

2.2　Handlungssituation: Ziele und Struktur der Ausbildungsordnung kennen und umsetzen 135

    2.2.1　Ordnungsrechtliches Konzept der Ausbildung in staatlich
           anerkannten Ausbildungsberufen 135
    2.2.2　Rechtscharakter, Zweck, Verordnungsgeber
           von Ausbildungsordnungen 135
    2.2.3　Einblick in das Verfahren zur Erstellung
           von Ausbildungsordnungen 136

2.2.4 Förderung der Handlungskompetenz als grundlegendes Ziel der Ausbildung 136
    2.2.4.1 Berufliche Handlungskompetenz 136
    2.2.4.2 Schlüsselqualifikationen 138
    2.2.4.3 Befähigung zum selbstständigen Planen, Durchführen und Kontrollieren 140
2.2.5 Mindestinhalte einer Ausbildungsordnung (Ausbildungsberufsbezeichnung, Ausbildungsdauer, Ausbildungsberufsbild, Ausbildungsrahmenplan, Prüfungsanforderungen) 141
2.2.6 Grundtypen von Ausbildungsordnungen 142
    2.2.6.1 Berufe mit Spezialisierung 142
    2.2.6.2 Stufenausbildung 142
    2.2.6.3 Ausbildungsordnung für mehrere Berufe 142
    2.2.6.4 Übergangsregelung 143
    Handlungsorientierte, fallbezogene Aufgaben 143

2.3 Handlungssituation: Eignung des Ausbildungsbetriebes feststellen 145
2.3.1 Kriterien zur Überprüfung der Eignung des Betriebes als Ausbildungsstätte 145
    2.3.1.1 Prüfung der überfachlichen Kriterien der Ausbildungsstätte 145
    2.3.1.2 Prüfung der fachlichen betrieblichen Kriterien der Ausbildungsstätte 146
2.3.2 Außer- und überbetriebliche Ausbildung, Ausbildungsverbünde . 146
    2.3.2.1 Überbetriebliche Ausbildung 146
    2.3.2.2 Ausbildung im Verbund mit anderen Betrieben 146
    Handlungsorientierte, fallbezogene Aufgaben 147

2.4 Handlungssituation: Betrieblichen Ausbildungsplan erstellen 148
2.4.1 Rechtliche Verpflichtung zur planmäßigen Berufsausbildung .. 148
2.4.2 Anforderungen an die betriebliche Ausbildungsplanung 148
2.4.3 Rechtliche Vorgaben durch die Ausbildungsordnung 148
    2.4.3.1 Ausbildungsberufsbild 149
    2.4.3.2 Ausbildungsrahmenplan 150
2.4.4 Rechtlicher Handlungsspielraum bei der Umsetzung der Ausbildungsordnung 151
2.4.5 Planungsbedarf und Grenzen der Planbarkeit 151
2.4.6 Anforderungen und Kriterien bei der Erstellung eines betrieblichen Ausbildungsplanes 152
2.4.7 Versetzungsplan 158
    Handlungsorientierte, fallbezogene Aufgaben 159

2.5 Handlungssituation: Die Ausbildung in das betriebliche Führungssystem integrieren ... 160

2.5.1 Zusammenhang zwischen Betriebskultur, Betriebsorganisation und betrieblichem Führungssystem ... 160
- 2.5.1.1 Betriebskultur ... 160
- 2.5.1.2 Betriebsorganisation ... 160
- 2.5.1.3 Betriebliches Führungssystem ... 161

2.5.2 Bedeutung von Menschenbild und Autorität für das Führungsverhalten ... 161
- 2.5.2.1 Menschenbild ... 161
- 2.5.2.2 Begriff und Arten der Autorität ... 162

2.5.3 Bestimmungsfaktoren der Ausbildungs- und Berufszufriedenheit ... 162

2.5.4 Ausbildungs- und Führungsstile ... 163
- 2.5.4.1 Unterscheidungsmerkmale ... 163
- 2.5.4.2 Auswirkungen auf Verhalten und Leistung der Lehrlinge und Mitarbeiter ... 163
- 2.5.4.3 Frage nach dem „richtigen" Stil ... 164
- 2.5.4.4 Notwendigkeit einer situativen Anpassung ... 164
- 2.5.4.5 Managementkonzepte für Berufsausbildung und Menschenführung ... 165

2.5.5 Einsatz und Gestaltung von Führungsmitteln ... 166
- 2.5.5.1 Anweisungen und Beauftragungen (Kompetenzübertragung) ... 167
- 2.5.5.2 Gebote und Verbote ... 167
- 2.5.5.3 Beaufsichtigung und Kontrolle ... 167
- 2.5.5.4 Beratung ... 168
- 2.5.5.5 Anerkennung und Beanstandung (Kritik) ... 168
  - Anerkennung ... 168
  - Beanstandung ... 169
- 2.5.5.6 Information (Orientierung, Aufklärung) ... 170
- 2.5.5.7 Gegenseitiges Feedback ... 170
- 2.5.5.8 Motivation ... 171

Handlungsorientierte, fallbezogene Aufgaben ... 171

2.6 Handlungssituation: Mit Partnern im dualen System zusammenarbeiten ... 172

3 Handlungsfeld: Einstellung von Auszubildenden ... 173

3.1 Handlungssituation: Einstellverfahren für Lehrlinge planen und durchführen sowie dabei die Einflüsse auf Berufswahlentscheidungen beachten ... 173

3.1.1 Informationsmöglichkeiten zur Berufswahl ... 173
- 3.1.1.1 Berufsberatung und Lehrstellenvermittlung des Arbeitsamtes ... 173
- 3.1.1.2 Berufsvorbereitende Aktivitäten allgemein bildender Schulen ... 175
- 3.1.1.3 Nachwuchswerbemaßnahmen der Betriebe ... 176
- 3.1.1.4 Beratung durch die Handwerksorganisationen ... 176

3.1.2		Ansprüche junger Erwachsener an die Berufs- und Arbeitswelt; Wertewandel	178
	3.1.2.1	Berufswahl	178
	3.1.2.2	Ansprüche junger Erwachsener an die Berufs- und Arbeitswelt	178
	3.1.2.3	Wertewandel	179
3.1.3		Akquisitionsinstrumente der Betriebe	180
	3.1.3.1	Zusammenarbeit mit dem Arbeitsamt	180
	3.1.3.2	Werbung	180
		Anzeigen	180
		Aushänge	180
		Rundfunk und Fernsehen	180
	3.1.3.3	Persönliche Kontakte	181
	3.1.3.4	Lehrstellenbörsen	181
3.1.4		Voraussetzungen des Lehrlings für den Beruf	181
3.1.5		Auswahl von Lehrlingen	182
	3.1.5.1	Bewertung von Bewerbungsunterlagen	182
	3.1.5.2	Planung und Durchführung von Bewerbungsgesprächen	183
	3.1.5.3	Auswahltests	184
		Handlungsorientierte, fallbezogene Aufgaben	185

3.2 Handlungssituation: Ausbildungsvertrag abschließen ... 186

3.2.1		Berufsausbildung in Vollzeitform	186
3.2.2		Rechtscharakter des Berufsausbildungsverhältnisses	186
3.2.3		Vertragspartner	187
3.2.4		Vertragsabschluss, Formvorschriften, Musterausbildungsvertrag	187
3.2.5		Gesetzliche Mindestinhalte und ergänzende Regelungen	188
3.2.6		Beginn des Berufsausbildungsverhältnisses	189
3.2.7		Abkürzung und Verlängerung der Ausbildungszeit, Anrechnung auf die Ausbildungszeit	189
	3.2.7.1	Abkürzung der Ausbildungszeit	189
	3.2.7.2	Anrechnung auf die Ausbildungszeit	191
	3.2.7.3	Verlängerung der Ausbildungszeit	192
3.2.8		Nichtige Vereinbarungen im Berufsausbildungsvertrag	192
3.2.9		Gesetzliche und vertragliche Pflichten des Ausbildenden und des Auszubildenden	193
	3.2.9.1	Pflichten des Ausbildenden	193
	3.2.9.2	Pflichten des Auszubildenden (Lehrling)	194
3.2.10		Führen eines Ausbildungsnachweises (Berichtsheft)	195
3.2.11		Regelung der Ausbildungsvergütung	196
	3.2.11.1	Vergütungsanspruch	196

Inhaltsverzeichnis

   3.2.11.2 Rechtsgrundlagen für die Höhe der Vergütung 196
       Tarifvertragliche Regelungen 197
       Einzelvertragliche Regelungen 197
       Höhe der Vergütung in Sonderfällen 198
   3.2.11.3 Anrechnung von Sachleistungen 199
   3.2.11.4 Fälligkeit der Vergütung 199
   3.2.11.5 Fortzahlung der Vergütung 199
       Freistellung 200
       Ausfall der Ausbildung 200
       Krankheit 200
       Unverschuldete Verhinderung 200
   3.2.11.6 Vergütung oder Freizeitausgleich
       bei zusätzlicher Arbeit 200
  3.2.12 Rechtliche Bestimmungen über die Kündigung des
      Berufsausbildungsverhältnisses und Aufhebungsvertrag 201
   3.2.12.1 Kündigung 201
   3.2.12.2 Aufhebungsvertrag 203
   3.2.12.3 Schadenersatz bei vorzeitiger Beendigung des
       Berufsausbildungsverhältnisses 204
  3.2.13 Rechtliche Regelungen bei Streitigkeiten zwischen dem
      Ausbildenden und dem Lehrling 205
  3.2.14 Möglichkeiten zur Verhinderung von Rechtsstreitigkeiten 205
      Handlungsorientierte, fallbezogene Aufgaben 206

3.3 Handlungssituation: Eintragung und Anmeldungen vornehmen 211

  3.3.1 Eintragung des Berufsausbildungsvertrages in das Verzeichnis
     der Berufsausbildungsverhältnisse (Lehrlingsrolle) 211
  3.3.2 Anmeldung bei der Innung 212
  3.3.3 Anmeldung bei der Berufsschule 212
  3.3.4 Anmeldung bei den Sozialversicherungsträgern 212
  3.3.5 Anmeldung bei der überbetrieblichen Unterweisung 212
      Handlungsorientierte, fallbezogene Aufgaben 213

3.4 Handlungssituation: Einführung und Probezeit planen und gestalten .. 214

  3.4.1 Einführung von Lehrlingen 214
  3.4.2 Gestaltung des Einführungstages 214
  3.4.3 Gestaltung der Probezeit 215
   3.4.3.1 Rechtliche Vorgaben 215
   3.4.3.2 Planung des ersten Ausbildungsabschnittes unter
       besonderer Berücksichtigung der intensiven Betreuung
       des Lehrlings durch den Ausbildenden/Ausbilder 216
      Handlungsorientierte, fallbezogene Aufgaben 216

4 Handlungsfeld: Ausbildung am Arbeitsplatz ... 217

4.1 Handlungssituation: Didaktische Prinzipien und betriebliche Ausbildungsmethoden anwenden ... 217

4.1.1 Didaktische Prinzipien ... 217
- 4.1.1.1 Prinzip der Altersgerechtheit ... 217
- 4.1.1.2 Prinzip der Zielklarheit ... 217
- 4.1.1.3 Prinzip der Fasslichkeit ... 217
- 4.1.1.4 Prinzip der Praxisnähe ... 217
- 4.1.1.5 Prinzip der Förderung der Aktivität ... 218
- 4.1.1.6 Prinzip der Erfolgssicherung ... 218
- 4.1.1.7 Didaktisches Prinzip der Individualisierung und Differenzierung ... 218

4.1.2 Aktions- und Sozialformen ... 218
- 4.1.2.1 Aktionsformen ... 218
- 4.1.2.2 Sozialformen ... 219

4.1.3 Überblick über Organisationsformen des Lehrens und Lernens im Betrieb ... 219
- 4.1.3.1 Fachvortrag ... 220
- 4.1.3.2 Fallmethode ... 220
- 4.1.3.3 Rollenspiel ... 220
- 4.1.3.4 Projektausbildung ... 220
- 4.1.3.5 Demonstration ... 220
- 4.1.3.6 Programmierte Unterweisung, programmierter Unterricht, mediengestützte Aus- und Fortbildung ... 221
  - *Grundlagen des programmierten Lernens und Lehrens* . 221
  - *Anwendung der Programme*. ... 221
- 4.1.3.7 Computerunterstütztes Lernen ... 222

4.1.4 Kriterien zur Auswahl geeigneter Organisationsformen für die durchzuführenden Ausbildungseinheiten ... 223

Handlungsorientierte, fallbezogene Aufgaben ... 224

4.2 Handlungssituation: Lernen am Arbeitsplatz organisieren und unterstützen ... 225

4.2.1 Überblick über die verschiedenen Ausbildungsmethoden und Lehrverfahren ... 225
- 4.2.1.1 Methodensysteme und Methodenkonzeptionen ... 225
- 4.2.1.2 Lehrverfahren ... 225

4.2.2 Überblick über das Methodenkonzept des auftragsorientierten Lernens ... 226
- 4.2.2.1 Auftragsbegriff ... 226
- 4.2.2.2 Bedeutung des auftragsorientierten Lernens ... 226
- 4.2.2.3 Struktur und didaktisches Regulationssystem ... 227

4.2.3 Ausbilden in produktiven Arbeitsaufgaben ... 228
- 4.2.3.1 Arbeitsstrukturanalyse ... 228
- 4.2.3.2 Zuordnung des Lehrlings zu den Arbeitsaufgaben und verantwortlichen Mitarbeitern ... 228
- 4.2.3.3 Bestimmung der angemessenen Mitwirkungsformen und der erforderlichen Lernhilfen ... 229

Inhaltsverzeichnis

4.2.4 Ergänzendes Ausbilden außerhalb der produktiven
Arbeitsaufgaben 229
    4.2.4.1 Systematische Arbeitsunterweisung 230
        Zum Konzept............................... 230
        Methoden der systematischen Arbeitsunterweisung .. 231
        Vermeidung typischer Unterweisungsfehler 234
    4.2.4.2 Lehrgespräche 235
    4.2.4.3 Lernaufträge 236

4.2.5 Didaktische Hilfsmittel 237
    4.2.5.1 Arbeitsaufgabenanalyse (Arbeitszergliederung) 237
    4.2.5.2 Unterweisungsentwürfe und Lehrgesprächsskizzen .. 239

Handlungsorientierte, fallbezogene Aufgaben 240

**4.3 Handlungssituation: Ausbildungsmittel für die Gestaltung von Lehr-/
Lernarrangements auswählen und einsetzen** 241

4.3.1 Einsatz und Gestaltung von Ausbildungsmitteln (Medieneinsatz) 241
    4.3.1.1 Erscheinungsformen 241
    4.3.1.2 Didaktisch-methodische Funktionen 243
    4.3.1.3 Allgemeine Hinweise für den lernspezifischen Einsatz
und die Gestaltung von Ausbildungsmitteln 243

Handlungsorientierte, fallbezogene Aufgaben 244

4.4 Handlungssituation: Ausbildungserfolgskontrollen durchführen 245

4.4.1 Begriff, Arten und Funktionen der
Ausbildungserfolgskontrollen 245

4.4.2 Allgemeine Anforderungen an Lernerfolgs- bzw.
Ausbildungserfolgskontrollen 246

4.4.3 Durchführung innerbetrieblicher Ausbildungserfolgskontrollen 246
    4.4.3.1 Übungsarbeiten (Arbeitsproben) 246
    4.4.3.2 Schriftliche Ausarbeitungen 246
    4.4.3.3 Verhaltensbeurteilung/Beurteilungsgespräch 247
        Verhaltensbeurteilung 247
        Beurteilungsgespräch......................... 248

4.4.4 Leistungsfeststellung und -beurteilung 250
    4.4.4.1 Aussageformen 250
    4.4.4.2 Beobachtungs- und Beurteilungskategorien 251
    4.4.4.3 Bewertungssysteme 252
    4.4.4.4 Beurteilungs- bzw. Bewertungsmaßstäbe 252
    4.4.4.5 Beurteilungsfehler 253

4.4.5 Ausbildungsnachweis/Berichtsheft als Hilfsmittel der
Ausbildungserfolgskontrollen 255

4.4.6 Außerbetriebliche Lernerfolgskontrollen: Auswertung von
Zwischenprüfungen und Lernerfolgskontrollen der Berufsschule 255
    4.4.6.1 Zwischenprüfung 255
    4.4.6.2 Lernerfolgskontrollen in der Berufsschule 256

Handlungsorientierte, fallbezogene Aufgaben 256

5 Handlungsfeld: Förderung des Lernprozesses 257

5.1 Handlungssituation: Lebenssituationen und Entwicklungsstand als Lernvoraussetzung von Lehrlingen erkennen und berücksichtigen 257

- 5.1.1 Generelle Lernvoraussetzungen 257
  - 5.1.1.1 Wirtschaftliche und soziale Situation der Familie ... 258
  - 5.1.1.2 Freundesgruppen 258
  - 5.1.1.3 Medien 258
  - 5.1.1.4 Schulische Voraussetzungen 259
  - 5.1.1.5 Betrieb 259
- 5.1.2 Grundzusammenhänge 259
  - 5.1.2.1 Handeln und Verhalten als Funktion von Person und Umwelt 259
  - 5.1.2.2 Begriff und Faktoren der Entwicklung 260
    - *Entwicklungsbegriff* 260
    - *Faktoren der Entwicklung*...................... 260
  - 5.1.2.3 Entwicklung von habituellen Personeneigenschaften . 261
- 5.1.3 Entwicklungserscheinungen 262
  - 5.1.3.1 Pubertät und Adoleszenz 262
  - 5.1.3.2 Körperliche und moralische Entwicklung während der Adoleszenz 263
    - *Körperliche Entwicklung* 263
    - *Körperbild* 263
    - *Änderung der Beziehungen* 263
    - *Gefühlswechsel* 263
    - *Soziale Kontakte* 264
    - *Neue Ideale*................................... 264
  - 5.1.3.3 Entwicklung der geistigen Fähigkeiten 264
  - 5.1.3.4 Konsequenzen für eine entwicklungsgemäße Gestaltung der Berufsausbildung 264
    - *Störungen der Adoleszenz* 265
    - *Beachtung entwicklungspsychologischer und arbeitsmedizinischer Erkenntnisse* 265
    - *Wichtige pädagogische Hinweise und Grundregeln für den Ausbilder* 269
- 5.1.4 Begabungsbegriff 270
- 5.1.5 Spezifische Lernvoraussetzungen 271
  - 5.1.5.1 Lernbereitschaft 271
  - 5.1.5.2 Lerntempo 271
  - 5.1.5.3 Kommunikations-, Abstraktions- und Übertragungsfähigkeit 271
- 5.1.6 Besondere Personengruppen in der Berufsausbildung 271
  - 5.1.6.1 Lernbeeinträchtigte 272
  - 5.1.6.2 Ausländer 272
  - 5.1.6.3 Behinderte 273
  - 5.1.6.4 Leistungsstarke 274
  - 5.1.6.5 Möglichkeiten der Individualisierung und Differenzierung 274

	5.1.6.6	Frauen in „Männerberufen"	275
		Handlungsorientierte, fallbezogene Aufgaben	276

5.2 Handlungssituation: Lern- und Arbeitstechniken vermitteln 277
- 5.2.1 Lerntheoretische Grundlagen 277
  - 5.2.1.1 Lernbegriff 277
  - 5.2.1.2 Lernsituationen 277
  - 5.2.1.3 Lernarten 278
  - 5.2.1.4 Lernhandeln 280
  - 5.2.1.5 Lernziele 281
    - *Definition* 281
    - *Zweck* 281
    - *Lernzielklassifikationen* 281
    - *Lernzielniveaus* 282
    - *Lernzielbeschreibung (Operationalisierung)* 283
  - 5.2.1.6 Lernprozess 284
    - *Stufen des Lernprozesses* 284
    - *Vorbereiten und Auslösen des Lernprozesses* 284
    - *Auseinandersetzung mit dem Lerngegenstand* 285
    - *Vervollkommnung und Festigung des Erlernten* 285
  - 5.2.1.7 Typische Lernanforderungen 285
- 5.2.2 Lernpsychologische Grundlagen zum Behalten und Vergessen . 286
  - 5.2.2.1 Speichermodelle des Gedächtnisses 286
  - 5.2.2.2 Einflussfaktoren auf das Behalten 287
- 5.2.3 Lerntechniken 288
  - **Handlungsorientierte, fallbezogene Aufgaben** 289

5.3 Handlungssituation: Zum Lernen motivieren 290
- 5.3.1 Lernmotivation 290
  - 5.3.1.1 Begriff 290
  - 5.3.1.2 Arten 290
  - 5.3.1.3 Faktoren und Bedingungen 291
- 5.3.2 Maßnahmen und Hilfen zur Förderung der Arbeits- und Lernmotivation 291
  - 5.3.2.1 Möglichkeiten zur Förderung der Lern- und Arbeitsmotivation unter besonderer Berücksichtigung der auftragsorientierten Lernsituation am Arbeitsplatz 291
  - **Handlungsorientierte, fallbezogene Aufgaben** 292

5.4 Handlungssituation: Lernerfolge sicherstellen 293
- 5.4.1 Bedeutung von Üben und Anwenden (Transfer) für den Lern- und Ausbildungserfolg 293
- 5.4.2 Beachtung von Leistungsfähigkeit und Regeln bei der Gestaltung von Übungs- und Transferphasen 293
  - **Handlungsorientierte, fallbezogene Aufgaben** 294

5.5 Handlungssituation: Lernschwierigkeiten und Verhaltensauffälligkeiten erkennen, analysieren und lösen 295

    5.5.1 Begriff und Eingrenzung von Lernschwierigkeiten und Verhaltensauffälligkeiten sowie deren Ursachen 295
        5.5.1.1 Lernschwierigkeiten 295
        5.5.1.2 Verhaltensauffälligkeiten 295

    5.5.2 Ursachen für typische Lernschwierigkeiten und Verhaltensauffälligkeiten 296

    5.5.3 Auswahl und Anwendung ausbildungsbegleitender Hilfen 296

    5.5.4 Möglichkeit der sozialpädagogischen Unterstützung und Betreuung 297

    5.5.5 Probleme und Prävention (Verhinderung) von Ausbildungsabbrüchen 298
        5.5.5.1 Gründe für einen Ausbildungsabbruch 298
        5.5.5.2 Konsequenzen von Ausbildungsabbrüchen 299
        5.5.5.3 Maßnahmen zur Abbruchprävention 299

    Handlungsorientierte, fallbezogene Aufgaben 301

5.6 Handlungssituation: Leistungsstarke Auszubildende fördern 302

    5.6.1 Anzeichen für spezifische Begabungen 302
    5.6.2 Fördermöglichkeiten 302

    Handlungsorientierte, fallbezogene Aufgaben 303

6 Handlungsfeld: Ausbildung in der Gruppe 305

6.1 Handlungssituation: Gruppen und Teams bilden und führen 305

    6.1.1 Gruppenführung (Arbeits- und Lerngruppen) 305
        6.1.1.1 Begriff, Merkmale und Arten von Gruppen 305
        6.1.1.2 Gruppenbeziehung, Gruppenstruktur und Gruppendynamik 306
        6.1.1.3 Bedeutung von Rollen in Gruppen 307
        6.1.1.4 Gruppengestaltung und -führung in einem handwerksangemessenen Konzept der Organisationsentwicklung 308
        Arbeitsstrukturierung 309
        Teambildung 310
        Qualitätszirkel 310

    6.1.2 Grundzusammenhänge der Kommunikation 310
        6.1.2.1 Kommunikationsarten 310
        6.1.2.2 Einfaches Modell einer Kommunikationssituation ... 311
        6.1.2.3 Kommunikationsaspekte 312
        6.1.2.4 Auswirkungen von Kommunikationsstörungen auf die Leistungen in der Gruppe 313

    Handlungsorientierte, fallbezogene Aufgaben 313

6.2 Handlungssituation: Lernen und Arbeiten in Gruppen und Teams planen und anleiten ... 314

- 6.2.1 Gestaltung von Gesprächssituationen ... 314
  - *Gesprächsanlässe und Gesprächsarten* ... 314
  - *Gesprächsaufbau* ... 315
  - *Gesprächsverhalten und Gesprächsführung* ... 316
- 6.2.2 Moderation (z. B. Metaplantechnik) ... 316
- 6.2.3 Gruppenarbeit ... 317
  - 6.2.3.1 Gruppendiskussion ... 318
  - 6.2.3.2 Kurzvorträge ... 318
  - 6.2.3.3 Brainstorming ... 319
  - 6.2.3.4 Rollenspiele ... 319
- 6.2.4 Projektarbeit im Team ... 320
  - **Handlungsorientierte, fallbezogene Aufgaben** ... 320

6.3 Handlungssituation: Zwischenmenschliche Konflikte erkennen und lösen ... 321

- 6.3.1 Konfliktbegriff ... 321
- 6.3.2 Ursachen und Anlässe von Konflikten ... 321
- 6.3.3 Konfliktarten ... 322
- 6.3.4 Konfliktbewertung ... 323
- 6.3.5 Möglichkeiten der Konfliktlösung ... 323
- 6.3.6 Strategien zur Bewältigung von Konfliktsituationen ... 325
- 6.3.7 Mitwirkung von Ausbildungsberater oder Lehrlingswart ... 326
- 6.3.8 Ablauf von Konflikt- und Schlichtungsgesprächen ... 327
  - **Handlungsorientierte, fallbezogene Aufgaben** ... 328

7 Handlungsfeld: Abschluss der Ausbildung ... 329

7.1 Handlungssituation: Auf Prüfungen vorbereiten ... 329

- 7.1.1 Funktion und Rechtsgrundlagen für die Prüfungen ... 329
  - 7.1.1.1 Rechtsgrundlagen für die Zwischenprüfung ... 329
    - *Ziel der Zwischenprüfung* ... 329
    - *Zwischenprüfungsausschuss* ... 329
    - *Prüfungsgegenstand* ... 330
    - *Prüfungsgebühr* ... 330
  - 7.1.1.2 Rechtsgrundlagen für die Gesellenprüfung ... 331
    - *Ziel der Gesellenprüfung* ... 331
  - 7.1.1.3 Rechtsgrundlagen für die Abschlussprüfung ... 331
    - *Ziele der Abschlussprüfung* ... 331
- 7.1.2 Prüfungsordnungen ... 332

7.1.3 Prüfungsanforderungen, Prüfungsaufbau, Prüfungsinhalte, Prüfungsfächer 332
    7.1.3.1 Prüfungsanforderungen 332
    7.1.3.2 Prüfungsaufbau, Prüfungsfächer, Qualifikationsnachweise nach Handlungsfeldern ... 332

7.1.4 Übungsprüfungsaufgaben 333
    Handlungsorientierte, fallbezogene Aufgaben 333

7.2 Handlungssituation: Zu Prüfungen anmelden 335

7.2.1 Zuständigkeit der Innung oder der Handwerkskammer 335

7.2.2 Unterlagen für die Anmeldung zur Prüfung, Zulassungsvoraussetzungen, Prüfungsgebühr 335
    7.2.2.1 Unterlagen für die Anmeldung zur Prüfung 335
    7.2.2.2 Zulassungsvoraussetzungen 336
    7.2.2.3 Prüfungsgebühr 337
    Handlungsorientierte, fallbezogene Aufgaben 337

7.3 Handlungssituation: Ausbildungsverhältnis beenden, verlängern, Übernahme in ein Arbeitsverhältnis 338

7.3.1 Beendigung der Ausbildungszeit 338

7.3.2 Übernahme in ein Beschäftigungsverhältnis 339

7.3.3 Verlängerung bei nichtbestandener Prüfung 339
    Handlungsorientierte, fallbezogene Aufgaben 340

7.4 Handlungssituation: Zeugnisse ausstellen 341

7.4.1 Gesellenprüfungs- bzw. Abschlussprüfungszeugnis, Berufsschulzeugnis 341
    7.4.1.1 Gesellenprüfungszeugnis 341
    7.4.1.2 Abschlussprüfungszeugnis 341
    7.4.1.3 Berufsschulzeugnis 341
    7.4.1.4 Betriebliches Ausbildungszeugnis 341
    Handlungsorientierte, fallbezogene Aufgaben 345

7.5 Handlungssituation: Fortbildungs- und Förderungsmöglichkeiten kennen und mitteilen 346

7.5.1 Bedeutung der Fortbildung für die persönliche, berufliche und wirtschaftliche Weiterentwicklung 346

7.5.2 Fortbildungsmöglichkeiten 347

7.5.3 Fortbildungsprüfungen 349

7.5.4 Meisterprüfung als besonderes Fortbildungsziel im Handwerk . 349
    7.5.4.1 Rechtsgrundlagen für die Meisterprüfung 349
    7.5.4.2 Ziel der Meisterprüfung 350
    7.5.4.3 Meisterprüfungsausschüsse 350
    7.5.4.4 Zuständigkeit und Prüfungszulassung 351
    7.5.4.5 Prüfungsgebühr 353
    7.5.4.6 Gliederung und Inhalt der Prüfung 353
    7.5.4.7 Befreiungen von Prüfungsteilen und Prüfungsfächern 356

		7.5.4.8 Prüfungsergebnis, Prüfungszeugnis	357
		7.5.4.9 Wiederholung der Meisterprüfung	358
		7.5.4.10 Meisterbrief und Meistertitel	358
		7.5.4.11 Aufsicht	358
		7.5.4.12 Übergangsvorschriften	359
	7.5.5	Ausbildereignungsprüfung	359
	7.5.6	Rechtliche Bestimmungen zur finanziellen Förderung der Berufsbildung, insbesondere der Fortbildung	361
		7.5.6.1 Förderung nach dem Arbeitsförderungsrecht im Sozialgesetzbuch (SGB III)	362
		7.5.6.2 Förderung nach dem Bundesausbildungsförderungsgesetz	363
		7.5.6.3 Ausbildungsförderungsgesetze der Länder	364
		7.5.6.4 Begabtenförderung „berufliche Bildung" des Bundesministers für Bildung und Forschung	364
		7.5.6.5 Förderung nach dem Aufstiegsfortbildungsförderungsgesetz (AFBG)	364
		Förderfähige Fortbildungsmaßnahmen	364
		Förderung von Vollzeit- und Teilzeitmaßnahmen	365
		Förderfähige Kosten	366
		Art der Förderung	366
		Höhe der Förderungsbeiträge	367
		Verzinsung und Rückzahlung des Darlehens nach dem AFBG	367
		Teilerlass des Darlehens bei Betriebsgründung	368
		Antragsverfahren	368
		Förderausschluss – Förderbeschränkung	368
		7.5.6.6 Fortbildungsförderung durch die Länder	369
		Wichtiger Hinweis	369
	7.5.7	Praktischer Leistungswettbewerb der Handwerksjugend	369
		Handlungsorientierte, fallbezogene Aufgaben	370

Lösungen zu den handlungsorientierten, fallbezogenen Aufgaben mit programmierten Auswahllösungen ... 373

Stichwortverzeichnis ... 375

1 Handlungsfeld: Allgemeine Grundlagen

1.1 Handlungssituation: Bedeutung und Stellung der Berufsbildung darstellen

Kompetenzen:
- Grundstruktur des Bildungssystems in Deutschland erfassen
- Anforderungen an das Bildungssystem kennen sowie Möglichkeiten der Einflussnahme auf die Entwicklung des Bildungssystems beurteilen
- Allgemeinbildung und Berufsbildung als Bildungsoptionen erfassen sowie die mit ihnen verbundenen Berufslaufbahnperspektiven bewerten
- Die Bedeutung beruflicher Aus- und Weiterbildung für den Einzelnen, den Betrieb und die Gesellschaft beurteilen

1.1.1 Grundstruktur des Bildungswesens in der Bundesrepublik Deutschland

Im Rahmen der föderalen Ordnung der Bundesrepublik Deutschland haben die Länder die Kulturhoheit. Das bedeutet, dass sie das Bildungswesen im schulischen Bereich in eigener Zuständigkeit regeln können.

Kulturhoheit der Länder

Deshalb bestehen Unterschiede in den Schulsystemen einzelner Länder. Damit die Abweichungen nicht unvertretbar groß werden, bestehen Koordinierungsinstrumente und Koordinierungsgremien. Als wichtigste sind zu nennen:

Koordinierungsgremien

- die ständige Konferenz der Kultusminister der Länder
- die Bund-Länderkommission für Bildungsplanung
- Staatsabkommen der Länder zur Vereinheitlichung des Schulwesens.

Die nachfolgende Abbildung gibt einen Überblick über die Grundstruktur des Bildungswesens in der Bundesrepublik Deutschland. In den einzelnen Ländern bestehen Abweichungen. Außerdem sind einzelne Sonderschulformen weggelassen. Die allgemeine Schulpflicht ist unterschiedlich geregelt.

Überblick

Die Abbildung verdeutlicht ferner die Stellung der Berufsbildung in der Gesamtstruktur des Bildungswesens.

Grundstruktur des Bildungswesens in der Bundesrepublik Deutschland

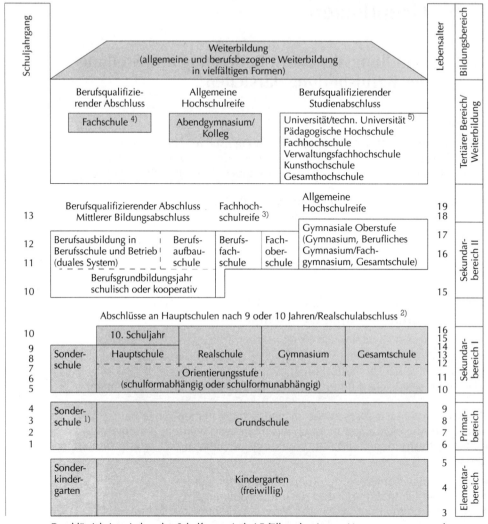

Durchlässigkeit zwischen den Schulformen ist bei Erfüllung bestimmter Voraussetzungen grundsätzlich gewährleistet. Vollzeitschulpflicht 9 Jahre (in BE und NRW 10 Jahre), Teilzeitschulpflicht 3 Jahre.

[1] Sonderschulen mit verschiedenen Sparten entsprechend den Behinderungsarten im Bereich der allgemein bildenden und beruflichen Schulen.
[2] Nachträglicher Erwerb dieser Abschlüsse für Erwachsene an Abendhauptschulen und Abendrealschulen möglich.
[3] Die Fachhochschulreife kann auch z. B. an Berufsfachschulen und Fachschulen erworben werden. Ferner können auch Bewerber mit Meisterprüfung unter bestimmten Voraussetzungen zum Studium an einer Fachhochschule oder Universität zugelassen werden. Die Zulassung für Meister kann je nach Länderregelung über Eignungs- oder Beratungsgespräche, Eignungs-, Einstufungs- oder Zugangsprüfungen oder Vorsemester erreicht werden.
[4] Dauer 1–3 Jahre; einschließlich Schulen des Gesundheitswesens, die für Berufe des Gesundheits- und Pflegedienstes eine berufliche Erstausbildung vermitteln.
[5] Einschließlich Hochschulen mit einzelnen universitären Studiengängen (z. B. Theologie, Philosophie, Medizin, Verwaltungswissenschaften, Sport).

Quelle: Grund- und Strukturdaten des Bundesministers für Bildung und Wissenschaft

Abbildung 1

Erläuterung zu den in der Abbildung aufgeführten Bildungsbereichen:

Bildungs-
bereiche

- Elementarbereich: Hier sind familienergänzende Bildungs- und Erziehungsmaßnahmen nach Vollendung des 3. Lebensjahres bis zum Beginn der Schule vorgesehen.
- Primarbereich: Der in der Regel vier Jahre umfassende Primarbereich führt den Schüler zu den systematischen Formen des schulischen Arbeitens hin.
- Sekundarbereich I: Der Sekundarbereich I baut auf den Primarbereich auf und dauert bis zum 9. bzw. 10. Schuljahr.
- Sekundarbereich II: Der Sekundarbereich II umfasst sowohl Bildungsgänge, die auf einen Beruf vorbereiten, als auch studienbezogene Bildungsgänge und solche, die mit einer beruflichen Qualifikation weiterführende Bildungsgänge im tertiären Bereich eröffnen. Er umfasst zwei bis drei Jahre.
- Tertiärer Bereich: Der tertiäre Bereich umfasst die Hochschulen und andere Ausbildungsstätten mit berufsqualifizierenden Bildungsgängen.
- Weiterbildung: Die allgemeine und berufsbezogene Weiterbildung vollzieht sich in vielfältigen Formen.

Weiterbildung

1.1.2 Struktur des beruflichen Bildungssystems

Die Berufsausbildung erfolgt in der Bundesrepublik Deutschland schwerpunktmäßig in Ausbildungsbetrieben und in Berufsschulen (duales System). Nähere Einzelheiten siehe Abschnitt 1.2.1 „Struktur und Aufgabenschwerpunkte der Lernorte im dualen System".

Für die berufliche Fortbildung stehen insbesondere private und öffentliche Schulen und Bildungseinrichtungen der Wirtschaft sowie Akademien und Hochschulen zur Verfügung. Nähere Einzelheiten siehe Abschnitt 7.5 „Fortbildungs- und Förderungsmöglichkeiten kennen und mitteilen".

1.1.3 Bildungs- und gesellschaftspolitische Anforderungen und Ziele an das berufliche Bildungswesen

1.1.3.1 Öffentliche Verantwortung

> Die öffentliche Verantwortung für das gesamte Bildungswesen obliegt dem Staat. Er hat dafür zu sorgen, dass das Recht auf eine den individuellen Fähigkeiten entsprechende angemessene Bildung, die freie Wahl des Berufes und das Recht auf freie Entfaltung der Persönlichkeit seiner Bürger gewährleistet ist.

Staatliche
Verantwortung

Die öffentliche Hand hat ferner Sorge zu tragen, dass das Bildungssystem eine wichtige Grundlage für eine leistungsfähige Volkswirtschaft ist.
Die öffentliche Verantwortung wird vom Staat selbst unmittelbar getragen oder aber in Teilbereichen auf andere Einrichtungen (zum Beispiel Kommunen, Selbstverwaltungseinrichtungen der Wirtschaft) übertragen. Zur Wahrnehmung der Verantwortung dienen unter anderem folgende Maßnahmen:

- Bau oder finanzielle Förderung von Schulen, Hochschulen und sonstigen Bildungseinrichtungen
- Unterhaltung von Bildungseinrichtungen
- Überwachung der allgemeinen Schulpflicht
- Schulaufsicht
- Aufsicht über sonstige Bildungseinrichtungen.

Verantwortung für Berufsausbildung

Die öffentliche Verantwortung für die Berufsausbildung ist entsprechend der Zuordnung im dualen System (Ausbildungsbetrieb und Berufsschule) zweigeteilt.

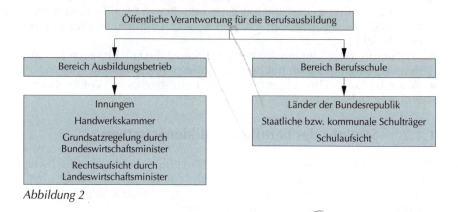

Abbildung 2

1.1.3.2 Transparenz, Chancengleichheit und Durchlässigkeit

Transparenz

Transparenz des Bildungswesens

Die Gesellschaftspolitik muss dafür sorgen, dass sowohl das allgemeine Bildungswesen als auch die Organisation der beruflichen Bildung überschaubar ist (Transparenz). Dies ermöglicht dem jungen Menschen, zum jeweils richtigen Zeitpunkt die richtige Wahl zu treffen.

Chancengleichheit

Chancengleichheit

Das allgemeine Recht des Einzelnen auf Bildung setzt für seine Verwirklichung voraus, dass jedem, gleichgültig aus welcher sozialen Schicht und beruflichen Tätigkeit er kommt und unabhängig von der Lage seines Wohnortes oder seinen Einkommensverhältnissen, grundsätzlich die gleichen Chancen in den verschiedenen Bildungswegen eröffnet werden. Die Chancengleichheit kann durch Kostenfreiheit der Bildungseinrichtungen und/oder durch gezielte finanzielle Förderung aller Bildungsmaßnahmen erhöht werden.

Durchlässigkeit des Bildungswesens

Durchlässigkeit

Chancengleichheit setzt aber auch Durchlässigkeit der Bildungswege voraus. In diesem Zusammenhang spricht man von horizontaler und vertikaler Durchlässigkeit.

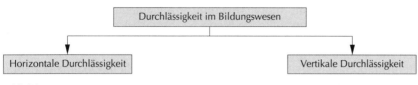

Abbildung 3

Unter **horizontaler Durchlässigkeit** versteht man die Möglichkeit, von beruflichen in allgemein bildende Schulen überzuwechseln. Der erfolgreiche Wechsel setzt voraus, dass sich die Bildungseinrichtungen im Niveau nicht wesentlich unterscheiden.

Bei der **vertikalen Durchlässigkeit** besteht die Möglichkeit, von einer Stufe des Bildungswesens in eine höhere aufzusteigen (zum Beispiel von der Fachoberschule in die Fachhochschule oder von der Meisterschule in die Fachhochschule oder von der Berufsausbildung im dualen System in die Fachoberschule). Für die Erhaltung bzw. Herstellung der Wettbewerbsfähigkeit des dualen Ausbildungssystems mit dem System der allgemein bildenden Einrichtungen ist es in der Zukunft notwendig, die vertikale Durchlässigkeit weiter zu verbessern.

Differenzierung und Individualisierung

Ein Bildungssystem ist nur dann chancengerecht, wenn durch Differenzierung und Individualisierung dem Leistungsstand, den Neigungen und den persönlichen Fähigkeiten des Einzelnen entsprochen wird (Innere Differenzierung). Das bedeutet, dass innerhalb einer Lerngruppe dem Leistungsgefälle Rechnung getragen wird. Das bedeutet aber auch, dass besondere Begabungen und Leistungen in der Berufsausbildung anerkannt und öffentlich gefördert werden (Äußere Differenzierung), zum Beispiel durch Begabtenförderungsprogramme.

Innere und äußere Differenzierung

1.1.4 Gleichwertigkeit von Berufsbildung und Allgemeinbildung

Die Bildungspolitik der zurückliegenden Jahrzehnte, die schwerpunktmäßig auf die Förderung der Allgemeinbildung (Gymnasien) und der Hochschulbildung ausgerichtet war, hat dazu geführt, dass es mehr Studenten als Lehrlinge gibt. Die Folge ist ein teilweiser Mangel an qualifizierten Facharbeitern und Meistern.

> Ein Land wie die Bundesrepublik, das nur wenige Rohstoffe besitzt, ist aber auf die Leistungsfähigkeit der arbeitenden Menschen in allen Bereichen angewiesen. Die Bewältigung des technischen Fortschritts, die Weiterentwicklung der Formgebung und die Einführung neuer Arbeitsverfahren erfordern den qualifizierten Praktiker genauso wie den Akademiker. Deshalb muss die berufliche Bildung aufgewertet und eine Gleichwertigkeit der beruflichen Bildung sichergestellt werden.

Aufwertung der beruflichen Bildung

Dies hat nichts mit Gleichheit der Bildungsinhalte zu tun, sondern Gleichwertigkeit bedeutet gleiche politische und gesellschaftliche Anerkennung der beruflichen Bildung.

Gleichwertigkeit

Allgemein-bildung

Nach dem klassischen Bildungsbegriff war Allgemeinbildung von der Auffassung getragen, man solle den Menschen zunächst zweckfrei bilden und ihn so zu Selbstständigkeit und Fähigkeit der Lebensbewältigung im Privaten wie für eine berufliche Tätigkeit bringen.

Berufsbildung

Berufsbildung dagegen heißt ja zunächst und vor allem Qualifizierung für einen bestimmten Beruf. Aber auch die Berufsbildung hat über die Vermittlung berufsspezifischen Wissens eine Bildungswirkung (zum Beispiel Einsichten, Urteile, Übertragung des Erlernten auf andere Bereiche).

Wenn unter Bildung vornehmlich die Entwicklung zur Selbstständigkeit verstanden wird, und wenn durch Einsichten Urteilsfähigkeit, Wertorientierung und Verantwortung vermittelt werden, dann kann es keinen Gegensatz zwischen allgemeiner und beruflicher Bildung geben.

Zweckmäßige Maßnahmen

Folgende Maßnahmen sind zur Herstellung der Gleichwertigkeit beruflicher Bildung zweckmäßig:

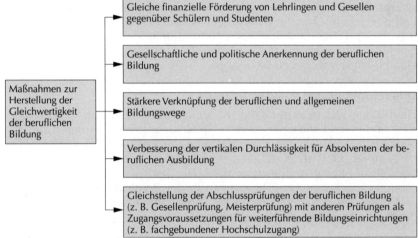

Abbildung 4

Das berufliche Bildungswesen wird auf Dauer nur dann konkurrenzfähig bleiben, wenn demjenigen, der eine praktische Berufsausbildung durchläuft, mit der Sicherheit eines erlernten Berufes grundsätzlich die gleichen oder sogar bessere Aufstiegschancen eingeräumt werden, wie demjenigen, der über den gymnasialen Bildungsweg kommt.

1.1.5 Gründe für die Aus- und Weiterbildung

1.1.5.1 Bedeutung der Berufsbildung für den einzelnen Menschen

Die folgende Abbildung zeigt wichtige Gesichtspunkte für den Bereich der Ausbildung auf.

1.1.5 Gründe für die Aus- und Weiterbildung

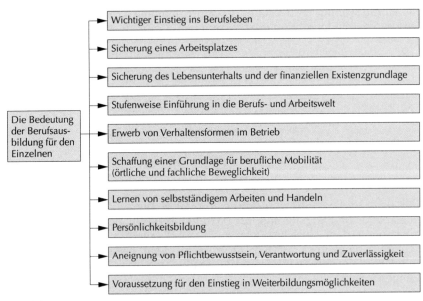

Abbildung 5

1.1.5.2 Bedeutung der Berufsbildung für die Gesellschaft

Jede Gesellschaft muss alle denkbar geeigneten Maßnahmen durchführen, um die berufliche Leistungsfähigkeit zu schaffen und zu erhalten. Die Leistungsfähigkeit des Einzelnen ist auch für eine Gesellschaft aus wirtschaftlichen Gründen wichtig, weil Menschen, die ihre berufliche Leistungsfähigkeit vorzeitig verlieren, letztlich auf Kosten der übrigen arbeitenden Mitglieder der Gesellschaft mitgetragen werden müssen. Die Erhaltung der beruflichen Leistungsfähigkeit ist ferner ein wichtiges Element für die Stabilität einer Gesellschaftsordnung, weil Arbeitslosigkeit, die auf mangelnde berufliche Leistungsfähigkeit zurückzuführen ist, auf Dauer gesehen eine Gesellschaftsordnung gefährdet.

Berufliche Leistungsfähigkeit

Die berufliche Leistungsfähigkeit und somit die Stabilität einer Gesellschaftsordnung wird insbesondere erreicht und erhalten durch
- eine solide berufliche Ausbildung
- eine laufende berufliche Fortbildung und
- durch geeignete berufliche Umschulungsmaßnahmen im Bedarfsfall.

Zweckmäßige Maßnahmen

Wirtschaftspolitische Bedeutung der Berufsbildung

Der wichtigste Produktionsfaktor „Arbeit" hängt in einer Volkswirtschaft vom Niveau der Ausbildung aller arbeitenden Menschen ab.

Wirtschaftspolitische Bedeutung

In einem rohstoffarmen Land wie der Bundesrepublik nimmt somit die berufliche Bildung wirtschaftspolitisch die absolute Schlüsselrolle ein.

Sie ist die wichtigste Investition in „Humankapital", die genauso bedeutsam ist wie die Investition in Sachkapital (Maschinen, Werkzeuge usw.).

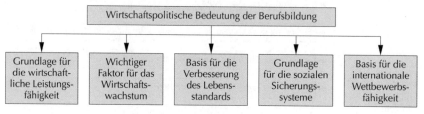

Abbildung 6

Gegenseitige Verflechtung

Die enge Verflechtung von Problemen der Bildungs-, Gesellschafts-, Arbeitsmarkt- und Sozialpolitik hat dazu geführt, dass Berufsbildungsfragen auch unter dem Gesichtspunkt sozial- und arbeitsmarktpolitischer Entscheidungen gesehen werden müssen. Umgekehrt haben Maßnahmen der Berufsbildung entscheidende arbeitsmarkt- und sozialpolitische Auswirkungen.

Arbeitsmarktpolitische Bedeutung der Berufsbildung

Am Arbeitsmarkt treffen Angebot und Nachfrage nach Arbeitskräften zusammen. Das oberste Ziel der Arbeitsmarktpolitik muss der Ausgleich von Angebot und Nachfrage sein. Der Arbeitsmarkt wird dabei von einer Vielzahl von Faktoren beeinflusst.

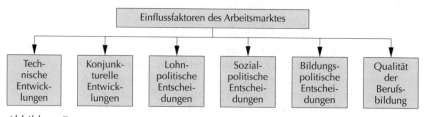

Abbildung 7

Bildungspolitik

Einer der stärksten Einflussfaktoren ist die Bildungspolitik und die qualitative und quantitative Situation in der beruflichen Bildung.

> Qualitativ gesehen, muss das berufliche Bildungssystem dafür sorgen, dass deren Absolventen den technischen und ökonomischen Anforderungsprofilen der beruflichen Arbeit (Fertigkeiten, Kenntnisse, Verhaltensformen, Problemlösungskompetenz) in den Betrieben und somit am Arbeitsmarkt entsprechen. Dabei ist die Ausbildung auf größtmögliche Beweglichkeit (Mobilität) zwischen verschiedenen Arbeitsplätzen, Branchen und Regionen auszurichten. Quantitativ betrachtet, muss in erster Linie die Bildungspolitik (zum Beispiel durch Aufwertung der beruflichen Bildung), aber auch der Bürger in seinem Berufswahlverhalten dafür sorgen, dass genügend fachlich vorgebildete Arbeitskräfte zur Verfügung stehen und der Arbeitsmarkt so ausgeglichen wie möglich ist.

Leider ist dieser Ausgleich in der Bundesrepublik nicht gegeben. Einer hohen Arbeitslosenzahl stehen andererseits unbesetzte Stellen in beachtlicher Zahl gegenüber, weil die Qualifikationen in Angebot und Nachfrage nicht zur Deckung gebracht werden können. Es ist daher mehr als zuvor notwendig, über eine gezielte Arbeitsmarkt- und Bildungspolitik die qualitativen und quantitativen Ungleichgewichte zu reduzieren.

Sozialpolitische Bedeutung der Berufsbildung

> Auch für die Sozialpolitik hat die berufliche Bildung eine wichtige Bedeutung: Ein solides Berufsbildungssystem schafft die wirtschaftlichen Grundlagen für die Sozialpolitik eines Staates, weil nach sozialen Gesichtspunkten gesehen nur das verteilt werden kann, was vorher durch gut ausgebildete Arbeitskräfte erarbeitet wurde. Eine gute Berufsbildungspolitik ist somit auch der Schlüssel für die soziale Sicherung und die soziale Stellung, insbesondere auch sozial schwacher Schichten unserer Gesellschaft.

Wer eine qualifizierte Ausbildung und Weiterbildung durchläuft, kann in der Regel ein höheres persönliches Einkommen erreichen (zum Beispiel im Vergleich zum Ungelernten oder Angelernten). Darüber hinaus erschließt sie auch eine höhere soziale Stellung (zum Beispiel selbstständiger Handwerksmeister). *Einkommen*

Gesamtwirtschaftlich betrachtet, führt eine qualifizierte berufliche Bildung zu hoher Wirtschaftsleistung sowie einem hohen Beschäftigungsgrad und somit zur Einsparung von sozialen Leistungen an sozial Schwache oder Arbeitslose. *Hoher Beschäftigungsgrad*

Berufliche Bildung entlastet die Sozialpolitik auch durch berufliche Wiedereingliederung und Ausbildung körperlich und geistig Behinderter.

Handwerkspolitische und einzelbetriebliche Bedeutung der Berufsbildung

> Gerade im Handwerk spielt das Niveau der Berufsausbildung eine entscheidende Rolle. Zwar ist auch im Handwerk der Maschinen- und Geräteeinsatz in den letzten Jahren ständig angestiegen, und dieser Prozess ist noch nicht abgeschlossen. Trotzdem bestimmt aber die menschliche Arbeitskraft im Handwerk noch weitgehend das Ergebnis der betrieblichen Leistung. Daher hat das Handwerk noch mehr als andere Wirtschaftszweige dafür zu sorgen, dass auch in der Zukunft eine ausreichende Zahl von Nachwuchsarbeitskräften vorhanden ist und das qualifizierte Niveau der Arbeitskräfte eine ausreichende Leistungsgarantie bietet.

Menschliche Arbeitskraft

Handlungsorientierte, fallbezogene Aufgaben

1. Sie sind ein Handwerksmeister, der sich erst vor kurzem selbstständig gemacht hat und in Kürze Lehrlinge ausbilden will. Dabei sind Sie sich darüber im Klaren, dass die Leistungsfähigkeit einer Volkswirtschaft und eines jeden Betriebes vom Bildungsniveau der arbeitenden Menschen entscheidend abhängt. Sie wollen sich daher kritisch mit der Grundstruktur und den Anforderungen an ein leistungsfähiges Bildungssystem auseinander setzen und feststellen, welche Bedeutung und Stellung der Berufsbildung zukommt.

   Aufgabe: Gehen Sie anhand der folgenden Leitfragen vor!
   a) Wie ist die Grundstruktur des Bildungssystems in der Bundesrepublik Deutschland aufgebaut?
   b) Beschreiben Sie wichtige Anforderungen, die an das Bildungssystem zu stellen sind!
   c) Welche Stellung hat die Berufsbildung im Gesamtbildungssystem?
   d) Nennen Sie geeignete Maßnahmen zur Herstellung der Gleichwertigkeit der beruflichen Bildung!

   „Siehe Seiten 27 bis 32 des Textteils!"

2. Ein Handwerksmeister hat an einer Innungsversammlung teilgenommen, bei der über Gründe und Bedeutung der beruflichen Aus- und Weiterbildung diskutiert wurde. Dies gibt ihm Veranlassung darüber nachzudenken, ob er künftig in seinem Betrieb Lehrlinge ausbilden soll oder nicht. Bei seiner Entscheidungsfindung will er möglichst viele Gesichtspunkte, Betroffenheiten und in seiner gesamtgesellschaftlichen Verantwortung auch über seinen eigenen Betrieb hinausgehende Kriterien berücksichtigen.

   Aufgabe: Beschreiben Sie anhand der nachstehenden Leitfragen die Bedeutung der beruflichen Bildung und nennen Sie Gründe, die für die Berufsbildung sprechen!
   a) Welche wirtschaftspolitische Bedeutung hat die Berufsbildung?
   b) Was spricht aus sozialpolitischer Sicht für die Berufsbildung?
   c) Welche Bedeutung hat die Berufsbildung für den einzelnen Handwerksbetrieb?
   d) Welche Bedeutung hat die Berufsbildung für den einzelnen Menschen?

   „Siehe Seiten 33 bis 35 des Textteils!"

1.2 Handlungssituation: Bedeutung des dualen Systems der Berufsausbildung beurteilen

Kompetenzen:
- Handwerksbetrieb, Schule und überbetriebliche Ausbildungsstätte als Lernorte des dualen Systems kennzeichnen und bezüglich ihrer Bedeutung gewichten
- Stärken und Schwächen des dualen Systems im Vergleich mit anderen europäischen Ausbildungssystemen bewerten

1.2.1 Struktur und Aufgabenschwerpunkte der Lernorte im dualen System

Die Berufsausbildung erfolgt in der Bundesrepublik Deutschland im Handwerk nach dem „dualen Ausbildungssystem".

In diesem System erfolgt die Berufsausbildung institutionell getrennt im Ausbildungsbetrieb und in der Berufsschule.
Schwerpunkt der praktischen Unterweisung ist der Betrieb. Die Berufsschule vermittelt Fachtheorie und allgemein bildende Inhalte.
Die überbetriebliche Unterweisung ist eine Ergänzung zur praktischen Ausbildung im Betrieb.

Ausbildungsbetrieb
Berufsschule
Überbetriebliche Unterweisung

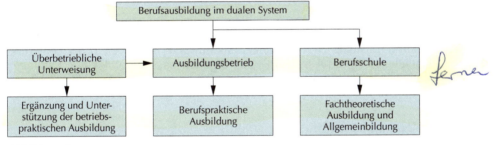

Abbildung 8

1.2.1.1 Aufgabenschwerpunkte des Betriebes als Ausbildungsstätte

Die wesentliche Ausbildungspflicht für den Ausbildungsbetrieb ergibt sich aus § 6 Absatz 1 des Berufsbildungsgesetzes wie folgt:

Gesetzliche Ausbildungspflicht

> Der Ausbildende hat dafür zu sorgen, dass dem Auszubildenden, die Fertigkeiten und Kenntnisse vermittelt werden, die zum Erreichen des Ausbildungsziels erforderlich sind, und die Berufsausbildung in einer durch ihren Zweck gebotenen Form planmäßig, zeitlich und sachlich gegliedert so durchzuführen, dass das Ausbildungsziel in der vorgesehenen Ausbildungszeit erreicht werden kann.

Aufgaben-
schwerpunkte

Die wichtigsten Aufgabenschwerpunkte des Ausbildungsbetriebes sind im Einzelnen:

Abbildung 9

Betriebs-
gebundene
Ausbildung

Die betriebsgebundene Ausbildung erfolgt schwerpunktmäßig durch Lernen am Arbeitsplatz (Erfahrungslernen). Die Mehrzahl der Auszubildenden lernt lieber am Arbeitsplatz als im Unterricht oder in der Lehrwerkstätte. 85 % der Auszubildenden bejahen nach einschlägigen Umfragen die betriebsgebundene Ausbildung.

Abbildung 10

1.2.1.2 Aufgabenschwerpunkte überbetrieblicher Ausbildungsstätten zur Ergänzung der betrieblichen Ausbildung

Die wirtschaftliche und technische Arbeitsteilung führt auch im Handwerk in manchen Berufen zu einer Spezialisierung. Das bedeutet, dass einzelne Ausbildungsbetriebe nicht mehr alle Fertigkeiten und Kenntnisse vermitteln können, die nach der Ausbildungsordnung vorgeschrieben sind. Außerdem schreiben Ausbildungsordnungen zum Teil über die einzelberufliche Ausbildung hinausgehende berufsfeldbezogene Ausbildungsinhalte vor (zum Beispiel Berufsgrundbildung in kooperativ-dualer Form), die nur überbetrieblich vermittelt werden können.

Ferner entstehen laufend neue Technologien und durch die technische Entwicklung auch neue Berufs- und Ausbildungsinhalte (zum Beispiel Informations- und Kommunikationstechniken). Diese können nicht immer von den Ausbildungsbetrieben vermittelt werden.

Des Weiteren lassen sich bestimmte Fertigkeiten besser und rationeller in überbetrieblicher statt in betrieblicher Form vermitteln.

Schließlich können in überbetrieblicher Form auch besser Ausbildungsschwerpunkte in bestimmten Fertigkeitsbereichen gesetzt werden.

Aufgaben-schwerpunkte

Nicht zuletzt werden auch in überbetrieblichen Spezialkursen in bestimmten Berufen Arbeitssicherheits- und Unfallverhütungskenntnisse vermittelt.

Die Aufgabenschwerpunkte sind in nachstehender Abbildung zusammengefasst.

Abbildung 11

Didaktisch-methodische Vorteile

Die überbetriebliche Ausbildungsstätte hat gegenüber dem Ausbildungsbetrieb didaktisch-methodische Vorteile, weil in den überbetrieblichen Kursen systematisch und ausschließlich ausbildungsbezogen Fertigkeiten und Kenntnisse sowie Handlungskompetenz vermittelt werden können.

> Die überbetriebliche Ausbildungsstätte ist aber kein eigenständiger Lernort, sondern ihre Aufgabe ist, den Lernort Betrieb zu unterstützen und zu ergänzen.

Teilnahmepflicht

Die Teilnahme an überbetrieblichen Unterweisungsmaßnahmen ist für den Lehrling Pflicht. Die anfallenden Kosten sind, soweit sie nicht anderweitig gedeckt werden, vom Ausbildenden zu tragen. Die Innungen und Handwerkskammern erhalten bei der Durchführung solcher Lehrgänge Zuschüsse des Bundes und der Länder.

Beurlaubung vom Berufsschulunterricht

Während der Teilnahme an überbetrieblichen Ausbildungsmaßnahmen werden die Lehrlinge in der Regel vom Berufsschulunterricht beurlaubt. Die näheren Einzelheiten und die Dauer der Beurlaubung richten sich nach landesrechtlichen Bestimmungen (siehe auch die Empfehlung der Ständigen Konferenz der Kultusminister der Länder zur Beurlaubung von Berufsschülern).

1.2.1.3 Aufgabenschwerpunkte der Berufsschule als Ausbildungsstätte

Die Berufsschule hat die Aufgabe, die Schüler in Abstimmung mit der betrieblichen Ausbildung oder unter Berücksichtigung ihrer beruflichen Tätigkeit beruflich zu bilden und zu erziehen und die Allgemeinbildung zu fördern. Dabei hat sie insbesondere die allgemeinen berufsübergreifenden sowie die für den Ausbildungsberuf oder die berufliche Tätigkeit erforderlichen fachtheoretischen Kenntnisse zu vermitteln und die fachpraktischen Kenntnisse und Fertigkeiten zu vertiefen. Die Vermittlung der fachtheoretischen Kenntnisse hat Vorrang gegenüber den übrigen Aufgaben.

Abbildung 12

Aus diesem Bildungsauftrag ergibt sich, dass der Unterricht weitgehend berufs- oder berufsfeldbezogen und praxisnah sein muss. Betrieb und Berufsschule stellen in der grundsätzlichen Aufgabenstellung einen abgestimmten Bildungsraum dar.

Gesetzliche Bestimmungen zur Berufsschulpflicht

Für den Berufsschulbesuch gelten gesetzliche Bestimmungen. Es handelt sich dabei um landesrechtliche Regelungen (Gesetze über das Erziehungs- und Unterrichtswesen bzw. Schulpflichtgesetze der Länder). *Schulpflichtgesetz*
Für diese landesrechtlichen Regelungen hat die Ständige Konferenz der Kultusminister der Länder in der Bundesrepublik Empfehlungen zu Einzelregelungen für die Berufsschulpflicht und die Berufsschulberechtigung beschlossen. Die Regelungen gelten in den Bundesländern in etwa gleich. *Berufsschulpflicht*

Personen, die nicht mehr berufsschulpflichtig sind, sich aber noch in Berufsausbildung befinden, sind zum Besuch der Berufsschule berechtigt. *Berufsschulberechtigung*

Der Arbeitgeber (bzw. Ausbildende) hat den Berufsschulbesuch zu gestatten, das heißt, dass der Auszubildende einen Freistellungsanspruch hat.

Die Berufsschule ist Pflichtschule. Ihr Besuch unterliegt dem staatlichen Zwang. Der Ausbildende hat den Jugendlichen zum Besuch der Berufsschule anzumelden, anzuhalten und die hierfür notwendige Zeit zu gewähren. Die Schulzeit gilt als Arbeitszeit, Verstöße gegen das Schulpflichtgesetz werden mit Geldbußen geahndet. *Pflichten des Ausbildungsbetriebes*

Formen des Berufsschulunterrichts

Es gibt in der Regel zwei Grundformen, wie der Berufsschulunterricht organisiert sein kann.

Abbildung 13

Je nach Länderregelungen, branchenspezifischen Einzellösungen usw. gibt es Mischformen der Organisation des Berufsschulunterrichts und Kombinationsmodelle, die beide Grundformen des Berufsschulunterrichts einbeziehen. Der Blockunterricht hat den Vorteil, dass der Unterrichtsstoff zusammenhängend vermittelt werden kann.

Unterkunfts- und Verpflegungskosten

Schulwegekosten

Entstehen den Berufsschülern Unterkunfts- und Verpflegungskosten beim Besuch überregionaler Fachklassen mit Blockunterricht, werden von einzelnen Ländern der Bundesrepublik Zuschüsse in unterschiedlicher Höhe gewährt. Manche Länder geben in diesen Fällen unter bestimmten Voraussetzungen auch Zuwendungen zu den Schulwegekosten.

> Der Ausbildungsbetrieb selbst hat für die Lehrlinge beim Besuch der Berufsschule nach der Rechtssprechung des Bundesarbeitsgerichts weder Fahrtkosten noch Unterkunfts- und Verpflegungskosten zu bezahlen (zum Beispiel bei Blockunterricht).

Berufsgrundbildungsjahr

In verschiedenen Ländern der Bundesrepublik wurde das Berufsgrundbildungsjahr eingeführt. Es gibt zwei Formen des Berufsgrundbildungsjahres.

Abbildung 14

- Die schulische Form vermittelt in einem Vollzeitschuljahr sowohl praktische Fertigkeiten als auch theoretische Kenntnisse für ein Berufsfeld (zum Beispiel Metall, Bau usw.) oder für einen Berufsfeldschwerpunkt.
- Die kooperativ-duale Form vermittelt die praktischen Fertigkeiten im Betrieb oder in einer überbetrieblichen Unterweisungsstätte. Die theoretischen Kenntnisse eignet sich der Lehrling in der Berufsschule an.

Das kooperativ-duale Berufsgrundbildungsjahr gilt als erstes Ausbildungsjahr. Der erfolgreiche Besuch eines schulischen Berufsgrundbildungsjahres wird in der Regel als erstes Jahr der Berufsausbildung angerechnet.

Eine Ausnahme gilt bei Schwerpunktwechsel. Hier beträgt die Anrechnung auf die Ausbildungszeit mindestens ein halbes Jahr.

Anrechnung

Weitere berufliche Schulen
Neben der Berufsschule als die die betriebliche Ausbildung begleitende schulische Einrichtung gibt es weitere für Handwerker in Frage kommende berufliche Schulen.

Abbildung 15

- Berufsfachschulen mit Vollzeitunterricht vermitteln je nach Dauer eine gesamte Berufsausbildung, einen Teil einer Berufsausbildung (einjährige Berufsfachschule) oder die Fachschulreife und einen Teil der Berufsausbildung. Der erfolgreiche Besuch einer einjährigen Berufsfachschule wird in der Regel als erstes Jahr der Berufsausbildung angerechnet, wenn der Lehrplan und der Unterricht den Voraussetzungen der Berufsgrundbildungsjahr-Anrechnungs-Verordnung entsprechen.
- An manchen Berufsschulen bestehen auch Berufsaufbauschulen. Diese Berufsaufbauschulen ermöglichen begabten Schülern, nach der Ausbildung die Fachschulreife zu erlangen (mittlerer Schulabschluss).
- Über Fachoberschulen kann die Fachhochschulreife, über Berufsoberschulen die fachgebundene Hochschulreife oder bei Ablegung einer Ergänzungsprüfung die allgemeine Hochschulreife erworben werden.
- Fachschulen dienen der vertieften beruflichen Fortbildung im Anschluss an eine Berufsausbildung und eine praktische Berufstätigkeit (z. B. Meisterschule).

1.2.1.4 Abstimmung zwischen den Lernorten

Aus den unterschiedlichen Zuständigkeiten und Aufgabenstellungen der einzelnen Lernorte im dualen System ergeben sich Abstimmungs- und Koordinierungsprobleme.
Alle Ausbildungsträger haben die Aufgabe, zum Erreichen des gemeinsamen Ausbildungszieles beizutragen. Um unnötigen Leerlauf und Überschneidungen zu vermeiden, erfordert das bestehende System eine weitgehende gegenseitige Aufgeschlossenheit, Abgrenzung, Abstimmung und Kooperation zwischen den Beteiligten.
Die Abgrenzung und Abstimmung bezieht sich auf den Ausbildungsstoff und den Zeitablauf der Ausbildung.
Dabei sind vorher die einzelnen Anteile und Funktionen unterschiedlicher Ausbildungsträger klar abzugrenzen.

Ausbildungsstoff und Zeitablauf

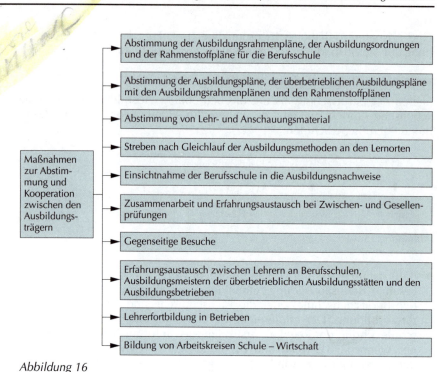

Abbildung 16

1.2.1.5 Kosten und Finanzierung im dualen System

Die Gesamtkosten der Berufsausbildung werden sowohl im betrieblichen als auch im überbetrieblichen und schulischen Bereich in unterschiedlichen Anteilen von den Trägern der Berufsausbildung und durch Zuschüsse von Bund und Land finanziert.

Abbildung 17

Der Betrieb trägt in der Regel voll die Kosten, die in der betrieblichen Ausbildungszeit anfallen und die Kosten der betriebsergänzenden überbetrieblichen Ausbildung, soweit letztere nicht anderweitig gedeckt werden. Die wichtigsten sind aus folgender Abbildung ersichtlich.

1.2.1 Struktur und Aufgabenschwerpunkte der Lernorte im dualen System   45

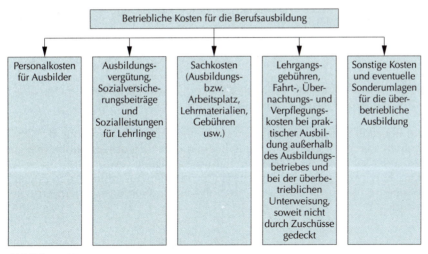

Abbildung 18

Trotz der relativ hohen Kosten für den Ausbildungsbetrieb sollten möglichst viele Betriebe im Handwerk ausbilden, denn letztlich bringt die Ausbildung Nutzen und wirtschaftliche Vorteile, wie z. B.:
- sofort einsetzbare qualifizierte Fachkräfte
- weniger Kosten für Neueinstellungen
- geringere oder keine Einarbeitungskosten
- weniger Fehlbesetzungen
- weniger Kosten durch Personalwechsel.

Nutzen und Vorteile

Die Kosten für die Berufsschulanteile in der Ausbildung werden – soweit es den Schulbesuch betrifft – von den Berufsschulträgern, also vom Staat oder der Kommune bzw. kommunalen Zweckverbänden oder diesen gemeinsam, getragen. Die Ausbildungsvergütung während der Berufsschulzeit zahlt der Ausbildungsbetrieb.

Kosten der Berufsschule

Für einige Handwerksberufe gibt es zwischenbetriebliche Finanzierungsregelungen. Eine Sonderregelung besteht für das Schornsteinfegerhandwerk auf der Grundlage des Schornsteinfegergesetzes und entsprechender „Ausgleichskassen-Verordnungen" der Länder. Danach muss jeder Bezirksschornsteinfegermeister eine Umlage an die Ausgleichskasse bezahlen. Jeder selbstständige Schornsteinfegermeister, der einen Lehrling ausbildet, erhält als Ausgleichszahlung einen Prozentsatz des im Tarifvertrag vereinbarten Gesellenlohns der höchsten Lohnstufe, vollen Ersatz der Fahrt- und Internatskosten für den Berufsschulbesuch und für die überbetriebliche Unterweisung.

Zwischenbetriebliche Finanzierungsregelungen

Im Bereich des Handwerks bestehen in folgenden Berufen tarifvertragliche Finanzierungsregelungen:
- Baugewerbe (Maurer und Betonbauer, Zimmerer, Betonstein- und Terrazzohersteller, Stuckateur, Fliesen-, Platten- und Mosaikleger, Estrichleger, Wärme-, Kälte- und Schallschutzisolierer, Straßenbauer, Brunnenbauer,

Tarifvertragliche Finanzierungsregelungen

Feuerungs- und Schornsteinbauer, Trockenbaumonteur, Rohrleitungsbauer, Kanalbauer, Gleisbauer)
- Steinmetzen- und Steinbildhauerhandwerk
- Dachdeckerhandwerk.

> In allen aufgeführten Berufsbereichen müssen die Betriebe einen Beitrag auf der Basis der Brutto-Lohnsumme entrichten.

Im Regelfall werden die Mittel im Wesentlichen zur Finanzierung der überbetrieblichen Unterweisung, der teilweisen Erstattung der Ausbildungsvergütung, der Fahrtkosten und der Internatsunterbringung verwendet.
Die Abwicklung der Beitragserhebung und die Auszahlung der Zuwendungen erfolgen über Kassen, die von den Tarifvertragspartnern errichtet wurden.

Ausbildungsbeitrag der Handwerkskammer

> Für Zwecke der Finanzierung der überbetrieblichen Unterweisung kann nach einhelliger Rechtsprechung die zuständige Handwerkskammer auf der Grundlage der Handwerksordnung einen **besonderen Ausbildungsbeitrag** sowohl von Ausbildungsbetrieben als auch von Nichtausbildungsbetrieben bestimmter Handwerksberufe, für die überbetriebliche Unterweisungsmaßnahmen durchgeführt werden, erheben.

Lehrlingsbetreuungsgebühr der Innungen

> Innungen können sowohl von Innungsmitgliedern als auch von Nichtinnungsmitgliedern unter bestimmten Voraussetzungen eine Lehrlingsbetreuungsgebühr für die tatsächliche Benutzung ihrer Einrichtungen (zum Beispiel überbetriebliche Unterweisungsstätte) verlangen.

Zuschüsse

> Zur Erhöhung des Ausbildungsplatzangebotes in bestimmten Regionen, vor allem in den neuen Bundesländern, zur Förderung der Ausbildung im Verbund, zur Förderung der Mobilität und zur Unterbringung von bestimmten Zielgruppen, wie zum Beispiel Sonderschüler, Schwerbehinderte, Behinderte, weibliche Jugendliche, Lehrlinge aus in Konkurs gegangenen Betrieben usw., haben einzelne Länder und der Bund Sonderprogramme geschaffen, nach denen Ausbildungsbetrieben und verschiedenen anderen Berufsausbildungseinrichtungen unter bestimmten Voraussetzungen staatliche Zuschüsse oder Darlehen gewährt werden. Für **zusätzliche** Ausbildungsplätze gewährt ferner die Deutsche Ausgleichsbank zinsgünstige Darlehen.

Nähere Einzelheiten sind insbesondere über die zuständigen Handwerkskammern zu erfahren.

1.2.1.6 Zuständigkeiten, Aufsicht und Kontrolle im dualen System

Aus der unterschiedlichen Aufgabenstellung und der institutionellen Struktur des dualen Systems ergeben sich entsprechende Unterschiede in der Zuständigkeit, Aufsicht und Kontrolle für die Ausbildungsträger.

Zuständigkeit von Bund und Ländern

Der Bundesgesetzgeber ist zuständig für die Regelung der betrieblichen Ausbildung. Den Ländern obliegt die Gesetzgebung für das Berufsschulwesen.

Abbildung 19

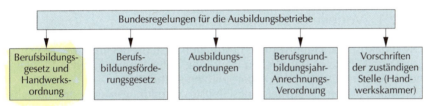

Abbildung 20

Zuständigkeit der Wirtschaft

Hinsichtlich der öffentlichen Verantwortung für die Berufsausbildung sind für den betrieblichen Bereich vor allem die Selbstverwaltungseinrichtungen der Wirtschaft (zum Beispiel Industrie- und Handelskammern, Handwerkskammern und Innungen) zuständig. Für Aufsicht und Grundsatzregelung sind in erheblichem Umfange staatliche Behörden zuständig. Der Bereich der Berufsschule obliegt den staatlichen und kommunalen schulischen Verwaltungen.

Öffentliche Verantwortung

Bundesinstitut für Berufsbildung

Zur Durchführung von bestimmten Aufgaben der Berufsbildung im Rahmen der Bildungspolitik der Bundesregierung besteht ein Bundesinstitut für Berufsbildung.

Das Institut hat unter anderem folgende wichtige Aufgaben:
- Mitwirkung an der Vorbereitung von Ausbildungsordnungen, Rahmenlehrplänen und sonstigen Rechtsverordnungen
- Mitwirkung an der Vorbereitung des Berufsbildungsberichts und an der Durchführung der Berufsbildungsstatistik
- Prüfung, Anerkennung und Förderung von berufsbildenden Fernlehrgängen
- Durchführung der Berufsbildungsforschung
- Führung und Veröffentlichung eines Verzeichnisses über die anerkannten Ausbildungsberufe
- Unterstützung der Planung, Errichtung und Weiterentwicklung überbetrieblicher Berufsbildungsstätten

Aufgaben

- Mitwirkung an der internationalen Zusammenarbeit in der beruflichen Bildung.

Auskunftspflicht

> Alle natürlichen und juristischen Personen sowie Behörden, die Berufsbildung durchführen, sind gegenüber dem Bundesinstitut für Berufsbildung auskunftspflichtig.

In diesem Rahmen müssen auch notwendige Unterlagen vorgelegt und Besichtigungen der Betriebsräume, der Betriebseinrichtungen und der Aus- und Weiterbildungsplätze gestattet werden. Die Auskünfte müssen grundsätzlich unentgeltlich gegeben werden.

1.2.2 Vorteile und Schwachstellen des dualen Systems

1.2.2.1 Vorteile des dualen Systems

Didaktische Vorteile

Die didaktischen Hauptvorteile des dualen Systems liegen in der Bewältigung von konkreten beruflichen Handlungsanforderungen, indem das Lernen direkt an betrieblichen Arbeitsplätzen stattfindet.

Das duale System ist das leistungsfähigste Ausbildungssystem, um das uns die ganze Welt beneidet. Unsere volkswirtschaftlichen Spitzenleistungen gründen zu einem wesentlichen Teil auf diesem Ausbildungssystem.

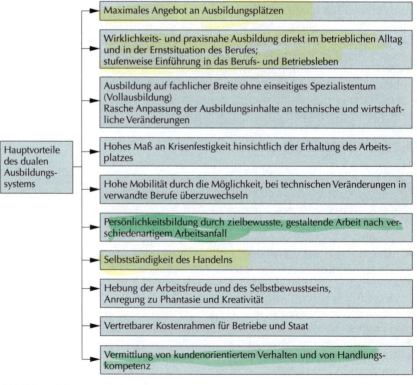

Abbildung 21

1.2.2.2 Schwachstellen des dualen Systems

Von extremen Kritikern wird manchmal das duale System und vor allem der Betrieb als Bildungseinrichtung in Frage gestellt.
Als Schwachstellen werden grundsätzlich genannt:

- mangelnde Systematik der Ausbildung
- produktions- und auftragsabhängiges Lernen
- nicht ausreichende Abstimmung und Kooperation zwischen den einzelnen Ausbildungsträgern
- ausbildungsfremde Arbeiten im Betrieb
- keine ausschließliche Ausrichtung der Arbeit im Betrieb auf den Ausbildungszweck.

Die bei diesem System in Einzelfällen zutage tretenden Mängel sind aber nicht im System als solchem begründet, sondern vielmehr im möglichen mangelhaften Vollzug in einzelnen Ausbildungsstätten.

Schwachstellen

Kritik am dualen System

> Alles in allem lässt sich dennoch feststellen, dass das duale Ausbildungssystem, so wie es auch im Handwerk praktiziert wird, eine vernünftige Synthese (Zusammenfügung) von betriebs- und schulgebundenen Ausbildungsabschnitten ist.

1.2.2.3 Ansatzpunkte zur Sicherung und Weiterentwicklung des dualen Systems – Maßnahmen zur Sicherung der Ausbildungsqualität

Die Ausbildungsqualität ist für das Handwerk in der Zukunft eine Existenzfrage. Aufgrund des hohen Anteils der menschlichen Arbeitskraft an der Produkterstellung oder der Erbringung der Dienstleistung kommt dem Niveau der Ausbildung zentrale Bedeutung auch für die Produktqualität zu.
Zur Sicherung und Weiterentwicklung des dualen Systems und der Ausbildungsqualität sind zahlreiche Maßnahmen erforderlich.

Ausbildungsqualität

Produktqualität

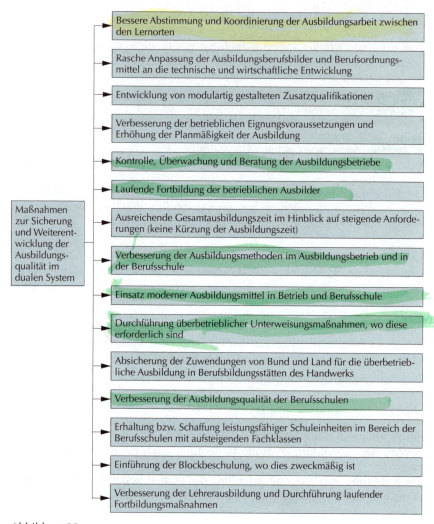

Abbildung 22

1.2.2.4 Vergleich des dualen Systems mit alternativen Ausbildungsformen in Deutschland bzw. Ausbildungssystemen in Europa

Alternative Ausbildungssysteme in Deutschland

Abbildung 23

Die nicht auf der Grundlage des dualen Systems in Deutschland durchgeführten Berufsausbildungen sind, gemessen an der Gesamtzahl aller für einen handwerklichen Beruf Ausgebildeten, gering.

Aufgrund der unterschiedlichen Entwicklungen in technologischer, wirtschaftlicher, gesellschaftlicher und politischer Hinsicht bestehen in den Industriestaaten verschiedenartige Bildungssysteme. Gemeinsam ist bei allen diesen Ländern das Streben nach ständigen Reformen und Verbesserungen festzustellen.

Internationaler Vergleich

Unterschiede

Abbildung 24

Das berufliche Bildungswesen ist in den Mitgliedsstaaten der Europäischen Union recht verschieden gestaltet. Nach einer vergleichenden Studie des Europäischen Zentrums für die Förderung der Berufsbildung lassen sich vereinfacht dargestellt drei Hauptsysteme unterscheiden:

Europäische Union

- Die Lehre, also ein Ausbildungsverhältnis. Bei einem Ausbildungsverhältnis sind praktische Ausbildung in einem Betrieb und in Ausbildungszentren mit theoretischer Ausbildung an Schulen verbunden.
- Die vollzeitschulische Berufsausbildung. Diese Ausbildung kann innerhalb des allgemeinen Bildungssystems, in Bildungsgängen des Sekundarbereichs oder in gesonderten Bildungszentren stattfinden.
- Mischformen.

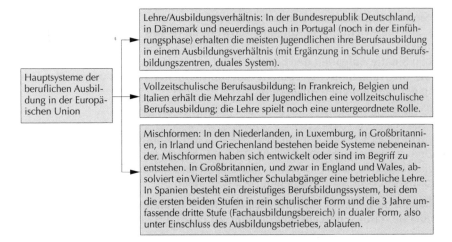

Abbildung 25

Die EU weist dem dualen System Vorbildcharakter für ganz Europa zu. In Großbritannien wurde in den letzten Jahren ein modulares Qualifikationssystem entwickelt, das fünf Qualifikationsstufen (Teilqualifikationen, die sich durch Zerlegung der Berufsqualifikation ergeben) vorsieht. Das System zielt darauf ab, für bestimmte Tätigkeiten zu qualifizieren. Die Anforderungen erhöhen sich von Stufe zu Stufe. Modulare Konzepte sind auch ein Weg für die Qualifizierung von Lernschwachen.

1.2.2.5 Möglichkeiten von Partnerschaften in EU-Projekten

Trotz der zum Teil unterschiedlichen Ausbildungssysteme in den Staaten Europas wird eine verstärkte Kooperation und eine gemeinsame Förderung auf allen Ebenen des Bildungswesens angestrebt. Hauptziele sind die Verbesserung des Ausbildungsniveaus, die Förderung der Mobilität der jungen Menschen in Europa, die Eingliederung Jugendlicher in die Gesellschaft, die Förderung der europäischen Zusammenarbeit, die Unterstützung von Partnerschaften und Netzen, der Erfahrungsaustausch, die gegenseitige Information sowie der Ausbau von Sprachkenntnissen.

EU-Projekte

Zahlreiche Maßnahmen und Projekte werden durch Programme der EU finanziell gefördert.

Für die Berufsausbildung bieten sich insbesondere Partnerschaften an. Interessierte Ausbilder sollten sich mit der Berufsausbildungsabteilung oder einem Ausbildungsberater der Handwerkskammer in Verbindung setzen.

Handlungsorientierte, fallbezogene Aufgaben

1. Sie haben als Ausbildender drei Lehrlinge eingestellt. Zu Beginn der Ausbildung wollen Sie die Auszubildenden darüber informieren, wie das duale Ausbildungssystem aufgebaut ist und welche Aufgabenschwerpunkte die Lernorte in diesem System haben.

Aufgabe:
a) **Erklären Sie, wie das duale System aufgebaut ist!**
b) **Erläutern Sie die wichtigsten Aufgabenschwerpunkte des Betriebes als Ausbildungsstätte!**
c) **Beschreiben Sie die Aufgaben der Berufsschule!**
d) **Nennen Sie die Aufgabenschwerpunkte überbetrieblicher Ausbildungsstätten zur Ergänzung der betrieblichen Ausbildung!**

„Siehe Seiten 37 bis 41 des Textteils!"

2. Ein Ausbildender erhält von der Handwerkskammer die Aufforderung, seinen Auszubildenden zu einer überbetrieblichen Ausbildungsmaßnahme zu entsenden, da dieser zur Teilnahme verpflichtet sei. Darüber hinaus wird er aufgefordert, eine Gebühr für diesen Unterweisungslehrgang zu bezahlen.

Aufgabe: Stellen Sie fest, ob der Lehrling tatsächlich zur Teilnahme verpflichtet ist und ob der Ausbildende dafür eine Lehrgangsgebühr zu entrichten hat! Welche Aussagen treffen zu?

2.1 Ist der Auszubildende verpflichtet, an überbetrieblichen Unterweisungsmaßnahmen teilzunehmen?
☐ a) Ja, wenn der Betrieb die Kosten übernimmt.
☐ b) Ja, wenn der Staat die gesamten Kosten übernimmt.
☒ c) Ja, wenn die Ausbildungsmaßnahme verpflichtend angeordnet ist.

1.2 Handlungssituation: Bedeutung des dualen Systems der Berufsausbildung beurteilen 53

☐ d) Nein, weil er selbst beurteilen kann, ob die überbetriebliche Unterweisung notwendig ist.
☐ e) Nein, weil die Teilnahmepflicht durch vertragliche Vereinbarungen ausgeschlossen werden kann.

„Siehe Seite 40 des Textteils!"

2.2 Ist der Ausbildende verpflichtet, Gebühren für überbetriebliche Unterweisungslehrgänge zu entrichten?
☐ a) Nein, weil er von den Maßnahmen keinen betrieblichen Nutzen hat.
☐ b) Nein, weil es zur Pflicht des Auszubildenden gehört, eventuelle Gebühren zu entrichten, da er auch einen persönlichen Nutzen hat.
☐ c) Nein, weil die Kosten in jedem Fall vom Staat in voller Höhe getragen werden.
☐ d) Nein, weil die Kosten immer von der zuständigen Innung übernommen werden.
☒ e) Ja, er muss diese Gebühr bezahlen, soweit die Kosten nicht anderweitig gedeckt sind.

„Siehe Seite 40 des Textteils!"

3. Im Rahmen des zunehmenden Wettbewerbs der Handwerksbetriebe an den Märkten werden von den Betriebsinhabern vermehrt auch die Kosten untersucht, die bei der Berufsausbildung insgesamt und besonders für den Ausbildungsbetrieb anfallen. Außerdem gibt es im politischen Raum immer wieder Diskussionen über die Kostentragung im Rahmen des dualen Systems. Dies gibt Ihnen als Inhaber eines Handwerksbetriebes Veranlassung einmal zusammenzustellen, welche Kosten wo anfallen und wer diese Kosten trägt.

Aufgabe: Erläutern Sie wichtige Kosten und deren Träger:
a) **für den betrieblichen Ausbildungsbereich**
b) **für den Bereich der Berufsschule**
c) **für Maßnahmen der überbetrieblichen Ausbildung!**

„Siehe Seiten 44 bis 46 des Textteils!"

4. Der Inhaber eines Handwerksbetriebes, der laufend Lehrlinge ausbildet, verfolgt die u. a. auch im Zusammenhang mit der zunehmenden Verflechtung in der Europäischen Union einhergehende Diskussion über die teils unterschiedlichen Ausbildungssysteme in Europa sowie die Argumente über Vor- und Nachteile des dualen Systems. Dazu kommt, dass auch in Deutschland von Zeit zu Zeit immer wieder solche Diskussionen von verschiedenen gesellschaftlichen Gruppen in Gang gesetzt werden. Dies gibt ihm Veranlassung, die Vor- und Nachteile des dualen Systems generell und im Vergleich zu anderen Ausbildungssystemen in Europa zusammenzustellen und darüber hinaus zu überlegen, wo Ansatzpunkte zur Sicherung und Weiterentwicklung des dualen Systems bei uns gegeben sind und wo Maßnahmen zur Sicherung der Ausbildungsqualität sinnvoll erscheinen.

Aufgabe:
a) **Erklären Sie die Hauptsysteme der beruflichen Bildung in der Europäischen Union!**
b) **Stellen Sie die Vorteile und Schwachstellen des dualen Systems dar!**
c) **Erläutern Sie wichtige Ansatzpunkte zur Sicherung und Weiterentwicklung des dualen Systems sowie für Maßnahmen zur Sicherung der Ausbildungsqualität!**

„Siehe Seiten 48 bis 52 des Textteils!"

1.3 Handlungssituation: Rechtliche Rahmenbedingungen der Ausbildung kennen und berücksichtigen

Kompetenzen:
- Die für die Berufsausbildung relevanten Gesetze benennen sowie die in ihnen aufgeführten Bestimmungen bedarfsgerecht recherchieren
- Eignungsvoraussetzungen für die Ausbildung kennen und beachten
- Den Unterschied von Ausbildenden und Ausbildern verstehen und berücksichtigen

Stellung der Berufsbildung im Rechtssystem

Berufsbildungsrecht

Wichtige Formen des Berufsbildungsrechts sind:

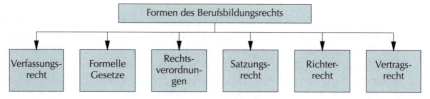

Abbildung 26

Beispiel: *Grundgesetz*

- Verfassungsrecht = insbesondere Grundrechte
- Formelle Gesetze = zum Beispiel Handwerksordnung, Berufsbildungsgesetz
- Rechtsverordnungen = zum Beispiel Ausbildungsordnung
- Satzungsrecht = zum Beispiel Prüfungsordnungen der Handwerkskammer
- Richterrecht = zum Beispiel Urteile des Bundesverwaltungsgerichts, des Bundesarbeitsgerichts
- Vertragsrecht = zum Beispiel Berufsausbildungsvertrag.

Bundesrecht
Landesrecht

Nach der Zuständigkeit (Bund oder Länder) in der Gesetzgebung unterscheidet man auch für die gesamte Regelung der beruflichen Bildung zwischen Bundes- und Landesrecht.

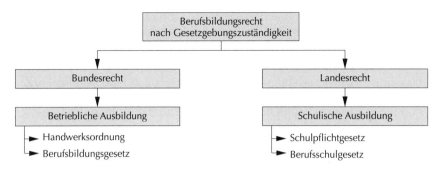

Abbildung 27

Je nachdem, ob der Gesetzgeber die Rechtsbeziehungen zwischen Staat und Bürger oder zwischen gleichrangigen Einzelmenschen untereinander regelt, unterscheidet man zwischen öffentlichem und privatem Recht. Das Berufsbildungsrecht lässt sich in seiner Gesamtheit nicht dem öffentlichen oder dem privaten Recht ausschließlich zuordnen. Vielmehr setzen sich wesentliche Bereiche des Berufsbildungsrechts aus einer Verknüpfung von öffentlichem und privatem Recht zusammen.

Öffentliches und privates Recht

Abbildung 28

1.3.1 Bedeutung des Grundgesetzes und der Landesverfassungen für die berufliche Bildung

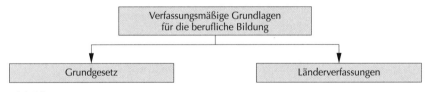

Abbildung 29

1.3.1.1 Grundgesetz

Das Grundgesetz regelt
- das Verhältnis der Zuständigkeiten zwischen Bund und Ländern für Gesetzesregelungen im Bildungswesen
und

Grundgesetz

- gibt dem Bürger Grundrechte, die den Staat binden und die für den einzelnen Bürger im Bereich der Berufsbildung, aber auch für das Schulwesen wichtig sind.

Freiheit der Berufswahl und Ausbildung

> Die für den Bürger wichtigste Regelung in Bezug auf die Berufsbildung heißt: „Alle Deutschen haben das Recht, Beruf, Arbeitsplatz und Ausbildungsstätte frei zu wählen. Die Berufsausübung kann durch Gesetz oder aufgrund eines Gesetzes geregelt werden."

Aus diesem Verfassungsgrundsatz ergibt sich, dass eine staatliche Berufslenkung zugunsten bestimmter Berufe nicht zulässig ist. Lediglich im Rahmen der Berufsaufklärung können die Berufsorganisationen und die Arbeitsverwaltung informativ und beratend tätig sein.

1.3.1.2 Landesverfassungen

Schulwesen

Nach den Verfassungen der Länder sind diese für die Gesetzgebung auf dem Gebiet des Schulwesens zuständig.

Anspruch auf Ausbildung

> Für den einzelnen Bürger gilt der Grundsatz, dass jeder Bewohner Anspruch auf eine seinen erkennbaren Fähigkeiten entsprechende Ausbildung hat.

1.3.2 Bildungsrelevante Gesetze und Verordnungen im Überblick

Die nachstehende Abbildung zeigt die wichtigsten Vorschriften zum beruflichen Bildungswesen des Handwerks im Überblick:

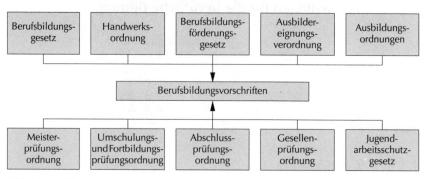

Abbildung 30

Die wichtigsten Gesetze für die Durchführung der Berufsbildung im Handwerk sind: das Berufsbildungsgesetz, das Berufsbildungsförderungsgesetz und die Handwerksordnung.

Weitere Vorschriften

Weitere wichtige Gesetze und Verordnungen sind:
- das Arbeitsförderungsrecht im Sozialgesetzbuch (SGB III)
- das Bundesausbildungsförderungsgesetz

- das Aufstiegsfortbildungsförderungsgesetz
- die Ausbildungsordnungen
- die fachlichen Vorschriften zur Berufsausbildung (sofern noch keine Ausbildungsordnung vorliegt).

1.3.3 Berufsbildungsgesetz, Berufsbildungsförderungsgesetz, Handwerksordnung

Die drei zentralen Gesetze für den Bereich der beruflichen Bildung im Handwerk sind:

Abbildung 31

1.3.3.1 Berufsbildungsgesetz

> Das Berufsbildungsgesetz verfolgt das Ziel, eine umfassende bundeseinheitliche Regelung für die berufliche Bildung zu gewährleisten.

Ziele

Im Rahmen des dualen Systems – Ausbildung in Betrieb und Berufsschule – regelt es den Bereich der betrieblichen Ausbildung, und zwar grundsätzlich in allen Berufs- und Wirtschaftszweigen. Um die gesetzestechnische und inhaltliche Einheit der Handwerksordnung zu gewährleisten, sind aber Teile des Berufsbildungsrechts für das Handwerk in der Handwerksordnung geregelt.

Geltungsbereich

Nach dem Berufsbildungsgesetz umfasst Berufsbildung als Oberbegriff der beruflichen Bildung folgende Bereiche:

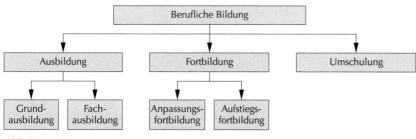

Abbildung 32

Ausbildung

Die berufliche Ausbildung hat die Aufgabe
- eine möglichst breit angelegte berufliche Grundausbildung und eine
- sich anschließende Fachbildung zu vermitteln.

Die Grundausbildung soll eine breite Grundlage für die weitere berufliche Fachbildung und eine vielseitige berufliche Tätigkeit bieten. Das bedeutet

Grundausbildung

Fachausbildung — Aneignung von Grundfertigkeiten und Kenntnissen, die einem möglichst breiten Bereich von Tätigkeiten gemeinsam sind. Die berufliche Fachbildung, die auf der Grundausbildung aufbaut, kann entweder auf Fertigkeiten ausgerichtet sein, die mehreren Fachrichtungen oder Schwerpunkten gemeinsam sind, oder aber die Ausübung einer hoch qualifizierten Berufstätigkeit zum Ziele haben.

Fortbildung

Die berufliche Fortbildung ist darauf ausgerichtet, nach abgeschlossener Berufsausbildung berufliche Fertigkeiten und Kenntnisse
- zu erhalten
- zu erweitern und
- an die technische Entwicklung anzupassen (Anpassungsfortbildung) oder
- den beruflichen Aufstieg zu ermöglichen (Aufstiegsfortbildung).

Anpassungs- und Aufstiegsfortbildung

Umschulung

Unter Umschulung versteht man die Aneignung von Kenntnissen, die zu einer anderen als der bisherigen beruflichen Tätigkeit befähigen.

Inhalt des Berufsbildungsgesetzes

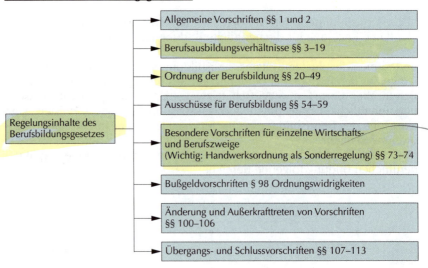

Abbildung 33

Von den oben aufgeführten Vorschriften gelten die §§ 20–49, 56–59 sowie 98 und 99 für das Handwerk nicht. Für diese Regelungsbereiche gilt die Handwerksordnung (siehe Abschnitt 1.3.3.3 „Handwerksordnung").

1.3.3.2 Berufsbildungsförderungsgesetz

> Dieses Gesetz verfolgt das Ziel, durch die Berufsbildungsplanung die Grundlagen für eine abgestimmte und den technischen, wirtschaftlichen und gesellschaftlichen Anforderungen entsprechende Entwicklung der beruflichen Bildung zu schaffen.

Weitere Ziele sind die Erstellung einer Berufsbildungsstatistik und eines jährlichen Berufsbildungsberichts sowie Organisation, Betrieb und Finanzierung des Bundesinstituts für Berufsbildung zu gewährleisten.

Das Berufsbildungsförderungsgesetz gilt für die Berufsbildung, soweit sie nicht in berufsbildenden Schulen durchgeführt wird, die den Schulgesetzen der Länder unterstehen. — Geltungsbereich

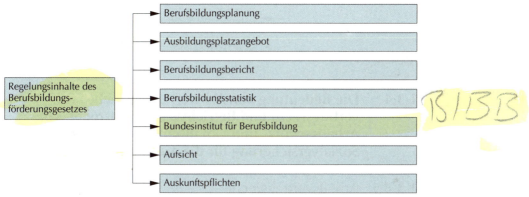

Abbildung 34

Alle natürlichen und juristischen Personen sowie Behörden, die Berufsbildung durchführen, sind gegenüber dem Bundesinstitut für Berufsbildung auskunftspflichtig. In diesem Rahmen müssen auch notwendige Unterlagen vorgelegt und Besichtigungen der Betriebsräume, der Betriebseinrichtungen und der Aus- und Weiterbildungsplätze gestattet werden. Die Auskünfte müssen grundsätzlich unentgeltlich gegeben werden. — Auskunftspflicht

1.3.3.3 Handwerksordnung

> Die Handwerksordnung regelt als Rechtsgrundlage im Wesentlichen alle wichtigen Gebiete der beruflichen Bildung, des Prüfungswesens, der Berufsausübung und des Organisationsrechts für den Wirtschaftszweig Handwerk.

Um die gesetzestechnische Einheit der Handwerksordnung zu wahren, sind wichtige Teile des Berufsbildungsrechts nicht im Berufsbildungsgesetz, sondern in der Handwerksordnung geregelt. Ein wichtiger Grund hierfür besteht darin, dass die Berufsausbildung im Handwerk in einem engen Zusammenhang mit dem meisterlichen Befähigungsnachweis steht, der das Kernstück der Handwerksordnung darstellt. Die Vorschriften in beiden Gesetzen stimmen jedoch in ihrem materiellen Inhalt weitgehend überein. — Geltungsbereich

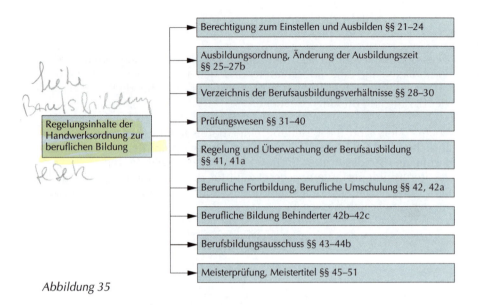
Abbildung 35

1.3.4 Die Bedeutung von Arbeitsvertragsrecht, Tarifvertragsrecht und Betriebsverfassungsrecht, von Arbeitsschutz- und Unfallschutzrecht sowie der Sozialversicherung für die Ausbildung

1.3.4.1 Arbeitsvertragsrecht

Das Arbeitsvertragsrecht regelt die Rechtsbeziehungen zwischen Arbeitnehmer und Arbeitgeber.

> Soweit sich aus dem Wesen und Zweck des Berufsausbildungsverhältnisses und dem Berufsbildungsgesetz nichts anderes ergibt, finden die für den Arbeitsvertrag geltenden Rechtsvorschriften und Rechtsgrundsätze auch auf den Berufsausbildungsvertrag Anwendung.
> Arbeitsrechtliche Rechtsvorschriften gelten, wenn sie Auszubildende ausdrücklich einbeziehen (z.B. Bundesurlaubsgesetz) oder dem Arbeitnehmerschutz dienen (z.B. Mutterschutzgesetz). Die Ausbildungsvergütung ist sozialversicherungsrechtlich Arbeitsentgelt.

Urlaubsrecht

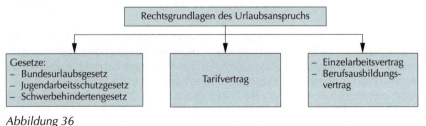
Abbildung 36

1.3.4 Die Bedeutung von Arbeitsvertragsrecht, Tarifvertragsrecht

Das Urlaubsrecht ist bundeseinheitlich durch das Bundesurlaubsgesetz geregelt; es findet auf alle Arbeits- und Ausbildungsverhältnisse Anwendung. Für Jugendliche und Schwerbehinderte bestehen Sonderregelungen.

Bundesurlaubsgesetz

> Das Bundesurlaubsgesetz regelt Mindestbedingungen; darüber hinaus können durch Tarifvertrag oder Einzelarbeits- bzw. Ausbildungsvertrag günstigere Regelungen bestehen.

Abbildung 37

Der gesetzliche Mindesturlaub, gestaffelt nach Alter:

Wenn der Arbeitnehmer bzw. Auszubildende zu Beginn des Kalenderjahres
- noch nicht 16 Jahre alt ist   = 30 Werktage
- noch nicht 17 Jahre alt ist   = 27 Werktage
- noch nicht 18 Jahre alt ist   = 25 Werktage
- bereits 18 Jahre alt ist   = 24 Werktage.

Jugendliche

Erwachsene

Als Werktage gelten alle Kalendertage mit Ausnahme der Sonn- und Feiertage.

> Schwerbehinderte erhalten einen Zusatzurlaub von fünf Arbeitstagen im Jahr. Arbeitet der Schwerbehinderte regelmäßig an mehr oder weniger als fünf Tagen in der Woche, erhöht oder vermindert sich der Zusatzurlaub entsprechend.

Schwerbehinderte

Die wichtigsten Grundsätze des Urlaubsrechts:

Grundsätze des Urlaubsrechts

- Urlaubsjahr ist das Kalenderjahr (1.1. bis 31.12.).
- Der volle Urlaubsanspruch wird erst nach einer Wartezeit von sechs Monaten erworben.
- Bei Ausscheiden aus dem Betrieb innerhalb der Wartezeit oder in der ersten Hälfte des Kalenderjahres besteht nur Anspruch auf Teilurlaub in Höhe von $1/12$ des Jahresurlaubsanspruchs für jeden vollen Beschäftigungsmonat.
- Die Urlaubsgewährung erfolgt unter Berücksichtigung der Urlaubswünsche des Arbeitnehmers bzw. Auszubildenden und der betrieblichen Belange.
- Der Urlaub muss im laufenden Kalenderjahr gewährt und eingebracht werden.
- Eine Übertragung auf das nächste Kalenderjahr ist nur in Ausnahmefällen bis spätestens 31.3. möglich.

- Eine Barabgeltung des Urlaubs ist unwirksam, es sei denn, dass die Einbringung in Freizeit wegen Beendigung des Arbeits- bzw. Ausbildungsverhältnisses nicht mehr möglich ist.

Urlaubsentgelt

Das Urlaubsentgelt errechnet sich aus dem Durchschnittsarbeitsverdienst der letzten 13 abgerechneten Wochen vor Beginn des Urlaubs (ohne Überstundenvergütungen). Bei Verdiensterhöhungen, die während des Berechnungszeitraums oder Urlaubs eintreten, ist von dem erhöhten Verdienst auszugehen.

Beispiel:
Erhöhung der Ausbildungsvergütung durch Tarifvertrag oder durch Eintritt in das nächste Ausbildungsjahr.

Zusätzliches Urlaubsentgelt

Ein Anspruch auf zusätzliches Urlaubsentgelt kann sich aufgrund tariflicher oder einzelvertraglicher Regelungen ergeben.

Abbildung 38

Lohnsicherung

Der Lohn dient der Existenzsicherung des Arbeitnehmers bzw. Auszubildenden. Er ist deshalb weitgehend dem Zugriff Dritter, des Arbeitgebers und der Vorausverfügung durch den Arbeitnehmer oder Auszubildenden selbst entzogen.

- Lohnpfändungsschutz

Nur bestimmte Teile des Arbeitsentgelts sind pfändbar. Die Höhe des pfändbaren Lohnteils richtet sich nach der Höhe des Nettoarbeitsentgelts und der Zahl der unterhaltsberechtigten Personen.

1.3.4 Die Bedeutung von Arbeitsvertragsrecht, Tarifvertragsrecht

- Lohnaufrechnungsverbot

Der Arbeitgeber kann berechtigte Ansprüche gegenüber seinem Arbeitnehmer bzw. Auszubildenden nur im Rahmen des pfändbaren Teils des Entgelts aufrechnen.

Eine Berufung auf das Lohnaufrechnungsverbot ist jedoch nicht möglich, wenn der geschuldete Betrag auf eine vorsätzliche unerlaubte Handlung oder auf eine vorsätzliche Schadenszufügung zurückzuführen ist.

Beispiel:
Schadenersatzansprüche wegen Unterschlagung.

- Lohnabtretungsverbot

Lohnansprüche können nicht abgetreten werden, soweit sie der Pfändung entzogen sind.

- Insolvenzgeld

Das Arbeitsförderungsgesetz sichert dem Arbeitnehmer ebenso wie dem Auszubildenden im Falle der Insolvenz des Arbeitgebers (Konkurs) seine ihm noch zustehenden Entgeltansprüche für die letzten drei Monate.

Lohnsicherungsmaßnahmen für Arbeitnehmer und Auszubildende

Abbildung 39

Verjährung

Lohnansprüche – auch Ansprüche auf Ausbildungsvergütungen – unterliegen der dreijährigen Verjährungsfrist.

Haftung des Arbeitnehmers

> Im Rahmen der Grundsätze über die Beschränkung der Arbeitnehmerhaftung haftet der Arbeitnehmer dem Arbeitgeber für den Schaden, den er verursacht. Der Arbeitnehmer hat Vorsatz und Fahrlässigkeit zu vertreten.

Vorsatz und Fahrlässigkeit

Bei vorsätzlicher Schadensverursachung haftet der Arbeitnehmer für den gesamten Schaden. Das Gleiche gilt bei grober Fahrlässigkeit; jedoch mit der Maßgabe, dass sich bei besonders hohem Schadensrisiko und vergleichsweise geringem Verdienst die Schadensersatzpflicht reduzieren kann. Der Arbeitgeber muss das Verschulden seines Mitarbeiters beweisen. Bei normaler Fahrlässigkeit ist der Schaden zwischen Arbeitgeber und Arbeitnehmer zu verteilen; dabei sind die Gesamtumstände von Schadensanlass und Schadensfolge nach Billigkeits- und Zumutbarkeitsgrundsätzen gegeneinander abzuwägen.

Wegfall der Haftung

> Bei leichter Fahrlässigkeit oder fehlendem Verschulden entfällt die Haftung des Arbeitnehmers.

> Diese Haftungsgrundsätze gelten auch für Auszubildende, jedoch mit der Maßgabe, dass den Ausbildenden bzw. Ausbilder eine besondere Aufsichts- und Fürsorgepflicht trifft.

1.3.4.2 Kündigungsschutzrecht

Das Kündigungsrecht des Arbeitgebers ist durch gesetzliche Kündigungsschutzbestimmungen eingeschränkt.

Allgemeiner Kündigungsschutz

Personenkreis

> Die Kündigung eines Arbeitnehmers,
> - der bereits länger als sechs Monate
> - in einem Betrieb mit mehr als fünf Arbeitnehmern
>
> beschäftigt ist, ist rechtsunwirksam, wenn sie sozial ungerechtfertigt ist.

Bei der Feststellung der Zahl der beschäftigten Arbeitnehmer werden Auszubildende nicht mitgerechnet.

Teilzeitbeschäftigte werden anteilig berücksichtigt:
bei einer regelmäßigen wöchentlichen Arbeitszeit
von nicht mehr als 20 Stunden mit 0,5,
von nicht mehr als 30 Stunden mit 0,75.
Nach einem Urteil des Bundesarbeitsgerichts hat allerdings auch der Arbeitgeber im Kleinbetrieb, auf den das Kündigungsschutzgesetz keine Anwendung findet, im Fall der Kündigung, insbesondere bei langjähriger Beschäftigungsdauer des Arbeitnehmers, ein gebotenes Mindestmaß an sozialer Rücksichtnahme zu wahren.

Kündigungsschutzklage

Gegen eine sozial nicht gerechtfertigte Kündigung kann der Arbeitnehmer innerhalb von drei Wochen nach Zugang der Kündigung Klage beim Arbeitsgericht erheben.

Klagefrist

> Die Klagefrist von 3 Wochen gilt auch für Auszubildende in Betrieben mit mehr als fünf Arbeitnehmern, wenn sie bereits länger als sechs Monate dem Betrieb angehören und gegen eine Kündigung des Ausbildungsbetriebes aus wichtigem Grund Klage beim Arbeitsgericht erheben wollen. Besteht ein Schlichtungsausschuss (z. B. Lehrlingsstreitigkeitenausschuss bei der Innung) und ist dieser zuständig, muss vor Erhebung der Klage der Schlichtungsausschuss angerufen werden.

Anwendung auf Ausbildungsverhältnisse

Schlichtungsausschuss

Besonderer Kündigungsschutz

> Der besondere Kündigungsschutz gilt sowohl für Arbeitnehmer als auch für Auszubildende.

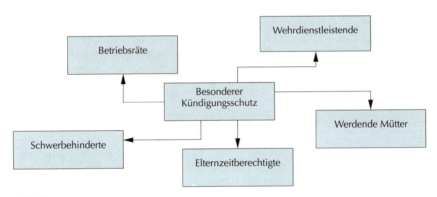

Abbildung 40

Betriebsräte und Jugendvertreter

> Das Arbeits- bzw. Ausbildungsverhältnis kann nur beendet werden
> - fristlos aus wichtigem Grund
> - mit Zustimmung des Betriebsrates oder
> - mit Ersatz-Zustimmung durch das Arbeitsgericht.

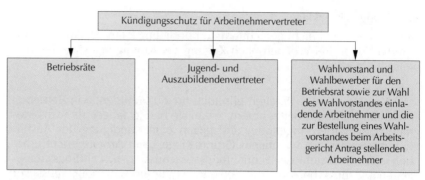
Abbildung 41

Beendigungsschutz

Beabsichtigt der Arbeitgeber, einen Auszubildenden, der Mitglied des Betriebsrates oder der Jugend- und Auszubildendenvertretung ist, im Anschluss an das Berufsausbildungsverhältnis nicht in ein Arbeitsverhältnis zu übernehmen, muss er dies dem Auszubildenden drei Monate vor Ausbildungsende schriftlich mitteilen.
Verlangt der Auszubildende innerhalb der letzten drei Monate vor Ausbildungsende schriftlich die Weiterbeschäftigung, gilt ein Arbeitsverhältnis als abgeschlossen. Bis zum Ablauf von zwei Wochen nach Ausbildungsende kann der Arbeitgeber beim Arbeitsgericht feststellen lassen, dass die Weiterbeschäftigung nicht zumutbar ist, wenn Gründe hierfür vorliegen.

Wehrdienstleistende

Ab Zustellung des Einberufungsbescheides bis zur Beendigung des Grundwehrdienstes sowie während einer Wehrübung ist nur eine fristlose Kündigung aus wichtigem Grund zulässig. Dies gilt auch für Soldaten auf Zeit mit einer Dienstzeit bis zu zwei Jahren und Zivildienstleistende.

Kleinbetriebsregelung

Ausgenommen sind Betriebe bis zu fünf Beschäftigten (ausschließlich der Auszubildenden). Dort kann unter Einhaltung einer Frist von
- zwei Monaten zum Ende des Wehrdienstes
  gekündigt werden
- bei einem Grundwehrdienst von mehr als sechs Monaten, wenn

Kündigungsvoraussetzungen

- der Arbeitnehmer unverheiratet ist und
- dem Arbeitgeber die Weiterbeschäftigung infolge Einstellung einer Ersatzkraft nach Ende des Wehrdienstes nicht zugemutet werden kann.

Nach Beendigung eines Berufsausbildungsverhältnisses darf die Übernahme eines Auszubildenden in ein Arbeitsverhältnis nicht aus Anlass des Wehrdienstes abgelehnt werden.

Schwerbehinderte

Die Wirksamkeit der Kündigung eines schwer behinderten (oder gleichgestellten) Auszubildenden aus wichtigem Grund durch den Ausbildungsbetrieb bedarf der vorherigen Zustimmung des Integrationsamtes.

Die Zustimmung ist nicht erforderlich, wenn das Ausbildungsverhältnis noch nicht länger als sechs Monate besteht.

Abbildung 42

Werdende Mütter

Während der Schwangerschaft und vier Monate nach der Entbindung ist die Kündigung einer Auszubildenden unzulässig, wenn dem Arbeitgeber zum Zeitpunkt der Kündigung die Schwangerschaft oder Entbindung bekannt ist oder spätestens innerhalb von zwei Wochen nach Zugang der Kündigung noch mitgeteilt wird. Dieses absolute Kündigungsverbot des Ausbildungsbetriebes gilt auch während der Probezeit des Ausbildungsverhältnisses. Mit Ablauf der Ausbildungszeit endet das Ausbildungsverhältnis auch bei bestehender Schwanger- bzw. Mutterschaft.

Absolutes Kündigungsverbot

Auf Antrag des Arbeitgebers kann die für den Arbeitsschutz zuständige oberste Landesbehörde oder die von ihr bestimmte Stelle in besonderen Fällen ausnahmsweise die Kündigung zulassen. Die Kündigung bedarf der Schriftform und muss den zulässigen Grund angeben.

Ausnahmen

Beispiel:
Bei Betriebsstilllegung.

Elternzeitberechtigte

Das Berufsausbildungsverhältnis ist ab dem Zeitpunkt, von dem an Elternzeit verlangt wird, höchstens jedoch acht Wochen vor deren Beginn und während der Elternzeit nicht kündbar.

Kündigungsverbot

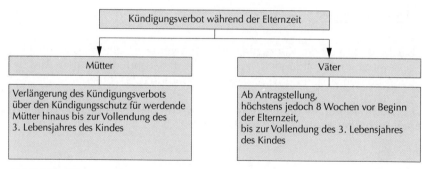
Abbildung 43

Ausnahmen

In besonderen Fällen kann die zuständige Arbeitsschutzbehörde ausnahmsweise die Kündigung für zulässig erklären.
Hinsichtlich Anspruchsvoraussetzungen und Dauer der Elternzeit siehe Abschnitt 1.3.4.5 „Arbeitsschutzrecht – Mutterschutzrecht".

1.3.4.3 Tarifvertragsrecht

Tarifvertragsparteien

Tarifvertragsparteien sind die Gewerkschaften und Arbeitgeberverbände (gelegentlich auch einzelne Arbeitgeber).

Abschluss der Tarifverträge durch die Tarifvertragsparteien

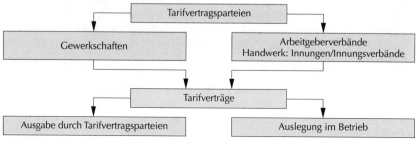
Abbildung 44

Tarifgebundenheit

Der Tarifvertrag ist verbindlich, wenn
- beide Arbeits- bzw. Ausbildungsvertragspartner Mitglied bei der für sie zuständigen Tarifvertragspartei sind
  oder
- der Tarifvertrag durch das Bundes- oder Landesarbeitsministerium für allgemein verbindlich erklärt worden ist.

Besteht Tarifbindung, sind abweichende Vereinbarungen zu Ungunsten des Arbeitnehmers bzw. Auszubildenden unwirksam.
Besteht keine Tarifbindung, kann die Anwendung des Tarifvertrages im Arbeits- oder Ausbildungsvertrag vereinbart werden.

Tarifbindung

Inhalt des Tarifvertrages

> Die Tarifverträge regeln die beiderseitigen Rechte und Pflichten der Arbeitgeber und Arbeitnehmer bzw. Auszubildenden im Arbeits- bzw. Ausbildungsverhältnis.

Der Lohn- bzw. Gehaltstarifvertrag regelt die Entgeltbedingungen, der Rahmen- oder Manteltarifvertrag die sonstigen Vertragsbedingungen.
Auch Regelungen über die Höhe der Ausbildungsvergütungen für Auszubildende sowie die Urlaubsdauer und vermögenswirksame Leistungen können Inhalt von Tarifverträgen sein. Tarifverträge haben drei wichtige Funktionen:
- Schutzfunktion: Im Arbeitsvertrag dürfen die Mindestarbeitsbedingungen des Tarifvertrages nicht unterschritten werden.
- Ordnungsfunktion: Nach dem Tarifvertrag bestimmen sich die Inhalte des Arbeitsvertrages.
- Friedensfunktion: Bei Gültigkeit eines Tarifvertrages herrscht Streikverbot hinsichtlich der tariflich festgelegten Punkte.

Funktionen

1.3.4.4 Betriebsverfassungsrecht

Betriebsrat

> In Betrieben mit mindestens fünf ständigen wahlberechtigten Arbeitnehmern einschließlich der zu ihrer Ausbildung Beschäftigten, von denen mindestens drei wählbar sein müssen, kann ein Betriebsrat gewählt werden.

Wahlberechtigt sind alle Arbeitnehmer und Auszubildenden, die 18 Jahre alt sind. Dazu zählen auch Leiharbeitnehmer, wenn sie länger als drei Monate im Betrieb eingesetzt werden. Wählbar sind alle Beschäftigten, die 18 Jahre alt sind und dem Betrieb bereits sechs Monate zugehören. Leiharbeitnehmer können nicht gewählt werden.
Die Zahl der Betriebsratsmitglieder richtet sich nach der Zahl der wahlberechtigten Arbeitnehmer und Auszubildenden.

Wahlberechtigung

Jugend- und Auszubildendenvertretung

> In Betrieben mit in der Regel mindestens 5 Arbeitnehmern unter 18 Jahren oder Auszubildenden unter 25 Jahren kann neben dem Betriebsrat eine Jugend- und Auszubildendenvertretung gewählt werden, die die Belange der Jugendlichen und Lehrlinge wahrnimmt.

Wahlberechtigt ist die oben beschriebene Personengruppe.

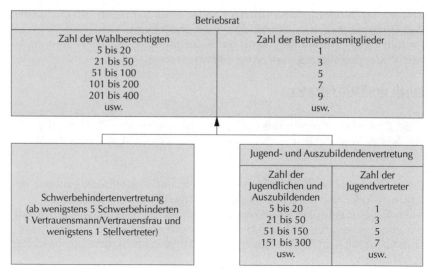

Abbildung 45

Amtszeit

Die Amtszeit des Betriebsrates beträgt vier Jahre, die der Jugend- und Auszubildendenvertretung zwei Jahre.

Rechte der Arbeitnehmervertretungen

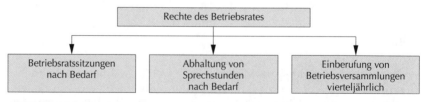

Abbildung 46

Die Jugend- und Auszubildendenvertretung ist berechtigt, an den Sitzungen des Betriebsrates teilzunehmen.

Zusammenarbeit zwischen Arbeitgeber und Betriebsrat

Friedenspflicht

Einigungsstellen

Arbeitgeber und Betriebsrat sollen unter Beachtung der geltenden Tarifverträge vertrauensvoll und im Zusammenwirken mit den im Betrieb vertretenen Gewerkschaften und Arbeitgeberverbänden zum Wohl der Arbeitnehmer und des Betriebes zusammenarbeiten. Sie unterliegen einer Friedenspflicht, können Betriebsvereinbarungen schließen und zur Beilegung von Meinungsverschiedenheiten eine Einigungsstelle bilden.

Mitwirkungs- und Mitbestimmungsrechte

Allgemeine Aufgabe des Betriebsrates ist es, darüber zu wachen, dass die Gesetze, Verordnungen, Unfallverhütungsvorschriften, Tarifverträge und Betriebsvereinbarungen eingehalten werden.

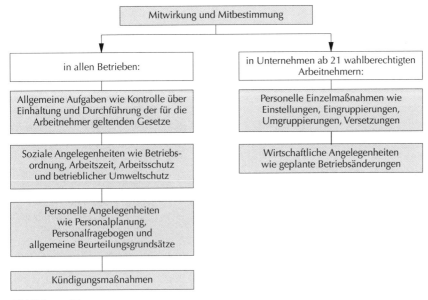

Abbildung 47

Aufgaben der Jugend- und Auszubildendenvertretung

Zu den allgemeinen Aufgaben gehören:
- Maßnahmen, die den Jugendlichen und Auszubildenden dienen, insbesondere in Fragen der Berufsausbildung, beim Betriebsrat zu beantragen;
- darüber zu wachen, dass die zugunsten der Jugendlichen und Auszubildenden geltenden Gesetze und sonstigen Vorschriften durchgeführt werden;
- Anregungen von Jugendlichen und Auszubildenden entgegenzunehmen und, falls sie berechtigt erscheinen, beim Betriebsrat auf eine Erledigung hinzuwirken.

Allgemeine Aufgaben

Rechte des einzelnen Arbeitnehmers und Auszubildenden

Jeder Arbeitnehmer und Auszubildende hat nach dem Betriebsverfassungsgesetz folgende Rechte:

Arbeitnehmerrechte

Jeder Arbeitnehmer hat nach dem Betriebsverfassungsgesetz folgende Rechte

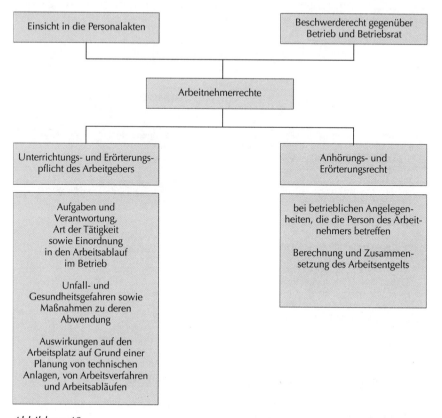

Abbildung 48

1.3.4.5 Arbeitsschutzrecht

> Der Arbeitsschutz dient der Sicherheit und der Gesundheit der Beschäftigten bei der Arbeit. Die Arbeitsschutzvorschriften sind zwingend und müssen von Arbeitgebern und Beschäftigten beachtet werden.

Betrieblicher Arbeitsschutz

Arbeitsschutzgesetz

Die Grundsätze des betrieblichen Arbeitsschutzes regelt das Arbeitsschutzgesetz.

Grundpflichten der Arbeitgeber sind vor allem:
- Erforderliche Maßnahmen des Arbeitsschutzes zu treffen und laufend auf ihre Wirksamkeit hin zu überprüfen.
- Die Arbeit so zu gestalten, dass Gefährdungen vermieden werden.
- In Betrieben mit mehr als zehn Beschäftigten die mit der Arbeit verbundenen Gefährdungen zu ermitteln und das Ergebnis sowie die getroffenen Maßnahmen durch Unterlagen zu dokumentieren.
- Die Beschäftigten über Sicherheit und Gesundheitsschutz am Arbeitsplatz ausreichend und angemessen zu unterweisen.

Pflichten der Arbeitgeber

Pflichten der Beschäftigten sind:
- Für die Sicherheit und Gesundheit bei der Arbeit Sorge zu tragen.
- Maschinen, Geräte und ihnen zur Verfügung gestellte persönliche Schutzausrüstungen bestimmungsgemäß zu verwenden.
- Jede festgestellte unmittelbare erhebliche Gefahr für Sicherheit und Gesundheit sowie Defekte an Schutzsystemen dem Arbeitgeber unverzüglich zu melden.

Pflichten der Beschäftigten

Spezielle Arbeits- und Gefahrenschutzregelungen enthalten z. B.
- die Rechtsverordnungen zum Arbeitsschutzgesetz (Bildschirmarbeitsverordnung, Persönliche Schutzausrüstungs-Benutzungsverordnung, Lastenhandhabungsverordnung, Arbeitsmittelbenutzungsverordnung, Baustellenverordnung, Biostoffverordnung)
- die Arbeitsstättenverordnung
- das Arbeitssicherheitsgesetz
- die Gefahrstoffverordnung
- das Gerätesicherheitsgesetz
- die Unfallverhütungsvorschriften.

Spezielle Regelungen

Zur Unterstützung des Arbeitsschutzes und der Unfallverhütung werden in den Betrieben
- Sicherheitsbeauftragte
- Sicherheitsingenieure bzw. Fachkräfte für Arbeitssicherheit
- Betriebsärzte oder ein betriebsärztlicher Dienst bestellt.

Sicherheitsfachkräfte

Betriebsärztlicher Dienst

Sozialer Arbeitsschutz

Den sozialen Arbeitsschutz regeln folgende Gesetze:
- Arbeitszeitgesetz
- Jugendarbeitsschutzgesetz
- Mutterschutzgesetz
- Schwerbehindertengesetz.

Die Einhaltung des Arbeitsschutzes wird durch die Gewerbeaufsichtsämter in Zusammenarbeit mit den Berufsgenossenschaften überwacht.

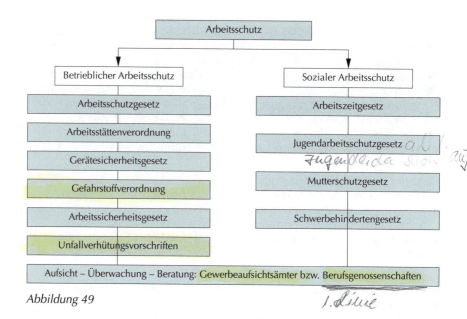

Abbildung 49

Betriebsaushänge

Zur Unterrichtung der Beschäftigten und zur Beachtung der Arbeitsschutzvorschriften müssen verschiedene Aushänge im Betrieb an sichtbarer und zugänglicher Stelle angebracht bzw. ausgelegt werden.

Wesentliche Aushänge im Betrieb

Arbeitszeitgesetz	wenn mindestens ein Arbeitnehmer oder Auszubildender über 18 Jahre beschäftigt wird
Jugendarbeitsschutzgesetz und Anschrift des Gewerbeaufsichtsamtes	wenn regelmäßig mindestens ein Jugendlicher beschäftigt wird
Aushang über Beginn und Ende der Arbeitszeit und Ruhepausen für Jugendliche	wenn regelmäßig mindestens drei Jugendliche im Betrieb beschäftigt werden
Mutterschutzgesetz	wenn mindestens vier Frauen beschäftigt werden
Ladenschlussgesetz	in Verkaufsstellen, wenn mindestens ein Arbeitnehmer (oder Auszubildender) beschäftigt wird
Gesetz zum Schutz der Beschäftigten vor sexueller Belästigung am Arbeitsplatz	wenn mindestens ein Arbeitnehmer (oder Auszubildender) beschäftigt wird
Unfallverhütungsvorschriften	wenn mindestens ein Arbeitnehmer (oder Auszubildender) beschäftigt wird
Adresse der zuständigen Berufsgenossenschaften	wenn mindestens ein Arbeitnehmer (oder Auszubildender) beschäftigt wird
Entgelt- und Rahmentarifvertrag	wenn der Betrieb tarifgebunden ist

Abbildung 50

Jugendarbeitsschutzrecht

Das Jugendarbeitsschutzgesetz gilt für Personen, die noch nicht 18 Jahre alt sind.

Jugendarbeitsschutzgesetz

| Kinder | = | Personen unter 15 Jahren |

| Jugendliche | = | Personen zwischen dem 15. und 18. Lebensjahr |

Abbildung 51

Soweit Jugendliche noch der Vollzeitschulpflicht unterliegen, finden auf sie die für Kinder geltenden Vorschriften Anwendung.

Die Beschäftigung von Kindern ist verboten. Ausnahmen gelten nur in besonderen Fällen.

Verbot von Kinderarbeit

Beispiel:
- Im Rahmen eines Betriebspraktikums während der Vollzeitschulpflicht
- ab dem 13. Lebensjahr – bis zu zwei Stunden an bis zu fünf Tagen in der Woche – mit Einwilligung des Personensorgeberechtigten, soweit die Beschäftigung leicht und für Kinder geeignet ist (spezielle Kinderarbeitsschutzverordnung)
- eine Beschäftigung während der Schulferien für höchstens vier Wochen im Kalenderjahr, wenn das 15. Lebensjahr vollendet ist, aber noch Vollzeitschulpflicht besteht
- nicht mehr der Vollzeitschulpflicht unterliegende Kinder in einem Berufsausbildungsverhältnis.

Ausnahmen

Arbeitszeit

Als Arbeitszeit gilt die Zeit zwischen Beginn und Ende der täglichen Beschäftigung ohne die Ruhepausen.

Die zulässige Höchstarbeitszeit für Jugendliche beträgt
- 8,5 Stunden täglich,
- wöchentlich 40 Stunden.

Höchstarbeitszeit

Wird an einzelnen Werktagen die Arbeitszeit auf weniger als acht Stunden verkürzt, ist die Beschäftigung an den übrigen Tagen derselben Woche bis zu $8\frac{1}{2}$ Stunden zulässig.

Die Arbeitszeit von 40 Stunden verteilt sich auf
- 5 Tage in der Woche.

5-Tage-Woche

Die beiden wöchentlichen Ruhetage sollen nach Möglichkeit aufeinander folgen.

Schichtzeit

Schichtzeit ist die tägliche Arbeitszeit unter Hinzurechnung der Ruhepausen. Sie darf zehn Stunden, im Gaststättengewerbe, auf Bau- und Montagestellen elf Stunden nicht überschreiten.

Berufsschultag

- Die Beschäftigung vor einem vor 9 Uhr beginnenden Unterricht ist unzulässig; dies gilt auch für Personen, die über 18 Jahre alt und noch berufsschulpflichtig sind.
- An einem Berufsschultag mit mehr als fünf Unterrichtsstunden von mindestens je 45 Minuten (einmal in der Woche) dürfen Jugendliche im Betrieb nicht beschäftigt werden. Dies gilt auch in Berufsschulwochen mit einem planmäßigen Blockunterricht von mindestens 25 Stunden an mindestens fünf Tagen; zusätzliche betriebliche Ausbildungsveranstaltungen bis zu zwei Wochenstunden wöchentlich sind zulässig.
- Die Unterrichtszeit einschließlich der Pausen und Wegezeiten gilt bei Jugendlichen und berufsschulpflichtigen über 18-jährigen als Arbeitszeit; Jugendlichen wird ein Berufsschultag mit mehr als fünf Unterrichtsstunden mit acht Stunden auf die wöchentliche Arbeitszeit angerechnet.

Freistellung Für die Teilnahme an Prüfungen und überbetrieblichen Ausbildungsmaßnahmen sowie an dem Arbeitstag, der der schriftlichen Abschlussprüfung unmittelbar vorangeht, sind Jugendliche von der Arbeit unter Fortzahlung des Arbeitsentgelts und Anrechnung auf die Arbeitszeit freizustellen.

Freizeit

Nach Beendigung der täglichen Arbeitszeit muss eine ununterbrochene Freizeit von mindestens zwölf Stunden liegen.

Ruhepausen

Nach einer Arbeitszeit von $4^1/_2$ Stunden muss eine Ruhepause gewährt werden. Sie beträgt bei einer Arbeitszeit
- bis zu 6 Stunden   30 Minuten täglich
- bei mehr als 6 Stunden   60 Minuten täglich.

Als Pausen gelten nur Arbeitsunterbrechungen von mindestens 15 Minuten.

Beschäftigungsverbote

Verboten ist die Beschäftigung
- mit Mehrarbeit, es sei denn, dass es sich um unaufschiebbare Arbeiten in Notfällen handelt und erwachsene Arbeitnehmer nicht zur Verfügung stehen — *Mehrarbeit*
- während der Nachtzeit von 20.00 Uhr abends bis 6.00 Uhr früh. — *Nachtruhe*
  Ausnahmen:
  Jugendliche über 16 Jahre
  – in Bäckereien und Konditoreien ab 5.00 Uhr
  – im Gaststättengewerbe bis 22.00 Uhr
  – in mehrschichtigen Betrieben bis 23.00 Uhr
  Jugendliche über 17 Jahre
  – in Bäckereien ab 4.00 Uhr
- an Samstagen; Ausnahmen zum Beispiel in offenen Verkaufsstellen, Bäckereien und Konditoreien, im Friseurhandwerk und Gaststättengewerbe — *Samstagsruhe*
- an Sonn- und Feiertagen — *Sonn- und Feiertagsruhe*
- am 24. und 31. Dezember nach 14.00 Uhr
- mit Arbeiten, die die physische oder psychische Leistungskraft eines Jugendlichen übersteigen
- mit gefährlichen Arbeiten, es sei denn, dass dies zur Erreichung des Ausbildungszieles erforderlich ist und unter Aufsicht erfolgt
- mit Akkordarbeiten.

Urlaub
Siehe hierzu Abschnitt 1.3.4.1 „Arbeitsvertragsrecht – Urlaubsrecht".

Unfallgefahren
Der Arbeitgeber ist verpflichtet, alle notwendigen Vorkehrungen zu treffen, die zum Schutz der Jugendlichen gegen Gefahren für Leben und Gesundheit erforderlich sind. Vor Beginn der Beschäftigung, bei wesentlicher Änderung der Arbeitsbedingungen und in angemessenen Zeitabständen, mindestens aber halbjährlich, müssen Jugendliche über die Unfall- und Gesundheitsgefahren im Betrieb unterwiesen werden. — *Belehrungen*

Gesundheitliche Betreuung

Mit der erstmaligen Beschäftigung eines Jugendlichen darf nur begonnen werden, wenn er — *Erstuntersuchung*
- innerhalb der letzten 14 Monate von einem Arzt untersucht worden ist und
- eine von diesem Arzt ausgestellte Bescheinigung dem Arbeitgeber vorlegt.

Ein Jahr nach Aufnahme der ersten Beschäftigung hat sich der Arbeitgeber eine ärztliche Bescheinigung über die Nachuntersuchung vorlegen zu lassen. Legt der Jugendliche die Bescheinigung nicht rechtzeitig vor, hat ihn der Arbeitgeber innerhalb eines Monats unter Hinweis auf das Beschäftigungsverbot schriftlich aufzufordern, ihm die Bescheinigung vorzulegen. — *Nachuntersuchung*

Eine Durchschrift hiervon erhalten der Personensorgeberechtigte und der Betriebsrat.

> Nach Ablauf von 14 Monaten nach Aufnahme der Beschäftigung darf der Jugendliche nicht mehr weiterbeschäftigt werden, solange die Bescheinigung nicht nachgereicht wird.

Gefährdungs-vermerk

Enthält die Bescheinigung des Arztes einen Vermerk über Arbeiten, durch deren Ausübung die Gesundheit des Jugendlichen gefährdet ist, darf der Jugendliche mit solchen Arbeiten nicht beschäftigt werden.

Die Untersuchungen sind kostenfrei; es besteht freie Arztwahl. Zur Durchführung der ärztlichen Untersuchung ist der Jugendliche unter Fortzahlung des Arbeitsentgelts von der Arbeit freizustellen. Die Bescheinigung hat der Arbeitgeber bis zur Vollendung des 18. Lebensjahres des Jugendlichen aufzubewahren.

Aufbewahrungs-pflicht

Die Kammern dürfen Ausbildungsverträge von Jugendlichen nur dann in das Verzeichnis eintragen, wenn die Bescheinigung über die Erstuntersuchung vorgelegt wird. Sie haben die Eintragung wieder zu löschen, wenn die Bescheinigung über die Nachuntersuchung nicht spätestens am Tage der Anmeldung zur Zwischenprüfung zur Einsicht vorgelegt wird.

Folgen bei Verstößen

Verstöße gegen das Jugendarbeitsschutzgesetz sind mit einer Geldbuße bis zu 15.000,00 EUR oder Freiheitsstrafen bis zu einem Jahr oder Geldstrafe bedroht.

Jugendschutzgesetz

> Das Jugendschutzgesetz regelt den Schutz der Jugendlichen in der Öffentlichkeit.

Es verbietet für Kinder und Jugendliche verschiedener Altersstufen Folgendes:

1.3.4 Die Bedeutung von Arbeitsvertragsrecht, Tarifvertragsrecht

unter 6 Jahren	– Besuch von Filmen ohne Begleitung eines Erziehungsberechtigten
von 6 bis 18 Jahren	– Besuch von Filmen ohne Begleitung eines Erziehungsberechtigten – nach 20 Uhr bis zum 14. Lebensjahr – nach 22 Uhr bis zum 16. Lebensjahr – nach 24 Uhr bis zum 18. Lebensjahr
unter 16 Jahren	– Rauchen in der Öffentlichkeit – Aufenthalt in Gaststätten ohne Begleitung eines Erziehungsberechtigten (ausgenommen: Veranstaltungen eines anerkannten Trägers der Jugendhilfe) – Abgabe von alkoholischen Getränken in Gaststätten, Verkaufsstellen oder sonst in der Öffentlichkeit ohne Begleitung des Personensorgeberechtigten – Anwesenheit bei öffentlichen Tanzveranstaltungen ohne Begleitung eines Erziehungsberechtigten
zwischen 16 und 18 Jahren	– Anwesenheit bei öffentlichen Tanzveranstaltungen nach 24 Uhr – Aufenthalt in Gaststätten nach 24 Uhr ohne Begleitung eines Erziehungsberechtigten
unter 18 Jahren	– Aufenthalt an Orten, an denen eine unmittelbare Gefahr für körperliches, geistiges oder seelisches Wohl droht, – Aufenthalt in Nachtbars oder Nachtclubs sowie öffentlichen Spielhallen – Abgabe von Branntwein oder branntweinhaltigen Getränken oder Lebensmitteln mit Branntwein in nicht nur geringfügiger Menge in Gaststätten und Verkaufsstellen oder sonst in der Öffentlichkeit.

Abbildung 52

Arbeitszeitrecht

Das Arbeitszeitgesetz regelt den gesetzlich zulässigen Rahmen für die Beschäftigung der Arbeitnehmer und der zu ihrer Berufsbildung Beschäftigten über 18 Jahre.

Abweichungen hiervon können sich durch tarifliche Regelungen ergeben.

Arbeitszeit

Die werktägliche Arbeitszeit darf acht Stunden, die wöchentliche 48 Stunden nicht überschreiten.
Die werktägliche Arbeitszeit kann auf bis zu zehn Stunden verlängert werden, wenn innerhalb von sechs Kalendermonaten oder innerhalb von 24 Wochen im Durchschnitt acht Stunden werktäglich nicht überschritten werden (Ausgleichszeitraum). — Höchstarbeitszeit

Der Arbeitgeber ist verpflichtet, die über die werktägliche Arbeitszeit von acht Stunden hinausgehende Arbeitszeit der Arbeitnehmer aufzuzeichnen und die Aufzeichnungen mindestens zwei Jahre aufzubewahren. — Aufzeichnungspflicht

Nur in außergewöhnlichen Fällen bzw. Notfällen darf die Höchstarbeitszeit überschritten werden.

Ruhepausen

Mindest-Ruhepausen

Während der Arbeitszeit müssen Ruhepausen eingehalten werden, die nicht auf die Arbeitszeit angerechnet werden.

Ruhepausen für Arbeitnehmer und Auszubildende über 18 Jahre

Alle Arbeitnehmer und Auszubildende ab dem 18. Lebensjahr	bei täglicher Arbeitszeit von mehr als	Ruhepause in Minuten
	6 bis 9 Stunden	30
	9 Stunden	45

Abbildung 53

Die Ruhepausen können zusammenhängen oder aufgeteilt werden; sie müssen aber jeweils mindestens 15 Minuten betragen.

Ruhezeit

Nach Beendigung der täglichen Arbeitszeit muss eine ununterbrochene Ruhezeit von mindestens 11 Stunden liegen.

Nachtarbeitszeit

> Nachtzeit ist die Zeit von 23.00 bis 6.00 Uhr; in Bäckereien und Konditoreien die Zeit von 22.00 bis 5.00 Uhr.

Nachtarbeit

Nachtarbeit ist jede Arbeit, die mehr als zwei Stunden der Nachtzeit umfasst. Für die Beschäftigten mit Nachtarbeit gelten besondere Regelungen hinsichtlich der Überschreitung der werktäglichen Arbeitszeit von acht Stunden, der Berechtigung zu arbeitsmedizinischen Untersuchungen innerhalb bestimmter Zeiträume und des Anspruchs auf Umsetzung auf einen geeigneten Tagesarbeitsplatz in den im Gesetz genannten Fällen.

Sonn- und Feiertagsarbeit

> An Sonn- und Feiertagen dürfen Arbeitnehmer und Auszubildende von 0.00 bis 24.00 Uhr nicht beschäftigt werden.

Ausnahmen

Abweichend von diesem Grundsatz ist die Beschäftigung von Arbeitnehmern in Bäckereien und Konditoreien für bis zu drei Stunden mit der Herstellung und dem Austragen oder Ausfahren von Konditorwaren und an diesem Tag zum Verkauf kommenden Bäckerwaren zulässig.
In bestimmten Fällen sieht das Gesetz weitere Ausnahmen vor.

Beispiele:

Weitere Ausnahmen

Im Gaststätten- und Verkehrsgewerbe, Haushalt, bei Messen und Ausstellungen sowie in bestimmten Notfällen.

1.3.4 Die Bedeutung von Arbeitsvertragsrecht, Tarifvertragsrecht

Gegenüberstellung der gesetzlichen Arbeitszeitvorschriften für Arbeitnehmer und Auszubildende vor und nach dem 18. Lebensjahr:

	vor dem 18. Lebensjahr	nach dem 18. Lebensjahr
Rechtsgrundlage	Jugendarbeitsschutzgesetz	Arbeitszeitgesetz
Arbeitszeit	Zeit zwischen Beginn und Ende der täglichen Beschäftigung ohne die Ruhepausen	Zeit zwischen Beginn und Ende der täglichen Beschäftigung ohne die Ruhepausen
Höchstarbeitszeit	Arbeitstäglich 8,5 Stunden	Werktäglich 10 Stunden
	Wöchentlich 40 Stunden	Wöchentlich 60 Stunden
	Bei Verkürzung der Arbeitszeit an einzelnen Arbeitstagen auf weniger als 8 Stunden, an den übrigen Werktagen derselben Woche bis zu 8 1/2 Stunden	Verlängerung der werktäglichen Arbeitszeit bis zu 10 Stunden, wenn innerhalb von 6 Kalendermonaten oder 24 Wochen im Durchschnitt 8 Stunden nicht überschritten werden
Verteilung der Arbeitszeit	Auf 5 Arbeitstage in der Woche	Auf bis zu 6 Werktage in der Woche
	– 5-Tage-Woche –	– 6-Tage-Woche –
Schichtzeit	Tägliche Arbeitszeit darf einschließlich der Ruhepausen, in der Regel 10 Stunden nicht überschreiten	———
Ruhepausen während der Arbeitszeit	Bei einer Arbeitszeit bis zu 6 Stunden – 30 Minuten täglich; bei mehr als 6 Stunden – 60 Minuten täglich	30 Minuten täglich; bei einer Arbeitszeit über 9 Stunden – 45 Minuten
Zeitpunkt der Ruhepausen	Spätestens nach einer Arbeitszeit von 4 1/2 Stunden	Ab einer Arbeitszeit von mehr als 6 Stunden
Freizeit bzw. Ruhezeit nach Beendigung der täglichen Arbeitszeit	Mindestens 12 Stunden	Mindestens 11 Stunden
Nachtarbeitsverbot	Von 20.00 bis 6.00 Uhr	———
Sonn- und Feiertagsarbeit	Verbot mit Ausnahmen	Verbot mit Ausnahmen

Abbildung 54

Mutterschutzrecht

Im Zusammenhang mit der Mutterschaft bestehen besondere Vorschriften zum Schutze der Arbeitnehmerin und des Kindes; sie gelten in gleicher Weise auch für Auszubildende.

Beschäftigungsverbote
Verboten ist insbesondere die Beschäftigung
- wenn nach ärztlichem Zeugnis Leben oder Gesundheit von Mutter oder Kind gefährdet ist
- mit schweren körperlichen Arbeiten und Akkordarbeiten
- mit Arbeiten, bei denen die werdende Mutter schädlichen Einwirkungen von gesundheitsgefährdenden Stoffen oder sonstigen Belastungen wie Staub, Dämpfen, Erschütterungen oder Lärm und dergleichen ausgesetzt ist

Gesundheitsschutz

- ab dem 6. Monat der Schwangerschaft mit Arbeiten, bei denen die werdende Mutter ständig stehen muss, soweit diese vier Stunden täglich überschreiten
- mit Mehr-, Nacht-, Sonn- und Feiertagsarbeit.

Mutterschutzlohn

Eine Einbuße an Arbeitsentgelt darf durch die Beschäftigungsverbote nicht entstehen.

Höchstarbeitszeit für werdende Mütter

Alter	Stunden	
	täglich	in der Doppelwoche
unter 18 Jahren	8	80 einschließlich der Unterrichtszeiten in der Berufsschule
über 18 Jahre	8,5	90

Abbildung 55

Schutzfristen vor und nach der Entbindung

Beschäftigungsverbot

Sechs Wochen vor der Entbindung kann die werdende Mutter die Arbeit niederlegen. Acht Wochen nach der Entbindung darf die Wöchnerin nicht beschäftigt werden. Bei Früh- und Mehrlingsgeburten verlängert sich diese Frist auf zwölf Wochen; bei Frühgeburten zusätzlich um den Zeitraum, der vor der Entbindung (6-Wochen-Frist) nicht in Anspruch genommen werden konnte.

Mutterschaftsgeld

Während der Schutzfristen vor und nach der Entbindung erhält die Arbeitnehmerin bzw. Auszubildende von der Krankenkasse Mutterschaftsgeld, das höchstens jedoch 13,00 EUR je Kalendertag beträgt. Die Differenz zwischen dem Mutterschaftsgeld und dem durchschnittlichen Nettoarbeitsentgelt hat der Arbeitgeber aufzuzahlen.

Ausgleichsverfahren

Für Betriebe bis zu 20 (bzw. 30) Arbeitnehmern besteht ein Ausgleichsverfahren über die Lohnausgleichskassen bei den Orts- und Innungskrankenkassen hinsichtlich der Arbeitgeberaufwendungen für Mutterschutzlohn und Arbeitgeberzuschuss zum Mutterschaftsgeld.

Ärztliche Betreuung

Schwangerenvorsorge

Während der Schwangerschaft, bei und nach der Entbindung besteht Anspruch auf ärztliche Betreuung einschließlich der Untersuchungen zur Feststellung der Schwangerschaft und der Schwangerenvorsorge. Der Arbeitgeber hat die dafür erforderliche Freizeit zu gewähren; ein Arbeitsentgeltausfall darf dadurch nicht eintreten.

1.3.4 Die Bedeutung von Arbeitsvertragsrecht, Tarifvertragsrecht

Anzeigepflicht

> Die werdende Mutter soll dem Arbeitgeber ihre Schwangerschaft und den mutmaßlichen Tag der Entbindung mitteilen, sobald ihr dieser Zustand bekannt ist.

Der Arbeitgeber muss das Gewerbeaufsichtsamt davon unverzüglich benachrichtigen.
Auf Verlangen ist die werdende Mutter verpflichtet, ein ärztliches Zeugnis vorzulegen, dessen Kosten der Arbeitgeber trägt.   Schwangerschaftsnachweis

Kündigungsschutz
(Siehe hierzu Abschnitt 1.3.4.2 „Kündigungsschutzrecht – Werdende Mütter").

Vorschriften zum Mutterschutzrecht

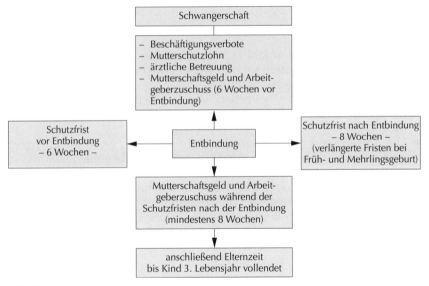

Abbildung 56

Elternzeit
Für den Anspruch auf Elternzeit gelten für Geburten bis zum 31.12.2000 folgende Grundsätze:

- Der Anspruch besteht bis zur Vollendung des 3. Lebensjahres des Kindes.   Dauer
- Der Anspruchsberechtigte muss das Kind selbst betreuen und erziehen.
- Die Elternzeit muss spätestens vier Wochen vor dem Zeitpunkt, von dem ab er in Anspruch genommen wird, beim Arbeitgeber verlangt werden.   Anspruchsverlangen

- Die Elternzeit entfällt, solange die Mutter nach der Entbindung nicht beschäftigt werden darf oder der andere Elternteil nicht erwerbstätig ist.
- Sind beide Ehegatten erwerbstätig, können sie selbst entscheiden, wer nach Ablauf der Mutterschutzfrist die Elternzeit nimmt; ein Wechsel unter den Berechtigten ist dreimal zulässig.
- Während der Elternzeit ist eine Teilzeitbeschäftigung bis zu 19 Stunden wöchentlich zulässig.
- Für jeden vollendeten Kalendermonat der Elternzeit kann der Jahresurlaubsanspruch um $1/_{12}$ gekürzt werden.

Mutter oder Vater

Teilzeitbeschäftigung

Versicherungsschutz

- Der Versicherungsschutz in der gesetzlichen Krankenversicherung und gesetzlichen Pflegeversicherung bleibt während der Elternzeit beitragsfrei aufrechterhalten; in der gesetzlichen Rentenversicherung besteht die Möglichkeit der Anrechnung von Kindererziehungszeiten. In der Arbeitslosenversicherung bleibt der Versicherungsschutz bestehen.
- Die Zeit der Elternzeit wird auf Berufsausbildungszeiten nicht angerechnet; das Berufsausbildungsverhältnis verlängert sich automatisch um diese Zeit.

Für Kinder ab dem Geburtsjahr 2001 gelten folgende Regelungen:
- Die Eltern können, sofern sie dies wollen, die Elternzeit bis zum 3. Geburtstag des Kindes gemeinsam nutzen.
- Mit Zustimmung des Arbeitgebers ist eine Übertragung von einem Jahr Elternzeit auf die Zeit zwischen dem 3. und 8. Geburtstag des Kindes möglich.
- Die Anmeldefrist der Elternzeit beträgt 6 Wochen, wenn die Elternzeit nach der Geburt oder nach der Mutterschutzfrist beginnen soll und in anderen Fällen 8 Wochen.

Teilzeitbeschäftigung

- Während der Elternzeit ist eine Teilzeitbeschäftigung bis zu 30 Stunden, bei gemeinsamer Elternzeit von zusammen bis zu 60 Stunden, wöchentlich zulässig. In Betrieben mit mehr als 15 Beschäftigten gilt ein Anspruch auf Verringerung der arbeitsvertraglichen Arbeitszeit im Rahmen von 15 bis 30 Wochenstunden, es sei denn, dass dem dringende betriebliche Gründe entgegenstehen.

Erziehungsgeld

Grundsätze für den Anspruch auf Erziehungsgeld:
- Erziehungsgeld wird auf Antrag für jedes Kind gewährt.
- Voraussetzung ist, dass der Anspruchsberechtigte

Anspruchsberechtigte

– einen Wohnsitz im Geltungsbereich des Bundeserziehungsgeldgesetzes hat oder sich normalerweise hier aufhält
– personensorgeberechtigt ist
– in einem Haushalt mit dem Kind lebt
– das Kind selbst betreut und erzieht und
– keine oder keine volle Erwerbstätigkeit (bis 19 Stunden; für Geburten ab 2001: bis 30 Stunden) wöchentlich ausübt.
- Anspruchsberechtigt sind Mütter und Väter.
- Es beginnt mit der Geburt und endet mit der Vollendung des 24. Lebensmonats.
- Es beträgt 307,00 EUR monatlich und mindert sich bei Überschreitung bestimmter Einkommensgrenzen.

- Für Kinder, die seit Jahresbeginn 2001 geboren wurden, besteht auch die Möglichkeit, den Erziehungsgeldanspruch auf ein Jahr zu beschränken. Dann gilt ein höheres Erziehungsgeld von bis zu 460,00 EUR monatlich.
- Antragsstellen sind die hierfür in den Bundesländern jeweils bestimmten Stellen.
- Im Anschluss an den Bezug des Bundes-Erziehungsgeldes kann noch ein Anspruch auf Landes-Erziehungsgeld bestehen.

Schwerbehindertenrecht

Schwerbehinderte und ihnen Gleichgestellte sind einem besonderen Schutz unterstellt; dies gilt auch für Auszubildende, die schwer behindert sind.

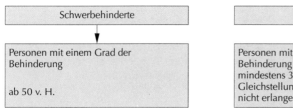

Abbildung 57

Für die Gleichstellung ist das Arbeitsamt zuständig. Erforderlich ist ein Antrag.

Arbeitgeberpflichten

Für den Arbeitgeber ergeben sich folgende Pflichten:
- Beschäftigung von Schwerbehinderten: mindestens 5 v. H. der Arbeitsplätze; wenigstens einen Schwerbehinderten bei mindestens 20 Arbeitsplätzen (Teilzeitkräfte mit weniger als 18 Wochenstunden werden nicht mitgerechnet). Bei Nichterfüllung der Quote wird je nach Beschäftigtenanzahl eine Ausgleichsabgabe fällig. — Pflichtquote
- Ausbildungsplätze werden nicht als Arbeitsplätze gerechnet. Ein Schwerbehinderter, der zur Ausbildung beschäftigt wird, wird auf zwei Pflichtplätze angerechnet — Ausbildungsplätze
- Schwerbehinderte entsprechend ihrer Fähigkeiten und Kenntnisse zu beschäftigen — Fürsorgepflichten
- bei innerbetrieblichen Maßnahmen der beruflichen Bildung Schwerbehinderte bevorzugt zu berücksichtigen
- Arbeitsräume und Arbeitsgeräte so einzurichten, dass eine dauernde Beschäftigung von Schwerbehinderten stattfinden kann
- wenn notwendig, erforderliche technische Arbeitshilfen bereitzustellen
- ein Verzeichnis der beschäftigten Schwerbehinderten und Gleichgestellten zu führen
- einmal jährlich – spätestens bis 31. März d. J. – dem Arbeitsamt für das vorangegangene Kalenderjahr die Zahl der Arbeitsplätze und der beschäftigten Schwerbehinderten und Gleichgestellten anzuzeigen. — Anzeigepflicht

Insgesamt darf der Arbeitgeber schwer behinderte Beschäftigte bei Einstellungen, Fortbildungen, Kündigungen oder Beförderungen nicht wegen ihrer Behinderung benachteiligen.

Kündigungsschutz – Zusatzurlaub

Siehe hierzu Abschnitt 1.3.4.2 „Kündigungsschutzrecht – Schwerbehinderte" und Abschnitt 1.3.4.1 „Arbeitsvertragsrecht – Urlaubsrecht".

1.3.4.6 Sozialversicherungsrecht

Versicherungsträger

Die Durchführung der Sozialversicherung obliegt den Versicherungsträgern. Die Versicherungszweige und ihre Versicherungsträger:

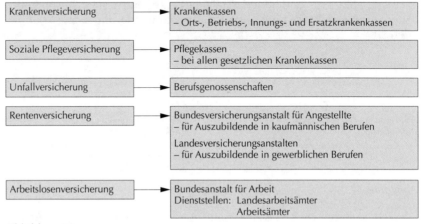

Abbildung 58

Versicherungspflicht

Mit Beginn des Ausbildungsverhältnisses unterliegen alle Auszubildenden der Versicherungspflicht in der Kranken-, Unfall-, Renten-, Arbeitslosen- und Sozialen Pflegeversicherung.

Beiträge

Einzugsstelle

Einzugsstelle für die Gesamtsozialversicherungsbeiträge zur Kranken-, Renten-, Arbeitslosen- und Sozialen Pflegeversicherung ist die Krankenkasse, bei der der Auszubildende versichert ist.
Die Pflichtbeiträge werden je zur Hälfte vom Ausbildungsbetrieb und vom Auszubildenden getragen. Übersteigt die monatliche Ausbildungsvergütung 325,00 EUR nicht, hat der Ausbildungsbetrieb die Gesamtsozialversicherungsbeiträge allein zu tragen.

Beitragstragung

Lohnabzugsverfahren

Der auf den Auszubildenden entfallende Beitragsanteil (Arbeitnehmeranteil) wird von der Ausbildungsvergütung monatlich einbehalten und zusammen mit dem Arbeitgeberanteil an die Einzugsstelle abgeführt.

1.3.4 Die Bedeutung von Arbeitsvertragsrecht, Tarifvertragsrecht

Zahlung der Gesamtsozialversicherungsbeiträge

Abbildung 59

Maßgebend für die Berechnung des Gesamtsozialversicherungsbeitrages ist der Bruttobetrag der Ausbildungsvergütung.

Beitragsberechnung

Meldeverfahren

> Die Meldepflichten gegenüber der zuständigen Krankenkasse für den Einzug der Beiträge zur Kranken-, Pflege-, Renten- und Arbeitslosenversicherung obliegen dem Arbeitgeber.

Das Meldeverfahren erfolgt entweder

- per Datenübermittlung (erfordert eine Zulassung durch die Krankenkasse) oder
- durch Verwendung eines bundeseinheitlichen Meldevordrucks, der bei den Krankenkassen erhältlich ist. Das Original der Meldung geht an die Krankenkasse, die erste Durchschrift erhält der Auszubildende, die zweite verbleibt beim Arbeitgeber.

Datenübertragung

Meldevordruck

Der Betrieb benötigt für den Meldevordruck eine vom Arbeitsamt zugeteilte Betriebsnummer; der Auszubildende eine Versicherungsnummer, die der Rentenversicherungsträger mit dem Sozialversicherungsausweis vergibt.

Betriebs- und Versicherungsnummer

Die Meldefristen betragen
- bei Beginn der Berufsausbildung   2 Wochen
  (bei Datenübermittlungsverfahren 6 Wochen)
- bei Beendigung der Berufsausbildung   6 Wochen
- für die Jahresmeldung   15. April
                                              des Folgejahres

Meldefristen

Schließt sich an das Ausbildungsverhältnis ein Arbeitsverhältnis im selben Betrieb an, so ist eine Abmeldung (Ausbildungsverhältnis) und eine Anmeldung (Arbeitsverhältnis) zu erstatten.

Sozialversicherungsausweis

> Jeder Auszubildende erhält einen Sozialversicherungsausweis, der bei Beginn des Ausbildungsverhältnisses dem Arbeitgeber vorzulegen ist.

Die Ausstellung erfolgt durch den Rentenversicherungsträger.

1.3.4.7 Unfallschutzrecht

Unfallverhütung

Die Berufsgenossenschaften als Träger der gesetzlichen Unfallversicherung erlassen Vorschriften über die Einrichtungen, Anordnungen und Maßnahmen, welche die Unternehmer zur Verhütung von Arbeitsunfällen, Berufskrankheiten und arbeitsbedingten Gesundheitsgefahren zu treffen und die im Betrieb Beschäftigten zu beachten haben.
(Siehe hierzu auch Abschnitt 1.3.4.5 „Arbeitsschutzrecht").

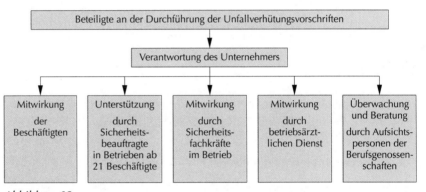

Abbildung 60

Versicherungsschutz

Berufsgenossenschaften

Mitglied der Berufsgenossenschaft ist das Unternehmen; versichert sind alle im Betrieb Beschäftigten, einschließlich der Auszubildenden; die Beiträge hierfür zahlt allein der Betrieb.

Versicherungsschutz

> Im Rahmen der gesetzlichen Unfallversicherung sind die Auszubildenden versichert gegen
> - Arbeitsunfälle
> - Wegunfälle zwischen Wohnung und Arbeitsstätte
> - Berufskrankheiten
> - Unfälle im Zusammenhang mit dem Besuch von Schulen (z. B. Berufsschule).

1.3.5 Finanzielle Förderungsmaßnahmen für Auszubildende (u. a. Arbeitsförderungs- und Ausbildungsförderungsrecht)

Bei Vorliegen bestimmter Voraussetzungen kann der Lehrling durch finanzielle Zuwendungen gefördert werden.

Zuwendungen für Lehrlinge

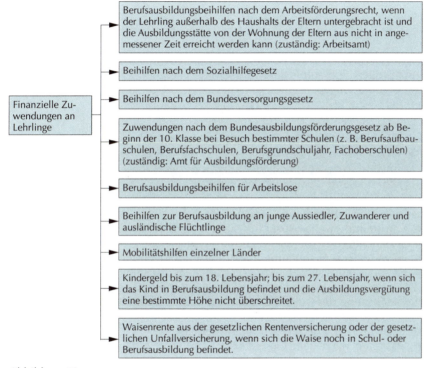

Abbildung 61

Finanzielle Förderungsmaßnahmen für die Fortbildung: Siehe Abschnitt 7.5.6 „Rechtliche Bestimmungen zur finanziellen Förderung der Berufsbildung, insbesondere der Fortbildung".

1.3.6 Berechtigung zum Einstellen und Ausbilden von Lehrlingen – persönliche, fachliche und betriebliche Eignung prüfen und feststellen

Für die Einstellung von Lehrlingen und deren Ausbildung im Handwerksbetrieb gibt es bestimmte Voraussetzungen, die erfüllt sein müssen. Dies ist im Interesse einer qualifizierten Ausbildung notwendig.

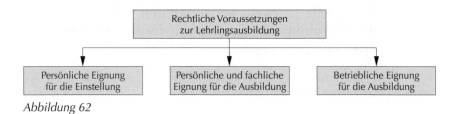

Abbildung 62

1.3.6.1 Persönliche Eignung für die Einstellung

Einstellungsberechtigung

Grundsätzlich ist jeder selbstständige Handwerker berechtigt, Lehrlinge einzustellen und somit dafür persönlich geeignet, sofern keine besonderen Gründe entgegenstehen, die diese Berechtigung ausschließen.

Fehlende persönliche Eignung

Persönlich nicht zum Einstellen von Lehrlingen geeignet ist:
- wer Jugendliche nicht beschäftigen darf oder
- wer wiederholt oder schwer gegen die Handwerksordnung, das Berufsbildungsgesetz oder die aufgrund dieser Gesetze erlassenen Vorschriften und Bestimmungen verstoßen hat.

Beispiele für **fehlende** persönliche Eignung:
- Verurteilung wegen sexueller Handlungen mit abhängigen Personen
- Verstoß gegen Arbeitsschutzbestimmungen
- gewissenlose Ausnutzung der Arbeitskraft Jugendlicher
- Personen, die wegen eines Verbrechens zu einer Freiheitsstrafe von mindestens zwei Jahren rechtskräftig verurteilt worden sind
- Gefährdung des Ausbildungsziels durch wiederholte Beschäftigung mit ausbildungsfremden Arbeiten
- Straftaten nach dem Betäubungsmittelgesetz
- Straftaten nach dem Gesetz über die Verbreitung jugendgefährdender Schriften.

1.3.6.2 Fachliche Eignung für die Ausbildung

Lehrlinge darf nur ausbilden, wer persönlich und fachlich geeignet ist.

Man unterscheidet zwischen fachlicher Eignung für die Ausbildung
- in Handwerksberufen und
- in nichthandwerklichen Berufen.

In beiden Berufsbereichen kann bei Vorliegen der entsprechenden fachlichen Eignung im Handwerksbetrieb ausgebildet werden.

1.3.6 Berechtigung zum Einstellen und Ausbilden von Lehrlingen

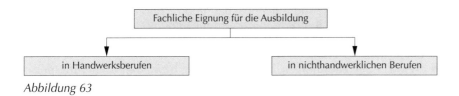

Abbildung 63

Fachliche Eignung für die Ausbildung in Handwerksberufen

Hier kann man hinsichtlich der notwendigen Voraussetzungen in zwei Regelungsbereiche einteilen.

Abbildung 64

Der im Handwerk am häufigsten gegebene Fall der fachlichen Eignung ist die Meisterprüfung im Ausbildungsberuf.
In den durch die Novelle zur HwO (in Kraft getreten 1.4.1998) erfolgten Zusammenlegungen von Gewerben der Anlage A (Handwerksberufen) darf der Inhaber einer Ausbildungsbefugnis auch in dem durch die Zusammenlegung entstandenen umfassenderen Handwerksberuf ausbilden. *Meisterprüfung*

Fachlich geeignet für die Ausbildung in Handwerksberufen ist ferner:
- wer an einer deutschen Hochschule oder an einer öffentlichen oder staatlich anerkannten deutschen Fachhochschule eine Abschlussprüfung und in dem Handwerk, das der Fachrichtung dieser Abschlussprüfung entspricht, die Gesellenprüfung oder eine entsprechende Abschlussprüfung bestanden hat. Kann er eine solche Abschlussprüfung nicht nachweisen, dann muss er mindestens vier Jahre praktisch tätig gewesen sein. Der Abschlussprüfung an einer deutschen Hochschule gleichgestellt sind Diplome, die in einem anderen Mitgliedsstaat der Europäischen Gemeinschaft oder in einem anderen Vertragsstaat des Abkommens über den Europäischen Wirtschaftsraum erworben wurden und entsprechend der Richtlinie des Rates 89/48 EWG anzuerkennen sind. *Abschlussprüfung als Ingenieur*
- wer auf Antrag die fachliche Eignung durch die nach Landesrecht zuständige Behörde nach Anhören der Handwerkskammer zuerkannt erhalten hat, aufgrund einer bestimmten anerkannten Prüfung einer Ausbildungsstätte oder Prüfungsbehörde, in der mindestens die gleichen Anforderungen gestellt wurden wie in der Meisterprüfung und wenn in dem Handwerk, in dem ausgebildet werden soll, die Gesellenprüfung oder eine entsprechende Abschlussprüfung bestanden wurde oder mindestens eine vier Jahre umfassende praktische Tätigkeit vorliegt. *Andere Prüfungen*

Das Bundesministerium für Wirtschaft und Technologie kann im Einvernehmen mit dem Bundesministerium für Bildung und Forschung durch Rechtsverordnung bestimmen, welche Prüfungen den Anforderungen einer Meisterprüfung entsprechen.

Zuerkennung der fachlichen Eignung
- wer von der zuständigen Bezirksregierung bzw. vom Regierungspräsidium die fachliche Eignung zuerkannt erhalten hat (Ausbildungsbefugnis).

Sonderregelungen
Eine besondere Regelung gilt für Handwerksbetriebe, die nach dem Tode des selbstständigen Handwerkers für Rechnung des Ehegatten oder der Erben fortgeführt werden. Hier können auch Personen als fachlich geeignet angesehen werden, welche die Meisterprüfung nicht abgelegt haben. Diese Regelung gilt jedoch nur bis zum Ablauf eines Jahres nach dem Tode des Betriebsinhabers. Fristverlängerungen sind möglich.

In den neuen Bundesländern bleiben Berechtigungen zum Einstellen oder Ausbilden von Lehrlingen in Handwerksbetrieben, die vor dem Beitritt zur Bundesrepublik gegolten haben, weiter bestehen.

Fachliche Eignung für die Ausbildung in nichthandwerklichen Berufen

Berufs- und arbeitspädagogische Kenntnisse

Für die Ausbildung in den nichthandwerklichen Berufen in Handwerksbetrieben liegt die fachliche Eignung im Regelfalle vor, wenn der Betreffende die erforderlichen Fertigkeiten und Kenntnisse besitzt und die berufs- und arbeitspädagogischen Kenntnisse nachweist.

Ausbildereignungsverordnung
Nach der Ausbildereignungsverordnung ist für die Ausbildung in nichthandwerklichen Berufen in Handwerksbetrieben berufs- und arbeitspädagogisch geeignet:
- wer in einer besonderen Prüfung nach der genannten Rechtsverordnung die berufs- und arbeitspädagogische Qualifikation zum selbstständigen Planen, Durchführen und Kontrollieren in 7 Handlungsfeldern nachgewiesen hat
- wer durch eine Meisterprüfung oder eine andere Prüfung der beruflichen Fortbildung nach der Handwerksordnung, dem Berufsbildungsgesetz oder nach beamtenrechtlichen Vorschriften eine dieser Verordnung entsprechende Berufs- und arbeitspädagogische Qualifikation nachgewiesen hat.

Wer eine sonstige staatliche oder staatlich anerkannte oder von einer öffentlich-rechtlichen Körperschaft abgenommene Prüfung bestanden hat, deren Inhalt den Anforderungen der Ausbildereignungsverordnung ganz oder teilweise entspricht, kann auf Antrag vom Prüfungsausschuss ganz oder teilweise von der Prüfung befreit werden.

Die Handwerkskammer hat hierüber eine Bescheinigung auszufertigen.

Die Handwerkskammer kann in Ausnahmefällen vom vorgeschriebenen Nachweis befreien, wenn eine ordnungsgemäße Ausbildung sichergestellt ist. Die Handwerkskammer kann dabei Auflagen erteilen. Sie hat auf Antrag hierüber eine Bescheinigung auszustellen.

Nichthandwerkliche Berufe
Beispiele für die Ausbildung in nichthandwerklichen Ausbildungsberufen sind:
- Bürokaufmann (Bürokauffrau)
- Verkäuferin in den Nahrungsmittelhandwerken
- Technische Zeichner
- Bauzeichner.

Bestellung eines Ausbilders

Wer selbst fachlich nicht geeignet ist oder nicht selbst ausbildet, darf Lehrlinge nur einstellen, wenn er einen Ausbilder bestellt, der persönlich und fachlich für die Berufsausbildung geeignet ist. Der Ausbilder muss der Handwerkskammer namhaft gemacht werden. Die Bestellung bzw. die Beschäftigung des Ausbilders ist nachzuweisen.

1.3.6.3 Betriebliche Eignung für die Ausbildung

Lehrlinge dürfen nur eingestellt werden, wenn die Ausbildungsstätte die in der nachstehenden Übersicht enthaltenen Voraussetzungen erfüllt.   Betriebliche Voraussetzung

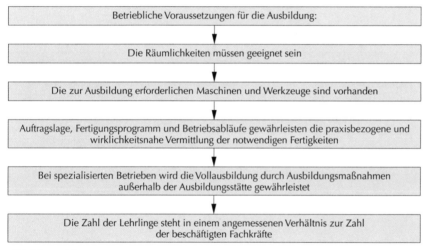

Abbildung 65

Als angemessenes Verhältnis der Zahl der Auszubildenden zur Zahl der Fachkräfte gilt nach einer Empfehlung des früheren Bundesausschusses für Berufsbildung über die Eignung von Ausbildungsstätten in der Regel   Richtlinie
- 1 – 2 Fachkräfte = 1 Auszubildender
- 3 – 5 Fachkräfte = 2 Auszubildende
- 6 – 8 Fachkräfte = 3 Auszubildende
- je weitere 3 Fachkräfte = 1 weiterer Auszubildender.

Das obige Verhältnis von Fachkräften zu Auszubildenden kann aber überschritten oder unterschritten werden, wenn dadurch die Ausbildung nicht gefährdet wird. Nach der Rechtsprechung sind Fälle bekannt, in denen die zuständigen Gerichte die Angemessenheit zwischen der Zahl der Auszubildenden und der Zahl der beschäftigten Fachkräfte verneint haben, wenn auf eine Fachkraft mehr als zwei Auszubildende kommen. Für die Beurteilung der Angemessenheit und der Abweichung von der Richtlinie ist letztlich die Ausbildungsleistung des einzelnen Betriebes im konkreten Fall entscheidend.

1.3.7 Überwachung der Eignungsvoraussetzungen und Entzug der Einstellungs- und Ausbildungsberechtigung

1.3.7.1 Maßnahmen der Handwerkskammer zur Beseitigung von Mängeln der Eignung

Kontrolle

> Der Handwerkskammer obliegt die Aufgabe zu kontrollieren, ob die persönliche und fachliche Eignung zur Einstellung und Ausbildung von Lehrlingen sowie die Eignung der Ausbildungsstätte vorliegen.

Die möglichen Maßnahmen ergeben sich aus nachfolgender Übersicht:

Maßnahmen

Abbildung 66

1.3.7.2 Entzug der Einstellungs- und Ausbildungsbefugnis

Zuständigkeit

> Für die Entziehung der Einstellungs- und Ausbildungsbefugnis ist die nach Landesrecht festgelegte Behörde (meist die Bezirksregierung) zuständig.

Abbildung 67

Anhörung

> Vor der Untersagung durch die Behörde sind die Beteiligten und die Handwerkskammer zu hören. Dieses Anhörungsrecht gilt nicht, wenn der Betroffene eindeutig Kinder und Jugendliche nicht beschäftigen darf. Gegen den Untersagungsbescheid ist Widerspruch möglich.

1.3.8 Ordnungswidrigkeiten in der betrieblichen Berufsausbildung und deren Ahndung

Damit die Vorschriften auf dem Gebiete der Berufsausbildung eingehalten werden, kann bei Vorliegen von Ordnungswidrigkeiten gegen die Ausbildungsbetriebe vorgegangen werden. Dabei sind Geldbußen bis zu 5.000,00 EUR möglich.

Geldbußen

Es gibt mehrere Ordnungswidrigkeiten in der betrieblichen Berufsausbildung.

Ordnungswidrigkeiten

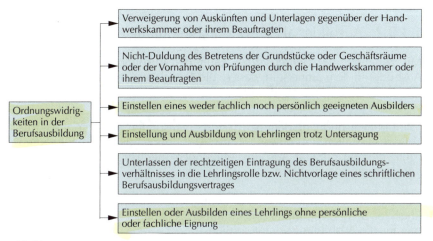

Abbildung 68

1.3.9 Begriffsabgrenzung: Ausbildender, Ausbilder, Ausbildungsbeauftragter, Ausbildungshilfskraft

Eine klare Definition des Begriffs „Ausbilder" bzw. ein offizielles Berufsbild gibt es weder im Gesetz noch in der einschlägigen Fachliteratur. Bei der Durchführung der Ausbildung im Handwerksbetrieb können je nach Aufgabenstellung oder betrieblichen Verhältnissen drei Begriffe auftreten.

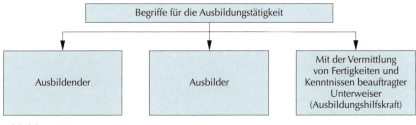

Abbildung 69

1.3.9.1 Ausbildender

Ausbildender

> Ausbildender im Sinne des Gesetzes ist, wer Lehrlinge einstellt.

Dies kann auch eine juristische Person (zum Beispiel GmbH) sein. Der Ausbildende ist Vertragspartner des Lehrlings. Ihm obliegen alle Pflichten zur ordnungsgemäßen Ausbildung des Lehrlings. Im kleinen Handwerksbetrieb führt er die Ausbildung selbst durch, das heißt, er ist auch zugleich der Ausbilder. In den meisten Fällen besitzt der Ausbildende im Handwerksbetrieb auch die Ausbildereigenschaft (persönliche und fachliche Eignung).

1.3.9.2 Ausbilder als Ausbildungsbeauftragter

Mit zunehmender Betriebsgröße kann der Ausbildende nicht zugleich Ausbilder in dem Sinne sein, dass er die Ausbildung selbst durchführt. Das Gleiche gilt für juristische Personen.

Ausbilder als Ausbildungsbeauftragter

> Will der Ausbildende dennoch Lehrlinge ausbilden, muss er einen Ausbilder einstellen und diesen mit der Ausbildung ausdrücklich beauftragen. Der beauftragte Ausbilder muss persönlich und fachlich für die Ausbildung geeignet sein.

Der bestellte Ausbilder oder Ausbildungsleiter ist innerbetrieblich gegenüber der Betriebsleitung und nach außen gegenüber der Handwerkskammer für die Ausbildung verantwortlich.

1.3.9.3 „Unterweiser" als Ausbildungshilfskraft

„Unterweiser" als Ausbildungsbeauftragter

> Führt aufgrund der gegebenen Betriebsgröße und der Zahl der Lehrlinge weder der Ausbildende noch der bestellte Ausbilder die Ausbildung in vollem Umfange selbst durch, kann er zur praktischen Ausbildung am Arbeitsplatz eine qualifizierte und geeignete Fachkraft (zum Beispiel Geselle) als „Unterweiser" (Ausbildungshilfskraft) beauftragen, die nach Vorgabe und Weisung tätig ist.

1.3 Handlungssituation: Rechtliche Rahmenbedingungen der Ausbildung kennen

Handlungsorientierte, fallbezogene Aufgaben

1. Sie haben sich als Betriebsinhaber entschieden, künftig Lehrlinge auszubilden. Deshalb wollen Sie sich zunächst einen Überblick über die für die Berufsausbildung wichtigen Gesetze und Verordnungen verschaffen, nicht zuletzt auch deshalb, um die künftigen Auszubildenden darüber zu informieren.

Aufgabe:
a) Stellen Sie fest, welche Bedeutung das Grundgesetz und die Länderverfassungen für die berufliche Bildung haben!
b) Erstellen Sie eine Liste über alle für die Berufsausbildung und die Beschäftigung von Jugendlichen wichtigen Gesetze und Verordnungen!
c) Nennen Sie wichtige Regelungsinhalte des Berufsbildungsgesetzes, der Handwerksordnung und des Berufsbildungsförderungsgesetzes!

„Siehe Seiten 55 bis 60 des Textteils!"

2. In Ihrem Betrieb werden zwei Jugendliche ausgebildet. Deshalb haben Sie das Jugendarbeitsschutzgesetz besonders zu beachten.

Aufgabe:
a) Für welche Altersgruppe gelten die Vorschriften des Jugendarbeitsschutzgesetzes?
b) Welche Vorschriften enthält das Jugendarbeitsschutzgesetz bezüglich der Arbeitszeit?
c) Was hat der Ausbildende/Ausbilder hinsichtlich der gesundheitlichen Betreuung seiner jugendlichen Auszubildenden zu beachten?

„Siehe Seite 75 ff. des Textteils!"

3. Berufsschulpflichtige Lehrlinge besuchen in der Regel mindestens einmal pro Woche die Berufsschule.

Aufgabe: Welche Aussage trifft zu? 6 Stunden Unterrichtszeit am Berufsschultag werden dem Jugendlichen wie folgt auf die Arbeitszeit angerechnet:

- ☒ a) Mit 8 Stunden
- ☐ b) Zur Hälfte
- ☐ c) Keine Anrechnung
- ☐ d) Mit 6 Stunden
- ☐ e) Mit der üblichen Arbeitszeit

„Siehe Seite 76 des Textteils!"

4. Sie sind als Ausbilder in einem Betrieb tätig. Zu Beginn des Ausbildungsjahres wurden zehn neue Lehrlinge eingestellt. Diese sollen von Ihnen über Möglichkeiten von finanziellen Zuwendungen und Unterstützungsmaßnahmen, die unter bestimmten persönlichen Voraussetzungen zu erhalten sind, informiert werden.

Aufgabe: Erläutern Sie die wichtigen Gesetze und Maßnahmen zur finanziellen Förderung und Unterstützung von Lehrlingen!

„Siehe Seite 89 des Textteils!"

5. Sie haben sich im Handwerk selbstständig gemacht und wollen zwei Lehrlinge einstellen und ausbilden. Einer der beiden Lehrlinge soll in einem Handwerksberuf, der andere in einem nichthandwerklichen Beruf, nämlich als Bürokaufmann, ausgebildet werden. Deshalb haben Sie festzustellen, ob in Ihrem Betrieb die Eig-

nungsvoraussetzungen und die Berechtigung zum Einstellen und Ausbilden vorliegen.

Aufgabe:
a) Wer ist im Handwerk persönlich geeignet für die Einstellung von Lehrlingen? *Meister*
b) Wer ist fachlich geeignet für die Ausbildung in Handwerksberufen? *Meister, Ausbilder o. fes.*
c) Wer ist für die Ausbildung in nichthandwerklichen Berufen (z.B. Bürokaufmann) fachlich geeignet?
d) Stellen Sie fest, welche betrieblichen Voraussetzungen vorliegen müssen, damit die Eignung der Ausbildungsstätte für die Berufsausbildung gegeben ist! *Räume, Eignung,*

„Siehe Seiten 90 bis 93 des Textteils!" *Werkzeug, Maschinen Ausbilder 2 * 1*

6. Ein Ausbildender hat im Rahmen der Ausbildung wiederholt gegen die Handwerksordnung, das Berufsbildungsgesetz und das Jugendarbeitsschutzgesetz verstoßen. Aus diesem Grund wurde ihm die Einstellungs- und Ausbildungsbefugnis entzogen. Der Ausbildende ist der Meinung, dass es die ihm zur Last gelegten Verstöße nicht rechtfertigen, die Einstellungs- und Ausbildungsbefugnis zu entziehen.

   Was kann er gegen den Untersagungsbescheid unternehmen?

   ☐ a) Er kann Klage bei der den Untersagungsbescheid erlassenden Stelle erheben.
   ☒ b) Er kann Widerspruch bei der den Untersagungsbescheid erlassenden Behörde erheben.
   ☐ c) Er kann Klage bei der Handwerkskammer einreichen.
   ☐ d) Er kann Klage bei der Innung erheben.
   ☐ e) Er kann Klage beim zuständigen Arbeitsgericht erheben.

   „Siehe Seite 94 des Textteils!"

1.4 Handlungssituation: Aufgaben, Stellung und Funktionen des Ausbilders einschätzen, Anforderungen an die Ausbilder

Kompetenzen:
- Anforderungsprofil eines Ausbildenden/Ausbilders bestimmen und seine Bedeutung bzw. Stellung im Betrieb bewerten

1.4.1 Qualifikationsprofil des Ausbilders

Der Ausbilder muss eine Reihe von Voraussetzungen für seine Qualifikation erfüllen.

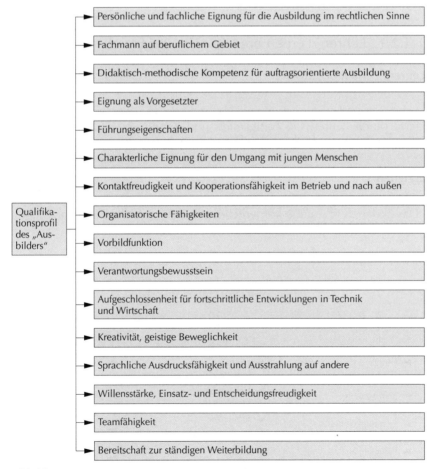

Abbildung 70

1.4.2 Pädagogische Aufgaben des Ausbilders

Auf diesem Gebiet gliedern sich die Aufgaben des Ausbilders wie in der folgenden Abbildung dargestellt.

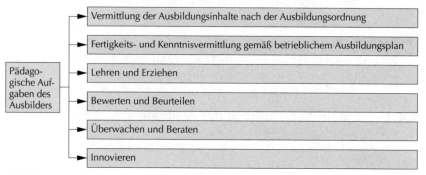

Abbildung 71

1.4.2.1 Lehren, Lernen organisieren und Erziehen

Lehren, Lernen organisieren

„Lernen bewirken"

Lehren heißt Lernen bewirken. Das bedeutet für den Ausbilder vor allem, durch Lehren die Fertigkeiten und Kenntnisse nach der Ausbildungsordnung und die erforderlichen Verhaltensformen zu vermitteln.

Erziehen

Erziehen

Das Erziehen ist auf die körperliche, geistige, seelische und charakterliche Formung der Menschen ausgerichtet.

Die wichtigsten Ziele der Erziehungsarbeit des Ausbilders sind:

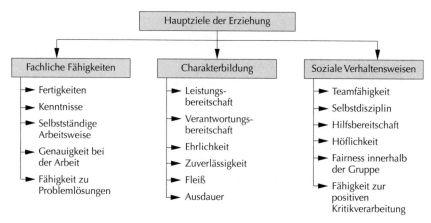

Abbildung 72

1.4.2.2 Beurteilen und Bewerten

Im Rahmen der Ausbildungserfolgskontrollen, die während des gesamten Ausbildungsprozesses notwendig sind, kommen den Bereichen Beurteilen und Bewerten wichtige Aufgaben zu. Sie beziehen sich ausbildungsbegleitend auf erworbene Fertigkeiten, Kenntnisse und Verhaltensweisen.

Erfolgskontrollen

> Die Ergebnisse von planmäßigem Beurteilen und Bewerten ermöglichen rechtzeitig erforderliche Verbesserungen im gesamten Lernprozess.

1.4.2.3 Überwachen und Beraten

Überwachen

> Der Ausbilder hat den gesamten Ausbildungsprozess zu überwachen. Dabei sind die einzelnen Unterweisungsvorgänge sachlich wie zeitlich nach den im betrieblichen Ausbildungsplan festgelegten Zielen zu prüfen und bei auftretenden Abweichungen einzugreifen, um die Planung und Steuerung der Ausbildung neu auszurichten.

Prüfung und Steuerung

Die Überwachungsaufgabe des Ausbilders erstreckt sich unter anderem auf:
- die Einhaltung von gesetzlichen Bestimmungen (Berufsbildungsgesetz, Handwerksordnung, Jugendarbeitsschutzgesetz und andere)
- die Beachtung der Anordnungen der Handwerkskammer und der Innung
- die Anmeldung zu Zwischen- und Gesellenprüfungen
- die Teilnahme der Lehrlinge an überbetrieblichen Unterweisungskursen und am Berufsschulunterricht
- die Führung der Ausbildungsnachweise der Lehrlinge
- die Ausbildungsmaßnahmen, die an betriebliches Ausbildungspersonal (Unterweiser) übertragen sind.

Überwachungsaufgaben

Beraten

Beraten durch den Ausbilder bedeutet: Handlungsempfehlungen für die nachfolgend dargestellten Bereiche geben.

Handlungsempfehlungen

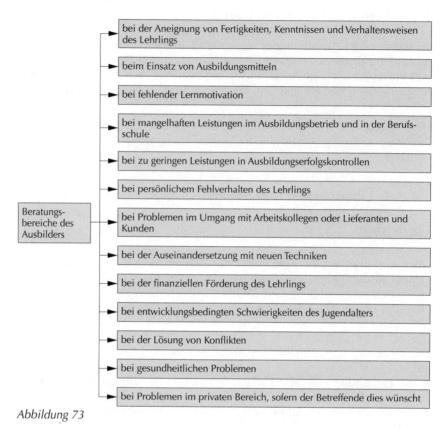

Abbildung 73

1.4.2.4 Innovieren

Einführung von Neuem

Innovieren bedeutet, die „Einführung von Neuem" zum Ziel haben.

Durch die rasche technologische Entwicklung in fast allen Berufsbereichen des Handwerks (zum Beispiel Computertechniken, Kommunikationstechnologien, neue Werkstoffe, neue Arbeitsverfahren) ändern sich die Berufsinhalte und somit auch die Ausbildungsinhalte und Ausbildungsmethoden.

Anpassung der Ausbildungsinhalte

Die Ausbilder haben dabei die wichtige Aufgabe, diese Änderungen laufend in den Ausbildungsprozess einfließen zu lassen und die Neuerungen bei der Fertigkeits- und Kenntnisvermittlung umzusetzen. Sie haben sich selbst ununterbrochen fortzubilden (zum Beispiel durch Kurse und Fachzeitschriften).

Wichtige Aufgaben des Ausbilders sind dabei im Einzelnen:

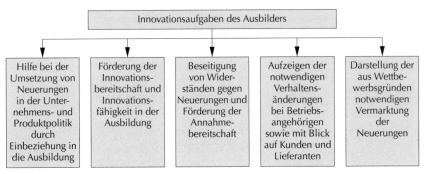

Abbildung 74

1.4.3 Besondere Bedeutung der Vorbildfunktion des Ausbilders

> Jeder junge Mensch sucht Vorbilder, denen er nacheifern kann. Der Ausbilder muss daher sein gesamtes Handeln auf einwandfreies Verhalten im persönlichen und im beruflichen Lebensbereich ausrichten. Vorbildliches Verhalten setzt beim jungen Menschen besondere Wertmaßstäbe.

Wertmaßstäbe

Die Auswahl der richtigen Persönlichkeit als Ausbilder für einen Betrieb ist eine wesentliche Voraussetzung für den Ausbildungserfolg.

Neben den fachlichen Voraussetzungen kommt es vor allem auf menschliche Eigenschaften an wie unter anderem:

Menschliche Eigenschaften

- Menschenkenntnis, Fähigkeit zur Menschenbeurteilung
- positive Grundeinstellung zu jungen Menschen
- Mitgehen mit der Jugend und die Fähigkeit, für Ideale zu begeistern
- Vertrauenswürdigkeit.

Nur wer vorbildliche Eigenschaften hat, kann als Vorbild Maßstäbe setzen.

Abbildung 75

1.4.4 Stellung und Funktionen des Ausbilders im Handwerksbetrieb

1.4.4.1 Stellung des Ausbilders

Schlüsselstellung

> Bei der betrieblichen Ausbildung nimmt der Ausbilder eine wichtige Schlüsselstellung ein. Von seinen Fähigkeiten und Eigenschaften hängt es ab, ob die betriebliche Ausbildung systematisch und erfolgreich durchgeführt wird.

Er hat heute mehr denn je dazu beizutragen, dass nicht nur die fachlichen Fertigkeiten und Kenntnisse vermittelt werden, sondern darüber hinaus der junge Mensch auf die Wandlungen in der Berufswelt fachlich und geistig vorbereitet wird. Dadurch kann erreicht werden, dass die Lern- und Denkfähigkeit sowie die Umstellungsbereitschaft und die Anpassungsfähigkeit entwickelt werden.

Der Ausbilder trägt für seine Arbeit in der Berufsausbildung eine hohe Verantwortung.

Abbildung 76

Die Verantwortung **gegenüber dem Ausbildungsbetrieb** bezieht sich unter anderem auf:
- die Einhaltung aller Ausbildungsvorschriften und gesetzlichen Regelungen
- die gründliche und vollständige Ausbildung der Lehrlinge entsprechend der Ausbildungsordnung
- die Schaffung von qualifiziertem Berufsnachwuchs für den Betrieb
- die Erhaltung der Leistungsfähigkeit des Betriebes
- die wirtschaftliche Gestaltung der Ausbildungskosten im Betrieb.

Ausbildungsbetrieb

Gegenüber dem Lehrling ist der Ausbilder insbesondere verantwortlich, dass
- ihm die bestmögliche Ausbildung gewährleistet wird
- er in seiner Persönlichkeitsentwicklung gefördert wird
- er weder körperlich noch sittlich gefährdet wird
- er einen guten Einstieg in die Berufs- und Arbeitswelt erhält.

Lehrling

Die Verantwortung **gegenüber Wirtschaft und Gesellschaft** besteht
- in der Ausbildung qualifizierten Berufsnachwuchses zur Erhaltung der Leistungsfähigkeit der gesamten Volkswirtschaft
- in der Ausbildung und Erziehung zu leistungsfähigen Bürgern
- in der Erhaltung und Steigerung des Lebensstandards der Menschen durch hohe Qualifikationen
- in der Mithilfe zur Absicherung der sozialen Sicherungssysteme
- im Beitrag zur Erhaltung unserer freiheitlichen Staats- und Gesellschaftsordnung.

Wirtschaft und Gesellschaft

1.4.4.2 Funktionen des Ausbilders im Handwerksbetrieb

Der Ausbilder hat wichtige Funktionen und vielfältige Aufgaben zu erfüllen, die im Folgenden erläutert werden.

Abbildung 77

Ausbilder als Fachmann

Fachliche Qualifikation

Fachliche Qualifikation kann nur vermitteln, wer selbst beste fachliche Kenntnisse und Fertigkeiten besitzt. Der Ausbilder hat daher in der Regel die Meisterprüfung und eine mehrjährige berufliche Praxis und Berufserfahrung. Betriebserfahrung im Ausbildungsbetrieb ist zusätzlich von Nutzen, weil dann die betriebsspezifischen Erfordernisse bekannt sind. Die Kenntnisse der neuesten Werkstoffe und der modernsten Arbeitsverfahren müssen neben den Standardtechniken in der betrieblichen Ausbildung umgesetzt werden. Fachliche Kompetenz schafft Autorität gegenüber den Lehrlingen.

Ausbilder als Organisator der Ausbildung

Organisatorische Aufgaben

Auf organisatorischem Gebiet stellen sich dem Ausbilder unter anderem folgende Aufgaben:
- Planung der Ausbildung (Ausbildungs- und Versetzungspläne)
- Festlegung der Lernorte
- Durchführung der Ausbildung
- Vorbereitung auf Zwischen- und Abschlussprüfungen
- Zusammenarbeit mit außerbetrieblichen Einrichtungen in verschiedenen Aufgabenbereichen.

Ausbilder als Psychologe

Psychologische Aufgaben

Zu den wichtigsten psychologischen Aufgaben des Ausbilders gehören unter anderem:
- Förderung der Persönlichkeitsentwicklung des Auszubildenden
- charakterliche Förderung
- Entwicklung der Beweggründe für Leistung (Leistungsmotivation)
- Entwicklung zum selbstständigen Mitarbeiter
- Erziehung zu unternehmerischem Denken und schöpferischem Verhalten
- Förderung von Eigenverantwortlichkeit und partnerschaftlichem Verhalten
- Erziehung zu Arbeitstugenden.

Ausbilder als Vertreter des Auszubildenden

Interessenvertreter für Lehrlinge

> Der Ausbilder hat die berechtigten Belange der Auszubildenden und vor allem der Jugendlichen innerhalb des Ausbildungsbetriebes zu vertreten, ohne dabei in die gesetzlichen Mitwirkungsrechte des Betriebsrates und der Jugendvertretung im Betrieb unberechtigt einzugreifen.

Er muss gerade den Jugendlichen gegenüber viel Verständnis aufbringen. Bei der „Interessenvertretung" der Lehrlinge muss er aber stets kritisch prüfen, ob an ihn herangetragene Anliegen auch tatsächlich im Interesse der Lehrlinge sind. Dabei muss er sich kritisch mit den Lehrlingen auseinander setzen. Haben die Lehrlinge das Gefühl, dass sich „ihr" Ausbilder für ihre Interessen einsetzt, haben sie zu ihm Vertrauen. Dieses Vertrauen erleichtert die Ausbildungsarbeit.

Ausbilder als Vorgesetzter und Führungskraft

Der Ausbilder muss Führungseigenschaften besitzen. Da er mit jungen Menschen umzugehen hat, sind Führungsaufgabe und Führungsstil teilweise anders geartet als bei der Vorgesetztenfunktion gegenüber erwachsenen Mitarbeitern und anderen Aufgabenstellungen innerhalb des Betriebes.

Führungseigenschaften

Zu seinen Funktionen als Vorgesetzter gehören unter anderem auch
- die Erteilung von Weisungen
- glaubhaftes und überzeugtes Handeln
- einleuchtende Begründungen
- Ausbildungserfolgskontrollen.

Ausbilder in seiner Verwaltungstätigkeit

Die verwaltungstechnischen Aufgaben umfassen unter anderem:
- Meldung offener Lehrstellen beim Arbeitsamt
- Abschluss des Berufsausbildungsvertrages
- Antrag auf Eintragung des Berufsausbildungsvertrages bei der Handwerkskammer und Innung
- Anmeldung der Lehrlinge bei der Berufsschule
- Anmeldung zur überbetrieblichen Ausbildung
- Anmeldung zu Zwischen- und Gesellenprüfungen
- Bescheinigung über Pflichtuntersuchung nach dem Jugendarbeitsschutzgesetz
- Ausfertigung von Zeugnissen.

Verwaltungstechnische Aufgaben

1.4.5 Arbeits- und Ausbildungsbedingungen des Ausbildenden bzw. des Ausbilders

Entsprechend der unter Abschnitt 1.3.9 „Begriffsabgrenzung" aufgeführten Begriffseinteilung in
- Ausbildender
- Ausbilder
- Ausbildungshilfskraft (Unterweiser)

sind die Arbeits- und Ausbildungsbedingungen in den jeweiligen Funktionen unterschiedlich.

1.4.5.1 Ausbildender

Wenn der Ausbildende, der im Handwerksbetrieb durchschnittlicher Größe auch Betriebsinhaber mit Meisterprüfung oder gleichwertiger Prüfung (zum Beispiel Dipl.-Ing.) ist, selbst ausbildet, bestimmt er allein die Ausbildungs- und Arbeitsbedingungen im Betrieb nach den rechtlichen Vorgaben und ist in seiner Person für die gesamte Lehrlingsausbildung verantwortlich.

Gesamtverantwortung

1.4.5.2 Ausbildungshilfskräfte

Ausbildung nach Vorgaben

Da der Ausbildende die gesamten Aufgaben der Betriebsführung zu bewältigen hat und dadurch zeitlich stark beansprucht ist, kann er auch Ausbildungshilfskräfte (zum Beispiel Gesellen) mit der Unterweisung nach entsprechender Vorgabe beauftragen. Dieses Hilfspersonal hat sich an die vom Ausbildenden festgelegten Ausbildungsvorgaben zu halten. Der ausbildende Geselle hat in der Regel aber noch andere betriebliche Arbeitsaufgaben zu erledigen, das heißt, er ist sozusagen nebenberuflicher Unterweiser. Bei dieser Organisationsform hat der Ausbildende die volle Verantwortung für die Ausbildung im Betrieb und nach außen.

1.4.5.3 Hauptberuflicher Ausbilder

Eigenverantwortung

Bei einer größeren Zahl von Lehrlingen im Betrieb kann der Ausbildende einen hauptberuflichen Ausbilder bestellen, der ausschließlich Ausbildungs- und Unterweisungsmaßnahmen durchführt. Er ist dem Ausbildenden nach den festgelegten Ausbildungsbedingungen betriebsintern, aber auch in vollem Umfange nach außen (zum Beispiel gegenüber der Handwerkskammer, Innung usw.) verantwortlich für eine ordnungsgemäße Ausbildung der Lehrlinge.

1.4.5.4 Ausbildungsmeister und Gesellen

Ausbildungsleiter

Kann der bestellte Ausbilder im Hinblick auf die Zahl der Lehrlinge und aufgrund der gegebenen Betriebsgröße nicht selbst unterweisen, können weitere Ausbildungsmeister oder Gesellen in vollem Umfange oder mit einem Teil ihrer Arbeitskraft mit der Unterweisung beauftragt werden. In diesem Falle fungiert der bestellte Ausbilder als Ausbildungsleiter. Er entscheidet über den Einsatz der weiteren Ausbilder und Ausbildungshilfskräfte.

Die Arbeitsvertragsbedingungen erfolgen in der Regel nach einzelvertraglichen Vereinbarungen.

1.4.6 Ausbilder im Spannungsfeld unterschiedlicher Ansprüche und Erwartungen

Inner- und außerbetriebliche Spannungsfelder

Spannungsfelder bestehen für das Ausbildungspersonal im Ausbildungsbetrieb und im Verhältnis zu außerbetrieblichen Kooperationsstellen (zum Beispiel Berufsschule, Handwerkskammer, Innung).

1.4.6 Ausbilder im Spannungsfeld unterschiedlicher Ansprüche und Erwartungen

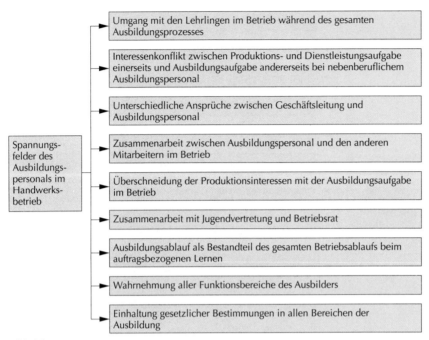

Abbildung 78

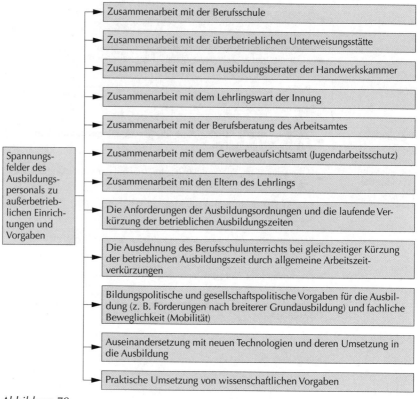

Abbildung 79

Problemlösungen

> Für den Ausbilder ist es wichtig, alle Ursachen für die Spannungen zu erkennen, festzustellen und Wege zu suchen, wie die auftretenden Probleme und Konflikte reduziert bzw. gelöst werden können.

Die gesamte Vorbereitung auf Teil IV der Meisterprüfung sowie auf die Ausbildereignungsprüfung und auch dieses Buch ist in allen Abhandlungen darauf ausgerichtet, in den einzelnen Abschnitten aufzuzeigen, wie die geschilderten Spannungsfelder entschärft und Spannungen verhindert werden können.

1.4.7 Selbstverständnis des Ausbilders

Wie bei jeder beruflichen Tätigkeit ist auch das auf Selbstvertrauen basierende Selbstverständnis des Ausbilders ein wichtiges Element für eine erfolgreiche Arbeit in der betrieblichen Ausbildung.

Faktoren

Das Selbstverständnis gründet auf einer Reihe von Faktoren, so unter anderem auf:
- der Anerkennung der Arbeit im gesamten Ausbildungsbetrieb
- der Anerkennung der Arbeit bei den außerbetrieblichen Kooperationspartnern
- der Anerkennung durch die Gesellschaft

1.4 Handlungssituation: Aufgaben, Stellung und Funktionen des Ausbilders einschätzen   111

- fachlicher, organisatorischer, pädagogischer und psychologischer Kompetenz
- vorbildlichem Verhalten und positiven menschlichen Eigenschaften
- Ausstrahlungskraft, geistige Beweglichkeit, Teamfähigkeit und Überzeugungskraft als Vorgesetzter
- Verantwortungsbewusstsein gegenüber Betrieb, Lehrling, Wirtschaft und Gesellschaft.

Handlungsorientierte, fallbezogene Aufgaben

1. Sie sind Inhaber eines Handwerksbetriebes und wollen erstmals Lehrlinge ausbilden.
Deshalb stellen Sie das Anforderungsprofil, das an Ausbilder zu stellen ist, zusammen.

Aufgabe: Welche Voraussetzungen sollte der Ausbilder für seine Qualifikation erfüllen?

„Siehe Seite 99 des Textteils!"

2. Vorbildliches Verhalten des Ausbilders setzt insbesondere bei jungen Menschen Maßstäbe. Deshalb wollen Sie als Ausbilder die Vorbildfunktion besonders ernst nehmen.

Aufgabe: Welche Eigenschaften sollten Sie dabei einsetzen?

„Siehe Seiten 103 bis 104 des Textteils!"

3. Als Ausbilder sind Sie sich der großen Verantwortung für eine bestmögliche Ausbildung Ihrer Lehrlinge bewusst. Von Ihrer Aufgabenerfüllung im pädagogischen Bereich hängt der Erfolg der Ausbildung zu einem wesentlichen Teil ab.

Aufgabe: Stellen Sie die wichtigsten pädagogischen Aufgaben des Ausbilders zusammen, um sie in der künftigen Ausbildung der Lehrlinge systematisch und praxisgerecht umsetzen zu können!

„Siehe Seiten 100 bis 104 des Textteils!"

4. Sie sind Inhaber eines großen Handwerksbetriebes, der einen hauptberuflichen Ausbilder beschäftigt. Sie sind der Auffassung, dass der Ausbilder klare Vorgaben erhalten muss, wie seine Stellung und sein Verantwortungsbereich festgelegt sind.

Aufgabe: Erarbeiten Sie ein Konzept, das Stellung und Verantwortungsbereiche des Ausbilders gegenüber Ausbildungsbetrieb, Lehrlingen sowie Wirtschaft und Gesellschaft festlegt!

„Siehe Seiten 104 bis 105 des Textteils!"

5. Sie bilden erstmals in Ihrem Betrieb Lehrlinge aus und gehen davon aus, dass der Erfolg der Ausbildung von der bestmöglichen Erfüllung der Funktionen des Ausbilders bei seiner Arbeit abhängen wird.

Aufgabe: Stellen Sie wichtige Funktionen des Ausbilders und die damit verbundenen wichtigsten Aufgabenerfüllungen zusammen!

„Siehe Seiten 105 bis 107 des Textteils!"

6. Sie sind Ausbilder in einem Handwerksbetrieb. Dabei treten laufend Probleme, Spannungen und Konflikte in Ihrem Umfeld auf, weil Ihre Partner von den verschiedensten Ansprüchen und Erwartungen ausgehen. Der Ausbilder muss alle Ursachen für Spannungen erkennen, feststellen und nach Wegen suchen, damit Probleme und Konflikte gelöst bzw. reduziert werden.

Aufgabe: Erläutern Sie, wo die Schwerpunkte der Spannungsfelder liegen und zwar sowohl im innerbetrieblichen Bereich als auch in Bezug auf außerbetriebliche Vorgaben und externe Einrichtungen!

„Siehe Seiten 109 bis 110 des Textteils!"

1.5 Handlungssituation: Mit Partnern im dualen System zusammenarbeiten, die Handwerksorganisationen und ihre Aufgaben in der Berufsbildung kennen sowie die Möglichkeiten der eigenen Mitwirkung in der Organisation abwägen und begründen

Kompetenzen:
- Die verschiedenen Lernorte im dualen System kennen und ihre Bedeutung für die Berufsausbildung einschätzen
- Aufgaben von berufsbildenden Schulen und überbetrieblicher Berufsausbildung als Partner im dualen System kennen und bewerten
- Möglichkeiten der Kooperation zwischen den Partnern im dualen System aufzeigen und nutzen
- Die Aufgaben von Handwerkskammern und Innungen zur Unterstützung und Qualitätssicherung in der Berufsbildung bewerten
- Möglichkeiten der ehrenamtlichen Tätigkeit in Gremien und Ausschüssen der Handwerkskammer oder Innung für eigene Mitwirkungsentscheidungen reflektieren

1.5.1 Beteiligte und Mitwirkende in der Ausbildung

Für eine erfolgreiche Berufsausbildung ist es wichtig, dass alle Mitwirkenden und Partner eng und vertrauensvoll zusammenarbeiten. Nachstehend werden die wichtigsten Partner aufgeführt, die wesentlichen Gebiete der Zusammenarbeit erläutert und die Aufgaben der Handwerkskammern und der Innungen ihrer Bedeutung entsprechend dargestellt.

Zusammenarbeit

1.5.1.1 Zusammenarbeit mit der Berufsschule

Der Erfolg der Berufsausbildung im dualen System ist ganz entscheidend davon abhängig, wie gut die Lernorte Ausbildungsbetrieb und Berufsschule als Partner des dualen Systems zusammenarbeiten.

Ausbilder – Berufsschule

Gegenseitige Vorurteile sollten im Interesse der gemeinsamen Aufgabe abgebaut werden, denn letztlich stellen Berufsschule und Ausbildungsbetrieb einen gemeinsamen Bildungsraum dar. Eine wichtige Voraussetzung für eine parallel laufende theoretische und praktische Ausbildung in Berufsschule und Betrieb ist die inhaltliche und zeitliche Abstimmung der Ausbildungsrahmenpläne bzw. Ausbildungspläne der Betriebe mit den Lehrplänen der Berufsschule.
Dies geschieht
- auf Bundesebene
- auf Landesebene
- zwischen Ausbildungsbetrieb und der zuständigen Berufsschule.

Inhaltliche und zeitliche Abstimmung

Aufgabenbereiche

Die wichtigsten Aufgabenbereiche der Zusammenarbeit des Ausbilders mit der Berufsschule gehen aus der folgenden Abbildung hervor.

Abbildung 80

Zusätzliche Aufgaben

Neben den in der obigen Abbildung aufgeführten klassischen Funktionen des Ausbilders können sich zusätzliche Aufgaben bei der Zusammenarbeit mit der Berufsschule ergeben.
- Wenn der Berufsschulunterricht nicht im Teilzeitunterricht, sondern in Form der Blockschulung erfolgt, ergeben sich weitere Zuordnungsabstimmungen, die der Ausbilder mit der Berufsschule besprechen muss.
- Wird das erste Ausbildungsjahr als kooperativ-duales Berufsgrundbildungsjahr durchgeführt, ist eine besondere inhaltliche, zeitliche und methodische Abstimmung mit der Berufsschule erforderlich.
- Weiteren Abstimmungsbedarf gibt es bei Absolventen des Berufsgrundschuljahres und der einjährigen Berufsfachschule.

1.5.1.2 Zusammenarbeit mit der überbetrieblichen Unterweisungsstätte

Die überbetrieblichen Unterweisungsstätten der Innungen und Handwerkskammern dienen der Ergänzung und Unterstützung der betrieblichen Ausbildung.

Ergänzung der betrieblichen Ausbildung

Wichtige Aufgabenbereiche des Ausbilders für die Zusammenarbeit mit der überbetrieblichen Unterweisungsstätte ergeben sich aus folgender Abbildung.

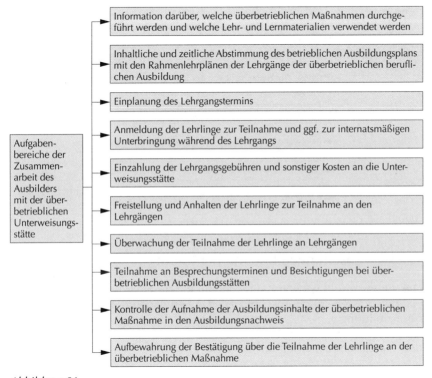

Abbildung 81

1.5.1.3 Zusammenarbeit mit der Handwerkskammer

Die Handwerkskammer ist die für die Berufsausbildung und deren Förderung und Überwachung zuständige Stelle, mit der der Ausbilder eng zusammenarbeiten muss (siehe auch Abschnitt 1.5.2.1 „Handwerkskammer als zuständige Stelle").

Zuständige Stelle

Wichtige Aufgabenbereiche der Zusammenarbeit sind:

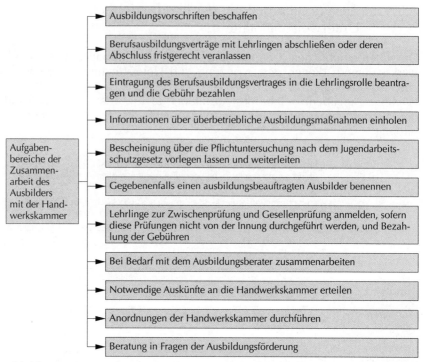

Abbildung 82

1.5.1.4 Zusammenarbeit mit der Innung

Die Innung erfüllt wichtige Aufgaben im Rahmen der Berufsausbildung im Handwerk (siehe auch Abschnitt 1.5.2.2 „Aufgaben der Innung in der Berufsausbildung").
In nachstehend aufgeführten Bereichen ergeben sich Aufgaben des Ausbilders zur Zusammenarbeit mit der Innung.

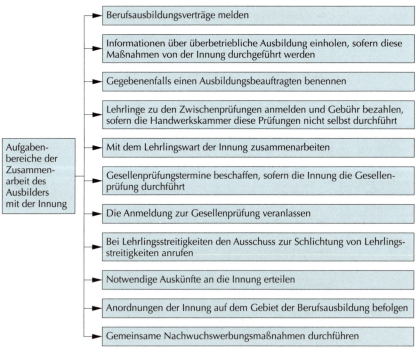

Abbildung 83

1.5.1.5 Zusammenarbeit mit der Arbeitsverwaltung

Das Arbeitsamt ist die zuständige Stelle für die Beratung, Auswahl und Vermittlung von Lehrlingen. Leider funktioniert die Zusammenarbeit mit den Ausbildern in den Betrieben nicht immer reibungslos, weil sich Handwerksbetriebe häufig bei der Vermittlung junger Menschen benachteiligt fühlen. Diese Kooperationsvorbehalte sollten rasch beseitigt werden.
Die Zusammenarbeit mit der Berufsberatung des Arbeitsamtes umfasst nachstehende Bereiche.

Berufsberatung

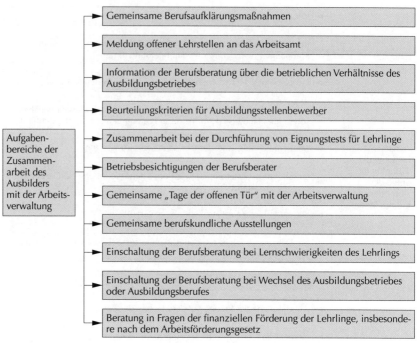

Abbildung 84

1.5.1.6 Zusammenarbeit mit dem Gewerbeaufsichtsamt

Arbeitssicherheit
Jugendarbeitsschutz

Der Ausbilder hat auch mit dem Gewerbeaufsichtsamt Kontakte zu pflegen. Dabei geht es schwerpunktmäßig um Fragen der Arbeitssicherheit und um die gesetzlichen Bestimmungen, die für die Beschäftigung von Jugendlichen maßgebend sind (z. B. Jugendarbeitsschutzgesetz).

1.5.1.7 Zusammenarbeit mit den Eltern des Lehrlings

> Der Ausbildungserfolg kann wesentlich verbessert werden, wenn der Ausbilder mit dem Elternhaus des Lehrlings Kontakt hält und mit den Eltern zusammenarbeitet.

Wichtige Kontaktbereiche

Wichtige Bereiche für Kontakte sind unter anderem:
- die Teilnahme der Eltern am Vorstellungsgespräch
- Betriebsbesichtigung durch die Eltern
- regelmäßige Kontakte in zeitlichen Abständen zwischen Eltern und Ausbilder
- besondere Kontaktgespräche bei Lernschwierigkeiten und Fehlverhalten des Lehrlings in Ausbildungsbetrieb oder Berufsschule
- Elternmitteilungen des Ausbilders in regelmäßigen Abständen.

1.5.1.8 Zusammenarbeit mit dem Betriebsrat

Sofern in einem Handwerksbetrieb ein Betriebsrat besteht, hat er eine Reihe von Mitwirkungs- und Mitgestaltungsrechten bei der Ausbildung im Betrieb. Deshalb ist eine gute Zusammenarbeit zwischen Betriebsrat und Ausbilder bzw. Ausbildendem notwendig und wichtig. (Nähere Einzelheiten siehe Abschnitt 1.3.4.4 „Betriebsverfassungsrecht".) — *Mitwirkungsrechte*

1.5.1.9 Zusammenarbeit mit der Jugend- und Auszubildendenvertretung

Die Jugend- und Auszubildendenvertretung nimmt die Interessen der Lehrlinge und der jugendlichen Arbeitnehmer wahr. Sie vertritt die Interessen im Betriebsrat (Einzelheiten siehe Abschnitt 1.3.4.4 „Betriebsverfassungsrecht"). — *Interessen der Lehrlinge*

1.5.2 Aufgaben von Handwerkskammer und Innung in der Berufsbildung, Aufgaben und Rechtsstellung des Berufsbildungsausschusses, des Ausbildungsberaters und des Lehrlingswarts

1.5.2.1 Handwerkskammer als zuständige Stelle

> Die Handwerkskammer ist die für die Berufsausbildung in Handwerksbetrieben und handwerksähnlichen Betrieben vom Gesetzgeber festgelegte zuständige Stelle. Soweit Vorschriften nicht bestehen, hat sie die Durchführung der Berufsausbildung im Rahmen der gesetzlichen Bestimmungen zu regeln.
> Die Handwerkskammer überwacht ferner die Durchführung der Berufsausbildung und fördert sie durch Beratung der Ausbildenden und der Lehrlinge. Sie hat zu diesem Zweck Ausbildungsberater zu bestellen.

Regelung

Wichtige Aufgaben im Einzelnen

Die wichtigen Aufgaben der Handwerkskammer in der Berufsausbildung gehen aus nachstehender Übersicht hervor.

Abbildung 85

Aufgaben in der Fortbildung

Neben der Wahrnehmung der obigen Aufgaben in der Berufsausbildung ist die Handwerkskammer im Bereich der Fortbildung unter anderem auf folgenden Gebieten tätig:
- Durchführung von Meistervorbereitungskursen und Fortbildungslehrgängen aller Art
- Betrieb von Akademien des Handwerks
- Maßnahmen zur Förderung der Unternehmensführung
- Organisatorische Durchführung von Meisterprüfungen
- Durchführung von Fortbildungsprüfungen.

Berufsbildungsausschuss

Bei jeder Handwerkskammer ist ein Berufsbildungsausschuss errichtet. Die Zusammensetzung und die Wahl ergibt sich aus folgender Abbildung:

1.5.2 Aufgaben von Handwerkskammer und Innung in der Berufsbildung

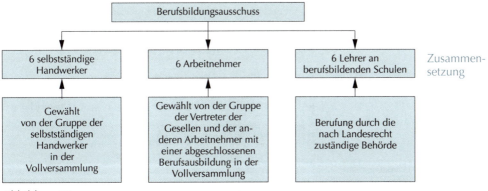

Abbildung 86

Die sechs Lehrer an berufsbildenden Schulen gehören dem Berufsbildungsausschuss mit beratender Stimme an.

Der Berufsbildungsausschuss ist in allen wichtigen Angelegenheiten der beruflichen Bildung zu unterrichten und zu hören. — Aufgaben

Er hat folgende Rechte: — Rechte
- Recht auf Unterrichtung
- Recht auf Anhörung
- Vorschlagsrecht.

Ausbildungsberater

Die Ausbildungsberater verrichten im Rahmen der Gesamtaufgaben der Handwerkskammer eine wichtige, hauptberufliche Arbeit. Die Hauptaufgabengebiete ergeben sich aus der folgenden Abbildung. — Hauptaufgabengebiete

Abbildung 87

Auskunftspflicht der Betriebe

Alle Handwerksbetriebe sind verpflichtet, den Ausbildungsberatern und anderen Bediensteten der Handwerkskammer bei allen Maßnahmen, die im Rahmen der Vorschriften über die Berufsausbildung erfolgen, die erforderlichen Auskünfte zu erteilen und Unterlagen vorzulegen.

1.5.2.2 Aufgaben der Innung in der Berufsausbildung

Wichtige Aufgaben im Einzelnen

Abbildung 88

Lehrlingswart

Eine wichtige Schlüsselrolle in der Berufsausbildungsarbeit der Innung nimmt der Lehrlingswart ein.

Schlüsselrolle

Da seine Aufgaben als Vermittler und Ansprechpartner für Ausbildungsbetriebe, Ausbilder, Lehrlinge, Eltern und Berufsschule weitgehend gleich oder ähnlich sind wie die des Ausbildungsberaters der Handwerkskammer, ist zwischen beiden eine enge Zusammenarbeit erforderlich.

Der Ausbildungsberater ist in der Regel hauptberuflich, der Lehrlingswart ehrenamtlich tätig.

Die Hauptaufgabengebiete des Lehrlingswartes der Innung sind aus der folgenden Abbildung ersichtlich.

Abbildung 89

1.5.3 Möglichkeiten der ehrenamtlichen Tätigkeiten in Gremien und Ausschüssen der Handwerkskammer und der Innung

1.5.3.1 Grundsätzliche Möglichkeiten

Mitwirkungsmöglichkeiten

Die Ausbildenden bzw. Ausbilder haben zahlreiche Möglichkeiten, an der Gestaltung und Umsetzung in der Ausbildung, im Prüfungswesen und im Bezug auf deren Weiterentwicklung Einfluss zu nehmen und mitzuwirken. Dadurch kann deren Erfahrung und Praxisnähe in Inhalte und Gestaltungsmöglichkeiten von Ausbildung und Prüfung einfließen. Wichtige Möglichkeiten der Mitwirkung sind:

Handwerkskammer

- bei der Handwerkskammer:
  - im Berufsbildungsausschuss
  - in Vorstand und Vollversammlung
  - in kammereigenen Gesellen- und Abschlussprüfungsausschüssen
  - in Fortbildungsprüfungsausschüssen

1.5.3 Möglichkeiten der ehrenamtlichen Tätigkeiten in Gremien und Ausschüssen

- in Meisterprüfungsausschüssen
- als nebenberufliche Lehrkraft in überbetrieblichen Unterweisungsmaßnahmen
- als sonstige nebenberufliche Lehrkraft

- bei der Innung: Innung
  - in Innungsversammlung und Vorstand
  - im Berufsausbildungsausschuss
  - im Ausschuss zur Beilegung von Lehrlingsstreitigkeiten
  - im Gesellenausschuss, sofern der Ausbilder Arbeitnehmer ist
  - im Gesellenprüfungsausschuss
  - als Lehrlingswart
  - als nebenberufliche Lehrkraft in überbetrieblichen Unterweisungsmaßnahmen
  - als sonstige nebenberufliche Lehrkraft.

1.5.3.2 Mitwirkung bei Gesellen- und Abschlussprüfungen, Aufgaben und Anforderungsprofil der Mitglieder von Prüfungsausschüssen

Die Durchführung der Gesellen- und Abschlussprüfungen sowie anderer Prüfungen wie z. B. der Fortbildungsprüfungen liegt bei den Selbstverwaltungseinrichtungen der Wirtschaft, d. h. für den Bereich des Handwerks bei den Innungen und Handwerkskammern (siehe auch Abschnitt 1.2.1.6 „Zuständigkeiten, Aufsicht und Kontrolle im dualen System" und 1.5.2 „Aufgaben von Handwerkskammer und Innung in der Berufsbildung").   Innungen, Handwerkskammern

Durch die Mitwirkung von Ausbildenden und Ausbildern aus der Betriebspraxis in den Prüfungsausschüssen können deren Sachkunde und Erfahrung in Inhalte und Gestaltungsmöglichkeiten sowie Abläufe von Prüfungen eingebracht werden. So findet auch eine Verzahnung und Rückkoppelung von Ausbildungspraxis in den Betrieben und externen Prüfungsausschüssen statt.   Vorteile der Mitwirkung

Zusammensetzung der Prüfungsausschüsse

Gesellenprüfungsausschuss
Der Gesellenprüfungsausschuss besteht aus mindestens drei Mitgliedern.

Abbildung 90

Die Mitglieder und deren Stellvertreter werden längstens für fünf Jahre berufen oder gewählt.

Vorsitzender

Der Prüfungsausschuss wählt aus seiner Mitte einen Vorsitzenden und dessen Stellvertreter. Der Prüfungsausschuss ist beschlussfähig, wenn zwei Drittel der Mitglieder, mindestens jedoch drei, mitwirken.

Innungseigene Ausschüsse

Bei den von der Innung aufgrund einer Ermächtigung der Handwerkskammer errichteten Gesellenprüfungsausschüssen werden die selbstständigen Handwerker von der Innungsversammlung, die Arbeitnehmer von dem Gesellenausschuss gewählt. Die Lehrer von berufsbildenden Schulen werden im Einvernehmen mit der Schulaufsichtsbehörde oder der von ihr bestimmten Stelle nach Anhörung der Innung von der Handwerkskammer berufen.

Kammereigene Ausschüsse

Die Mitglieder (Selbstständige und Arbeitnehmer) der kammereigenen Gesellenprüfungsausschüsse werden von der Handwerkskammer berufen. Die Lehrer von berufsbildenden Schulen werden im Einvernehmen mit der Schulaufsichtsbehörde oder der ihr bestimmten Stelle eingesetzt.

Die Tätigkeit in den Gesellenprüfungsausschüssen ist ehrenamtlich.

Abschlussprüfungsausschuss

Der Abschlussprüfungsausschuss besteht aus mindestens 3 Mitgliedern.

1.5.3 Möglichkeiten der ehrenamtlichen Tätigkeiten in Gremien und Ausschüssen

Abbildung 91

Die Mitglieder und deren Stellvertreter werden längstens für fünf Jahre von der Handwerkskammer berufen, wobei die Arbeitnehmermitglieder von den Gewerkschaften und selbstständigen Vereinigungen von Arbeitnehmern mit sozial- und berufspolitischer Zielsetzung vorher vorgeschlagen werden. Die Berufung der Lehrer von berufsbildenden Schulen erfolgt im Einvernehmen mit der Schulaufsichtsbehörde oder der von ihr bestimmten Stelle.
Die Tätigkeit im Abschlussprüfungsausschuss ist ehrenamtlich.

Prüfungsausschüsse für Abschlussprüfungen werden für den Bereich des Handwerks ausschließlich von den Handwerkskammern errichtet.	Handwerkskammer

Handlungsorientierte, fallbezogene Aufgaben

1. Sie bilden als Inhaber eines Handwerksbetriebes mit abgelegter Meisterprüfung erstmals Lehrlinge aus. Alle innerbetrieblichen Vorbereitungen für die Ausbildung haben Sie getroffen. Für eine erfolgreiche Berufsausbildung ist es darüber hinaus wichtig, mit allen Mitwirkenden und Partnern im dualen System eng und vertrauensvoll zusammenzuarbeiten.

<u>Aufgabe:</u> **Es ist festzulegen, auf welchen Gebieten mit welchen Aufgabenstellungen mit den einzelnen Partnern zusammenzuarbeiten ist. Bei dieser Planung der durchzuführenden Maßnahmen gehen Sie anhand der nachfolgenden Leitfragen vor!**

a) Erläutern Sie den Aufgabenkatalog des Ausbilders bei der Zusammenarbeit mit der Berufsschule!
b) Welches sind die wichtigsten Aufgabenbereiche des Ausbilders bei der Zusammenarbeit mit überbetrieblichen Unterweisungsstätten der Innungen und der Handwerkskammern?
c) Welche Aufgaben hat der Ausbilder bei der Zusammenarbeit mit der Handwerkskammer zu erledigen?
d) Auf welchen Gebieten hat der Ausbilder mit der Innung zusammenzuarbeiten?
e) Erläutern Sie die wichtigsten Aufgabenfelder der Zusammenarbeit des Ausbilders mit der Arbeitsverwaltung!
f) Um welche Fragen geht es bei der Zusammenarbeit des Ausbilders mit dem Gewerbeaufsichtsamt?
g) Auf welchen Gebieten sollte der Ausbilder mit den Eltern des Lehrlings Kontakt halten und zusammenarbeiten?
h) Auf welchen Gebieten arbeitet der Ausbilder mit dem Betriebsrat und der Jugend- und Auszubildendenvertretung zusammen?

„Siehe Seiten 114 bis 119 des Textteils!"

2. Als selbstständiger Handwerksmeister sind Sie Mitglied der Handwerkskammer und wissen, dass diese u.a. die gesetzliche Interessenvertretung des Handwerks, wichtigstes Selbstverwaltungsorgan und ein Instrument zur Handwerksförderung ist. Auf dem Gebiete der Berufsbildung in Handwerksbetrieben und handwerksähnlichen Betrieben ist sie die vom Gesetzgeber festgelegte zuständige Stelle.

<u>Aufgabe:</u> **Beschreiben Sie wichtige Aufgaben der Handwerkskammer in der Berufsbildung, die auch für Sie als Ausbildungsbetrieb wichtig sind!**

„Siehe Seiten 120 bis 122 des Textteils!"

3. Sie sind Ausbilder in einem Handwerksbetrieb und haben gehört, dass es bei der Handwerkskammer einen Berufsbildungsausschuss gibt. Sie wollen wissen, welche Aufgabe dieser Ausschuss hat.

Welche Aussage trifft zu?
☐ a) Er hat nur die Vollversammlung der Handwerkskammer zu beraten.
☐ b) Er hat nur die Lehrlinge im Kammerbereich zu betreuen.
☐ c) Er hat alle wichtigen Angelegenheiten der beruflichen Bildung zu behandeln.
☐ d) Er hat die alleinige Aufsichtsfunktion über die zuständige Fachabteilung der Handwerkskammer.
☐ e) Er hat nur den Vorstand der Handwerkskammer zu beraten.

„Siehe Seite 121 des Textteils!"

1.5 Handlungssituation: Partner in der Ausbildung

4. Als Ausbilder haben Sie erfahren, dass es die Einrichtung der Ausbildungsberatung gibt. Sie wollen klären, wer die Ausbildungsberatung durchführt und was ihre Hauptaufgabe ist.

Welche der nachstehenden Aussagen treffen zu?

4.1 Die Ausbildungsberatung führt durch:
- ☐ a) Das Arbeitsamt
- ☐ b) Das Staatliche Schulamt
- ☐ c) Das Jugendamt
- ☐ d) Das Amt für Ausbildungsförderung
- ☐ e) Die Handwerkskammer.

4.2 Es ist Hauptaufgabe der Ausbildungsberatung,
- ☐ a) die Betriebe zu überwachen und zu beraten,
- ☐ b) die Lehrlinge zu beraten,
- ☐ c) nur die Innungen zu beraten,
- ☐ d) vorwiegend die Betriebe und Lehrlinge zu beraten,
- ☐ e) nur die Berufsschulen zu beraten.

„Siehe Seiten 121 bis 122 des Textteils!"

5. Innungen als Fachorganisationen haben im Handwerk eine lange Tradition bei ihrem Einsatz für die Belange der Berufsausbildung. Auch heute noch haben sie in der Berufsausbildung wichtige Funktionen.

Aufgabe: Stellen Sie als Ausbildender fest, welche Aufgaben die Innungen auf dem Sektor der Ausbildung erfüllen!

„Siehe Seite 123 des Textteils!"

6. Sie sind Inhaber eines Handwerksbetriebes und Mitglied der zuständigen Innung. Bei der letzten Innungsversammlung wurde im Rahmen der Neuwahlen der Organe ein Lehrlingswart gewählt. Als Ausbildender interessiert Sie, welches die wichtigsten Aufgaben des Lehrlingswarts der Innung sind.

Aufgabe: Erläutern Sie Hauptaufgabengebiete des Lehrlingswarts der Innung!

„Siehe Seite 124 des Textteils!"

7. Im Rahmen der Selbstverwaltung des Handwerks ist die Mitwirkung von Ausbildenden und Ausbildern bei der inhaltlichen Gestaltung und der Umsetzung von praktischen Erfahrungen aus der Ausbildungspraxis auf ehrenamtlicher Grundlage vorgesehen. Sie ist Voraussetzung für das Funktionieren der Selbstverwaltungsorgane. Als Inhaber eines Ausbildungsbetriebes des Handwerks wären Sie bereit, in Gremien oder Handwerksorganisationen mitzuwirken.

Aufgabe: Beschreiben Sie die wichtigsten Mitwirkungsmöglichkeiten

a) bei der Handwerkskammer
b) bei der Innung!

„Siehe Seiten 124 bis 125 des Textteils!"

8. Sie sind als selbstständiger Handwerksmeister, der Lehrlinge ausbildet, Mitglied der zuständigen Innung. Der Obermeister ist an Sie herangetreten mit der Bitte, künftig im Gesellenprüfungsausschuss mitzuwirken. Bevor Sie eine Entscheidung treffen, ob Sie der Aufforderung des Obermeisters nachkommen, wollen Sie wissen, wie sich der Gesellenprüfungsausschuss zusammensetzt, wer die Ausschussmitglieder, die selbstständige Handwerker sind, wählt und wie lange eine Wahlperiode dauert.

Aufgabe: **Welche der nachstehenden Aussagen treffen zu?**

8.1 Der Gesellenprüfungsausschuss setzt sich zusammen:
- ☐ a) Aus mindestens 2 Mitgliedern
- ☒ b) Aus mindestens 3 Mitgliedern
- ☐ c) Aus mindestens 4 Mitgliedern
- ☐ d) Aus mindestens 5 Mitgliedern
- ☐ e) Aus mindestens 6 Mitgliedern

„Siehe Seite 125 des Textteils!"

8.2 Die Mitglieder des Gesellenprüfungsausschusses, die selbstständige Handwerker sind, werden gewählt:
- ☒ a) Von der Innungsversammlung.
- ☐ b) Vom Vorstand der Innung.
- ☐ c) Vom Berufsbildungsausschuss der Innung.
- ☐ d) Vom Gesellenausschuss der Innung.
- ☐ e) Vom Obermeister und seinem Stellvertreter.

„Siehe Seite 126 des Textteils!"

8.3 Die Mitglieder des Gesellenprüfungsausschusses werden längstens gewählt:
- ☐ a) auf 5 Jahre
- ☐ b) auf 4 Jahre
- ☐ c) auf 3 Jahre
- ☐ d) auf 2 Jahre
- ☐ e) auf 1 Jahr.

„Siehe Seite 126 des Textteils!"

2 Handlungsfeld: Planung der Ausbildung

2.1 Handlungssituation: Ausbildungsberufe auswählen und Ausbildungsplatzentscheidungen treffen – Berufsausbildung als Teil der Personalplanung und Personalentwicklung – Entscheidungsfindung unter Berücksichtigung der Einflussfaktoren

Kompetenzen:
- Die Möglichkeiten der Ausbildung in einem oder in mehreren Ausbildungsberufen prüfen sowie auf der Basis der eigenen gewerblichen Ausrichtung und der betrieblichen Rahmenbedingungen Ausbildungsplatzentscheidungen treffen

Im Handwerk ist der Anteil der menschlichen Arbeitskraft an der Gesamtleistung des Betriebes wesentlich höher als in anderen Bereichen der Wirtschaft. Deshalb ist eine qualitativ und quantitativ ausreichende Versorgung mit Arbeitskräften eine elementare Voraussetzung für die Existenz und die Leistungsfähigkeit eines Handwerksbetriebes.

Der kostengünstigste und verlässlichste Weg zur Sicherung des Fachkräftebedarfs ist die betriebseigene Ausbildung. Deshalb muss die betriebliche Ausbildungsplanung wesentlicher Bestandteil der Personalplanung und Personalentwicklung sein.

Betriebseigene Ausbildung

2.1.1 Aufgaben der Personalplanung

Die Personalplanung ist einer der wichtigsten Teile der gesamten Unternehmensplanung, wobei Letztere die Vorgaben für den Personalbedarf als Unterlage für die Personalplanung gibt.

Die Personalplanung hat die Aufgabe sicherzustellen, dass kurz-, mittel- und langfristig die im Handwerksbetrieb erforderlichen Arbeitskräfte zur Verfügung stehen. Sie zielt ab auf:
- die Anzahl (Quantität) der erforderlichen Arbeitskräfte
- die qualitative Struktur der Arbeitskräfte
- die zeitliche Einsatzmöglichkeit der Arbeitskräfte
- den örtlichen Einsatz der Arbeitskräfte.

Sicherstellung des Arbeitskräftebedarfs

Bei allen diesbezüglichen Planungsmaßnahmen ist vom aktuellen Personalbestand, den zu erwartenden Veränderungen durch Zu- und Abgänge, von Mehr- und Minderbedarf auf Grund der Unternehmensplanung und angenommenen gesamtwirtschaftlichen und branchenbezogenen Entwicklungen auszugehen.

Ausbildung

Die Deckung des Personalbedarfs kann durch Personalbeschaffung am Arbeitsmarkt und durch Ausbildung im Betrieb erfolgen. Gerade im Handwerk erfolgt die Sicherung des Fachkräftebedarfs überwiegend durch die betriebseigene Ausbildung.

Bei der Auswahl und Festlegung der Ausbildungsberufe und Ausbildungsmaßnahmen ist vor allem nicht nur der gegenwärtige Fachkräftebedarf, sondern der zukünftige maßgebend.

> Die Ausbildung von Fachkräften ist also primär eine mittel- und langfristige Investition in das Humankapital des Betriebes.

2.1.2 Aufgaben der Personalentwicklung

Betriebliche Erstausbildung

Personalentwicklung bezieht sich sowohl auf die betriebliche Erstausbildung als auch auf die Weiterbildung. In der Erstausbildung zielt sie darauf ab, Grundlagen zu schaffen

- für die Entwicklung und Verbesserung von Leistungsfähigkeit und Leistungsbereitschaft
- für die Aufgeschlossenheit zu Innovationen aller Art
- für die Fähigkeit, sich auf technische und von Märkten verursachte Veränderungen einzustellen
- für die persönliche Entfaltung im Beruf
- für die Bereitschaft, sich ein ganzes Berufsleben lang weiterzubilden
- für Perspektiven der betrieblichen Entwicklungsmöglichkeiten.

2.1.3 Kosten-/Nutzenanalyse

Im Handwerk hat die betriebliche Ausbildung eine lange Tradition und eine über Jahrhunderte entwickelte Ausbildungskultur. Im Hinblick auf die gestiegenen Ausbildungskosten (siehe Abschnitt 1.2.1.5 „Kosten und Finanzierung im dualen System") wird auch im Handwerk immer häufiger die Frage gestellt, ob sich Ausbildung für den Handwerksbetrieb unter betriebswirtschaftlichen Gesichtspunkten überhaupt noch lohne und somit sinnvoll sei.

Ausbildung als lohnende Investition

> Wenn auch die Kosten-/Nutzensituation der betrieblichen Ausbildung in den einzelnen Handwerkszweigen unterschiedlich ist, zeigen neuere Untersuchungen eindeutig, dass die Vorteile und der Nutzen der Ausbildung in den meisten Betrieben die Kosten überwiegen. Betriebliche Ausbildung ist also eine lohnende Investition in die Zukunft.

Die betriebswirtschaftlichen Vorteile sind insbesondere
- sofort einsetzbare qualifizierte Fachkräfte
- keine Kosten für Personalbeschaffung extern ausgebildeter Fachkräfte
- keine Kosten für Einarbeitung und Anpassungsqualifizierung
- weniger Kosten durch Personalwechsel
- weniger oder kein Fehlbesetzungsrisiko
- in der Regel geringere Lohnkosten als bei der Einstellung externer Fachkräfte
- die langfristige Sicherung des Fachkräftebedarfs für einen möglichst rationellen Personaleinsatz.

Vorteile der Ausbildung

2.1.4 Verzeichnis der staatlich anerkannten Ausbildungsberufe

In diesem Verzeichnis sind alle Ausbildungsberufe enthalten, die als Grundlage für eine geordnete und einheitliche Berufsausbildung durch den Bundesminister für Wirtschaft und Technologie oder dem sonst zuständigen Fachminister im Einvernehmen mit dem Bundesminister für Bildung und Forschung staatlich anerkannt sind.

Das Bundesinstitut für Berufsbildung führt das Verzeichnis der anerkannten Ausbildungsberufe, das jährlich zu veröffentlichen ist.
Hier findet der Ausbilder die grundsätzlichen Ausbildungsmöglichkeiten als globalen rechtlichen Rahmen.

2.1.5 Ausbildung in Handwerksberufen

Anerkannte Ausbildungsberufe des Handwerks sind in der Regel die in der Anlage A zur Handwerksordnung aufgelisteten Gewerbe. Durch Rechtsverordnung können für ein Gewerbe (Handwerk) der Anlage A mehrere Ausbildungsberufe staatlich anerkannt und durch Ausbildungsordnung geregelt werden, soweit dies wegen der Breite des Gewerbes erforderlich ist. Darüber hinaus bestehen Möglichkeiten, in Ausbildungsberufen Fachrichtungen zu schaffen und bei der Ausbildung Schwerpunkte zu bilden.

Handwerksberufe

2.1.6 Ausbildung in nichthandwerklichen und handwerksähnlichen Berufen

Für die Ausbildung in anerkannten nichthandwerklichen Berufen und handwerksähnlichen Berufen gilt das Verzeichnis der anerkannten Ausbildungsberufe und die jeweilige Ausbildungsordnung.
Die abschließende Entscheidung, in welchen Berufen ausgebildet werden soll, sowie die Ausbildungsplatzentscheidung kann nur im Zusammenhang mit der Eignung der Ausbildungsstätte (Abschnitt 2.3.1 „Kriterien zur Überprüfung der Eignung des Betriebes als Ausbildungsstätte") getroffen werden.

Nichthandwerkliche und handwerksähnliche Berufe

Handlungsorientierte, fallbezogene Aufgaben

1. Der Inhaber eines Handwerksbetriebes sieht in der qualitativ und quantitativ ausreichenden Versorgung mit Arbeitskräften zu Recht eine elementare Voraussetzung für die Existenz, die Leistungsfähigkeit und die Entwicklungschancen seines Betriebes. Deshalb sind die Personalplanung und deren Teilbereiche Personalbedarfsplanung, Personalentwicklungsplanung sowie Ausbildungsplanung wesentliche Bestandteile der gesamten Unternehmensplanung.

Aufgabe:
a) Erläutern Sie die Aufgaben und die Grundlagen der Personalplanung!
b) Stellen Sie kurz dar, wie Sie bei der Ermittlung des Personalbedarfs vorgehen!
c) Erklären Sie, wie Sie den Personalbedarf decken können!

„Siehe Seiten 131 bis 132 des Textteils!"

2. Der Inhaber eines Handwerksbetriebes will künftig vermehrt ausbilden, um den Personalbedarf zu decken. Er nimmt deshalb eine betriebswirtschaftliche Kosten-/Nutzenanalyse vor.

Aufgabe: Welche betriebswirtschaftlichen Vorteile sprechen in der Regel für die Deckung des Personalbedarfs durch betriebseigene Ausbildung?

„Siehe Seite 133 des Textteils!"

3. Der Inhaber eines Handwerksbetriebes, der bisher seine Arbeitskräfte am Arbeitsmarkt beschafft hat, will künftig selbst ausbilden. Dabei will er sich, bevor er die Ausbildungsmöglichkeiten nach rechtlichen und betrieblichen Gesichtspunkten prüft, einen Überblick über die staatlich anerkannten Ausbildungsberufe verschaffen.

Aufgabe: Welchem Verzeichnis kann er entnehmen, welche Berufe staatlich anerkannte Ausbildungsberufe sind?

- ☒ a) Dem Verzeichnis staatlich anerkannter Ausbildungsberufe des Bundesinstituts für Berufsbildung.
- ☐ b) Dem Verzeichnis staatlich anerkannter Ausbildungsberufe der Arbeitsministerien der Länder.
- ☐ c) Dem Verzeichnis staatlich anerkannter Ausbildungsberufe der Kultusminister der Länder.
- ☐ d) Dem Verzeichnis staatlich anerkannter Ausbildungsberufe der Handwerkskammern.
- ☐ e) Dem Verzeichnis staatlich anerkannter Ausbildungsberufe des Bundesamtes für Berufsbildung.

„Siehe Seite 133 des Textteils!"

2.2 Handlungssituation: Ziele und Struktur der Ausbildungsordnung kennen und umsetzen

Kompetenzen:
- Die Bedeutung der Ausbildungsordnung für die Gewährleistung einer bundesweit einheitlichen und systematischen Ausbildung in einem staatlich anerkannten Ausbildungsberuf verstehen und beurteilen
- Ziele und Inhalte einer Ausbildungsordnung bei der Planung der Ausbildung berücksichtigen

2.2.1 Ordnungsrechtliches Konzept der Ausbildung in staatlich anerkannten Ausbildungsberufen

Für einen anerkannten Ausbildungsberuf darf nur nach der Ausbildungsordnung ausgebildet werden (Ausschließlichkeitsgrundsatz)! — *Ausbildungsordnung*

Von diesem Ausschließlichkeitsgrundsatz gibt es Ausnahmen. — *Ausnahmen*

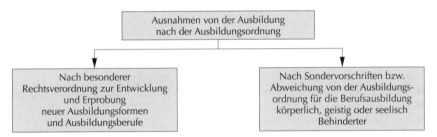

Abbildung 92

Bei körperlich, geistig oder seelisch behinderten Menschen kann also im Rahmen der Berufsausbildung von der Ausbildungsordnung abgewichen werden. Inwieweit dies möglich ist, entscheidet die Handwerkskammer. Sie kann auch besondere Vorschriften erlassen, was in verschiedenen Bereichen auch bereits erfolgte. Für den Metall-, Holz- und Bürobereich hat das Bundesinstitut für Berufsbildung entsprechende Ausbildungsregelungen empfohlen. — *Abweichen von der Ausbildungsordnung*

2.2.2 Rechtscharakter, Zweck, Verordnungsgeber von Ausbildungsordnungen

Die Ausbildungsordnung ist eine Rechtsverordnung, die für alle Beteiligten rechtsverbindlich ist. — *Rechtsverordnung*

Rechts-
verordnung

Die Rechtsverordnung kann regeln:
- die staatliche Anerkennung eines Ausbildungsberufes
- die Aufhebung der Anerkennung und
- die Ausbildungsordnung für den einzelnen Ausbildungsberuf.

Mit der Ausbildungsordnung wird folgender Zweck verfolgt:

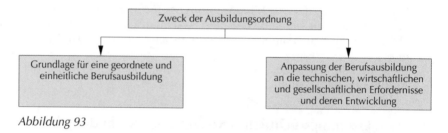

Abbildung 93

Erlass-
kompetenz

Die Ausbildungsordnung wird vom Bundesminister für Wirtschaft und Technologie erlassen.

2.2.3 Einblick in das Verfahren zur Erstellung von Ausbildungsordnungen

Als Unterlagen für die Entwicklung von Ausbildungsordnungen dienen verschiedene Verordnungen, Empfehlungen und Leitlinien.

Entwicklungs-
und Abstim-
mungsverfahren

Das Entwicklungs- und Abstimmungsverfahren ist langwierig und umfangreich. Unter anderem sind an dem Verfahren beteiligt:
- die Bundesinnungsverbände
- die Handwerkskammern
- der Deutsche Handwerkskammertag
- die Gewerkschaften
- Sachverständige
- das Bundesinstitut für Berufsbildung
- der Bundesminister für Wirtschaft und Technologie
- der Bundesminister für Bildung und Forschung.

2.2.4 Förderung der Handlungskompetenz als grundlegendes Ziel der Ausbildung

2.2.4.1 Berufliche Handlungskompetenz

Ziel der Bildung
und Ausbildung

Bildung und Ausbildung des Menschen waren – einfach ausgedrückt – im Wesentlichen schon immer darauf ausgerichtet, ihn zu befähigen, sachgerecht in allen privaten Lebenssituationen, aber vor allem in der Ausübung eines Berufes, zu handeln und sich mit seinem Verhalten im Lebensumfeld zurechtzufinden, also ein Höchstmaß an Fähigkeiten zur Lebensbewältigung zu erwerben.

2.2.4 Förderung der Handlungskompetenz als grundlegendes Ziel der Ausbildung

> Menschliches Leben erfordert Handeln in vielfältiger Art und Weise, insbesondere in Ausübung beruflicher Tätigkeiten. Zu jeder Handlung braucht der Mensch Kompetenz, die aus Fähigkeiten, Kenntnissen, Fertigkeiten, Erfahrungen und Einstellungen besteht.

Handeln

Der rasche und umfangreiche technische und wirtschaftliche Wandel wird das Arbeitsleben zukünftig noch stärker beeinflussen und ständig verändern. Technisches Wissen und einmal erworbene berufliche Kenntnisse veralten heute rascher als jemals zuvor. Die Arbeitsteilung wird national und international weiter zunehmen. Damit sind zugleich erhebliche Veränderungen bezüglich der beruflichen Qualifikation während eines Arbeitslebens verbunden.

> Die Berufsausbildung kann verständlicherweise nicht bereits alle möglichen Veränderungen eines Arbeitslebens vorwegnehmen und berücksichtigen. Aber sie soll den Auszubildenden befähigen, sich besser mit Veränderungen auseinander setzen und die dadurch hervorgerufenen Anforderungen bewältigen zu können. Sie soll ihn damit auch darauf vorbereiten, sein Leben lang zu lernen.

In diesem Zusammenhang spricht die moderne Berufs- und Arbeitspädagogik von der beruflichen Handlungskompetenz. Diese berufliche Handlungskompetenz bezieht sich nicht nur auf die rein fachliche Kompetenz (vielfach auch Methodenkompetenz genannt), sondern auch auf persönliche Eigenschaften und den Umgang mit Kollegen, Kunden sowie Vorgesetzten.

Handlungskompetenz

Die berufliche Handlungskompetenz umfasst mehrere unterschiedliche Einzelkompetenzen. Die drei wichtigsten Teilbereiche sind:

Kompetenzbereiche

Abbildung 94

Die einzelnen Kompetenzbereiche können wiederum mit den vielfältigsten Eigenschaften charakterisiert werden. Man nennt sie auch Schlüsselqualifikationen.

2.2.4.2 Schlüsselqualifikationen

> Schlüsselqualifikationen sind Kenntnisse, Fertigkeiten und Fähigkeiten, die nicht nur mit dem eigentlichen Beruf, sondern auch mit anderen Berufsfeldern, Tätigkeiten und Funktionen zusammenhängen, also berufsübergreifend sind. Sie beziehen sich auch auf Fähigkeiten, die nicht nur zur Bewältigung gegenwärtiger, sondern vor allem zukünftiger Anforderungen des Berufslebens geeignet sind.

Schlüsselqualifikationen aus dem Bereich der Fachkompetenz

Abbildung 95

Schlüsselqualifikationen aus dem Bereich der Persönlichkeitskompetenz

Abbildung 96

Schlüsselqualifikationen aus dem Bereich der Sozialkompetenz

Abbildung 97

Handlungskompetenz ist nicht bereits dann gegeben, wenn ein Bereich möglichst gut ausgeprägt ist, sondern sie erfordert sowohl fachliche wie auch persönliche und soziale Schlüsselqualifikationen.

Anforderungen an Arbeitskräfte mit Handlungskompetenz

Abbildung 98

Für jeden Betriebsinhaber im Handwerk ist es darüber hinaus erforderlich, dass er über die entsprechende unternehmerische Kompetenz verfügt.

Unternehmerische Kompetenz

Schlüsselqualifikationen aus dem Bereich der unternehmerischen Kompetenz

Abbildung 99

2.2.4.3 Befähigung zum selbstständigen Planen, Durchführen und Kontrollieren

Handlungsorientiertes Lernen

Um Handlungskompetenz zu erwerben, setzt sich immer mehr die handlungsorientierte Didaktik durch, das bedeutet handlungsorientiertes Lernen auch in der betrieblichen Berufsausbildung. Der Lehrling soll in Handlungssituationen lernen. Das setzt voraus, dass der Ausbilder die Ausbildungseinheiten entsprechend plant.

Im Hinblick auf die zunehmende Durchsetzung der handlungsorientierten Ausbildung sehen die neuen Ausbildungsordnungen folgende Zielsetzung für die Ausbildung vor:
Die Fertigkeiten und Kenntnissse sollen so vermittelt werden, dass der Auszubildende zur Ausübung einer qualifizierten beruflichen Tätigkeit befähigt wird, die insbesondere selbstständiges Planen, Durchführen und Kontrollieren an seinem Arbeitsplatz einschließt.
In der konkreten betrieblichen Praxis bedeutet dies:

Planen
- Selbstständiges Planen: Der Lehrling soll in der Lage sein, den gesamten Arbeitsprozess selbst zu planen.

Durchführen
- Selbstständiges Durchführen: Der Lehrling kann den von ihm geplanten Arbeitsprozess auch ohne fremde Hilfe ausführen.

Kontrollieren
- Selbstständiges Kontrollieren: Der Lehrling lernt, seine eigenen Leistungen selbstkritisch zu prüfen sowie Fehler und deren Ursachen und Möglichkeiten zu ihrer Beseitigung zu erkennen.

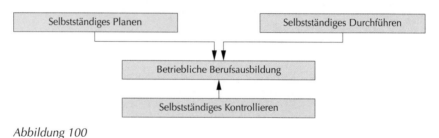

Abbildung 100

2.2.5 Mindestinhalte einer Ausbildungsordnung (Ausbildungsberufsbezeichnung, Ausbildungsdauer, Ausbildungsberufsbild, Ausbildungsrahmenplan, Prüfungsanforderungen)

Nach der Handwerksordnung bzw. nach dem Berufsbildungsgesetz gibt es Mindestinhalte für die Ausbildungsordnung.

Gesetzliche Mindestinhalte

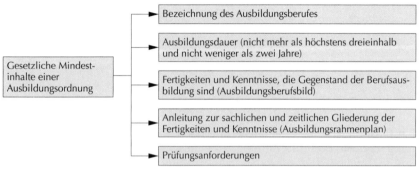

Abbildung 101

Jeder Ausbildende und Ausbilder muss sich die Ausbildungsordnung für den Beruf beschaffen, in dem er ausbildet.

Die Ausbildungsordnung kann zusätzliche Regelungen enthalten.

Zusätzliche Regelungen

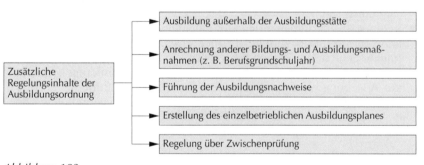

Abbildung 102

2.2.6 Grundtypen von Ausbildungsordnungen

Vier Grundtypen

Es gibt folgende vier Grundtypen von Ausbildungsordnungen.

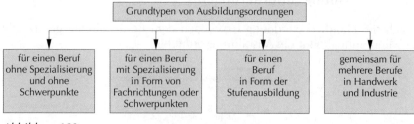

Abbildung 103

2.2.6.1 Berufe mit Spezialisierung

Ein Beispiel für eine Spezialisierung nach Fachrichtungen ist die Verordnung über die Berufsausbildung zum Fleischer.

2.2.6.2 Stufenausbildung

Bei der Stufenausbildung können sachlich und zeitlich geordnete, aufeinander aufbauende Stufen der Berufsausbildung festgelegt sein.

Grundstufe
- In der ersten Stufe beruflicher Grundbildung sollen als breite Grundlage für die darauf aufbauende berufliche Fachbildung Grundfertigkeiten und Grundkenntnisse vermittelt sowie Verhaltensweisen geweckt werden, die einen möglichst großen Bereich von Tätigkeiten gemeinsam aufweisen.

Fachstufen
- In einer darauf aufbauenden Stufe allgemeiner beruflicher Fachbildung kann die Berufsausbildung für mehrere Fachrichtungen oder Schwerpunkte gemeinsam fortgeführt werden.
- In weiteren Stufen der besonderen beruflichen Fachbildung können die zur Ausübung einer qualifizierten Berufstätigkeit erforderlichen praktischen und theoretischen Kenntnisse und Fertigkeiten vermittelt werden.

Prüfungen
Die Ausbildungsordnung kann bestimmen, dass nach den einzelnen Stufen Prüfungen abgenommen werden.

2.2.6.3 Ausbildungsordnung für mehrere Berufe

Gemeinsame Ausbildungsordnung

Eine gemeinsame Ausbildungsordnung für mehrere Berufe in Handwerk und Industrie (siehe Abbildung 103) ist möglich.

Beispiele:
Verordnung über die Berufsausbildung in der Pelzverarbeitung in Handwerk und Industrie.
Verordnung über die Berufsausbildung in der Bauwirtschaft.

2.2.6.4 Übergangsregelung

Im Rahmen der Novelle zur Handwerksordnung (HwO) – gültig ab 1.4.1998 – wurden in einigen Fällen Gewerbe der Anlage A (also bisherige handwerkliche Berufe) zusammengefasst. Für die Berufsausbildung gelten die bisher erlassenen Ausbildungsordnungen **vor** der Zusammenfassung bis zum Erlass neuer, an die zusammengefassten **neuen** Gewerbe der Anlage A angepasster Ausbildungsordnungen weiter. Bei den im Zuge der Novelle zur HwO aus der Anlage A in die Anlage B übergeführten Gewerbe gilt der jeweilige bisherige Ausbildungsberuf auch künftig als staatlich anerkannter Ausbildungsberuf, und die bisherigen Ausbildungsordnungen gelten bis zum Erlass neuer weiter. Es handelt sich in diesen Fällen dann um eine Ausbildung und Abschlussprüfung nach dem Berufsbildungsgesetz.

Handlungsorientierte, fallbezogene Aufgaben

1. Sie haben vor kurzem einen Handwerksbetrieb eröffnet und wollen in dem Beruf, in dem Sie die Meisterprüfung abgelegt haben, Lehrlinge ausbilden. Sie beschaffen sich die Ausbildungsordnung für diesen Beruf. Zunächst wollen Sie sich einen Überblick über Ziele und Struktur der Ausbildungsordnung sowie deren Rechtscharakter und Zweck verschaffen, bevor Sie an die vorbereitenden Maßnahmen der konkreten Umsetzung gehen.

<u>Aufgabe:</u>
a) **Was bedeutet der Ausschließlichkeitsgrundsatz im Zusammenhang mit der Ausbildungsordnung?**
b) **Welche Bedeutung hat die Ausbildungsordnung für die betriebliche Ausbildung in rechtlicher Hinsicht?**
c) **Welche Ziele und welcher Zweck sollen mit der Ausbildungsordnung erreicht werden?**
d) **Nach welchen Entwicklungs- und Abstimmungsverfahren entstehen Ausbildungsordnungen?**

„Siehe Seite 135 des Textteils!"

2. Ein grundlegendes Ziel der Ausbildung ist die Förderung der Handlungskompetenz, d.h. dass die in der Ausbildungsordnung genannten Fertigkeiten und Kenntnisse so zu vermitteln sind, dass der Lehrling im Sinne von selbstständigem Planen, Durchführen und Kontrollieren zu einer qualifizierten Berufstätigkeit befähigt wird. Ferner soll der Lehrling Schlüsselqualifikationen erwerben, die ihn befähigen, auch in anderen Berufsfeldern, Tätigkeiten und Funktionen im sich verändernden Berufsleben zu bestehen und den entsprechenden Anforderungen zu entsprechen.

<u>Aufgabe:</u> **Sie sind Ausbilder in einem Handwerksbetrieb und haben diese Grundsätze in der Ausbildung umzusetzen.**
a) **Nennen Sie die wichtigsten drei Teilbereiche der beruflichen Handlungskompetenz und erläutern Sie, was sie grundsätzlich bedeuten!**
b) **Erläutern Sie wichtige Schlüsselqualifikationen aus den Bereichen**
   – Persönlichkeitskompetenz
   – Sozialkompetenz

„Siehe Seiten 137 bis 139 des Textteils!"

3. Als Ausbilder haben Sie die wichtigsten Inhalte der Ausbildungsordnung bei der Planung der Ausbildung zu berücksichtigen.

Aufgabe: Beschreiben Sie die wichtigsten Mindestinhalte und deren Bedeutung für die Umsetzung in der betrieblichen Praxis der Ausbildung, wobei ein wesentlicher Schwerpunkt beim Ausbildungsberufsbild und beim Ausbildungsrahmenplan zu setzen ist!

„Siehe Seiten 141 bis 143 des Textteils!"

2.3 Handlungssituation: Eignung des Ausbildungsbetriebes feststellen

Kompetenzen:
- Sachliche Kriterien zur Eignung der Ausbildungsstätte für die Lehrlingsausbildung für eigene Ausbildungsplatzentscheidungen heranziehen
- Möglichkeiten zur Behebung fehlender betrieblicher Ausbildungsvoraussetzungen prüfen

2.3.1 Kriterien zur Überprüfung der Eignung des Betriebes als Ausbildungsstätte

Im Handwerksbetrieb darf ausgebildet werden, wenn
- die persönliche und die fachliche Eignung vorliegt und
- die Ausbildungsstätte nach Art und Einrichtung für die Berufsausbildung geeignet ist sowie die Zahl der Lehrlinge in einem angemessenen Verhältnis zur Zahl der beschäftigten Fachkräfte steht.

Persönliche und fachliche Eignung

(Siehe Abschnitt 1.3.6 „Berechtigung zum Einstellen und Ausbilden von Lehrlingen")

2.3.1.1 Prüfung der überfachlichen Kriterien der Ausbildungsstätte

Die Vorschriften über die betriebliche Eignung gelten fachübergreifend für alle Handwerkszweige. Der Ausbildende muss zunächst prüfen, ob die gesetzlichen Voraussetzungen in seiner Ausbildungsstätte für die Ausbildung in dem Beruf oder den Berufen gegeben sind, in denen er ausbilden will.

Betriebliche Eignung

2.3.1.2 Prüfung der fachlichen betrieblichen Kriterien der Ausbildungsstätte

Tätigkeitsbereiche

Anschließend hat der Ausbildende oder Ausbilder das Leistungsprogramm bzw. die Tätigkeitsbereiche nach den Aufgaben des Betriebes aufzulisten und abzuleiten, welche Fertigkeits- und Kenntnisvermittlung möglich ist bzw. welche Qualifikationen vermittelt werden können. Die Ergebnisse der Auflistung müssen mit den Ausbildungsinhalten des oder der Ausbildungsberufe verglichen werden, in denen der Betrieb ausbilden will. Grundlage für die Ausbildungsinhalte sind Ausbildungsberufsbild und Ausbildungsrahmenplan, die Bestandteile der Ausbildung sind. Ergibt der dargestellte Vergleich Übereinstimmung und ist eine auftragsorientierte und, wenn vorgeschrieben, handlungsorientierte Ausbildung möglich, ist die Ausbildungsstätte für die Ausbildung geeignet. Die entsprechende Ausbildungsplatzentscheidung kann unter grober Zuweisung an jeweils geeignete Abteilungen oder Mitarbeiter bzw. an bestimmte Auftragsdurchführungen im Betrieb getroffen werden.

Ausbildungsplatzentscheidung

2.3.2 Außer- und überbetriebliche Ausbildung, Ausbildungsverbünde

Wenn der Ausbildungsbetrieb nicht alle Inhalte des Ausbildungsberufes vollständig vermitteln kann, ist dennoch die Sicherstellung der Eignung der Ausbildungsstätte zu erreichen durch
- überbetriebliche Unterweisungsmaßnahmen und/oder
- Ausbildung im Verbund mit anderen Betrieben.

2.3.2.1 Überbetriebliche Ausbildung

Überbetriebliche Unterweisung

Grundsätzliches zu Zielen, Inhalten, Organisation, Durchführung und Finanzierung von überbetrieblichen Unterweisungsmaßnahmen ist dem Abschnitt 1.2.1.2 „Aufgabenschwerpunkte überbetrieblicher Ausbildungsstätten zur Ergänzung der betrieblichen Ausbildung" zu entnehmen.
Um festzustellen, ob die Ausbildungsinhalte für einen Beruf durch überbetriebliche Maßnahmen so ergänzt und vervollständigt werden können, dass die Eignung der Ausbildungsstätte erreicht wird, muss der Ausbildende die Lehrpläne der überbetrieblichen Unterweisungsstätte heranziehen. Durch Vergleich der Lehrpläne mit Ausbildungsberufsbild, Ausbildungsrahmenplan und Liste der betrieblichen Tätigkeitsbereiche und Ausbildungsmöglichkeiten wird sichtbar, ob die Kriterien für die Eignung der Ausbildungsstätte erfüllt sind. Die Lehrpläne können bei den Trägern der überbetrieblichen Unterweisungsmaßnahmen (Innungen, Handwerkskammern) beschafft werden.

Lehrpläne

2.3.2.2 Ausbildung im Verbund mit anderen Betrieben

Ausbildungsverbund

Die Sicherstellung der Eignung der Ausbildungsstätte für die Ausbildung kann auch im Verbund, also durch Zusammenarbeit mit anderen Ausbildungsbetrieben, bewerkstelligt werden. Dabei ist zwischen den Partnerbetrieben abzustimmen, wer welche Inhalte der Gesamtausbildung vermittelt. Entsprechende vertragliche Vereinbarungen mit Festlegung der Organisation und der Rechte und Pflichten sind empfehlenswert. Es ist zweckmäßig, zur Beratung den Lehrlingswart der Innung oder einen Ausbildungsberater der Handwerkskammer einzuschalten.

Handlungsorientierte, fallbezogene Aufgaben

1. Sie sind Inhaber eines Handwerksbetriebes, der erstmals Lehrlinge in einem Ausbildungsberuf des Handwerks ausbilden will. Die persönliche und die fachliche Eignung sind gegeben. Nach der Handwerksordnung dürfen Lehrlinge aber nur eingestellt werden, wenn auch die Ausbildungsstätte für die Berufsausbildung geeignet ist.

Aufgabe:
a) Erläutern Sie die überfachlichen Voraussetzungen, die erfüllt werden müssen, damit Ihr Betrieb als Ausbildungsstätte geeignet ist!
b) Wie gehen Sie zweckmäßigerweise vor, um festzustellen, ob die fachlichen betrieblichen Kriterien der Ausbildungsstätte für die Ausbildung in dem Ausbildungsberuf gegeben sind? Erläutern Sie Ihr Vorgehen!

„Siehe Seite 145 des Textteils!"

2. Sie bilden in Ihrem Handwerksbetrieb seit Jahren Lehrlinge aus. Auf Grund der eingetretenen Spezialisierung in dem von Ihnen ausgeübten Handwerk können Sie mittlerweile einige Fertigkeiten und Kenntnisse des Ausbildungsberufsbildes nicht mehr vollständig vermitteln. Sie wollen aber auch in der Zukunft unbedingt ihren Fachkräftebedarf durch die betriebseigene Ausbildung decken.

Aufgabe: Was können Sie tun, um die Eignung der Ausbildungsstätte sicherzustellen? Beschreiben Sie die zwei im Handwerk meist beschrittenen Lösungswege!

„Siehe Seite 146 des Textteils!"

2.4 Handlungssituation: Betrieblichen Ausbildungsplan erstellen

Kompetenzen:
- Die pädagogische und rechtliche Notwendigkeit der Erstellung eines Ausbildungsplanes begründen
- Einen betrieblichen Ausbildungsplan auf der Grundlage des Ausbildungsrahmenplans, unter Berücksichtigung der betrieblichen Situation (Auftragslage) und der Lernvoraussetzungen des Lehrlings, erstellen

2.4.1 Rechtliche Verpflichtung zur planmäßigen Berufsausbildung

Planmäßige Berufsausbildung

Nach § 6 des Berufsbildungsgesetzes hat der Ausbildende „die Berufsausbildung in einer durch ihren Zweck gebotenen Form planmäßig, zeitlich und sachlich gegliedert so durchzuführen, dass das Ausbildungsziel in der vorgesehenen Ausbildungszeit erreicht werden kann".

Die sachliche und zeitliche Gliederung ist verbindlicher Bestandteil des Berufsausbildungsvertrages.

2.4.2 Anforderungen an die betriebliche Ausbildungsplanung

Oberstes Ziel der betrieblichen Ausbildungsplanung ist es, sicherzustellen, dass alle vorgeschriebenen Fertigkeiten und Kenntnisse auch tatsächlich in der vorgesehenen Zeit vermittelt werden.

Systematisches Vorgehen

Angesichts der Vielzahl von gesetzlichen Bestimmungen sowie des insgesamt komplexen Umfeldes der betrieblichen Ausbildung ist jedem Betriebsinhaber bzw. Ausbilder ein systematisches Vorgehen bei der Planung der betrieblichen Ausbildung zu empfehlen.

2.4.3 Rechtliche Vorgaben durch die Ausbildungsordnung

Ziele der Ausbildungsordnung

Die Ausbildungsordnung (siehe dazu auch die Ausführungen unter Abschnitt 2.2 „Handlungssituation: Ziele und Struktur der Ausbildungsordnung kennen und umsetzen") ist die Grundlage für eine
- geordnete und
- einheitliche Berufsausbildung.

Sie dient ferner der Anpassung der Berufsausbildung an die
- technischen
- wirtschaftlichen
- gesellschaftlichen

Erfordernisse und Entwicklungen.

2.4.3 Rechtliche Vorgaben durch die Ausbildungsordnung

Wesentliche Bestandteile der Ausbildungsordnung

Abbildung 104

Ausbildungsberufsbild und Ausbildungsrahmenplan sind zugleich wichtige Unterlagen für die Planung der betrieblichen Ausbildung.

Planungsunterlagen

2.4.3.1 Ausbildungsberufsbild

Das Ausbildungsberufsbild enthält die Fertigkeiten und Kenntnisse, die während der gesamten Berufsausbildung mindestens zu vermitteln sind.

Ausbildungsberufsbild

Das Berufsbild des Kraftfahrzeugmechanikers
„Gegenstand der Berufsausbildung sind mindestens folgende Fertigkeiten und Kenntnisse:
1. Berufsbildung,
2. Aufbau und Organisation des Ausbildungsbetriebes,
3. Arbeits- und Tarifrecht, Arbeitsschutz,
4. Arbeitssicherheit, Umweltschutz und rationelle Energieverwendung,
5. Planung und Vorbereiten des Arbeitsablaufes sowie Kontrollieren und Bewerten der Arbeitsergebnisse,
6. Lesen, Anwenden und Erstellen von technischen Unterlagen,
7. Prüfen, Messen, Lehren,
8. Fügen,
9. Manuelles Spanen und Umformen,
10. Maschinelles Bearbeiten,
11. Instandhalten,
12. Schweißen, thermisches Trennen,
13. Elektrotechnik, Elektronik,
14. Hydraulik, Pneumatik,
15. Demontieren und Montieren von Bauteilen, Baugruppen und Systemen bei der Instandhaltung von Kraftfahrzeugen,
16. Warten von Kraftfahrzeugen,
17. Prüfen, Einstellen und Anschließen von mechanischen, hydraulischen, pneumatischen sowie elektrischen und elektronischen Systemen und Anlagen,
18. Prüfen von Abgasen und Einrichtungen zur Emissionsminderung,
19. Eingrenzen und Bestimmen von Fehlern, Störungen und deren Ursachen,
20. Instandsetzen von Systemen und Anlagen an Kraftfahrzeugen,
21. Instandhalten von tragenden und verkleidenden Bauteilen und Baugruppen an Kraftfahrzeugen,
22. Ausrüsten und Umrüsten mit Zubehör und Zusatzeinrichtungen,
23. Beurteilen von Schäden an Kraftfahrzeugen,
24. Kontrollieren der durchgeführten Arbeiten unter Einbeziehung angrenzender Bereiche."

2.4.3.2 Ausbildungsrahmenplan

> Der Ausbildungsrahmenplan enthält eine Anleitung zur zeitlichen und sachlichen Gliederung der Fertigkeiten und Kenntnisse.

Sachliche Gliederung

Fertigkeiten und Kenntnisse

Die sachliche Gliederung enthält die einzelnen Fertigkeiten und Kenntnisse, die zu vermitteln sind. Sie sind jeweils den einzelnen Positionen des Berufsbildes zugeordnet. So enthält beispielsweise der Teil „Instandhalten" des Berufsbildes Kraftfahrzeugmechaniker folgende Fertigkeiten und Kenntnisse:

„a. Behandeln von Oberflächen: Oberflächen metallischer Werkstücke oder Bauteile für Korrosionsschutz vorbereiten sowie Korrosionsschutzmittel auswählen und auftragen
b. Warten:
aa. Betriebsmittel reinigen und pflegen
ab. Betriebsstoffe, insbesondere Kühl- und Schmierstoffe, nach betrieblichen Anweisungen verwenden
ac. Wartungsarbeiten nach Plan durchführen und dokumentieren
a. Inspizieren und Funktion prüfen:
aa. Lösbare Verbindungen, insbesondere Schraubverbindungen, auf Sicherheit prüfen
ab. Bauteile auf mechanische Beschädigung und Verschleiß prüfen
ac. Bewegungsfunktion von Bauteilen prüfen
ad. Daten auf Typenschildern elektrischer Maschinen oder Geräte beachten
ae. Verbindungen, insbesondere in Anschlüssen, auf mechanische Beschädigung sichtprüfen
af. typische Sicherheitsmaßnahmen für elektrische Maschinen oder Geräte nennen und beachten
ag. Elektrische Leitungen auf Isolationsbeschädigung prüfen
ah. Funktion elektrischer Bauteile, Leitungen und Sicherungen prüfen
a. Instandsetzung durch Demontieren und Montieren:
aa. Bauteile und Baugruppen nach Anweisung und Unterlagen mit und ohne Hilfsmittel aus- und einbauen
ab. Demontierte Bauteile kennzeichnen und systematisch ablegen."

Für die zeitliche Gliederung gibt es zwei Methoden:

Abbildung 105

Zeitrahmen

> Zeitliche Gliederung nach Zeitrahmen bedeutet, dass für jede Position des Berufsbildes ein Zeitrahmen vorgegeben wird, der zwischen zwei und sechs Monaten liegen soll. In diesem Zeitraum sollen die zugeordneten Fertigkeiten und Kenntnisse schwerpunktmäßig vermittelt werden.

In der Anleitung zur zeitlichen Gliederung sind weitere Hinweise möglich, wie zum Beispiel zur
- Fortführung ⎫
- Anwendung ⎬ bereits vermittelter Inhalte
- Vertiefung ⎭
- Schwerpunktsetzung
- Kombination einzelner Positionen.

Hinweise

> Erfolgt die zeitliche Gliederung nach Zeitrichtwerten, so sollen diese nicht kürzer als zwei Wochen sein.

Zeitrichtwerte

Die Entscheidung darüber, ob in einer zeitlichen Gliederung Zeitrahmen oder Zeitrichtwerte vorgegeben werden, wird im Antragsgespräch getroffen. Die Festlegung der Zeitrahmen bzw. Zeitrichtwerte erfolgt im Erarbeitungs- und Abstimmungsverfahren einer Ausbildungsordnung.

> Der Ausbildungsrahmenplan ist für den betrieblichen Ausbilder die wichtigste Planungsunterlage für einen lernzielorientierten didaktisch-methodischen Aufbau der Ausbildung im Betrieb.

2.4.4 Rechtlicher Handlungsspielraum bei der Umsetzung der Ausbildungsordnung

> Grundsätzlich sollen die Fertigkeiten und Kenntnisse des Ausbildungsberufsbildes entsprechend dem Ausbildungsrahmenplan vermittelt werden. Eine davon abweichende sachliche und zeitliche Gliederung der Ausbildungsinhalte ist insbesondere zulässig, soweit betriebspraktische Besonderheiten die Abweichung erfordern (Flexibilitätsklausel).

Flexibilitätsklausel

2.4.5 Planungsbedarf und Grenzen der Planbarkeit

Die Notwendigkeit einer systematischen Planung der betrieblichen Ausbildung beruht insbesondere auf folgenden Fakten und Entwicklungen:
- Verkürzungen der betrieblichen Ausbildungszeit bei gleichzeitig umfangreicherem Stoff.
- Wachsende Komplexität des Lehrstoffes, während auf der anderen Seite immer mehr Jugendliche unter Lernschwierigkeiten leiden.
- Unterschiedliche Vorbildung der Lehrlinge: Gerade im Handwerk werden oft Absolventen aller Schulzweige nebeneinander ausgebildet.
- Unterschiedliche Nationalität der Lehrlinge: Gerade im Handwerk werden besonders viele ausländische Jugendliche ausgebildet.

Komplexität des Lehrstoffes
Vorbildung
Nationalität

In diesen Faktoren liegen allerdings auch Grenzen der Planbarkeit der betrieblichen Ausbildung, da sie oftmals zur Folge haben können, dass während des Ausbildungsablaufes Probleme auftreten, die Planungsänderungen notwendig machen.

2.4.6 Anforderungen und Kriterien bei der Erstellung eines betrieblichen Ausbildungsplanes

> Für eine erfolgreiche Berufsausbildung sollte der Ausbilder einen einzelbetrieblichen Ausbildungsplan erstellen, der sowohl den sachlichen Aufbau als auch die zeitliche Folge der Berufsausbildung ausweist. Dabei dient ihm der Ausbildungsrahmenplan als Grundlage. Dieser kann nur dann, wenn er den Erfordernissen des Einzelfalles voll entspricht, unverändert auch als einzelbetrieblicher Ausbildungsplan übernommen werden.

Vorherige Analyse

Insgesamt soll der betriebliche Ausbildungsplan dem tatsächlichen Ausbildungsablauf entsprechen. Dazu sollen die Inhalte des Ausbildungsrahmenplans auf die betrieblichen Verhältnisse umgesetzt werden. Dementsprechend sollte der Aufstellung eines betrieblichen Ausbildungsplanes die Analyse der betrieblichen Aufgaben und Tätigkeiten vorausgehen. Über diese Aufgaben können die notwendigen Fertigkeiten und Kenntnisse vermittelt werden, wenn

- die Aufgaben dem Ausbildungsrahmenplan entsprechen. Dies bedeutet andererseits, dass dem Lehrling keine ausbildungsfremden Aufgaben übertragen werden dürfen.
- die Aufgaben durch den entsprechenden Komplexitätsgrad die Lehrlinge nicht unter- oder überfordern
- die Aufgaben selbstständiges Planen, Durchführen und Kontrollieren einschließen.

Regeln

Bei der Erstellung des Ausbildungsplans sollte der Ausbilder von folgenden Regeln ausgehen:
- vom Bekannten zum Unbekannten
- vom Leichten zum Schwierigen
- vom Einfachen zum Zusammengesetzten
- vom Konkreten zum Abstrakten
- vom Speziellen zum Allgemeinen.

Wichtige Inhalte des einzelbetrieblichen Ausbildungsplans

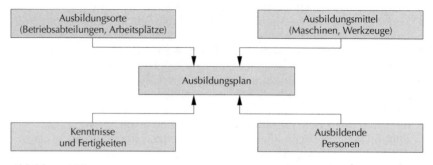

Abbildung 106

Diese Planung der Ausbildung ist in Berufen mit werkstattgebundener Fertigung leichter zu verwirklichen als in Montageberufen.

Außerdem sollte der Planungszeitraum für die einzelbetriebliche Ausbildung umso kurzfristiger sein, je schwieriger die Planung des Arbeitsablaufs branchenbedingt im Betrieb ist. — *Planungszeitraum*

Bei der Ausbildungsplanung sollen nach einer Empfehlung des Bundesinstituts für Berufsbildung folgende Punkte beachtet werden:

Anpassung der Vermittlungszeiten bei Abkürzung oder Verlängerung der Ausbildungszeit:

Da während des Ausbildungsverlaufs bzw. schon zu Beginn der Ausbildung Veränderungen der betrieblichen Ausbildungszeit möglich sind, soll der Ausbilder den Ausbildungsplan rechtzeitig an den geänderten Ausbildungsverlauf anpassen. Besonderheiten, die eine Abweichung vom typischen Ausbildungsablauf nach dem Ausbildungsrahmenplan rechtfertigen, können unter anderem sein: — *Besonderheiten*

- Verkürzung der betrieblichen Ausbildung durch Anrechnung des Berufsgrundschuljahres oder der Berufsfachschule
- in der Ausbildungsordnung nicht geregelte Ausbildungsabschnitte in überbetrieblichen Ausbildungsstätten
- Auswirkungen individueller Verkürzungen oder Verlängerungen der Ausbildungsdauer
- Umstellungen, die sich aus der Organisation des Berufsschulunterrichts ergeben (zum Beispiel Blockunterricht)
- sonstige, vor allem in der produktionsgebundenen betrieblichen Ausbildungspraxis auftretende Schwierigkeiten, die einer Ausbildung nach dem typischen Ordnungsmuster entgegenstehen.

Aufgrund dieser Besonderheiten können in den einzelbetrieblichen Ausbildungsplänen — *Abweichungsmöglichkeiten*
- Ausbildungsinhalte im vorgegebenen Zeitrahmen verschoben und
- Zeitrichtwerte unter- oder überschritten werden.

> Grundsätzlich finden Abweichungen von der zeitlichen Gliederung des Ausbildungsrahmenplans aber immer dort ihre Grenzen, wo eine zweckentsprechende, sinnvoll geordnete und planmäßig durchgeführte Ausbildung nicht mehr gewährleistet ist und eine Beeinträchtigung des Ausbildungsziels befürchtet werden muss. — *Grenzen der Abweichung*

Die Ausbildungsstätte hat die Abweichung mit Begründung festzuhalten und der zuständigen Stelle anzuzeigen.

Lernziele beschreiben Mindestanforderungen:
- Einmal vermittelte Fertigkeiten und Kenntnisse müssen auch später immer vorausgesetzt und angewendet werden können.

Zeitliche Gliederung im betrieblichen Ausbildungsplan:
- Zeitrahmen und Zeitrichtwerte geben eine Orientierung, von der je nach Lernfortschritt des Lehrlings abgewichen werden kann.
- Die Zeiten für die Vermittlung der Kenntnisse und Fertigkeiten sind so zu bemessen, dass dabei auch Wiederholungen, Vertiefungen und Erweiterungen möglich sind.
- Urlaubs- und Ausfallzeiten sind zu berücksichtigen und anteilig auf alle Ausbildungsabschnitte zu verteilen.

- Der Lehrstoff, der Gegenstand der Zwischenprüfung ist, ist bis zu deren Zeitpunkt zu vermitteln.
- Bis zur Gesellen-/Abschlussprüfung müssen alle Ausbildungsinhalte vermittelt sein.

Berücksichtigung der Probezeit:
- Am Beginn des Ausbildungsverhältnisses steht eine Probezeit mit einer Dauer von mindestens einem und höchstens drei Monaten.
- In dieser Zeit soll geprüft werden, ob sowohl der Beruf wie auch die Ausbildungsstätte für den Lehrling geeignet sind.
- Durch Beobachtung des Lehrlings hinsichtlich Arbeitsweise und Arbeitsverhalten soll der Ausbilder/Ausbildende die Eignung des Lehrlings überprüfen.
- Schon während der Probezeit sollte der Lehrling alle für den Beruf wichtigen Arbeiten kennen lernen.

Weitere Punkte, die bei der Aufstellung des einzelbetrieblichen Ausbildungsplanes beachtet werden sollen, sind:
- rechtzeitige Aufnahme neuer technischer Entwicklungen in die betriebliche Ausbildung, auch wenn sie im Ausbildungsrahmenplan noch nicht ausdrücklich aufgeführt sind (Mindestanforderungscharakter des Ausbildungsrahmenplans)
- Festlegung der Ausbildungsplätze und der Ausbildungsmittel
- Abstimmung mit der Berufsschule anhand der entsprechenden Rahmenlehrpläne, um sicherzustellen, dass dem Lehrling in Betrieb und Schule etwa gleichzeitig dieselben praktischen und theoretischen Stoffgebiete vermittelt werden
- Zusammenarbeit mit der Berufsberatung beim Wechsel des Ausbildungsberufes.

Beratung des Ausbilders

> Die Aufstellung des einzelbetrieblichen Ausbildungsplanes hinsichtlich der Festlegung von Lernzielen, Ausbildungsabschnitten, Auswahl der Lernorte, Ausbildungsmittel und Methoden sowie bei der Korrektur des Ausbildungsplanes sollte unter Beteiligung aller Betroffenen erfolgen. Der Ausbilder kann sich auch durch einen Ausbildungsberater unterstützen lassen. Empfehlenswert und sinnvoll sind dabei auch Kontakte mit den Erziehungsberechtigten. Dort wo vorhanden, muss auch der Betriebsrat bei der Planung beteiligt werden.

Wie konkret ein einzelbetrieblicher Ausbildungsplan gestaltet werden kann, wird nachfolgend anhand eines Beispiels für das Kraftfahrzeugmechanikerhandwerk gezeigt.

Beispiel für einen einzelbetrieblichen Ausbildungsplan im Kfz-Mechaniker-Handwerk mit Schwerpunkt Pkw-Instandsetzung
1. Ausbildungsjahr (Auszug)

2.4.6 Anforderungen und Kriterien bei der Erstellung eines betrieblichen Ausbildungsplanes

Zeitliche Richtwerte für einzelne Ausbildungsabschnitte	Teile des Berufsbildes	Grundlegende Fertigkeiten und Kenntnisse	Betriebliche Anwendung und Vertiefung der grundlegenden Fertigkeiten und Kenntnisse	Arbeitsplatz nach betrieblichen Funktionseinheiten	Ausbildungsmittel – Maschinen, Werkzeuge, Material	Ausbildungsmittel – Arbeitsunterlagen	Ausbilder
5 Wochen	Planen und Vorbereiten des Arbeitsablaufes sowie Kontrollieren und Bewerten der Arbeitsergebnisse	– Arbeitsschritte unter Beachtung mündlicher und schriftlicher Vorgaben abstimmen und festlegen sowie Arbeitsablauf sicherstellen	– Teilebedarf abschätzen – Werkzeuge bereitstellen – Arbeitsplatz einrichten – Maschinen und Werkzeuge instand halten	Lehrecke, Lehrwerkstatt, Ausbildungsplatz		Zeichnungen, Handbücher	Ausbildungsmeister
	Lesen, Anwenden und Erstellen von technischen Unterlagen	– Teil-, Gruppen- und Explosionszeichnungen lesen und anwenden	– Skizzen anfertigen – Zeichnungen und Diagramme lesen – Protokolle und Berichte erstellen – Schaltpläne lesen	Lehrecke, Lehrraum, Lehrwerkstatt		Fachbücher, Loseblattsammlungen	Ausbildungsmeister
6 Wochen	Prüfen, Messen, Lehren	– Ebenheiten von Werkstücken nach dem Lichtspaltverfahren prüfen	– Längen messen – Winkel prüfen – Lageabweichungen messen	Lehrwerkstatt, Ausbildungsplatz	Prüfvorrichtungen, Werkstücke	Anleitungen, Beschreibungen	Geselle A unter Anleitung des Ausbildungsmeisters

2.4 Handlungssituation: Betrieblichen Ausbildungsplan erstellen

Zeitliche Richtwerte für einzelne Ausbildungsabschnitte	Teile des Berufsbildes	Grundlegende Fertigkeiten und Kenntnisse	Betriebliche Anwendung und Vertiefung der grundlegenden Fertigkeiten und Kenntnisse	Arbeitsplatz nach betrieblichen Funktionseinheiten	Ausbildungsmittel		Ausbilder
					Maschinen, Werkzeuge, Material	Arbeitsunterlagen	
7 Wochen	Fügen	– Bauteile auf Oberflächenbeschaffenheit der Fügeflächen und Formtoleranz prüfen sowie in montagegerechter Lage fixieren	– Maß- und Formtoleranz prüfen – Schraub-, Stift-, Bolzen- und Nietverbindungen herstellen – Löten, Kleben, Schweißen	Lehrwerkstatt, Ausbildungsplatz	Bauteile, Prüfvorrichtungen, Lötkolben, Schweißgeräte u. a.	Anleitungen, Beschreibungen	Ausbildungsmeister
5 Wochen	Manuelles Spanen und Umformen	– Anreißen, Körnen, Kennzeichnen	– Werkzeuge und Werkstücke ausrichten – Werkstücke aus verschiedenen Werkstoffen sägen und feilen – Innenausdrehen – Innen- und Außengewinde schneiden	Lehrwerkstatt, Ausbildungsplatz	Reißnadel, Körner, Feilen, Sägen u. a.	Zeichnungen	Geselle B unter Überwachung des Ausbildungsmeisters
bis zum Schluss des Ausbildungsjahres	. . .	. . .	. . .	. . .	. . .	. . .	. . .

2.4.6 Anforderungen und Kriterien bei der Erstellung eines betrieblichen Ausbildungsplanes

		Betrieblicher Unterricht (Lehrecke, Lehrraum, Lehrwerkstatt)	Fachbücher, Schaubilder, Broschüren	Ausbildungsmeister
Während der gesamten Ausbildungszeit	Berufsbildung	– Bedeutung des Ausbildungsvertrages (Abschluss, Dauer, Beendigung)		
	Aufbau und Organisation des Ausbildungsbetriebes	– Aufbau und Aufgaben des ausbildenden Betriebes		
	Arbeits- und Tarifrecht, Arbeitsschutz	– wesentliche Teile des Arbeitsvertrages		
	Arbeitssicherheit, Umweltschutz und rationelle Energieverwendung	– berufsbezogene Vorschriften der gesetzlichen Unfallversicherung		

Anmerkung:
- Die zeitlichen Richtwerte sind ein Anhalt für die jeweils benötigte Ausbildungszeit im Regelfall. Zeiten der Abwesenheit infolge Urlaub, Berufsschule usw. müssen berücksichtigt werden.
- Der Ausbildungsbetrieb behält sich vor, aus betriebspraktischen Gründen oder aus Gründen, die in der Person des Auszubildenden liegen, von den Zeiten abzuweichen.
- Der Ausbildungsbetrieb ist bei der Vermittlung der Qualifikationen an keine bestimmte Reihenfolge gebunden.

Grundlagen und Vorgehensweise bei der Erstellung eines einzelbetrieblichen Ausbildungsplanes

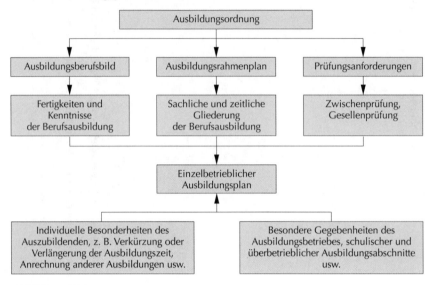

Abbildung 107

2.4.7 Versetzungsplan

> Klein- und Mittelbetriebe benötigen wegen ihrer geringen Zahl an Auszubildenden oft keinen gesonderten Versetzungsplan. Hier ist der Versetzungsplan in den einzelbetrieblichen Ausbildungsplan eingebaut bzw. mit diesem identisch.

Wenn jedoch mehrere Lehrlinge im gleichen Ausbildungsjahr im Betrieb ausgebildet werden, ist es zweckmäßig, einen besonderen Versetzungsplan zu erstellen.

Inhalt

> Der Versetzungsplan
> - legt die von einem Lehrling während seiner Ausbildung zu durchlaufenden Arbeitsplätze und Betriebsabteilungen fest
> - bestimmt den Zeitraum, den der Lehrling an den einzelnen Orten bleiben soll
> - beinhaltet die Versetzungstermine und die Reihenfolge des Arbeitsplatz- bzw. Abteilungswechsels.

Einzelversetzungspläne
Gesamtversetzungspläne

Man unterscheidet
- Einzelversetzungspläne für einzelne Lehrlinge und
- Gesamtversetzungspläne für die Gesamtzahl der Lehrlinge eines Ausbildungsjahres.

Vor allem für Gesamtversetzungspläne ist es zweckmäßig, sie in Form von graphisch gestalteten Übersichten anzulegen oder Planungstafeln (zum Beispiel Magnethafttafeln) dafür zu verwenden.

2.4 Handlungssituation: Betrieblichen Ausbildungsplan erstellen

Beim Vollzug der Versetzungspläne ist besonders darauf zu achten, dass bei Fehlzeiten infolge Krankheit, außerplanmäßigem Urlaub, betrieblichen Umstellungen, Sonderaufträgen im Betriebsablauf und anderem die Planung entsprechend korrigiert wird. Die Bruttoausbildungszeiten aus der Ausbildungsordnung werden so in Nettoausbildungszeiten umgerechnet.

Fehlzeiten

Beispiel:
Beispiel für einen einfachen Versetzungsplan

Zeit (Kalenderwochen/Monat) Lehrling	Januar	Februar	März	April	Mai
	1	2 3 4 5	6 7 8 9 10	11 12 13 14 15	16 17 18
Lehrling A	Urlaub	W 1	W 2	W 3	W 4
Lehrling B		W 2	W 1	W 4	W 3
Lehrling C		W 4	W 3	W 2	W 1
Lehrling D		W 3	W 4	W 1	W 2
W = Werkstattarbeitsplatz 1 – 4					

In einem solchen Versetzungsplan kann der Ausbilder auch eintragen, wie die Ausbildung dann tatsächlich abgelaufen ist. Er erhält damit eine Art Soll-Ist-Kontrolle.

Handlungsorientierte, fallbezogene Aufgaben

1. In Ihrem Betrieb werden 4 Lehrlinge im gleichen Ausbildungsjahr ausgebildet. Sie wollen für diese Lehrlinge einen Versetzungsplan erstellen.

Aufgabe: Wie sollen Sie bei der Erstellung eines Versetzungsplanes vorgehen und was haben Sie dabei zu beachten?

„Siehe Seite 158 des Textteils!"

2.5 Handlungssituation: Die Ausbildung in das betriebliche Führungssystem integrieren

Kompetenzen:

- Die Auswirkung von Führungssystem und Führungsverhalten (Ausbildungsverhalten) auf Betriebsklima, Zufriedenheit und Arbeitsverhalten der Mitarbeiter/Lehrlinge beurteilen und bei Führungsentscheidungen beachten
- Betriebliche Führungsmittel bestimmen und anwenden

2.5.1 Zusammenhang zwischen Betriebskultur, Betriebsorganisation und betrieblichem Führungssystem

2.5.1.1 Betriebskultur

Der Begriff Betriebs- oder Unternehmenskultur kennzeichnet grundlegende Annahmen und Überzeugungen darüber, wie ein Betrieb sich selbst und seine Umwelt sieht. Diese Annahmen und Überzeugungen werden von den Betriebsangehörigen erlernt, von ihnen geteilt und im Laufe der Zeit oft zur Selbstverständlichkeit.

Elemente

Gerade Handwerksbetriebe bieten in der Regel aufgrund ihrer geringen Betriebsgröße gute Voraussetzungen für die Herausbildung einer Betriebskultur. Prägende Elemente der Betriebskultur können unter anderem sein:
- Kundenorientierung
- Mitarbeiterorientierung
- Innovationsorientierung
- Qualitätsorientierung
- Leistungsorientierung.

Für den Ausbilder muss es ein besonderes Anliegen sein, auch den Lehrling möglichst rasch in diese betriebliche Identitätsfindung einzubeziehen.

2.5.1.2 Betriebsorganisation

Der Begriff Betriebsorganisation kennzeichnet generell die Gestaltung des betrieblichen Geschehens nach bestimmten Ordnungsprinzipien, also bestimmten Regelungen.

Organisatorische Regelungen

Durch entsprechende aufbau- und ablauforganisatorische Regelungen werden die grundlegenden Bedingungen für das Verhältnis
- zwischen Ausbildendem/Ausbilder und Lehrling

sowie
- zwischen Lehrling und Kollegen

gelegt; beispielsweise durch
- Beschreibung der zu erfüllenden Aufgaben
- Regelung der innerbetrieblichen Kommunikation
- Schaffung von Anreizsystemen.

2.5.1.3 Betriebliches Führungssystem

Führung bedeutet generell die Steuerung des Handelns von Personen oder Gruppen zur Verwirklichung der gesetzten oder vorgegebenen Ziele.

Führung

Unter Führungssystem versteht man die optimale Kombination der Mittel, die der Unterstützung der Führung dienen. Dazu zählen z. B.
- Planungs- und Kontrollsysteme
- Anreizsysteme
- Regeln zur Beeinflussung des Verhaltens.

Die bestmögliche Abstimmung zwischen Betriebskultur, Betriebsorganisation und Führungssystem sowie deren Einzelmaßnahmen ist für den betrieblichen Erfolg insgesamt wie auch für den Erfolg der Berufsausbildung eine wichtige Voraussetzung.

2.5.2 Bedeutung von Menschenbild und Autorität für das Führungsverhalten

2.5.2.1 Menschenbild

Als Menschenbild bezeichnet man die Vorstellungen über den Menschen, und zwar hinsichtlich seiner verschiedenen Wesensausprägungen, so z. B. als
- kulturelles
- soziales
- wirtschaftliches

Wesensausprägungen

Wesen.
Das Menschenbild bestimmt die Verhaltensweisen des Ausbilders gegenüber seinen Lehrlingen.

Für Führungspersonen ist es wichtig, diese vielfältigen Ausprägungen insgesamt zu sehen. Gerade für den Erfolg einer Berufsausbildung kommt es auf ein so genanntes dynamisches Menschenbild an; d. h. der Ausbilder sollte den jungen Menschen als individuelle Persönlichkeit sehen mit unterschiedlichen Bedürfnissen in jeweiligen Lebenslagen und Lebensphasen.

Dynamisches Menschenbild

Das Menschenbild prägt den Führungsstil. Ein Ausbilder, der davon überzeugt ist, dass die jungen Menschen heute der Arbeit lieber aus dem Wege gehen und Verantwortung scheuen, wird eher zu einem autoritären Führungsstil greifen (siehe hierzu auch Abschnitt 2.5.4 „Ausbildungs- und Führungsstile"). Hingegen wird der Ausbilder, der junge Menschen für verantwortungsbewusst hält und davon ausgeht, dass sie Selbstdisziplin und Selbstkontrolle besitzen, einen kooperativen Führungsstil wählen (siehe hierzu auch Abschnitt 2.5.4 „Ausbildungs- und Führungsstile").

2.5.2.2 Begriff und Arten der Autorität

> Autorität bezeichnet die herausgehobene Stellung einer Person gegenüber anderen. Sie reicht bis zur Möglichkeit, anderen gegenüber seinen Einfluss zur Geltung zu bringen und seine Absichten durchsetzen zu können.

Arten der Autorität

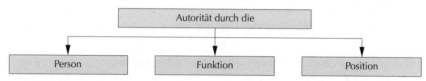

Abbildung 108

Person
Autorität durch die Person leitet sich nach Merkmalen ab wie
- Alter
- körperliche Verfassung
- Erfahrung
- Leistung.

Funktion
Autorität durch die Funktion beruht auf besonderen und überragenden
- Kenntnissen
- Fähigkeiten.

Position
Autorität durch die Position richtet sich nicht nach der Person, sondern lediglich nach Merkmalen wie
- berufliche Stellung
- Rang innerhalb der Unternehmenshierarchie.

2.5.3 Bestimmungsfaktoren der Ausbildungs- und Berufszufriedenheit

Betriebsklima
> Leistungsbereitschaft und Leistungsfähigkeit der Mitarbeiter werden maßgeblich durch ihre Zufriedenheit sowie durch das Betriebsklima, also den gesamten Bereich der zwischenmenschlichen Beziehungen im Betrieb beeinflusst.

Dabei sind sowohl gute Beziehungen der Mitarbeiter untereinander wie auch zwischen Mitarbeitern und Vorgesetzten wichtig. Diese sind in der Regel besser, wenn die Führungsperson über Autorität verfügt, die durch persönliche Eigenschaften begründet ist.
Beobachtungen haben gezeigt, dass die Zufriedenheit eines Arbeitnehmers auch eng damit zusammenhängt, wie er in der Gruppe und von seinen Kollegen akzeptiert wird.
Zufriedenheit sowie ein gutes Betriebsklima wirken nicht nur leistungsfördernd, sondern sie beeinflussen auch
- die Höhe der Fehlzeiten
- die Neigung zum Arbeitsplatzwechsel
- die Häufigkeit von Betriebsunfällen.

2.5.4 Ausbildungs- und Führungsstile

2.5.4.1 Unterscheidungsmerkmale

> Der Ausbildungs- oder Führungsstil kennzeichnet die Art und Weise, wie der Ausbilder auf den Lehrling als Einzelperson oder mehrere Lehrlinge als Gruppe Einfluss nimmt.

Am weitesten verbreitet ist die Unterscheidung folgender drei Grundformen von Führungsstilen:

Abbildung 109

Der autoritäre Führungsstil geht von einem fast absoluten Verhältnis des Über- und Untergeordnetseins zwischen Ausbilder und Lehrling aus. Die Ausbildungssituation ist in diesem Falle durch übermäßige Lenkung und Kontrolle gekennzeichnet. *(Autoritärer Führungsstil)*

Beim Gleichgültigkeitsstil ist der Lehrling weitgehend sich selbst überlassen. Er kann Aufträge weitgehend selbstständig durchführen und erhält vom Ausbilder Informationen vor allem nur auf sein eigenes Verlangen. *(Gleichgültigkeitsstil)*

Beim demokratischen Führungsstil behandelt der Ausbilder den Lehrling als gleichwertigen Partner, um den er sich optimal bemüht und mit dem er gemeinsam den bestmöglichen Ausbildungserfolg erzielen will. *(Demokratischer Führungsstil)*

2.5.4.2 Auswirkungen auf Verhalten und Leistung der Lehrlinge und Mitarbeiter

Die einzelnen Führungsstile wirken sich sehr unterschiedlich auf Verhalten und Leistung von Lehrlingen und Mitarbeitern aus.

Autoritärer Führungsstil führt zu
- Mangelnder Eigeninitiative
- Unselbstständigkeit
- Interesselosigkeit
- Niedrigem Leistungsniveau
- Geringer Leistungsmotivation
- Aggressiven und feindseligen Verhaltensweisen.

Beim **Gleichgültigkeitsstil** (laisser-faire-Führungsstil) sind oftmals bezüglich Verhalten und Leistung der Lehrlinge und Mitarbeiter die Folge:
- Lustlosigkeit
- Orientierungslosigkeit
- Unsicherheiten
- Niedriges Leistungsniveau
- Schlechtes Gruppen- und Betriebsklima
- Neigung zu Neurosen.

Der **demokratische (partnerschaftliche) Führungsstil** hat folgende Auswirkungen auf Verhalten und Leistung der Lehrlinge und Mitarbeiter:
- Höhere Motivation
- Mehr Spontaneität und Kreativität
- Höhere Eigeninitiative
- Verantwortungsbewusstsein
- Gegenseitiges Verständnis
- Kooperationsbereitschaft
- Hohes Leistungsniveau.

2.5.4.3 Frage nach dem „richtigen" Stil

Die Frage nach dem richtigen Führungsstil lässt sich nicht allgemein beantworten. Für diese Entscheidung sind mehrere Gesichtspunkte zu beachten, so insbesondere

Ausbildungssituation
- die jeweilige Ausbildungssituation; es ist ein Unterschied, ob schwierige Fertigkeiten an einer komplizierten Maschine oder Kenntnisse im Unterrichtsraum zu vermitteln sind.

Ausbildungsort
- der jeweilige Ausbildungsort; auf einer Baustelle ist in der Regel anders zu verfahren als in Werkstatt und Büro.

Ausbildungsziel
- das jeweilige Ausbildungsziel (Kenntnisse, Fertigkeiten, soziale Verhaltensweisen)

Gruppenstruktur
- die Zusammensetzung der Gruppe; hierbei sind vor allem Vorbildung, Reife und eventuelle Verhaltensauffälligkeiten zu berücksichtigen.

> Insgesamt lässt sich jedoch feststellen, dass heute der demokratische (partnerschaftliche) Führungsstil den Anforderungen an eine zeitgemäße Mitarbeiterführung und an eine erfolgversprechende Ausbildungsatmosphäre im Betrieb allgemein am besten entspricht.

2.5.4.4 Notwendigkeit einer situativen Anpassung

Es ist allerdings in der Regel nicht möglich, einen einmal gewählten Führungs- und Ausbildungsstil konsequent beizubehalten. Es können beispielsweise im Rahmen der Ausbildung Gefahrensituationen (an Maschinen, auf Baustellen o. Ä.) auftreten, die es erforderlich machen, dass eine Entscheidung nicht mehr partnerschaftlich gefällt werden kann, sondern autoritär vorgegangen werden muss.

Kombination
Diese Möglichkeit des situationsangepassten Wechsels des Führungs- und Ausbildungsstils muss sich jeder Ausbilder offen halten. Dabei können die einzelnen Stile zum Teil nebeneinander, aber auch in Kombination angewendet werden.

2.5.4.5 Managementkonzepte für Berufsausbildung und Menschenführung

> Managementkonzepte bzw. betriebliche Führungsmodelle verfolgen das Ziel, das Verhalten der Mitarbeiter so zu steuern, dass für den Betrieb der bestmögliche Erfolg erzielt werden kann.

Auf die Berufsausbildung übertragen heißt dies, durch Steuerung des Verhaltens und entsprechende Führung zu guten Voraussetzungen für einen erfolgreichen Abschluss der Ausbildung beizutragen.

Auch für den Handwerksbetrieb eignen sich einige der zahlreichen betrieblichen Führungsmodelle, die für die Mitarbeiterführung als zielgerichtete und pragmatische Verhaltensanweisungen im Sinne von Handlungsempfehlungen und Problemlösungen entwickelt wurden.

Verhaltensanweisung

Abbildung 110

Führung durch Zielvereinbarung (in der Fachsprache Management by Objectives (MbO) genannt): Wesentliche Bestandteile dieses Führungsmodells sind:
- Bestimmung von Zielen und Teilzielen durch Vorgesetzte und Mitarbeiter
- Festlegung und Durchführung der Maßnahmen zur Erreichung der Zielvorgaben durch die Mitarbeiter
- Kontrolle der Zielerreichung.

Management by Objectives

Durch die partnerschaftliche Einbeziehung sowohl der Vorgesetzten wie auch der Mitarbeiter ist MbO ein Führungsmodell, das eng mit dem demokratischen Führungsstil in Verbindung steht. Es erbringt die besten Ergebnisse, wenn sich persönliche und Unternehmensziele in Einklang bringen lassen.

MbO setzt allerdings Verantwortungsbewusstsein und einen hohen Kenntnisstand voraus. Deshalb ist dieses Managementkonzept zwar auch in der Ausbildung gut anwendbar; aber es erfordert wegen der hohen Anforderungen eine längere Einweisungs- und Eingewöhnungsphase.

Führung nach dem Ausnahmeprinzip (Management by Exception (MbE)): In diesem System der Führung erhalten die Mitarbeiter sehr viel Freiraum. Der Vorgesetzte greift nur in besonderen Situationen oder bei mangelhafter Zielerfüllung ein.

Management by Exception

Die Führung nach dem Ausnahmeprinzip ist allerdings nur dann Erfolg versprechend, wenn folgende Voraussetzungen erfüllt sind:
- eindeutige Vorgabewerte für die jeweiligen Zuständigkeitsbereiche
- klare Trennung von Routine- und Führungsaufgaben
- eindeutige Regeln für die Information bei Ausnahmesituationen
- Errichtung eines strengen Kontrollsystems.

Gefahren bei MbE

MbE birgt die Gefahr, dass bei den Mitarbeitern durch zu enge Beschränkung auf Routineaufgaben Eigeninitiative und Verantwortungsbewusstsein beeinträchtigt werden. Dies muss auch beim Einsatz von MbE im Rahmen der Ausbildung berücksichtigt werden.

Übertragen von Verantwortung

Führung durch Aufgabendelegation (Management by Delegation (MbD)): Durch die Übertragung von Aufgaben und die damit verbundene Verantwortung erhalten die Mitarbeiter ein Tätigkeitsgebiet in eigener Handlungsverantwortung. Die Führungsverantwortung bleibt beim Vorgesetzten. Man spricht in diesem Zusammenhang vielfach auch vom „Harzburger Modell". Für den Erfolg dieses Managementkonzepts sind insbesondere
- eindeutige Stellenbeschreibungen und
- klare Handlungsanweisungen (im „Harzburger Modell" allgemeine Führungsanweisungen genannt)

eine wichtige Voraussetzung.

Daraus ergibt sich zugleich die Gefahr, dass dieses Führungsmodell bei allzu vielen und zu engen Vorgaben die notwendige Flexibilität beeinträchtigt. Im Rahmen der Berufsausbildung muss dies auf jeden Fall vermieden werden.

Kombination

Die einzelnen Managementtechniken lassen sich in der Regel nicht scharf voneinander abgrenzen. Vielmehr beinhaltet die Betriebsführung meist Elemente mehrerer Managementtechniken und versucht, diese in Abhängigkeit von den betrieblichen Gegebenheiten optimal zu kombinieren. Dies gilt auch im Hinblick auf das Verhältnis von Ausbildern und Lehrlingen.

2.5.5 Einsatz und Gestaltung von Führungsmitteln

Für die Durchführung der Ausbildung stehen dem Ausbilder mehrere allgemeine Führungsmittel zur Verfügung.

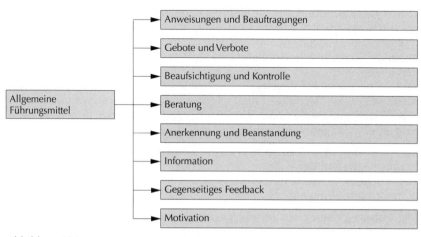

Abbildung 111

2.5.5.1 Anweisungen und Beauftragungen (Kompetenzübertragung)

> Anweisung und Beauftragung sind jeweils wichtige Mittel der Menschenführung auch im Rahmen der Ausbildung. Der Auszubildende wird dabei vom Ausbilder mit der Ausführung einer bestimmten Tätigkeit beauftragt. Damit werden dem Lehrling auch bestimmte Kompetenzen, das heißt Zuständigkeiten und damit verbundene Verantwortung übertragen.

Für den optimalen Einsatz von Anweisungen und Beauftragungen sind als besondere Voraussetzungen und Anforderungen zu beachten: *(Voraussetzungen)*
- Verständliche Begründung
- Klare und psychologisch richtige Dosierung
- Verwendung verständlicher und leicht im Gedächtnis zu behaltender Formulierungen
- Rechtzeitige Übermittlung
- Vermeidung von Überforderungen und Überbelastungen
- Einräumung von ausreichend Kompetenzspielraum (Spielraum für eigenes Denken und Handeln)
- Sichtbares Vertrauen in die Leistungsfähigkeit des Lehrlings
- Vermeidung der Befehlsform.

Anweisungen und Beauftragungen, die diese Anforderungen erfüllen und damit einem partnerschaftlichen Ausbildungsstil entsprechen, lassen im Rahmen einer zeitgemäßen Ausbildung die besten Erfolge erwarten. Allerdings darf dies nicht ausschließen, dass in manchen Situationen beispielsweise doch Befehle gegeben werden müssen, etwa in Gefahrensituationen. *(Ausnahmen)*

2.5.5.2 Gebote und Verbote

> Gebote und Verbote können und müssen sogar manchmal zur Regelung bestimmter Einzelfälle ausgesprochen werden. Dies kann zum Beispiel in Form von Betriebsvorschriften und Unfallverhütungsvorschriften geschehen. Der Vorteil allgemeiner Verbote und Gebote besteht darin, dass dadurch zahlreiche Einzelanweisungen und ihre ständige Wiederholung überflüssig werden.

Auch beim Einsatz von Geboten und Verboten sind bestimmte Anforderungen zu beachten: *(Anforderungen)*
- Beschränkung auf wirklich schwer wiegende Fälle
- Sachliche Formulierungen
- Ausreichende und verständliche Begründungen
- Laufende Kontrolle der Einhaltung.

2.5.5.3 Beaufsichtigung und Kontrolle

> Die pädagogische Bedeutung von Beaufsichtigung und Kontrolle besteht im Beobachten und Überwachen sowohl des fachlichen Lernfortschritts wie auch der Persönlichkeitsentwicklung des Lehrlings und der Ableitung der daraus erforderlichen Konsequenzen.

Anforderungen an Beaufsichtigung und Kontrolle

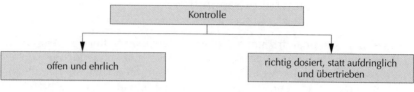

Abbildung 112

Richtige Dosierung

> Auf die richtige Dosierung kommt es insbesondere an, wenn weniger die sachliche Leistung, sondern mehr charakterliche Eigenschaften wie Ehrlichkeit und Zuverlässigkeit überprüft werden.

Hilfsmittel

Als Hilfsmittel stehen für Beaufsichtigung und Kontrolle der Lehrlingsausbildung unter anderem
- Berichtshefte bzw. Ausbildungsnachweise
  sowie
- Beurteilungsbogen

zur Verfügung (siehe dazu auch Abschnitt 4.4.3 „Durchführung innerbetrieblicher Ausbildungserfolgskontrollen" und 4.4.5 „Ausbildungsnachweis/Berichtsheft als Hilfsmittel der Ausbildungserfolgskontrollen").

2.5.5.4 Beratung

Der Lehrling wird in der Regel während seiner Ausbildung vor viele Probleme im persönlichen und betrieblichen Bereich gestellt. Deren Bewältigung kann ihm über eine geeignete Beratung durch den Ausbilder oftmals wesentlich erleichtert werden.

Vertrauensbasis

> Für den Ausbilder bedeutet dies, dass er neben der rein fachlichen Ebene auch in der Lage sein muss, sich in die Bedürfnisse und Interessen der Lehrlinge hineinzuversetzen. Besonders wichtig für ein Beratungsgespräch ist eine gute Vertrauensbasis, damit der Lehrling seine Probleme offen darlegen kann.

2.5.5.5 Anerkennung und Beanstandung (Kritik)

Anerkennung

> Die Anerkennung ist eine wichtige Voraussetzung für die Motivation und den Erfolg einer Ausbildung.

Positive Effekte

Die Anerkennung
- ist Erfolgsbestätigung
- fördert die Lernbereitschaft
- ist Ansporn für bessere Leistungen
- weckt Initiativen

- schafft Sicherheit und Selbstvertrauen
- fördert das Vertrauensverhältnis zwischen Ausbilder und Lehrling.

Dem Ausbilder stehen dabei mehrere Formen der Anerkennung zur Verfügung.

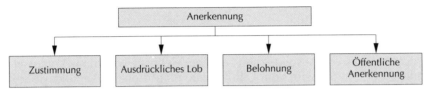

Abbildung 113

Anerkennungen müssen auf jeden Fall ehrlich gemeint und richtig dosiert sein. Sie sollten nur ausgesprochen werden, wenn sie tatsächlich verdient sind. Dabei ist jeder Lehrling nach seinen individuellen Gegebenheiten zu behandeln. *Richtige Dosierung*

Beispiel:
- Unsicheren Lehrlingen sollte schon eine Anerkennung ausgesprochen werden, wenn sichtbar ist, dass sie sich aufrichtig angestrengt und bemüht haben.
- Bei zurückhaltenden Lehrlingen ist eher eine großzügige Anerkennung zu empfehlen, während bei mehr selbstgefälligen Auszubildenden eher Zurückhaltung angebracht ist.

Anerkennungen sollten erfolgen: *Regeln*
- Unmittelbar, also sehr zeitnah am Anlass der Anerkennung.
- Ausdrücklich, d. h. der Ausbilder sollte sich auch äußern und nicht davon ausgehen, dass es der Lehrling bereits als Anerkennung empfindet, solange der Ausbilder sich nicht negativ äußert.
- Angemessen, d. h. die Art der Anerkennung muss zur erbrachten Leistung passen.
- Konsequent, d. h. mit den Anerkennungen verbundene Zusagen müssen auch eingehalten werden.
- Leistungsorientiert, d. h. Gegenstand der Anerkennung sind Leistungen und Verhalten in der Ausbildung, aber nicht die Person des Lehrlings.

Beanstandung
Die Beanstandung ist das Gegenstück zur Anerkennung, aber für den Erfolg der Ausbildung nicht minder wichtig.
Die Beanstandung
- macht den Lehrling auf seine Fehler aufmerksam und
- schafft so die Voraussetzungen für deren Abstellung bzw. Korrektur.

170 2.5 Handlungssituation: Die Ausbildung in das betriebliche Führungssystem integrieren

Abbildung 114

Die Beanstandung ist allerdings nur dann zweckdienlich und positiv für das Verhältnis von Ausbilder und Lehrling, wenn sie bestimmte Voraussetzungen erfüllt. Sie wird vom Lehrling auch umso eher akzeptiert, als der Ausbilder, der sie vorbringt, über persönliche und nicht bloß positionsbezogene Autorität verfügt.

Anforderungen an die Beanstandung

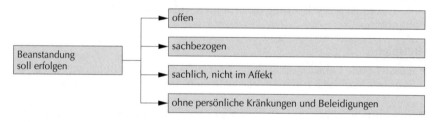

Abbildung 115

2.5.5.6 Information (Orientierung, Aufklärung)

Der Lehrling braucht im Verlaufe seiner Ausbildung viele Informationen, sei es

Orientierung
- zur Orientierung, um sich in neuen oder ungewohnten Situationen zurechtfinden zu können
oder

Aufklärung
- zur Aufklärung, um neuen Lernstoff besser verstehen und nachvollziehen zu können.

Auch hierbei kommt es darauf an, dass der Ausbilder in der Lage ist, sich neben der rein fachlichen Ebene in den Auszubildenden hineinzuversetzen und dementsprechend zu reagieren.

2.5.5.7 Gegenseitiges Feedback

Ausbilder und Lehrling beeinflussen sich immer gegenseitig und haben durch ihr Handeln und Verhalten bestimmte Wirkungen aufeinander. Um sich dieser Wirkungen bewusst zu werden und sie dann auch steuern zu können, sind wechselseitige Rückmeldungen erforderlich. Diesen Prozess umschreibt der Begriff „Feedback". Dieses „Feedback" ist gerade in der Ausbildung sehr wichtig. Der Lehrling braucht die Rückmeldung des Ausbilders, um zu wissen, wie er die ihm gestellten Aufgaben erledigt. Fehlt diese, so kann Unsicherheit beim Lehrling die Folge sein.

Modell eines einfachen Feedback-Prozesses

Abbildung 116

In der Ausbildung lassen sich so vor allem Verhaltensweisen steuern und erlernen.

> Feedback setzt für den Erfolg allerdings voraus, dass die Beteiligten ein weitgehend harmonisches und vertrauensvolles Verhältnis zueinander haben. Der Ausbilder sollte in der Lage sein, die Rückmeldungen des Lehrlings sensibel, verständnisvoll und situationsgerecht aufzunehmen. Gegebenenfalls muss er auch bereit sein, sein eigenes Verhalten zu ändern.

Vertrauensvolles Verhältnis

2.5.5.8 Motivation

Die Motivation ist sehr eng mit der Führung von Mitarbeitern, also auch Lehrlingen, verbunden. Im Blick sind hier vor allem die Leistungen und Verhaltensweisen des Lehrlings, die nur dann optimal gegeben sind, wenn er weiß, dass diese vom Vorgesetzten wahrgenommen und bewertet werden. Die vorher genannten Führungsmittel spielen dabei – wie beschrieben – eine wichtige Rolle.

Handlungsorientierte, fallbezogene Aufgaben

1. Als Ausbilder haben Sie im Umgang mit Ihren Lehrlingen eine besondere Verantwortung. Der von Ihnen gewählte und angewandte Ausbildungs- und Führungsstil bestimmt maßgeblich den Erfolg der Ausbildung.

Aufgabe: Beschreiben Sie den Führungsstil und seine Auswirkungen auf das Verhalten und die Leistung von Lehrlingen, den Sie am geeignetsten für die Ausbildung halten!

„Siehe Seite 164 ff. des Textteils!"

2. Als allgemeines Führungsmittel wenden Sie im Rahmen der betrieblichen Ausbildung sehr häufig Anweisungen an.

Aufgabe: Was ist bei der Anweisung an den Lehrling besonders zu beachten?

- ☐ a) Dass man sie in Befehlsform bringt, weil diese am besten verstanden wird.
- ☐ b) Dass sie rechtzeitig erfolgt und keine Überforderung mit sich bringt.
- ☐ c) Dass sie möglichst wenig Spielraum für eigenes Denken lässt.
- ☐ d) Dass sie wenig Spielraum für eigenes Handeln lässt.
- ☐ e) Dass sie gar keinen Spielraum für eigenes Handeln lässt.

„Siehe Seite 167 des Textteils!"

2.6 Handlungssituation: Mit Partnern im dualen System zusammenarbeiten

Die Zusammenarbeit zwischen Partnern des dualen Systems ist aus sachlogischen Gründen unter Abschnitt 1.5 „Handlungssituation: Partner in der Ausbildung" dargestellt.

3 Handlungsfeld: Einstellung von Auszubildenden

3.1 Handlungssituation: Einstellverfahren für Lehrlinge planen und durchführen sowie dabei die Einflüsse auf Berufswahlentscheidungen beachten

> **Kompetenzen:**
> - Arbeitsamt, allgemein bildende Schulen und Innungen als Kontaktstellen kennen und für die Lehrlingsakquisition berücksichtigen
> - Determinanten der Berufswahl junger Erwachsener kennen und für die Darstellung des Ausbildungsplatzangebotes berücksichtigen
> - Geeignete Akquisitionsinstrumente zusammenstellen, auswählen und inhaltlich gestalten
> - Anforderungsprofil des Lehrlings unter Zugrundelegung der betrieblichen Bedingungen und der Vorgaben der Ausbildungsordnung bestimmen
> - Personalauswahlinstrumente kennen und bedarfsgerecht einsetzen

3.1.1 Informationsmöglichkeiten zur Berufswahl

3.1.1.1 Berufsberatung und Lehrstellenvermittlung des Arbeitsamtes

Insbesondere die Berufsberatung der Arbeitsverwaltung spielt bei der Berufswahl eine sehr wichtige Rolle. Sie unterstützt die Berufsfindung, gibt also wesentliche Hilfen, die der Berufswahl dienen. Die überwiegende Mehrzahl der jungen Menschen nimmt inzwischen diese Dienste in Anspruch.

Berufsberatung
Berufsfindung

> Zentrale Aufgabe der Berufsberatung ist es, dem jungen Menschen die Kenntnisse zu vermitteln, die nötig sind, um zu einer sachgerechten Entscheidung bei der Berufswahl zu kommen. Die Berufsberatung ist unentgeltlich und darf nicht berufslenkend wirken.

Angebote der Berufsberatung

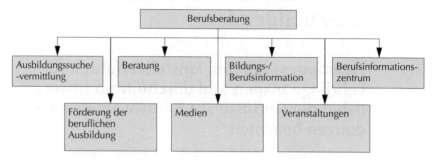

Abbildung 117

Die **Ausbildungssuche/-vermittlung** beinhaltet insbesondere:
- Vermittlung in betriebliche Ausbildungen
- Nachweis schulischer Ausbildungsplätze.

Die **Beratung** wird angeboten als
- Sprechstunden
- Beratung nach Vereinbarung
- Gruppenberatung
- Teamberatung.

Die **Bildungs-/Berufsinformation** umfasst:
- Bildungswege in Deutschland
- Datenbank für Ausbildungs- und Tätigkeitsbeschreibungen.

In den **Berufsinformationszentren** werden geboten:
- berufskundliche Vorträge
- Arbeitsgemeinschaften
- Seminare
- Veranstaltungen für Schulklassen, Eltern und Lehrer
- Diskussionsrunden.

Die **Förderung der beruflichen Ausbildung** kann erfolgen über
- berufsvorbereitende Bildungsmaßnahmen
- ausbildungsbegleitende Hilfen und Ausbildungen in außerbetrieblichen Einrichtungen
- finanzielle Förderung (Berufsausbildungsbeihilfe, finanzielle Hilfe zur Förderung der Arbeitsaufnahme)
- Förderung von Menschen mit Behinderung
- Wohnheime für Auszubildende.

Als **Medien** stehen zur Verfügung:
- Schriften
- PC-Programme
- Hörkasetten.

Über den **Ausbildungsstellen-Informations-Service (ASIS)** der Bundesanstalt für Arbeit können im Internet folgende Informationen abgerufen werden:
- Freie Ausbildungsstellen, die den Arbeitsämtern gemeldet sind
- Name und Anschrift des Ausbildungsbetriebes
- Betriebsart
- Ansprechpartner

- Einstellungstermin
- Gewünschter Schulabschluss
- Bewerbungsverfahren.

3.1.1.2 Berufsvorbereitende Aktivitäten allgemein bildender Schulen

Nach einer Rahmenvereinbarung der Ständigen Konferenz der Kultusminister und einem darauf aufbauenden Übereinkommen mit der Bundesanstalt für Arbeit über die Zusammenarbeit zwischen Schule und Berufsberatung soll die Schule grundlegende Kenntnisse über die Wirtschafts- und Arbeitswelt vermitteln, während die Berufsberatung den Einzelnen bei der Berufswahl und Berufsentscheidung unterstützt und dazu insbesondere Informationen über den Arbeitsmarkt, Anforderungen und Weiterentwicklungsmöglichkeiten gibt.

Ziele der Berufsorientierung durch die Schulen sind insbesondere:
- Überblick über schulische Ausbildungsgänge und berufliche Ausbildungsmöglichkeiten in der Region
- Kenntnis der Einflüsse von Familie, Umwelt und Schule auf die Berufswahl
- Einschätzung der individuellen Fähigkeiten und beruflichen Erwartungen und Vergleich mit Anforderungen beruflicher Tätigkeiten
- Entwurf einer Berufswegplanung unter Berücksichtigung der individuellen Voraussetzungen sowie der Arbeitsmarktverhältnisse und Nutzung der Dienste der Berufsberatung
- Erkennen der Chancen und Gefahren beruflicher Flexibilität und räumlicher Mobilität
- Erkennen der Beschäftigungschancen und -probleme mit Blick auf soziale, technische und ökonomische Bedingungen und Auseinandersetzung mit deren individuellen und gesellschaftlichen Auswirkungen
- Kennen wichtiger Bestimmungen aus dem Jugendarbeitsschutzgesetz und einiger weiterer Bestimmungen aus dem Arbeitsrecht.

Damit soll erreicht werden, die Berufswahlkompetenz der Jugendlichen (auch Berufswahlreife genannt) zu fördern.

Ziele der Berufsorientierung

Die Berufswahlreife bedingt, dass jemand in der Lage ist, anhand seiner Eignung, seiner Neigungen und Begabungen die richtige Berufsentscheidung zu treffen. Die Berufswahlreife steigt mit zunehmendem Lebensalter.

Berufswahlreife

Einschlägige Statistiken zeigen, dass die Zahl der Ausbildungsabbrecher und der Berufswechsler umso geringer wird, je älter bzw. reifer die Jugendlichen bei der Berufswahl waren.

Besonders wichtig bei der Berufsorientierung ist die Betriebs- und Arbeitsplatzerkundung. Inhalte im Unterricht sind hier unter anderem:
- Ängste und Befürchtungen der Schüler
- Berufserkundungen und Berufspraktika, Schülerinformationstage, Projektwochen
- Berufswahlhilfen des Arbeitsamtes

Betriebs- und Arbeitsplatzerkundung

- Der Berufsberater in der Schule und Erkundungen im Berufsinformationszentrum
- Schulische Bildungswege
- Bewerbungsschreiben
- Eignungstests
- Rechte und Pflichten des Auszubildenden.

3.1.1.3 Nachwuchswerbemaßnahmen der Betriebe

Die Sicherung des beruflichen Nachwuchses ist eines der zentralen Anliegen des Handwerks. Der zunehmende Anteil von Realschülern und Gymnasiasten sowie das teilweise veränderte Berufswahlverhalten vieler junger Menschen zugunsten kaufmännischer, verwaltender und aktuell der Berufe rund um den Computer bringen es mit sich, dass das Handwerk – allerdings mit Unterschieden nach Regionen und Berufen – zunehmende Probleme bei der Nachwuchsgewinnung hat.

Um auch in Zukunft über qualifizierte Fachkräfte verfügen zu können, ist das Handwerk hinsichtlich Menge und Qualität auf ausreichenden beruflichen Nachwuchs angewiesen.

Akquisition von Lehrlingen

> Für den einzelnen Ausbildungsbetrieb heißt dies, dass der Beschaffung (Akquisition) von Lehrlingen ein entsprechend hoher Stellenwert einzuräumen ist. Die Lehrlingsakquisition darf nicht als Nebensache behandelt, sondern sie muss als Nachwuchswerbung mit System betrieben werden.

Werbeveranstaltungen

Geeignete Werbeveranstaltungen aus der Sicht der Betriebe sind vor allem
- Betriebsbesichtigungen in Handwerksbetrieben
- Betriebspraktika in Handwerksbetrieben
- „Tage der offenen Tür" in Handwerksbetrieben

Image

Jeder Betriebsinhaber muss sich ferner darüber im Klaren sein, dass das Image seines Betriebes ein besonders wichtiges Werbeinstrument auch im Hinblick auf die Nachwuchsgewinnung ist.

3.1.1.4 Beratung durch die Handwerksorganisationen

Die Handwerksorganisationen – Handwerkskammern, Kreishandwerkerschaften, Innungen und Fachverbände – informieren ebenfalls vielfältig zur Berufswahl und unterstützen die Betriebe bei ihren oben genannten Aktivitäten. Nachwuchswerbekampagnen stehen dabei im Vordergrund.

Abbildung 118

Die Nachwuchswerbung muss dabei ansetzen bei
- den Jugendlichen selbst
- den Eltern
- den Lehrern der allgemein bildenden Schulen
- der Berufsberatung des Arbeitsamtes.

Wichtig ist hierbei der geeignete Einsatz von Werbematerialien und Werbeveranstaltungen.

Besondere Informations- und Werbematerialien für die Nachwuchswerbung

Abbildung 119

Die Ausbildungsberater der Handwerkskammern und die Lehrlingswarte der Innungen stehen in Fragen zur Berufswahl als Ansprechpartner für Jugendliche, Eltern, Schulen, Betriebe und die Arbeitsverwaltung zur Verfügung.

Ausbildungsberater und Lehrlingswart

3.1.2 Ansprüche junger Erwachsener an die Berufs- und Arbeitswelt; Wertewandel

3.1.2.1 Berufswahl

Eine grundlegende Voraussetzung für die richtige Berufswahl ist die Berufseignung.

Berufseignung

> Die Berufseignung liegt vor, wenn der Bewerber oder Interessent über wichtige Fähigkeiten verfügt, die zur Ausübung des jeweiligen Berufes erforderlich sind.

Der gesamte Prozess der Wahl eines Berufes verläuft in der Regel aber über einen längeren Zeitraum.

Berufswelt

Verschiedene Stufen der Begegnung mit der Berufs- und Arbeitswelt sind unter anderem:
- eigene Beobachtungen von Kindern und Jugendlichen im alltäglichen Umgang mit arbeitenden Menschen
- der berufskundliche Unterricht in den allgemein bildenden Schulen
- die Teilnahme an Betriebspraktika
- die Inanspruchnahme der Berufsberatung.

Die eigentliche Berufswahl stellt für jeden Menschen eine schwierige, aber auch sehr wichtige Entscheidung dar. Von der richtigen Wahl unter der großen Zahl möglicher Berufe hängt schließlich ein wesentlicher Teil des persönlichen Lebensglücks ab, auch wenn heute wachsende Bereitschaft zu beruflicher Mobilität gefordert wird. Auf die gesamte Berufswahl wirken daneben eine Vielzahl von Umwelteinflüssen, wie beispielsweise:

Einflüsse

- Familie
- Verwandtschaft und Nachbarschaft
- Freundeskreis
- Berichte und Sonderbeilagen in Zeitungen und Zeitschriften
- Nachwuchswerbemaßnahmen von Betrieben und Handwerksorganisationen
- Rundfunk, Fernsehen, Filme
- Jugendveranstaltungen
- Berufsberatung
- Ausbildungsmöglichkeiten am Wohnort oder in der Nähe.

3.1.2.2 Ansprüche junger Erwachsener an die Berufs- und Arbeitswelt

Einstellungen

Die jungen Menschen haben zwar sehr unterschiedliche und vielfältige, aber insgesamt doch sehr positive Einstellungen zum Beruf. Leistung und Erfolg werden als wesentlicher Bestandteil des Lebens angesehen.
- Die überwiegende Mehrheit der Jugendlichen äußert sich in ihrer Lebenseinstellung zufrieden, optimistisch und aufstiegsorientiert.
- Genauso sehen sie in einer abgeschlossenen Berufsausbildung einen hohen Stellenwert und eine notwendige Voraussetzung für einen sicheren Arbeitsplatz bzw. eine spätere Selbstständigmachung.

- Es ist auch keine absolute Technikfeindlichkeit unter jungen Menschen festzustellen. Vielmehr steht die Jugend in kritischer Loyalität zu Technik und Leistung.

> Bei der endgültigen Entscheidung für einen Beruf, bei der die Jugendlichen sich heute weniger an den Berufen der Eltern orientieren, sondern frei und selbst bestimmt vorgehen, spielen neben Eignung und Neigung insbesondere vier Motive eine wichtige Rolle.

Motive

Abbildung 120

3.1.2.3 Wertewandel

Jede Gesellschaft ist dadurch geprägt, dass sich Werte ständig weiterentwickeln oder neue Werte hinzukommen. Gerade die junge Generation hat oft andere Werte als ihre Eltern. Jeder Wertewandel eröffnet auch Chancen. Deshalb muss sich der Ausbilder ebenfalls damit auseinander setzen. Er sollte darauf achten, dass sich betriebliche Ausbildungs-, Arbeits- und Organisationskonzepte und Einstellungen der Lehrlinge und Mitarbeiter nicht auseinander entwickeln.

Die Werteentwicklung ist heute unter anderem dadurch gekennzeichnet, dass Ziele wie Ordnung, Sicherheit und körperliche Unversehrtheit in ihrem Stellenwert hinter Bedürfnissen wie Zugehörigkeit, Achtung, Selbstverwirklichung und Teilhabe an Entscheidungen zurücktreten. In Ausbildung und Beschäftigung führt dies zu veränderten Formen des Arbeitskräfteeinsatzes wie Gruppen- oder Projektarbeit.

Bemerkenswert ist, dass der Berufsarbeit nach wie vor ein hoher Stellenwert beigemessen wird, allerdings ändern sich die Erwartungen, die an sie gestellt werden. Nicht nur ein hohes Einkommen wird erwartet, sondern vermehrt gute Aufstiegschancen, sichere und gesunde Arbeitsbedingungen sowie eine selbstständige und interessante Tätigkeit. Gerade das Handwerk hat mit seinen Berufen hier viel zu bieten.

Berufsarbeit

> Im Handwerk spielt auch das Berufsethos nach wie vor eine Rolle, also eine bestimmte innere Einstellung und Werthaltung gegenüber dem Beruf. Denn immer noch gilt, dass gerade Handwerksberufe die beste Möglichkeit bieten, sich im Beruf selbst zu verwirklichen.

Berufsethos

Für den Betriebsinhaber und Ausbilder ist es wichtig, für sich und den Betrieb die Schlussfolgerung zu ziehen, dass nur derjenige den Wettbewerb um die besten Arbeits- und Nachwuchskräfte gewinnen wird, der den Wertewandel ausreichend in seiner Personalpolitik berücksichtigt.

3.1.3 Akquisitionsinstrumente der Betriebe

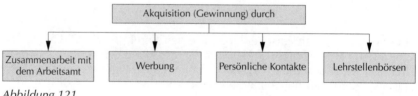

Abbildung 121

3.1.3.1 Zusammenarbeit mit dem Arbeitsamt

Berufsberatung

> Bei der Suche nach Lehrlingen wird grundsätzlich eine enge Zusammenarbeit mit der Berufsberatung der Arbeitsverwaltung empfohlen.

Nahezu jeder Jugendliche befragt nämlich im Zusammenhang mit der Berufswahl den Berufsberater des Arbeitsamtes. Deshalb ist es wichtig, dass der Betrieb offene Lehrstellen dem Arbeitsamt rechtzeitig meldet. Die schon in dieser Handlungssituation beschriebenen Informations- und Vermittlungssysteme sollte daher jeder Ausbilder bzw. Ausbildende, der Lehrlinge sucht, kennen und nutzen.

3.1.3.2 Werbung

Anzeigen

Gestaltungselemente

Stellenanzeigen in Tageszeitungen, Werbebeilagen und anderen Druckmedien sind ein wichtiges Mittel der Personalbeschaffung. Um erfolgreich zu sein und sich doch von der Vielzahl anderer Stellenanzeigen abzuheben, sollte die Anzeige bestimmte Gestaltungselemente wie einen geeigneten Blickfang enthalten.

> Die Anzeige sollte so ausführlich sein, dass der Angesprochene wesentliche Informationen über den Ausbildungsplatz, die Anforderungen und die gebotenen Leistungen erhält.

Im Einzelfall können hierzu entsprechende Berater hinzugezogen werden.

Aushänge

Gleich oder ähnlich lautende Texte wie in der Zeitungsanzeige können auch an geeigneten Stellen wie Schulen (soweit diese das zulassen) und bekannten Jugendtreffpunkten ausgehängt werden.

Rundfunk und Fernsehen

Die gewachsene Vielfalt von Rundfunk- und Fernsehsendern, insbesondere die lokalen Sender, sind eine weitere und oftmals auch kostengünstige Möglichkeit, die zur Lehrstellenakquisition genutzt werden kann.

3.1.3.3 Persönliche Kontakte

Gerade in dem engen lokalen und regionalen Umfeld, in dem Handwerksbetriebe in der Regel tätig sind, sollten persönliche Kontakte, die bei der Auftragsbeschaffung eine wichtige Rolle spielen, auch zur Gewinnung von Lehrlingen genutzt werden. Dies gilt nicht nur für Kontaktmöglichkeiten des Betriebsinhabers selbst, sondern auch für solche seiner Mitarbeiter. Zur Gewinnung von Lehrlingen sollte der Kontakt vor allem gesucht werden zu:
- Schulen
- ehemaligen Praktikanten
- Vereinen
- Kunden.

Kontaktpartner

3.1.3.4 Lehrstellenbörsen

Von zahlreichen Stellen werden Lehrstellenbörsen angeboten. Darunter sind Veranstaltungen verschiedenster Art zu verstehen, um Anbieter von Ausbildungsplätzen und Lehrstellensuchende zusammenzuführen. Auch elektronische Lehrstellenbörsen im Internet z. B. der Arbeitsverwaltung oder von Handwerkskammern werden verstärkt angeboten.

Internet

3.1.4 Voraussetzungen des Lehrlings für den Beruf

> Die Voraussetzungen des Lehrlings für den Beruf und den Betrieb werden im persönlichen Eignungsprofil einerseits und im beruflichen Anforderungsprofil andererseits festgehalten. Bei dessen Festlegung dient dem Ausbilder das Ausbildungsberufsbild als wichtige Unterlage.

Anforderungsprofil

Das persönliche Eignungsprofil beschreibt erwartete
- Interessen
- persönliche Eigenschaften
- körperliche und gesundheitliche Merkmale
- Fähigkeiten

des Bewerbers.

Das berufliche Anforderungsprofil sollte insbesondere enthalten:
- Arbeitstätigkeiten
- Lernanforderungen
- Arbeitsbedingungen.

3.1.5 Auswahl von Lehrlingen

3.1.5.1 Bewertung von Bewerbungsunterlagen

Abbildung 122

> Beim Anschreiben, das heute in der Regel mit dem Computer, und nicht mehr in Handschrift erstellt wird, sollten sowohl Form wie auch Inhalt und Aussagekraft ausgewertet werden.

Anhand der Form können Rückschlüsse bezüglich der Sorgfalt und der Ernsthaftigkeit der Lehrstellensuche gezogen werden. Der Inhalt des Bewerbungsschreibens kann nach Ausdruck, Satzbau, Satzverbindungen und Wortumfang analysiert werden. Dabei ist allerdings zu berücksichtigen, dass vielfach die Eltern den Jugendlichen bei der Abfassung der Schreiben helfen.

> Aus dem tabellarischen Lebenslauf erfährt der Ausbildende/Ausbilder vor allem den schulischen Werdegang des Bewerbers, seinen Familienstand und Näheres zu dessen Eltern.

Schulzeugnisse

Schulzeugnisse sollen zwar nicht überbewertet werden, weil die Beurteilungen in allgemein bildenden Fächern nicht immer aussagefähig genug hinsichtlich der praktischen Eignung und Begabung für einen Ausbildungsberuf sind. Zeugnisse informieren aber durchaus über bestimmte Begabungsschwerpunkte. So lassen gute Noten in Mathematik, Chemie und Physik auf Konzentrations- und Abstraktionsvermögen, in Geschichte, Sprachen und Gemeinschaftskunde auf Willenseinsatz, in Sport auf Einsatzfreude sowie in Musik und Kunst auf Produktivität und Phantasie schließen.

Begabungs-
schwerpunkte

> Grundsätzlich müssen die Schulkenntnisse, aus welcher allgemein bildenden Schule auch immer, ausreichen, um das Ausbildungsziel des jeweiligen Berufes zu erreichen, dem Berufsschulunterricht zu folgen und den Beruf mit Erfolg auszuüben.

Referenzen

Eine weitere Unterlage können Referenzen sein. Bei Lehrlingsbewerbern kommen dabei vor allem Bescheinigungen über Praktika in Frage.

3.1.5.2 Planung und Durchführung von Bewerbungsgesprächen

Bewerber, die für die Ausbildungsstelle wirklich in Betracht gezogen werden, erhalten eine Einladung zu einem Vorstellungs- oder Bewerbungsgespräch, um sich in persönlichem Kontakt ein Bild zu machen und weitere Informationen zu erhalten.

> Der Ausbilder bzw. Betriebsinhaber sollte sich selbst auf das Vorstellungsgespräch gut vorbereiten und es planen.

Themenbereiche für ein Vorstellungsgespräch sind z. B.:
- Was will ich beobachten?
- Was will ich fragen?
- Was will ich vom Bewerber?

Das Vorstellungsgespräch wird als zwanglose Unterhaltung in freundlichem Ton geführt. *Vorgehen*
Der Ausbilder schildert dabei vor allem
- den eigenen Betrieb
und
- den Ausbildungsberuf.

Er sollte ferner versuchen, vom Bewerber einiges zu erfahren über
- seine Einstellung zur Schule
- seine beruflichen Vorstellungen und Pläne
- seine Person und sein persönliches Umfeld
- seine Fähigkeiten
- außerberufliche Interessen und Freizeitgestaltung.

Während des Gesprächs kann man sich außerdem einen ersten Eindruck *Erster Eindruck* über die äußere Erscheinung (sauber, gepflegt u. Ä.) sowie das Auftreten (höflich, bescheiden, verbindlich, vorlaut u. Ä.) des Bewerbers machen. Wenn der Ausbilder diese Vorstellungsgespräche auswertet, so sollte dies möglichst unvoreingenommen geschehen (vgl. dazu auch Abschnitt 4.4.4.5 „Beurteilungsfehler", wo häufige Beurteilungsfehler behandelt werden).

> Dem Bewerber sollte ausreichend Gelegenheit gegeben werden, sich darzustellen und Rückfragen zu stellen.

Unterschiedlich beurteilt wird die Frage, ob man gegebenenfalls die Eltern in ein Vorstellungsgespräch einbeziehen soll oder nicht. Dagegen sprechen Befürchtungen, dass die Eltern versuchen, für ihr Kind zu reden. Andererseits können die Eltern aber auch zusätzliche Auskünfte geben. *Einbeziehung der Eltern*

3.1.5.3 Auswahltests

Ergänzende Informationen zur Einstellung eines Lehrlings können durch Auswahl(Eignungs-)tests gewonnen werden.

Tests von Ausbildungsbewerbern

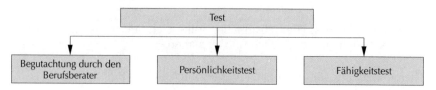

Abbildung 123

Neben den psychologischen Eignungstests, die durch die Arbeitsämter durchgeführt werden, sind auch weitere möglich.

Verschiedene Arten solcher Eignungstests sind
- Persönlichkeitstests

und
- Fähigkeitstests.

Persönlichkeitstest

Persönlichkeitstests versuchen,
- Interessen
- Neigungen
- innere Einstellungen
- soziale Verhaltensweisen
- charakterliche Eigenschaften

zu erfassen.

Fähigkeitstest

Bei Fähigkeitstests geht es um Merkmale wie
- Konzentration, Aufmerksamkeit, Willenseinsatz
- Denkvermögen, Sprachbeherrschung, Rechengewandtheit
- technische Begabung, Fingerfertigkeit, Geschicklichkeit
- besondere für den Beruf erforderliche Fertigkeiten.

Aussagefähigkeit

> Tests dürfen jedoch nicht als alleiniger Maßstab genommen werden, weil ihre Ergebnisse vielfach nur beschränkt aussagefähig sind.

Die Teilnahme an derartigen Eignungstests muss nach herrschender Meinung für den Ausbildungsplatzbewerber kostenlos sein. Die grundsätzliche Gebührenfreiheit in der Berufsausbildung gilt auch für Maßnahmen im Vorfeld der eigentlichen Ausbildung.

3.1 Handlungssituation: Einstellverfahren für Lehrlinge planen und durchführen 185

Handlungsorientierte, fallbezogene Aufgaben

1. Bei der Gewinnung von Lehrlingen empfiehlt es sich für den Betriebsinhaber, eng mit der Berufsberatung zusammenzuarbeiten.

Aufgabe: Die Berufsberatung des Arbeitsamtes hat die Aufgabe,

- ☐ a) in erster Linie eine Berufslenkung nach dem Bedarf von Wirtschaft und Gesellschaft vorzunehmen.
- ☐ b) in erster Linie den jungen Menschen auf die Notwendigkeit eines mehrmaligen Berufswechsels während des Berufslebens vorzubereiten.
- ☐ c) dem jungen Menschen die Erkenntnisse zu vermitteln, die für eine sachgerechte Entscheidung bei der Berufswahl nötig sind.
- ☐ d) überwiegend Hinweise über finanzielle Fördermaßnahmen der Arbeitsverwaltung zur beruflichen Bildung zu geben.
- ☐ e) nur über berufliche Aufstiegsmöglichkeiten in verschiedenen Berufen zu beraten.

„Siehe Seite 173 des Textteils!"

2. Sie sind Inhaber eines Handwerksbetriebes und möchten im anstehenden Ausbildungsjahr 2 Lehrlinge einstellen. Sie wissen, dass die Auswahl geeigneter Bewerber zum einen über den Ausbildungserfolg entscheidet und zum anderen auch wichtig ist, um die Auszubildenden in den Betrieb mit dem bereits vorhandenen Personal integrieren zu können.

Aufgabe:

a) Welche wichtigen Bewerbungsunterlagen erwarten Sie von den Interessenten für die Ausbildungsplätze in Ihrem Betrieb und wie werten Sie diese aus?

b) Wie führen Sie ein Vorstellungsgespräch und was versuchen Sie dabei von den Lehrstellenbewerbern besonders zu erfahren?

„Siehe Seite 182 ff. des Textteils!"

3.2 Handlungssituation: Ausbildungsvertrag abschließen

Kompetenzen:
- Wesentliche Inhalte eines Ausbildungsvertrages kennen und ihn unter Berücksichtigung seines Rechtscharakters handhaben
- Pflichten des Ausbildenden und des Lehrlings kennen und berücksichtigen
- Möglichkeiten und Grenzen der Kündigung eines Ausbildungsverhältnisses kennen und bei der Anbahnung eines Kündigungsproblems berücksichtigen

3.2.1 Berufsausbildung in Vollzeitform

Vollzeitausbildung

Die Berufsausbildung nach der Handwerksordnung und dem Berufsbildungsgesetz ist
- als Vollzeitausbildung angelegt
- muss einen geordneten Ausbildungsgang gewährleisten
- den Erwerb der erforderlichen Fertigkeiten und Kenntnisse sowie
- Berufserfahrungen ermöglichen.

Reguläre Arbeitszeit

Dies hat das Bundesverwaltungsgericht ausdrücklich bestätigt.
Eine Ausbildung setzt also eine reguläre Arbeitszeit voraus, die den Auszubildenden mit allen Betriebsabläufen, die die Ausübung des Handwerksberufs regelmäßig mit sich bringt, möglichst wirklichkeitsnah vertraut macht. Berufsausbildung kann nicht als Nebentätigkeit betrieben werden. Dementsprechend kann ein unregelmäßiges Hospitieren im Betrieb oder eine Praktikantentätigkeit nicht als geordneter Ausbildungsgang angesehen werden. Die Berufsausbildung kann auch grundsätzlich nicht neben dem Besuch einer allgemein bildenden Schule (zum Beispiel Gymnasium) betrieben werden. Beide Ausbildungsgänge schließen sich gegenseitig aus. Parallele Bildungsgänge, also Verbundmodelle, bestehend aus Berufsausbildung und fachbezogenem Studium wie z. B. an der Fachhochschule, sind möglich.

3.2.2 Rechtscharakter des Berufsausbildungsverhältnisses

Berufsausbildungsvertrag

Zur Durchführung der Berufsausbildung muss ein Vertrag abgeschlossen werden.

Das Berufsausbildungsverhältnis ist ein Dauerrechtsverhältnis. Die privatrechtliche Vertragsfreiheit wird durch das Berufsbildungsgesetz, die Handwerksordnung und andere einschlägige Gesetze eingeschränkt.

Dauerrechtsverhältnis

Primär sind auf den Berufsausbildungsvertrag, soweit sich aus seinem Wesen und Zweck und aus dem Berufsbildungsgesetz nichts anderes ergibt, die für den Arbeitsvertrag geltenden Rechtsvorschriften und Rechtsgrundsätze anzuwenden.

Arbeitsvertragliche Rechtsgrundsätze

Dennoch ist das Berufsausbildungsverhältnis kein reines Arbeitsverhältnis, sondern ein Vertragsverhältnis besonderer Art als Ausbildungs- und Erziehungsverhältnis.

Vertragsverhältnis besonderer Art

3.2.3 Vertragspartner

Der Berufsausbildungsvertrag enthält die wichtigsten Bestimmungen für die Vertragspartner.

Abbildung 124

3.2.4 Vertragsabschluss, Formvorschriften, Musterausbildungsvertrag

Folgende Formvorschriften sind zu beachten:
- Der Vertrag bedarf der Schriftform. Dabei ist der von der Handwerkskammer herausgegebene Vordruck zu verwenden. Nach der Rechtsprechung des Bundesarbeitsgerichts ist der Berufsausbildungsvertrag auch bei Nichteinhaltung der Schriftform wirksam.
- Der Vertrag muss vom Lehrling, vom Ausbildenden und bei Minderjährigen von den gesetzlichen Vertretern unterzeichnet werden.
- Der Berufsausbildungsvertrag muss spätestens vor Beginn der Berufsausbildung abgeschlossen werden.
- Der Ausbildende muss dem Lehrling und dessen gesetzlichen Vertretern unverzüglich ein Exemplar des unterzeichneten Vertrages aushändigen.

Formvorschriften

Bei minderjährigen Lehrlingen gelten als gesetzliche Vertreter:
- bei ehelichen Kindern die Eltern gemeinsam
- bei Geschiedenen der Elternteil, der das Sorgerecht hat
- bei Halbwaisen der lebende Elternteil
- bei Vollwaisen der Vormund nach Genehmigung durch das Vormundschaftsgericht
- bei unehelichen Kindern die Mutter.

3.2.5 Gesetzliche Mindestinhalte und ergänzende Regelungen

Die Mindestinhalte gehen aus folgender Übersicht hervor:

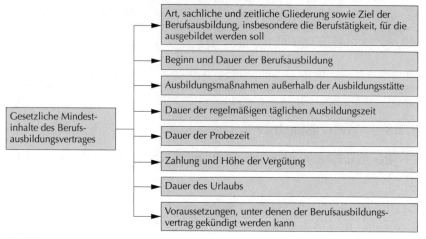

Abbildung 125

Weitere Vertragspflichten und Regelungen

Darüber hinaus sind im Berufsausbildungsvertrag die wichtigsten Pflichten des Ausbildenden und des Lehrlings enthalten. Schließlich werden noch Angaben aufgenommen über das Zeugnis, die Regelung von Streitigkeiten aus dem Berufsausbildungsverhältnis, Schadenersatzansprüche sowie mit dem Ausbildungsverhältnis zusammenhängende Gebühren.

Die nachstehende Übersicht enthält den wesentlichen Gesamtinhalt des Berufsausbildungsvertrages (gesetzliche und vertragliche Bestandteile) im Überblick.

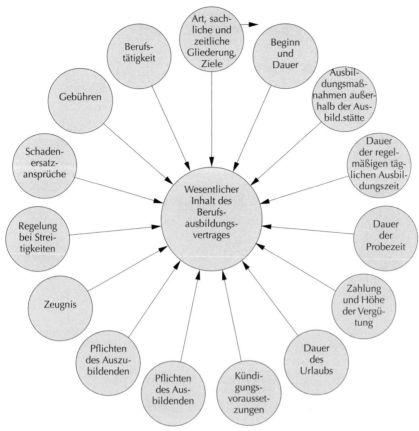

Abbildung 126

3.2.6 Beginn des Berufsausbildungsverhältnisses

Der Beginn der Ausbildung ist durch einen bestimmten Kalendertag festzulegen. Die Dauer der Ausbildung wird durch einen Endzeitpunkt im Ausbildungsvertrag vereinbart.

Die Regelausbildungszeit ist der Ausbildungsordnung zu entnehmen.

Regelausbildungszeit

3.2.7 Abkürzung und Verlängerung der Ausbildungszeit, Anrechnung auf die Ausbildungszeit

3.2.7.1 Abkürzung der Ausbildungszeit

Die Handwerkskammer hat bei Vorliegen der Voraussetzungen die Ausbildungszeit zu kürzen.

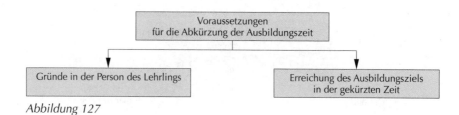
Abbildung 127

Zeitpunkt

Hinsichtlich des möglichen Zeitpunktes für die Abkürzung der Ausbildungszeit gibt es zwei Möglichkeiten.

Abbildung 128

Abkürzung von vornherein

Für die Abkürzung von vornherein kommen vor allem drei wichtige Fälle in der Praxis vor.

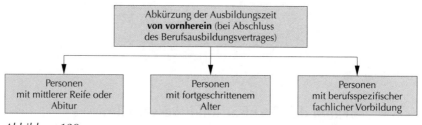
Abbildung 129

Abkürzung während der Ausbildung

Die Abkürzung während des Berufsausbildungsverhältnisses kommt vor allem dann in Frage, wenn der Lehrling aufgrund seiner überdurchschnittlichen Leistungen (Beurteilung durch Betrieb und Berufsschule mit mindestens Note „gut") das Ausbildungsziel vorzeitig erreicht hat oder erreichen wird.

Hinsichtlich der Antragsberechtigung gilt:

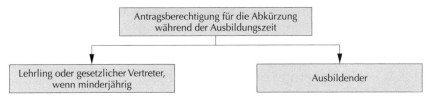

Abbildung 130

Bevor die Handwerkskammer über den Antrag entscheidet, muss sie die Beteiligten (Ausbildender, Lehrling und gegebenenfalls gesetzliche Vertreter) hören. In der Regel wird in der Praxis auch die Berufsschule angehört.

Anhörung der Beteiligten

3.2.7.2 Anrechnung auf die Ausbildungszeit

> Auf die Ausbildungszeit kann der Besuch einer berufsbildenden Schule oder die Berufsausbildung in einer sonstigen Einrichtung ganz oder teilweise angerechnet werden.

Die für das Handwerk wichtigsten Fälle sind:

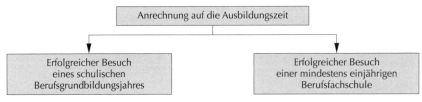

Abbildung 131

Voraussetzung für die Anrechnung ist:
- Lehrplan und
- Unterricht

entsprechen den Berufsgrundbildungsjahr- und Berufsfachschuljahranrechnungsverordnungen.
Über Anträge auf Anrechnung entscheidet die Handwerkskammer.

Voraussetzung für die Anrechnung

Handwerkskammer

Folgende Regelungen sind zu beachten:
- Nach der Rechtsprechung des Bundesverwaltungsgerichts hat die Anrechnungsverordnung zwingenden Charakter und schließt aus, dass die Parteien eines Berufsausbildungsvertrages darauf verzichten, den erfolgreichen Besuch eines Berufsgrundschuljahres auf die Ausbildungszeit anzurechnen. Wird in einem Berufsausbildungsvertrag auf die Anrechnung verzichtet, darf die Handwerkskammer den Vertrag nicht in das Verzeichnis der Berufsausbildungsverhältnisse eintragen.
- Die Dauer der Elternzeit wird nicht auf die Berufsausbildungszeit angerechnet. Die Ausbildungszeit verlängert sich deshalb um die Elternzeit.

- Treffen eine Anrechnung einer Berufsfachschule und ein Antrag auf Kürzung der Ausbildungszeit in einem konkreten Fall zusammen, ist es nach der neuesten Rechtsprechung nicht gerechtfertigt, die dreijährige Ausbildungszeit über eine betriebliche Mindestausbildungszeit von 18 Monaten hinaus zu kürzen.

3.2.7.3 Verlängerung der Ausbildungszeit

Neben der Verlängerungsmöglichkeit der Ausbildungzeit bei Nichtbestehen der Gesellen- oder Abschlussprüfung (siehe Abschnitt 7.3.3 „Verlängerung bei nichtbestandener Prüfung") besteht auf Antrag des Lehrlings auch die Möglichkeit der Verlängerung der Ausbildungszeit, wenn diese notwendig ist, das Ausbildungsziel zu erreichen (z. B. längere Krankheitszeiten). Über den Antrag entscheidet die Handwerkskammer.

3.2.8 Nichtige Vereinbarungen im Berufsausbildungsvertrag

Nicht zulässige Vereinbarungen

In einem Berufsausbildungsvertrag sind folgende Vereinbarungen **nicht** zulässig:

Abbildung 132

Ausnahme von der Beschränkung der beruflichen Tätigkeit

Die Beschränkung des Lehrlings in der Ausübung seiner beruflichen Tätigkeit nach der Ausbildungszeit gilt nicht, wenn er sich innerhalb der letzten sechs Monate des Berufsausbildungsverhältnisses dazu verpflichtet, nach dessen Beendigung mit dem Ausbildenden ein Arbeitsverhältnis einzugehen.

Verbot der Entschädigungszahlung

Bei Verstoß gegen das Verbot, für die Berufsausbildung eine Entschädigung an den Ausbildenden zu zahlen, hat dieser nach der Rechtsprechung den erhaltenen Geldbetrag in voller Höhe zurückzuzahlen.

Dies gilt auch dann, wenn der Ausbildende das Verbot nicht kannte oder ihm die Entschädigung vom Auszubildenden oder Dritten (zum Beispiel Eltern) zur Erlangung des Ausbildungsplatzes angeboten wurde und der Ausbildende selbst ein solches Lehrgeld nicht gefordert hat.

3.2.9 Gesetzliche und vertragliche Pflichten des Ausbildenden und des Auszubildenden

3.2.9.1 Pflichten des Ausbildenden

Auf der Grundlage des Berufsbildungsgesetzes, des Arbeitsrechts und des Berufsausbildungsvertrages ergeben sich zahlreiche Pflichten des Ausbildenden.

Abbildung 133

Erläuterungen zur Abbildung 133:
- Zu Ziffer 5):
  Entspricht der Ausbildende der Pflicht nicht, dem Auszubildenden kostenlos die Ausbildungsmittel zur Verfügung zu stellen, die für die Ausbildung notwendig sind, so kann der Auszubildende nach einem Urteil des Bundesarbeitsgerichts die Ausbildungsmittel selbst kaufen und Ersatz der dafür gemachten Ausgaben vom Ausbildenden verlangen, und zwar Zug um Zug gegen Übereignung der angeschafften Ausbildungsmittel an den Ausbildenden.
- Zu Ziffer 11):
  Zur Erstattung von Fahrt- und Verpflegungskosten – und gegebenenfalls Übernachtungskosten –, die im Zusammenhang mit der Ablegung der Gesellenprüfung entstehen, ist der Ausbildende nach der Rechtsprechung nicht verpflichtet.
- Zu Ziffer 14):
  Der Ausbildende genügt nach der Rechtsprechung seiner Verpflichtung zur Freistellung seiner Lehrlinge für angeordnete überbetriebliche Unterweisungsmaßnahmen nicht, wenn er ihnen die Entscheidung über die Teilnahme selbst überlässt. Er hat vielmehr in seinem Einflussbereich alles Erforderliche zu veranlassen, um die Teilnahme der seinem Betrieb angehörenden Auszubildenden tatsächlich sicherzustellen.

Folgen der Verletzung der Ausbildungspflicht

> Die wichtigste Pflicht des Ausbildenden ist die Ausbildungspflicht.
> Nach einem Urteil des Bundesarbeitsgerichts kann die Verletzung der Ausbildungspflicht den Ausbildenden zum Schadenersatz verpflichten (zum Beispiel entgangener Verdienst). Der Auszubildende muss sich allerdings mitwirkendes Verschulden zurechnen lassen, wenn er sich nicht bemüht, das Ausbildungsziel zu erreichen. Zur Darlegung eines Mitverschuldens genügt jedoch nicht der pauschale Vorwurf der Faulheit oder Lernunwilligkeit. Der Ausbildende muss vielmehr konkret vertreten, was der Auszubildende oder dessen gesetzliche Vertreter versäumt haben.

3.2.9.2 Pflichten des Auszubildenden (Lehrling)

Der Auszubildende hat unter Zugrundelegung der gesetzlichen Bestimmungen und des Berufsausbildungsvertrages eine Reihe von Pflichten.

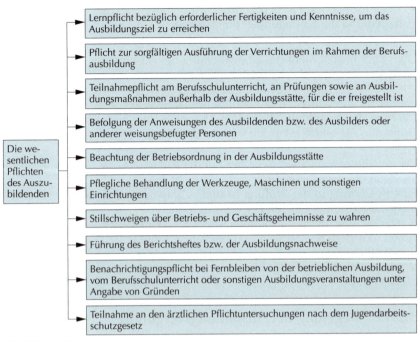

Abbildung 134

3.2.10 Führen eines Ausbildungsnachweises (Berichtsheft)

Für die Führung des Berichtsheftes gibt es zwei Rechtsgrundlagen.

Rechtsgrundlagen

Abbildung 135

Pflichten der Beteiligten

- Der Auszubildende ist verpflichtet, das Berichtsheft in Form des Ausbildungsnachweises zu führen. Er hat die Ausbildungsnachweise dem Ausbildenden, dem Betriebsrat, den gesetzlichen Vertretern, der Innung und der Berufsschule vorzulegen.

Auszubildender

Ausbildender
- Der Ausbildende hat den Lehrling zum Führen der Berichtshefte anzuhalten und die Eintragungen durchzusehen.

Kontrollinstrument

> Das Berichtsheft dient der Überwachung des Ausbildungsganges gemäß der Ausbildungsordnung in den Ausbildungsbetrieben. Die vom Bundesausschuss für Berufsbildung empfohlenen und in Ausbildungsordnungen vorgeschriebenen Ausbildungsnachweise sollen der Systematisierung der Ausbildung dienen und haben primär eine Kontrollfunktion über den Ausbildungsbetrieb und den Lehrling.

Die Ausbildungsnachweise gelten bei der Zulassung zur Gesellenprüfung als Zulassungsvoraussetzung.
Eine Bewertung in der Prüfung ist nicht zulässig, weil Berichtshefte selbst nicht Gegenstand oder Teil der Prüfung sind.

Führung während der Ausbildungszeit

Nach den Ausbildungsordnungen ist dem Auszubildenden Gelegenheit zu geben, das Berichtsheft während der Ausbildungszeit zu führen. Dabei ist unerheblich, ob er das Berichtsheft im Betrieb oder bei entsprechenden Verminderungen der betrieblichen Anwesenheitszeiten außerhalb des Betriebes führt.

3.2.11 Regelung der Ausbildungsvergütung

3.2.11.1 Vergütungsanspruch

> Der Ausbildende hat dem Lehrling eine angemessene Vergütung zu gewähren.

3.2.11.2 Rechtsgrundlagen für die Höhe der Vergütung

Allgemeine Vorschrift

> Nach dem Berufsbildungsgesetz ist die Vergütung nach dem Lebensalter des Auszubildenden so zu bemessen, dass sie mit fortschreitender Berufsausbildung mindestens jährlich ansteigt.

Tarifliche und einzelvertragliche Regelungen

Die Rechtsgrundlagen für die Höhe der Vergütung in der Praxis sind Tarifverträge oder einzelvertragliche Regelungen.

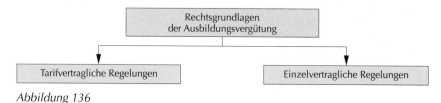

Abbildung 136

Tarifvertragliche Regelungen

Hier hat der Ausbildende dem Lehrling mindestens die tariflichen Vergütungssätze zu zahlen.

Für die Anwendung der tariflichen Vergütungssätze muss eine der folgenden Voraussetzungen gegeben sein.

Abbildung 137

Einzelvertragliche Regelungen

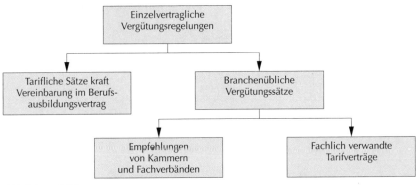

Abbildung 138

Die Vergütungssätze des **einschlägigen Tarifvertrages** können, wenn die Partner des Berufsausbildungsvertrages nicht tarifgebunden sind oder der Tarifvertrag nicht für allgemein verbindlich erklärt wurde, nach der Rechtsprechung trotzdem zum Tragen gebracht werden.
Voraussetzung ist, dass sie die im Berufsausbildungsvertrag bezifferten Sätze übersteigen und der Ausbildungsvertrag eine Klausel wie folgt enthält: „Soweit Vergütungen tariflich geregelt sind, gelten jeweils mindestens die tariflichen Sätze." Wird diese Klausel von den Vertragspartnern im Berufsausbildungsvertragsmuster gestrichen, darf die vertraglich vereinbarte Vergütung nicht um mehr als 20 % hinter den tariflichen Sätzen zurückbleiben (Urteil des Bundesarbeitsgerichts).

Tarifklausel im Berufsausbildungsvertrag

Bei von der öffentlichen Hand voll finanzierten Berufsausbildungen können Ausbildungsvergütungen, die **erheblich** unter den tariflichen Vergütungssätzen liegen, noch angemessen im Sinne des Berufsbildungsgesetzes sein, wenn der Ausbildungsträger die Leistungen der Auszubildenden kommerziell nicht verwerten kann und die Ausbildung ihm keinerlei finanzielle Vorteile bringt. Entscheidend bleibt auch in diesen Fällen, ob die Vergütung noch einen erheblichen Beitrag zu den Lebenshaltungskosten des Auszubildenden darstellt (Rechtsprechung des Bundesarbeitsgerichts).

Branchenüblichkeit
Empfehlungen

Gibt es in dem betreffenden Handwerkszweig keinen Tarifvertrag, richtet sich die Angemessenheit der Vergütung nach der **Branchenüblichkeit**. Hierzu können Empfehlungen der Handwerkskammern oder Fachverbände als Grundlage für die Branchenüblichkeit herangezogen werden. Diese Empfehlungssätze können selbstverständlich auch über eine Klausel im Berufsausbildungsvertrag vereinbart werden.

Grenze der Angemessenheit

Sind weder branchenbezogene Tarifverträge noch **Empfehlungen von Kammern und Fachverbänden** vorhanden, kann eine **Orientierung an fachlich verwandten Tarifverträgen** erfolgen. Die Heranziehung fachlich verwandter Tarifverträge ist aber nach der Rechtsprechung nur möglich, wenn die entsprechenden Ausbildungssituationen miteinander vergleichbar sind. Die Grenze der Angemessenheit der Vergütung ist grundsätzlich dann unterschritten, wenn sie mehr als 20 % von den branchenüblicherweise vereinbarten oder empfohlenen Vergütungssätzen abweicht.

Höhe der Vergütung in Sonderfällen

Folgende drei Sonderfälle sind für die Praxis von Bedeutung:

Abbildung 139

Bei Berufsgrundschuljahr oder Berufsfachschule

Bei erfolgreichem Besuch des Berufsgrundschuljahres oder der einjährigen Berufsfachschule beginnt der Auszubildende im Betrieb als Folge der Anrechnungsverpflichtung seiner fachspezifischen Vorbildung in der Regel (Ausnahme bei halbjähriger Anrechnung) das zweite Ausbildungsjahr, so dass demzufolge die Vergütung für das zweite Jahr der Ausbildung zu zahlen ist.

Bei Kürzung der Ausbildungszeit

Bei Kürzungen der Ausbildungszeit von Beginn des Ausbildungsverhältnisses an muss je nach Art der Vorbildung, aufgrund der die Kürzung erfolgt, zwischen berufsspezifischer, fachlicher Vorbildung (zum Beispiel Tätigkeit im Ausbildungsberuf ohne Ausbildungsvertrag) und allgemeiner Vorbildung (zum Beispiel mittlere Reife, Abitur) unterschieden werden.

Nach dem derzeitigen Stand der Rechtsprechung des Bundesarbeitsgerichts hat der Lehrling nur bei berufsspezifischer Vorbildung ein Recht auf vorgezogene Erhöhung der Ausbildungsvergütung zum Zeitpunkt des vorgezogenen Eintritts in das nächste Ausbildungsjahr. Bei Verkürzung der Ausbildungszeit wegen allgemeiner schulischer Vorbildung (mittlere Reife, Abitur) beginnt die Ausbildung im Betrieb mit dem ersten Ausbildungsjahr ohne fachspezifische Vorbildung. Deshalb ist auch kein Anspruch auf eine entsprechende höhere Ausbildungsvergütung wegen fortgeschrittener Ausbildung (zum Beispiel Berufsgrundschuljahr) gegeben. Anderweitige tarifvertragliche oder einzelvertragliche Regelungen oder Vereinbarungen sind möglich.

> Bei Verlängerung des Ausbildungsverhältnisses zur Erreichung des Ausbildungsziels oder wegen Nichtbestehens der Gesellenprüfung ist die Vergütung für den Verlängerungszeitraum in der zuletzt gewährten Höhe (nicht jedoch in Höhe der für ein viertes Ausbildungsjahr in Frage kommenden Vergütung) fortzuzahlen. Dies gilt jedoch nur, sofern sich aus dem Tarifvertrag oder einer einzelvertraglichen Vereinbarung nichts anderes ergibt.

Bei Verlängerung der Ausbildungszeit

3.2.11.3 Anrechnung von Sachleistungen

Wenn ein Lehrling Sachleistungen, (z. B. Kost und Wohnung) erhält, können diese in Höhe der gesetzlichen Sachbezugswerte angerechnet werden, jedoch nicht über 75 % der Bruttovergütung hinaus. Der somit verbleibende Geldbetrag in bar in Höhe von 25 % der Bruttovergütung kann sich jedoch nach herrschender Meinung um die Summen verringern, die aufgrund gesetzlicher Vorschriften vom Auszubildenden zu zahlen sind. Tarifvertragliche und einzelvertragliche Regelungen sind im Rahmen der gesetzlichen Vorgabe möglich.

Anrechnung von Sachleistungen

3.2.11.4 Fälligkeit der Vergütung

> Die Vergütung bemisst sich nach Monaten. Bei der Berechnung der Vergütung für einzelne Tage wird der Monat zu 30 Tagen gerechnet. Die Vergütung für den laufenden Monat muss spätestens am letzten Arbeitstag des Monats gezahlt werden. Das auf die Urlaubszeit entfallende Urlaubsentgelt muss vor Antritt des Urlaubs ausgezahlt werden.

Fälligkeit der Vergütung

3.2.11.5 Fortzahlung der Vergütung

Eine Verpflichtung zur Fortzahlung der Vergütung besteht in nachstehend aufgeführten Fällen.

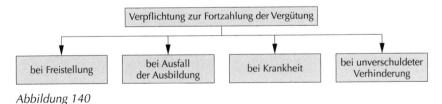

Abbildung 140

Freistellung

Bei einer Freistellung zum Besuch der Berufsschule, der Zwischen-, Stufenabschluss-, Berufsschul- und Gesellenprüfungen, der überbetrieblichen Unterweisungsmaßnahmen und sonstigen besonderen außerbetrieblichen Veranstaltungen, die dem Ausbildungszweck dienen, ist die Vergütung zu zahlen. Bleibt der Auszubildende dem Berufsschulunterricht, der überbetrieblichen Ausbildungsmaßnahme oder den Prüfungen **schuldhaft** fern, kann der Ausbildungsbetrieb die Fortzahlung der Vergütung verweigern bzw. die Vergütung anteilig kürzen.

Ausfall der Ausbildung

Bis zur Dauer von sechs Wochen ist die Vergütung fortzuzahlen, wenn sich der Lehrling für die Berufsausbildung bereithält, diese aber ausfällt.

Krankheit

Ebenfalls bis zur Dauer von sechs Wochen ist die Vergütung fortzuzahlen, wenn der Lehrling infolge unverschuldeter Krankheit nicht an der Berufsausbildung teilnehmen kann.

Unverschuldete Verhinderung

Schließlich ist die Vergütung bis zur Dauer von sechs Wochen fortzuzahlen, wenn der Lehrling aus einem sonstigen unverschuldeten Grund (zum Beispiel Todesfälle nächster Angehöriger) seine Pflichten aus dem Berufsausbildungsverhältnis nicht erfüllen kann.
Dagegen verpflichten zum Beispiel Verkehrsbehinderungen oder Naturkatastrophen nicht zur Fortzahlung der Vergütung.

Abgeltung von Sachleistungen

> Wenn der Lehrling während der Zeit, für welche die Vergütung fortzuzahlen ist, aus berechtigtem Grunde Sachleistungen nicht abnehmen kann (zum Beispiel Teilnahme am Blockunterricht, Krankenhausaufenthalt, Urlaub), so sind diese nach den von der zuständigen Landesbehörde festgesetzten Sachbezugswerten abzugelten. Das bedeutet, dass anstelle dieser Sachleistung dem Lehrling ein nach den Sachbezugswerten zu ermittelnder Geldbetrag zu zahlen ist.

3.2.11.6 Vergütung oder Freizeitausgleich bei zusätzlicher Arbeit

> Eine über die vereinbarte regelmäßige tägliche Ausbildungszeit hinausgehende Beschäftigung ist besonders zu vergüten oder durch entsprechende Freizeit auszugleichen.

3.2.12 Rechtliche Bestimmungen über die Kündigung des Berufsausbildungsverhältnisses und Aufhebungsvertrag

3.2.12.1 Kündigung

Das Berufsausbildungsverhältnis kann unter bestimmten Voraussetzungen durch Kündigung beendet werden.

Im Vergleich zu einem Arbeitsverhältnis bestehen aber wesentliche Einschränkungen, weil ein Berufsausbildungsverhältnis nach der Probezeit im Interesse der Ausbildung des Lehrlings für einen Beruf möglichst aufrechterhalten bleiben soll.
Die folgende Abbildung gibt einen Überblick über die Kündigungsmöglichkeiten.

Kündigungsmöglichkeiten

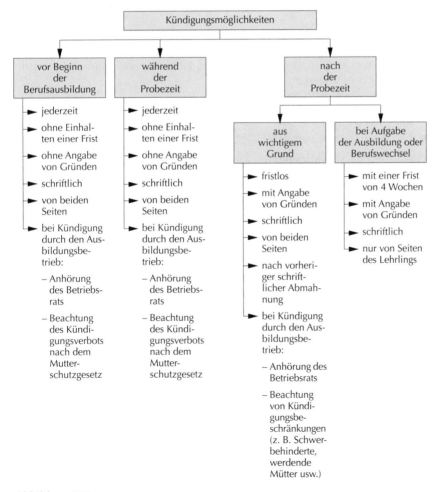

Abbildung 141

Siehe auch Abschnitt 1.3.4.2 „Kündigungsschutzrecht, Besonderer Kündigungsschutz".
An die Kündigung aus wichtigem Grunde werden wegen der starken Bindungswirkung des Berufsausbildungsverhältnisses strenge Maßstäbe angelegt.

Leitsatz

> Als Leitsatz für das Vorliegen eines wichtigen Grundes gilt: Ein wichtiger Grund ist dann gegeben, wenn Tatsachen vorliegen, aufgrund derer dem Kündigenden unter Berücksichtigung aller Umstände des Einzelfalles und unter Abwägung der Interessen beider Vertragsparteien die Fortsetzung des Berufsausbildungsverhältnisses nach Treu und Glauben bis zum Ablauf der Ausbildungszeit nicht zugemutet werden kann.

Für die Beurteilung, ob in der Praxis ein wichtiger Grund vorliegt, ist weitgehend die Rechtsprechung maßgebend.

Wichtige Gründe für den Lehrling

Nachstehende Beispiele sollen mögliche wichtige Gründe deutlich machen. Vom **Lehrling** können unter anderem als wichtige Gründe angesehen werden:
- Der Lehrling wird zur Fortsetzung der Ausbildung unfähig.
- Der Ausbildende oder dessen Vertreter oder deren Familienangehörige verleiten oder versuchen, den Lehrling zu gesetzeswidrigen oder unsittlichen Handlungen zu verleiten.
- Die Vergütung wird nicht bezahlt.
- Die Fortsetzung der Ausbildung bringt Leben und Gesundheit des Lehrlings in Gefahr.
- Der Ausbildende vernachlässigt seine Ausbildungspflicht gröblich.

Wichtige Gründe für den Ausbildenden

Von Seiten des **Ausbildenden** wären als wichtige Gründe denkbar:
- Der Lehrling macht sich eines schweren Diebstahls, eines Betruges oder einer Unterschlagung schuldig.
- Der Lehrling weigert sich beharrlich, seinen vertraglichen Verpflichtungen nachzukommen, um das Ausbildungsziel zu erreichen.
- Der Lehrling verlässt wiederholt unbefugt seine Ausbildung.
- Der Lehrling gefährdet die Sicherheit des Betriebes.
- Der Lehrling lässt sich zu groben Beleidigungen oder Tätlichkeiten gegen den Ausbildenden oder dessen Vertreter oder deren Familienangehörigen hinreißen.
- Der Lehrling begeht vorsätzlich oder auch wiederholt grob fahrlässige Sachbeschädigung zum Nachteil des Ausbildenden.
- Der Lehrling wird zur Fortsetzung des Berufsausbildungsverhältnisses unfähig infolge Krankheit oder Unfall.
- Der Lehrling vernachlässigt trotz wiederholter Aufforderung dauernd den Besuch der Berufsschule.

Bei der Kündigung aus wichtigem Grunde muss beachtet werden, dass diese unwirksam ist, wenn die ihr zugrunde liegenden Tatsachen dem zur Kündigung Berechtigten länger als zwei Wochen bekannt sind. Wenn ein Schlichtungsverfahren vor einer außergerichtlichen Stelle eingeleitet ist, so wird bis zu dessen Beendigung der Lauf dieser Frist gehemmt.

Fristen

In Betrieben, die unter das Kündigungsschutzgesetz fallen, weil sie mehr als 5 Arbeitnehmer beschäftigen, können Auszubildende, die bereits länger als 6 Monate dem Betrieb angehören, nur innerhalb einer Frist von 3 Wochen nach Zugang der Kündigung gegen eine Kündigung aus wichtigem Grund Klage beim Arbeitsgericht erheben. Besteht ein Schlichtungsausschuss (z. B. Lehrlingsstreitausschuss bei der Innung) und ist dessen Zuständigkeit gegeben, muss vor Erhebung der Klage der Schlichtungsausschuss angerufen werden.

Lehrlingsstreit-ausschuss

3.2.12.2 Aufhebungsvertrag

Eine Beendigung des Berufsausbildungsverhältnisses kann auch im beiderseitigen Einvernehmen zwischen den Vertragspartnern jederzeit erfolgen (Aufhebungsvertrag).

Beiderseitiges Einvernehmen

Muster für einen Aufhebungsvertrag

Aufhebungsvertrag

Das Ausbildungsverhältnis im _____
(Handwerk/Ausbildungsberuf)

geschlossen zwischen dem Ausbildenden (Betrieb)

_____

und dem Auszubildenden (Lehrling) _____

wird zum _____ im gegenseitigen Einvernehmen gelöst.
(Datum)

_____
Ort, Datum

_____ _____ _____
Unterschrift des Ausbildenden   des Lehrlings   der gesetzlichen
(Betrieb)   Vertreter

Abbildung 142

3.2.12.3 Schadenersatz bei vorzeitiger Beendigung des Berufsausbildungsverhältnisses

Schadenersatz

Wenn ein Berufsausbildungsverhältnis nach Ablauf der Probezeit vorzeitig gelöst wird, kann der Ausbildende oder der Lehrling Ersatz des Schadens verlangen, wenn der andere Vertragspartner den Grund für die Auflösung zu vertreten hat. Dies gilt jedoch nicht im Falle der Aufgabe der Berufsausbildung durch den Lehrling oder im Falle des Berufswechsels. Der Schaden muss in jedem Falle nachgewiesen werden.

Erlöschen des Anspruchs

Der Schadenersatzanspruch erlischt, wenn er nicht innerhalb von drei Monaten nach Beendigung des Berufsausbildungsverhältnisses geltend gemacht wird.

3.2.13 Rechtliche Regelungen bei Streitigkeiten zwischen dem Ausbildenden und dem Lehrling

Bei Streitigkeiten zwischen dem Ausbildenden und dem Auszubildenden (gilt nicht für Umschulungsverhältnisse) ist vor Inanspruchnahme des Arbeitsgerichts der Ausschuss zur Beilegung von Lehrlingsstreitigkeiten der örtlich zuständigen Innung anzurufen.

Voraussetzung ist, dass
- bei der Innung ein Ausschuss besteht und
- es sich um einen Ausbildungsberuf im Sinne der Handwerksordnung (Handwerksberuf) handelt. Bei Streitigkeiten von kaufmännischen Auszubildenden sind die bei den Innungen errichteten Lehrlingsstreitausschüsse nicht zuständig.

Ausschuss der Innung

Die Zuständigkeit des Ausschusses entfällt, wenn das Berufsausbildungsverhältnis zur Zeit der Schlichtung der Streitigkeit nicht mehr besteht.

Der Ausschuss ist bei folgenden Streitigkeiten zwischen Ausbildenden und Lehrlingen zuständig:

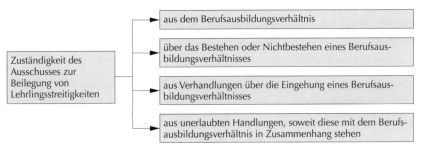

Abbildung 143

Wird der ergangene Schiedsspruch nicht innerhalb einer Woche nach Zustellung oder, wenn die Zustellung unterbleibt, nach Verkündigung von beiden Beteiligten anerkannt, so kann binnen zwei Wochen nach Zustellung oder Verkündigung Klage beim zuständigen Arbeitsgericht erhoben werden.

Klage beim Arbeitsgericht

3.2.14 Möglichkeiten zur Verhinderung von Rechtsstreitigkeiten

Alle an der Berufsausbildung Beteiligten und Mitwirkenden sollten sich bemühen, Differenzen und Streitigkeiten durch entsprechendes Verhalten und rechtzeitige Vermittlung zu vermeiden.
Als Berater und Vermittler bieten sich insbesondere an:
- die Ausbildungsberater der Handwerkskammern
- die Lehrlingswarte der Innungen
- die Berufsberater des Arbeitsamtes
- die Eltern

Berater und Vermittler

- die Lehrer der Berufsschule
- der Betriebsrat.

Siehe auch Abschnitt 5.5.5 „Probleme und Prävention (Verhinderung) von Ausbildungsabbrüchen".

Handlungsorientierte, fallbezogene Aufgaben

1. Sie sind Inhaber eines Handwerksbetriebes und beabsichtigen erstmals zwei Lehrlinge einzustellen und auszubilden. Bevor Sie die beiden Berufsausbildungsverträge abschließen, wollen Sie sich Klarheit über den Rechtscharakter eines Berufsausbildungsverhältnisses verschaffen.

Aufgabe: Stellen Sie die wesentlichen Rechtskriterien fest und erläutern Sie diese kurz!

„Siehe Seite 187 ff. des Textteils!"

2. Sie haben als selbstständiger Handwerksmeister mehrere Vorstellungsgespräche mit Lehrstellenbewerbern geführt, da Sie zu Beginn des neuen Ausbildungsjahres zwei Auszubildende einstellen werden. Sie haben sich für zwei Bewerber entschieden und bereiten den Abschluss der Berufsausbildungsverträge vor.

Aufgabe: Erläutern Sie die wichtigsten Handlungsschritte für den Abschluss der beiden Ausbildungsverträge!

„Siehe Seiten 187 bis 189 des Textteils!"

3. Als Ausbildender haben Sie mit einem ausgewählten Bewerber einen Berufsausbildungsvertrag abzuschließen.

Aufgabe: Geben Sie an, welche Formvorschriften dabei zu berücksichtigen sind!

„Siehe Seite 187 des Textteils!"

4. Ein Handwerksmeister hat für zwei Auszubildende, die er einstellen will, die Berufsausbildungsverträge für die Leistung der Vertragsunterschriften vorbereitet.

Aufgabe: Klären Sie, welche Unterschriften und gegebenenfalls welche Genehmigungen zum Vertragsabschluss erforderlich sind! Welche Aussage trifft zu?

- ☐ a) Der Berufsausbildungsvertrag braucht nur vom Ausbildenden und vom Auszubildenden unterzeichnet werden.
- ☒ b) Der Berufsausbildungsvertrag ist vom Ausbildenden, vom Auszubildenden und bei Minderjährigen vom gesetzlichen Vertreter des Lehrlings zu unterzeichnen.
- ☐ c) Der Abschluss des Berufsausbildungsvertrages bedarf in jedem Falle der Genehmigung des Vormundschaftsgerichts.
- ☐ d) Der Abschluss eines Berufsausbildungsvertrages bedarf in jedem Falle der Genehmigung des Arbeitsamtes.
- ☐ e) Der Abschluss eines Berufsausbildungsvertrages bedarf in jedem Falle der Genehmigung der zuständigen Berufsschule.

„Siehe Seite 187 des Textteils!"

5. Ein Ausbildender hat im Rahmen eines Vorstellungsgespräches mit einem Lehrstellenbewerber vereinbart, dass er mit ihm einen Berufsausbildungsvertrag abschließen werde.

Aufgabe: Wann muss der Berufsausbildungsvertrag abgeschlossen werden?
- ☒ a) Vor Beginn der Berufsausbildung
- ☐ b) Am ersten Tag der Berufsausbildung
- ☐ c) Einen Monat nach Beginn des Berufsausbildungsverhältnisses
- ☐ d) Zu einem beliebigen Zeitpunkt während der Probezeit
- ☐ e) Nach Ablauf der Probezeit.

„Siehe Seite 187 des Textteils!"

6. Ein selbstständiger Handwerksmeister stellt erstmals Lehrlinge ein. Er weiß, dass dafür ein Berufsausbildungsvertrag abzuschließen ist, der gesetzliche Mindestinhalte aufweisen muss.

Aufgabe: Erläutern Sie die gesetzlichen Mindestinhalte sowie die weiteren üblichen vertraglichen Regelungen!

„Siehe Seite 188 des Textteils!"

7. Am Ende eines Vorstellungsgesprächs mit einem Lehrstellenbewerber und dessen Eltern reden Sie als Ausbildender mit den Gesprächspartnern über Einzelheiten des abzuschließenden Berufsausbildungsvertrages. Dabei bringt der künftige Auszubildende den Wunsch zum Ausdruck, die Regelausbildungszeit der Ausbildungsordnung von vornherein um ein Jahr zu verkürzen, weil er als Schulabschluss die mittlere Reife nachweisen könne.

Aufgabe: Stellen Sie fest, ob eine solche Abkürzung der Ausbildungszeit bei Abschluss des Berufsausbildungsvertrages rechtlich gesehen möglich ist!

„Siehe Seite 190 des Textteils!"

8. Gegen Ende des zweiten Ausbildungsjahres kommt ein Lehrling, der in Ihrem Betrieb ausgebildet wird, zu Ihnen als Ausbildendem mit der Bitte um Abkürzung des Berufsausbildungsverhältnisses.

Aufgabe: Welche der nachfolgenden Aussagen trifft zu? Kann die Ausbildungszeit während des Ausbildungsverhältnisses gekürzt werden?
- ☐ a) Nein, weil dem Lehrling sonst wichtige Ausbildungsinhalte vorenthalten werden.
- ☐ b) Nein, weil eine Verkürzung nur vor Beginn der Ausbildung möglich ist.
- ☒ c) Ja, wenn zu erwarten ist, dass der Lehrling das Ausbildungsziel wegen überdurchschnittlicher Leistungen in der gekürzten Zeit erreicht.
- ☐ d) Ja, wenn der Lehrling von der Berufsschule bestätigt bekommt, dass er überdurchschnittliche Noten hat.
- ☐ e) Ja, wenn die Berufsschule und die Berufsberatung des Arbeitsamtes einer Verkürzung zustimmen.

„Siehe Seite 190 des Textteils!"

9. Ein in einem Handwerksbetrieb in Berufsausbildung stehender Lehrling ist im dritten Ausbildungsjahr schwer verunglückt und sechs Monate krank. Er stellt daher

den Antrag, die Ausbildungszeit um sechs Monate zu verlängern, weil diese Verlängerung erforderlich ist, um das Ausbildungsziel zu erreichen.

Aufgabe: Stellen Sie fest, ob eine solche Verlängerung der Ausbildungszeit in diesem Falle rechtlich gesehen möglich ist! *Ja, Verlängerung bis zu einem Jahr*

„Siehe Seite 192 des Textteils!" *ist möglich*

10. Sie haben als Inhaber eines Handwerksbetriebes ein Vorstellungsgespräch mit einem Lehrstellenbewerber erfolgreich abgeschlossen und wollen nunmehr einen Berufsausbildungsvertrag in Schriftform abschließen.

Aufgabe: Welchen Vertragsvordruck (Ausbildungsvertragsmuster) verwenden Sie?

„Siehe Seite 187 des Textteils!" *Berufsausbildungsvertrag*

11. Sie wollen als Ausbildender verlangen, bei Abschluss des Berufsausbildungsvertrages eine Regelung aufzunehmen, nach der der Auszubildende bzw. dessen Eltern bei Kündigung des Vertrages – gleichgültig aus welchen Gründen – eine Vertragsstrafe von 2.000,00 EUR zu zahlen haben.

Aufgabe: Stellen Sie fest, ob eine solche Vereinbarung rechtsgültig ist! *Nein, weil der*

„Siehe Seite 192 des Textteils!" *Azubi keine Berufswunsch ändern kann. Vertragsstrafen sind unzulässig*

12. Mit Abschluss eines Berufsausbildungsvertrages haben Sie als Ausbildender eine Reihe von Pflichten übernommen.

Aufgabe: Erläutern Sie die übernommenen Pflichten, damit Sie diese korrekt erfüllen können! *vermittelt v. Fachkab + Kenntnisse, Berufsschul + ÜBA Ausbildungsspiegel*

ein richtiger immer anwesend sind, Einfelde, Ausbildungsnachweise Ausbildungs-
„Siehe Seiten 193 bis 194 des Textteils!" *Rahmenplan (Inhalt) verordnung*

13. Sie haben als selbstständiger Handwerker mit einem volljährigen Auszubildenden einen Berufsausbildungsvertrag abgeschlossen. Bei Beginn der Ausbildung weisen Sie den Lehrling nochmals auf seine Vertragspflichten hin.

Aufgabe: Nennen und erläutern Sie die Pflichten des Auszubildenden! *Anweisung befolge*
Berufsschule (ÜBA), Pünktlich, Bereitschaft, Verhalten, Prüfungen, Werkzeuge für be-
„Siehe Seite 195 des Textteils!" *Benachrichtigungspflicht, Lernpflicht*

14. Sie informieren als selbstständiger Handwerksmeister ihre Auszubildenden über die Hauptaufgaben bei der Führung der Ausbildungsnachweise.

Aufgabe: Wie gehen Sie vor?

„Siehe Seite 196 des Textteils!"

15. Zwischen dem Ausbilder und den Auszubildenden in einem Handwerksbetrieb gibt es Meinungsverschiedenheiten, wann der Ausbildungsnachweis zu führen ist. Die Auszubildenden sind der Auffassung, dass die Aufzeichnungen während der Ausbildungszeit zu erfolgen haben, während der Ausbilder diese Arbeit in der Freizeit, also außerhalb der betrieblichen Arbeitszeit erledigt haben will.

Wer hat Recht? Wann ist der Ausbildungsnachweis vom Auszubildenden zu führen?
- ☐ a) Während des Berufsschulunterrichts.
- ☐ b) Nur während einer überbetrieblichen Ausbildungsmaßnahme.
- ☐ c) Während der betrieblichen Arbeitspausen.

☒ d) Während der betrieblichen Arbeitszeit.
☐ e) In der Freizeit, also außerhalb der Arbeitszeit.

„Siehe Seite 196 des Textteils!"

16. Ein Handwerksmeister, der sich vor kurzem selbstständig gemacht hat, will nun einen Lehrling einstellen. Er bereitet sich auf das Einstellungsgespräch mit dem Bewerber und seinen Eltern vor. Unter anderem will er feststellen, was hinsichtlich der Ausbildungsvergütung gilt.

Aufgabe: Welche der nachfolgenden Aussagen ist im Bezug auf die Höhe der Ausbildungsvergütung grundsätzlich zutreffend?

☐ a) Die Höhe der Vergütung obliegt nur der freien Vereinbarung der Vertragspartner des Berufsausbildungsverhältnisses.
☒ b) Die Vergütung muss angemessen sein und mit fortschreitender Berufsausbildung mindestens jährlich ansteigen.
☐ c) Die Höhe der Vergütung richtet sich nur nach tarifvertraglichen Regelungen des Handwerks und der Industrie.
☐ d) Die Höhe der Vergütung richtet sich nur nach Empfehlungen der Landesinnungsverbände.
☐ e) Die Höhe der Vergütung richtet sich nur nach Empfehlungen der Handwerkskammern.

„Siehe Seite 196 des Textteils!"

17. Ein in einem Handwerksbetrieb beschäftigter Lehrling ist unverschuldet erkrankt und fehlt nunmehr seit sieben Wochen im Betrieb.

Aufgabe: Wie lange muss der Ausbildende die Vergütung bei dieser unverschuldeten Krankheit des Lehrlings bezahlen?

☐ a) Bis zu einer Krankheitsdauer von zwei Wochen.
☐ b) Bis zu einer Krankheitsdauer von drei Wochen.
☐ c) Bis zu einer Krankheitsdauer von vier Wochen.
☐ d) Bis zu einer Krankheitsdauer von fünf Wochen.
☒ e) Bis zu einer Krankheitsdauer von sechs Wochen.

„Siehe Seite 200 des Textteils!"

18. Ein Handwerksmeister hat seine beiden Lehrlinge über die vereinbarte regelmäßige Arbeitszeit hinaus beschäftigt. Einer der beiden Lehrlinge verlangt dafür eine besondere Vergütung, der andere will die zusätzliche Arbeit durch Freizeit ausgeglichen haben.

Aufgabe: Klären Sie, ob der Handwerksmeister beiden unterschiedlichen Forderungen entsprechen muss und begründen Sie Ihr Ergebnis!

„Siehe Seite 200 des Textteils!"

19. Sie beschäftigen als Inhaber eines Handwerksbetriebes drei Lehrlinge. Einer davon ist seit zwei Monaten im Betrieb, d.h. er befindet sich noch in der vereinbarten dreimonatigen Probezeit. Dieser Lehrling kündigt von heute auf morgen, also ohne Einhaltung einer Kündigungsfrist, schriftlich das Berufsausbildungsverhältnis.

Aufgabe: Stellen Sie fest, ob diese Kündigung des Berufsausbildungsverhältnisses zulässig ist und begründen Sie Ihr Ergebnis!

„Siehe Seite 201 des Textteils!"

20. Ein in einem Handwerksbetrieb beschäftigter Lehrling, der sich im zweiten Ausbildungsjahr befindet, kündigt fristlos in schriftlicher Form das Ausbildungsverhältnis mit der Begründung, dass er die Berufsausbildung aufgeben will.

Aufgabe: Geben Sie an, ob diese Kündigung in der erfolgten Art und Weise zulässig ist und begründen Sie Ihre Entscheidung! *Nein, er muss eine Kündigungsfrist 4 Wc*

„Siehe Seite 201 des Textteils!"

21. Sie bilden als Handwerksmeister seit einem Jahr einen Lehrling aus. Die Ergebnisse der bisherigen Ausbildungsmaßnahmen sind absolut unzureichend. Deshalb findet zwischen dem Lehrling und seinen Eltern und Ihnen ein ausführliches Gespräch statt mit dem Ergebnis, dass es für alle Teile das Beste ist, das Berufsausbildungsverhältnis in beiderseitigem Einvernehmen zu beenden. *Aufhebungsvertrag*

Aufgabe: Erstellen Sie einen Aufhebungsvertrag! *Ausbildungsverhältnis geschlossen zwischen ... wird zum ...*

„Siehe Seiten 203 bis 204 des Textteils!" *Ort, Datum, Unterschrift*

22. Zwischen einem Ausbildenden und einem Lehrling, der in einem Handwerksberuf ausgebildet wird, kommt es aus dem Berufsausbildungsverhältnis heraus zu Streitigkeiten. Deshalb wird der Ausschuss zur Beilegung von Lehrlingsstreitigkeiten bei der zuständigen Innung angerufen. Der von diesem Ausschuss ergangene Schiedsspruch wird von den Beteiligten nicht anerkannt. Der Ausbildende will die Angelegenheit weiter verfolgen.

Aufgabe: Was kann er tun?

☐ a) Klage erheben beim zuständigen Amtsgericht.
☐ b) Klage erheben beim zuständigen Landgericht.
☐ c) Klage erheben beim zuständigen Sozialgericht.
☒ d) Klage erheben beim zuständigen Arbeitsgericht.
☐ e) Klage erheben beim Schiedsgericht der Handwerkskammer.

„Siehe Seite 205 des Textteils!"

23. Sie bilden seit einigen Jahren Lehrlinge in Ihrem Handwerksbetrieb aus. Vermehrt kommt es zwischen den Auszubildenden und Ihnen zu Problemen, Differenzen und Streitigkeiten. Sie wollen den Ausschuss zur Beilegung von Lehrlingsstreitigkeiten bei der Innung soweit möglich nicht anrufen, sondern versuchen, die Probleme durch entsprechendes eigenes Verhalten und durch andere externe Beratung und Vermittlung zu lösen.

Aufgabe: Stellen Sie fest, welche Möglichkeiten bestehen, Rechtsstreitigkeiten zu verhindern und welcher Personenkreis sich als Berater und Vermittler anbietet!

„Siehe Seite 205 des Textteils!" *Ausbildungsleiter HWK, Lehrlingswart, Berufsverband des Arbeitsamt, Eltern*

3.3 Handlungssituation: Eintragung und Anmeldungen vornehmen

Kompetenzen:
- Die Lehrlingsrolle als Aufsichtsinstrument der Handwerkskammer kennen und bei der Einstellung von Lehrlingen berücksichtigen
- Die Kooperationspartner in der Berufsausbildung über das neue Ausbildungsverhältnis informieren

3.3.1 Eintragung des Berufsausbildungsvertrages in das Verzeichnis der Berufsausbildungsverhältnisse (Lehrlingsrolle)

> Die Handwerkskammer hat zur Regelung, Überwachung, Förderung und zum Nachweis der Berufsausbildung in anerkannten Ausbildungsberufen ein Verzeichnis der in ihrem Bezirk bestehenden Berufsausbildungsverhältnisse nach Maßgabe der Anlage D zur Handwerksordnung einzurichten und zu führen (Lehrlingsrolle). Dies gilt auch für Umschulungsverhältnisse (Umschulungsrolle).

Lehrlingsrolle bei der Handwerkskammer

Die Eintragung ist für den Lehrling gebührenfrei. Der Ausbildende hat die Gebühr zu zahlen.

Gebühr

Der Ausbildende hat unverzüglich nach Abschluss die Eintragung in die Lehrlingsrolle bei der Handwerkskammer unter Vorlage der Berufsausbildungsverträge zu beantragen. Entsprechendes gilt bei wesentlichen Änderungen des Vertragsinhalts.

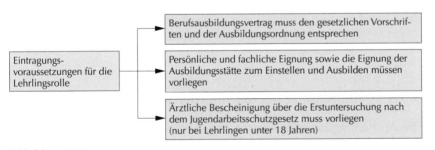

Abbildung 144

Die Handwerkskammer muss die Eintragung ablehnen oder löschen, wenn die Eintragungsvoraussetzungen nicht vorliegen oder ein Mangel in der Berufsausbildung nicht behoben wird.

Ablehnung Löschung

3.3.2 Anmeldung bei der Innung

Die Handwerkskammer sendet im Regelfalle aus Zweckmäßigkeitsgründen den Berufsausbildungsvertrag über die zuständige Innung an die Vertragspartner zurück.

Sollten zwischen Handwerkskammer und Innungen keine entsprechenden Vereinbarungen bestehen, hat der Ausbildende das Berufsausbildungsverhältnis auch bei der Innung anzumelden, da die Innung wichtige Aufgaben in der Berufsausbildung hat. (Siehe auch Abschnitt 1.5.2.2 „Aufgaben der Innung in der Berufsausbildung" und 1.5.1.4 „Zusammenarbeit mit der Innung".)

3.3.3 Anmeldung bei der Berufsschule

> Das Berufsausbildungsverhältnis ist auch bei der zuständigen Berufsschule anzumelden.

Die Gründe hierfür sind vielfältig. Nähere Einzelheiten siehe Abschnitt 1.2.1.3 „Aufgabenschwerpunkte der Berufsschule als Ausbildungsstätte" und 1.5.1.1 „Zusammenarbeit mit der Berufsschule".

3.3.4 Anmeldung bei den Sozialversicherungsträgern

Anmeldung Krankenkasse

> Für Zwecke der Sozialversicherung hat der Arbeitgeber die Auszubildenden bei der Einzugsstelle (Krankenkasse) anzumelden. Zuständig ist die vom Auszubildenden gewählte Krankenkasse.

Wird das Wahlrecht vom Auszubildenden nicht wahrgenommen und besteht keine Vorversicherung, wählt der Arbeitgeber eine der gesetzlich möglichen Krankenkassen und verständigt hiervon den Auszubildenden. Die Meldefrist beträgt bei Beginn des Ausbildungsverhältnisses zwei Wochen.

3.3.5 Anmeldung bei der überbetrieblichen Unterweisung

Innung Handwerkskammer

Die Ausbildungsbetriebe werden in der Regel von der Innung oder der Handwerkskammer, je nachdem wer die überbetrieblichen Unterweisungsmaßnahmen durchführt, aufgefordert, die Teilnahme der Lehrlinge zu veranlassen.

> Soweit ein anderes Verfahren zur Anwendung kommt, hat der Ausbildende die Anmeldung von sich aus vorzunehmen.

Handlungsorientierte, fallbezogene Aufgaben

1. Sie haben als Ausbildender mit einem jungen Mann einen Berufsausbildungsvertrag in einem Ausbildungsberuf des Handwerks abgeschlossen. Von einem Kollegen haben Sie gehört, dass für alle Berufsausbildungsverhältnisse die Pflicht zur Eintragung in ein Verzeichnis (Lehrlingsrolle) besteht und eine Gebühr zu entrichten ist.

Aufgabe: Stellen Sie fest, wer die Lehrlingsrolle als Aufsichtsinstrument über die Berufsausbildung führt und wer die Gebühr zu entrichten hat! Welche Aussagen treffen zu?

1.1 Die Lehrlingsrolle für Berufsausbildungsverhältnisse des Handwerks führt:
- ☐ a) Die Innung
- ☐ b) Die Berufsschule
- ☒ c) Die Handwerkskammer
- ☐ d) Das Arbeitsamt
- ☐ e) Das Amt für Berufsbildung.

„Siehe Seite 211 des Textteils!"

1.2 Wer hat die Gebühr für die Eintragung des Berufsausbildungsverhältnisses in die Lehrlingsrolle zu zahlen?
- ☐ a) Das Arbeitsamt
- ☐ b) Das Amt für Ausbildungsförderung
- ☐ c) Die Eltern des Lehrlings
- ☐ d) Der Lehrling
- ☒ e) Der Ausbildende.

„Siehe Seite 211 des Textteils!"

2. Ein Handwerksmeister hat zwei Berufsausbildungsverträge abgeschlossen. Die Anträge auf Eintragung der Berufsausbildungsverhältnisse in die Lehrlingsrolle hat er bei der Handwerkskammer schon gestellt.

Aufgabe: Erläutern Sie, bei welchen weiteren Stellen die Berufsausbildungsverhältnisse noch anzumelden sind!

LVA, KK, Berufsgenossenschaft, Innung, Berufsschule, UBA

„Siehe Seite 212 des Textteils!"

3.4 Handlungssituation: Einführung und Probezeit planen und gestalten

Kompetenzen:
- Geeignete Möglichkeiten der Gestaltung des ersten Ausbildungstages auswählen und umsetzen
- Die Bedeutung der Probezeit für den Verlauf einer erfolgreichen Ausbildung verstehen und bei der Planung und Durchführung des ersten Ausbildungsabschnittes berücksichtigen

3.4.1 Einführung von Lehrlingen

Bereits in den ersten Wochen entscheidet sich, ob sich der Lehrling im Ausbildungsbetrieb wohl fühlt und von daher die besten Voraussetzungen hat, die Ausbildungsanforderungen zu erfüllen, zumal das neue Milieu und die neuen Spielregeln ihm noch fremd sind.

Deshalb ist eine eingehende Einführung besonders wichtig.

3.4.2 Gestaltung des Einführungstages

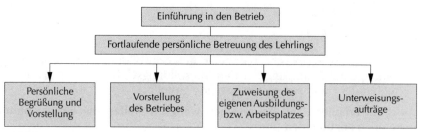

Abbildung 145

Bei der **persönlichen Begrüßung und Vorstellung** ist folgendes Vorgehen zu empfehlen:
- persönliche Kontaktaufnahme und Begrüßung durch den Ausbilder
- Vorstellen beim Ausbildenden, beim unmittelbaren Vorgesetzten, bei den Kollegen und bei der Jugendvertretung (nur bei größeren Betrieben)
- erste Informationen über den Ausbildungsberuf, die betriebliche Ausbildung, überbetriebliche Ausbildungsmaßnahmen und die Berufsschule.

Die **Vorstellung des Ausbildungsbetriebes** sollte mindestens folgende Punkte beinhalten:
- allgemeine Informationen über den Betrieb mit seinen Haupttätigkeiten
- Erläuterung der Besonderheiten des Betriebes wie
  - örtliche Gegebenheiten und Verkehrsanbindung
  - Arbeitszeit- und Pausenregelung
  - Urlaub
  - Zahlungstermin und -weise der Ausbildungsvergütung

- Führung durch den Betrieb
- Bekanntmachen mit den Nebeneinrichtungen des Betriebes wie
  - Kantine
  - Toiletten, Waschräume
  - Garderobe mit Schrank für persönliche Gegenstände
  - Erste-Hilfe-Einrichtungen.
- Hinweis auf Unfallschutz und Sicherheitsbestimmungen

Bei der **Zuweisung des Ausbildungs- bzw. Arbeitsplatzes** sollte insbesondere eingegangen werden auf:
- Eigenheiten des Ausbildungs- bzw. Arbeitsplatzes
- Einbindung des Ausbildungs- bzw. Arbeitsplatzes in die betriebliche Ablauf- und Aufbauorganisation
- Erklärung wichtiger Werkzeuge.

Bei den ersten **Unterweisungsaufträgen** ist allgemein das folgende Vorgehen zu empfehlen:
- sorgfältige Auswahl geeigneter Unterweisungsaufträge
- Ausrichtung der Unterweisungsaufträge an der betrieblichen Ernstsituation, zum Beispiel an konkreten Kundenaufträgen
- Abstimmung des Schwierigkeitsgrades auf den jeweiligen Lehrling
- ausführliche Informationen über Sicherheitsbestimmungen
- Einweisung in die Bedienung von Maschinen.

Besonders wichtig ist gerade in den ersten Wochen der betrieblichen Ausbildung, dass der Lehrling verstärkt durch den Ausbilder oder einen anderen ständigen Ansprechpartner als Vertrauensperson persönlich betreut wird. *Betreuung*

3.4.3 Gestaltung der Probezeit

3.4.3.1 Rechtliche Vorgaben

> Die Probezeit hat den Zweck, die Eignung des Lehrlings für den zu erlernenden Beruf sorgfältig zu prüfen. Jedes Berufsausbildungsverhältnis hat mit einer Probezeit zu beginnen. Sie muss mindestens einen Monat und darf höchstens drei Monate dauern.

Wichtige Regelungen zur Probezeit sind:
- Sie ist Bestandteil des Berufsausbildungsverhältnisses.
- Während der Probezeit bestehen die vollen beiderseitigen Verpflichtungen der Vertragspartner. *Verpflichtungen*
- Die Probezeit hat den Zweck, die Eignung des Lehrlings für den zu erlernenden Beruf sorgfältig zu prüfen. *Zweck*
- Die gesetzlich vorgeschriebene Probezeit von höchstens drei Monaten verlängert sich nicht automatisch um die Dauer einer Unterbrechung. Die Vertragspartner des Ausbildungsvertrages können aber in Fällen einer bedeutsamen Unterbrechung eine Verlängerung der Probezeit vereinbaren. Der bundeseinheitliche Mustervordruck für den Berufsausbildungsvertrag enthält eine entsprechende Vereinbarung, nach der sich die Probezeit um den Zeitraum der Unterbrechung verlängert, wenn die Ausbildung während der Probezeit um mehr als ein Drittel dieser Zeit unterbrochen wird. Der Ausbildende kann sich auf eine solche *Verlängerung*

Vereinbarung dann nicht berufen, wenn er die Unterbrechung selbst vertragswidrig herbeigeführt hat.

3.4.3.2 Planung des ersten Ausbildungsabschnittes unter besonderer Berücksichtigung der intensiven Betreuung des Lehrlings durch den Ausbildenden/ Ausbilder

Grundsätze

Um die Probezeit bestmöglich zu nutzen, sollte der Ausbilder einige wichtige Grundsätze bei ihrer Gestaltung beachten:
- Besonders wichtig ist, dass von der dreimonatigen Probezeit mindestens ein Drittel auf den Beginn der betrieblichen Ausbildungsphase entfällt.
- Der Lehrling muss in möglichst vielen Bereichen des entsprechenden Ausbildungsberufsbildes getestet werden und Gelegenheit erhalten, verschiedene Einsatzbereiche seines Berufes kennen zu lernen.
- Durch Steigerung des Schwierigkeitsgrades der gestellten Aufgaben sollte geprüft werden, ob der Lehrling auch tatsächlich dem während der gesamten Berufsausbildung steigenden Niveau gewachsen ist.

> Die Probezeit muss auf jeden Fall optimal genutzt werden. Für den Ausbilder heißt dies, dass er sich in dieser Zeit intensiv um den Lehrling kümmern muss, um am Ende der Probezeit ein kompetentes Urteil über dessen Eignung abgeben zu können.

Handlungsorientierte, fallbezogene Aufgaben

1. Als Ausbilder wissen Sie, dass sich bereits in den ersten Tagen und Wochen entscheidet, ob sich der Lehrling, den Sie eingestellt haben, in Ihrem Betrieb wohl fühlt und von daher die besten Voraussetzungen hat, die Ausbildungsanforderungen zu erfüllen.

Aufgabe: Wie gestalten Sie den ersten Arbeitstag des Lehrlings, dem ja in der Regel das neue Milieu und die neuen Spielregeln noch fremd sind, um ihn bestmöglich in den Betrieb einzuführen?

„Siehe Seite 214 des Textteils!"

4 Handlungsfeld: Ausbildung am Arbeitsplatz

4.1 Handlungssituation: Didaktische Prinzipien und betriebliche Ausbildungsmethoden anwenden

Kompetenzen:
- Grundsätze des Lehrens darstellen und bei der Ausbildungstätigkeit berücksichtigen
- Organisationsformen von Lehr-/Lernarrangements kennen und in die betriebliche Ausbildungspraxis einbringen

4.1.1 Didaktische Prinzipien

In der Wissenschaft wurden mehrere didaktische (= das Lehren und Unterweisen betreffende) Prinzipien entwickelt und abgeleitet, die bei der betrieblichen Ausbildung beachtet werden sollen.

4.1.1.1 Prinzip der Altersgerechtheit

Der Ausbilder muss immer bedenken, welcher Altersgruppe die Auszubildenden angehören. Zu Beginn der Ausbildung sind im Handwerk die meisten Lehrlinge noch Jugendliche (vgl. dazu auch Abschnitt 5.1 „Handlungssituation: Lebenssituationen und Entwicklungsstand als Lernvoraussetzung von Lehrlingen erkennen und berücksichtigen").

4.1.1.2 Prinzip der Zielklarheit

Lehr- und Lernziele sollen so klar und eindeutig wie möglich definiert werden.

4.1.1.3 Prinzip der Fasslichkeit

Der gesamte Stoff muss so gegliedert und aufgebaut werden, dass er vom Lehrling „erfasst" werden kann.

4.1.1.4 Prinzip der Praxisnähe

Der Stoff soll an den praktischen Erfordernissen des Ausbildungsberufes ausgerichtet sein (auftragsorientiertes Lernen).

4.1.1.5 Prinzip der Förderung der Aktivität

Die Ausbildung soll darauf ausgerichtet sein, den Lehrling an möglichst selbstständiges Arbeiten heranzuführen.

4.1.1.6 Prinzip der Erfolgssicherung

Durch laufende Kontrollen ist sicherzustellen, dass das Ziel der Ausbildung erreicht wird.

4.1.1.7 Didaktisches Prinzip der Individualisierung und Differenzierung

> **Individualisierung** bedeutet, dass im Rahmen der Ausbildung auf den Einzelnen und seine Voraussetzungen bei der Stoffaufbereitung und der Unterweisung besondere Rücksicht genommen wird.
> **Differenzierung** steht in engem Zusammenhang dazu und heißt, dass der Lern- und Lehrprozess möglichst weitgehend auf den einzelnen Lehrling bzw. eine gleichartig zusammengesetzte Gruppe ausgerichtet wird, um so jeden Lehrling entsprechend seiner Voraussetzungen bestmöglich zu fördern.

Formen

Für eine solche Differenzierung sind vor allem unterschiedliche
- Aktionsformen
- Sozialformen
- Lehr- und Lernformen
- Lehrverfahren
- Ausbildungsmittel

geeignet.

Anspruchsniveau

Bei der Differenzierung ist es aber auch möglich, das Anspruchsniveau im Rahmen der Lernziele entsprechend der jeweiligen Personengruppe – nach oben oder nach unten – anzupassen.

4.1.2 Aktions- und Sozialformen

4.1.2.1 Aktionsformen

> Als **Aktionsformen** bezeichnet man die Art und Weise, wie Ausbilder und Lehrlinge im Rahmen der Ausbildung zur Stoffvermittlung tätig werden.

Häufige Formen

Häufige Aktionsformen sind:
- Zeigen
- Vormachen
- Vorführen
- Erklären
- Fragen

- Anerkennen
- Ermutigen
- Tadeln.

4.1.2.2 Sozialformen

> Als Sozialformen bezeichnet man in diesem Zusammenhang die nach sozialen Gesichtspunkten ausgerichteten Formen der Lehrtätigkeit.

Beim **Frontalunterricht** steht die Vermittlung gleicher Kenntnisse an alle Lernenden im Vordergrund. Aktivität und Beteiligung der Lernenden sind weniger gefragt. Wichtig ist vielmehr nur das Beherrschen des für alle Lernenden gleichen Lernstoffs.

Frontalunterricht

Einzelarbeit in der Ausbildung bedeutet, dass der Ausbilder mit jedem Auszubildenden einzeln arbeitet.

Einzelarbeit

Gruppenarbeit bedeutet, dass mehrere Lehrlinge für die Unterweisung zusammengefasst werden. Auf Einzelheiten der Gruppenarbeit wird in Abschnitt 6.2.3 „Gruppenarbeit" ausführlich eingegangen.

Gruppenarbeit

4.1.3 Überblick über Organisationsformen des Lehrens und Lernens im Betrieb

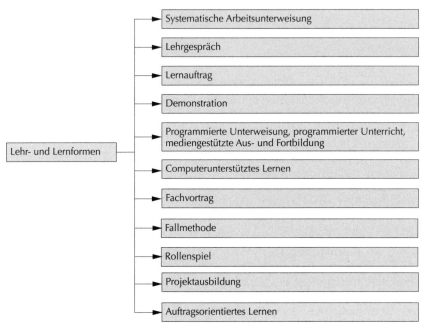

Abbildung 146

Auf systematische Arbeitsunterweisungen, Lehrgespräche und Lernaufträge wird in Abschnitt 4.2.4 „Ergänzendes Ausbilden außerhalb der produktiven Arbeitsaufgaben" näher eingegangen.

4.1.3.1 Fachvortrag

Im Rahmen von ausbildungsbezogenen Fachvorträgen wird ein Thema oder ein Themenbereich in einer auf den Lehrling zugeschnittenen Gliederung, Darstellung und Ausdrucksform abgehandelt. Der Zuhörer spielt hier eher eine passive, aufnehmende Rolle.

4.1.3.2 Fallmethode

Ziele

Im Rahmen dieser Methode sollen durch Bearbeitung konkreter Fälle
- vorhandenes Wissen und Können angewandt

und
- noch fehlendes Wissen und Können angeeignet werden.

Fallstudien

Fallstudien ermöglichen dem Lehrling das Lernen in wirklichkeitsnaher und praxisähnlicher Form und fördern durch die notwendigen Aktivitäten
- Information
- Problemfindung
- Problemlösung

in besonderer Form das selbstständige Handeln.

4.1.3.3 Rollenspiel

Soziale Verhaltensweisen

Rollenspiele (z.B. Handwerker – Kunde) sind besonders zum Lernen sozialer Verhaltensweisen geeignet, indem sie auf die berufliche Wirklichkeit vorbereiten (siehe hierzu auch Abschnitt 6.2.3.4 „Rollenspiele").

4.1.3.4 Projektausbildung

Im Rahmen dieser Ausbildungsform sollen die Lehrlinge umfassendere, realitätsnahe Aufgaben selbstständig bearbeiten. Damit soll schwerpunktmäßig Folgendes erreicht werden:

Effekte

- Förderung der Teamfähigkeit durch selbstständiges Erarbeiten von Lösungsmöglichkeiten
- Kritische und kooperative Auseinandersetzungen mit den Meinungen anderer Projektmitarbeiter
- Förderung des fächerübergreifenden Denkens durch unterschiedliche Sichtweisen einer Fragestellung (siehe hierzu auch Abschnitt 6.2.4 „Projektarbeit im Team").

4.1.3.5 Demonstration

Die Demonstration ist ein Verfahren zur anschaulichen Darstellung abstrakter, mit Schwierigkeiten verständlicher und nur schwer wahrnehmbarer Arbeitsvorgänge. Der Ausbildungserfolg hängt dabei entscheidend vom richtigen, das heißt situationsangepassten Einsatz der Demonstrationsmittel ab.

4.1.3.6 Programmierte Unterweisung, programmierter Unterricht, mediengestützte Aus- und Fortbildung

Grundlagen des programmierten Lernens und Lehrens

> Unter programmiertem Lernen versteht man ein Lehrverfahren, bei dem der Lernstoff in verhältnismäßig kleinen, logisch aufeinander aufbauenden Lernschritten vermittelt und laufend kontrolliert wird.

Gerade die sofortige Kontrolle verbessert den Lern- und steigert den Behaltenserfolg. Von Vorteil ist dabei ferner die individuelle Abstimmungsmöglichkeit auf   *Vorteile*
- Lernvermögen, Begabungen und Neigungen
- Lernwillen
- Lernkapazität und Konzentrationsfähigkeit.

Die Person des Lehrers oder Ausbilders rückt beim programmierten Lernen eher in den Hintergrund. Für Rückfragen sollte er jedoch zur Verfügung stehen.

Angebotsformen des programmierten Lernens und Lehrens

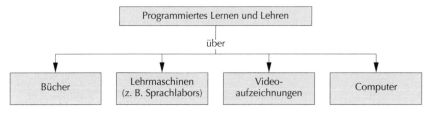

Abbildung 147

Abbildung 148

Beim linearen Programm muss der Lernende Lernschritt für Lernschritt vorgehen. Beim verzweigten Programm wird er je nach Antwort auf den nächsten Lernschritt verwiesen.

Anwendung der Programme

Grundsätzlich hängen die Einsatzmöglichkeiten des programmierten Lernens und Lehrens von   *Einsatzmöglichkeiten*
- dem jeweiligen Lern- und Lehrstoff sowie
- der Veranlagung des Lernenden ab.

> Programme eignen sich beispielsweise eher für exakte technische Stoffgebiete als für soziales Lernen sowie vorwiegend für die theoretische Ausbildung, weniger dagegen für die praktische Berufsausbildung.

Einsatzmöglichkeiten für Unterweisungs- bzw. Unterrichtsprogramme

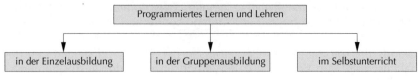

Abbildung 149

Einzelausbildung

Die Vorteile des programmierten Lernens und Lehrens in der Einzelausbildung sowie im Selbstunterricht liegen vor allem in folgenden Punkten:
- Durchführung des Unterrichts losgelöst von einer Klasse oder Gruppe
- individuelle Bestimmung des Lerntempos, Lernrhythmus und der Lernzeiten
- lernzielflexibles und nach Schwierigkeitsgraden abgestimmtes Lernen
- Möglichkeit, die Lern- und Lehreinheiten jederzeit und mehrmals zu wiederholen.

Gruppenausbildung

In der Gruppenausbildung hat das programmierte Lernen und Lehren folgende Vorzüge:
- Entlastung des Ausbilders oder Lehrers
- Förderung der Lernaktivität des Einzelnen durch Bestätigung in der Gruppe
- Vertiefung des Lern- und Lehrstoffes durch begleitende Diskussionen.

Programmierte Prüfung

Das programmierte Lernen erleichtert zudem das programmierte Prüfen, das sich in weiten Bereichen der Aus- und Fortbildung durchgesetzt hat. Die Vorteile einer programmierten Prüfung sind vor allem:
- gleicher Prüfungsstoff für jeden Prüfling
- Ausschluss von Bevorzugung und Benachteiligung bei der Stoffauswahl
- breitere Streuung der Stoffgebiete
- Erhöhung der Chancengerechtigkeit.

4.1.3.7 Computerunterstütztes Lernen

> Computerunterstütztes Lernen ist vor allem dadurch geprägt, dass hier die Lernprogramme auf CDs oder DVDs nicht nur Informationen über Text, sondern auch über Grafik, Sprache, Musik, Film und Video (Multimedia) vermitteln.

Lernen mit dem Computer ermöglicht
- zeitliche und räumliche Unabhängigkeit der Aus-, Fort- und Weiterbildungsaktivitäten
- stärkere Anpassung an die Lernvoraussetzungen des Einzelnen
- intensives und praxisnahes Lernen (beispielsweise durch Simulationen).

Kritisch wird bei dieser Lernform gesehen, dass die unmittelbare Rückkoppelungsmöglichkeit zu einer Lehrperson nicht gegeben ist und soziale Kontakte zu anderen Auszubildenden und Kollegen fehlen. Außerdem verlangt Lernen am Computer auch die entsprechende Medienkompetenz, das heißt das Wissen über den bestmöglichen Umgang mit dieser Form der Wissensaneignung.

Medienkompetenz

Unter den gleichen Aspekten ist auch Telelearning über Internet zu bewerten. Die Eckpfeiler des Telelearning bestehen aus der Kombination einer Präsenzlernphase und einer Fernlernphase. Dabei bestehen die Angebote zu ca. 30 % aus einer Präsenzausbildung beispielsweise im Berufsbildungs- und Technologiezentrum und zu ca. 70 % aus Telelearning zu Hause oder auch am Arbeitsplatz. Für die Lehrgangsteilnehmer stehen insbesondere

Telelearning

– Aktualität,
– schnelle Kommunikation,
– geringer Aufwand für die Informationsbeschaffung
– und die zeitlich-räumliche Unabhängigkeit bei der persönlichen Weiterbildung im Vordergrund.

Die neue Freiheit, ohne Festlegung von Zeit und Raum zu lernen, ermöglicht dementsprechend mehr Menschen als je zuvor, sich weiterzubilden. Vor allem besteht somit die Möglichkeit, sich ohne eine feste Bindung an Kurszeiten und ohne Störung der betrieblichen Abläufe weiterzubilden.

4.1.4 Kriterien zur Auswahl geeigneter Organisationsformen für die durchzuführenden Ausbildungseinheiten

Kriterien, die bei der Auswahl der wichtigsten der erwähnten Organisationsformen des Lehrens und Lernens im Betrieb von Bedeutung sein können, sind:

- Systematische Arbeitsunterweisung:
  – geeignet zur Vermittlung von Grundfertigkeiten und auch komplexeren Fertigkeiten
  – Anpassungsmöglichkeiten an individuelle Voraussetzungen der Teilnehmer (Lerntempo u. Ä.)
- Leittextmethode:
  – geeignet zur Vermittlung von Schlüsselqualifikationen verschiedenster Art
  – strukturierter Lernprozess
  – umfangreicher Vorbereitungsaufwand
- Auftragorientiertes Lernen:
  – gut geeignet zur Vermittlung fachlicher, sozialer und persönlicher Kompetenz
  – praxisnahe Ausbildung
  – Heranführung an selbstständiges Handeln
- Lehrgespräch:
  – Konzentration auf einen eingegrenzten Lerngegenstand
- Lernauftrag:
  – umfassendere und anspruchsvolle Auseinandersetzung mit einem Lerngegenstand
  – Ausbilder wird weniger gefordert

- Programmiertes Lernen, computerunterstütztes Lernen, Telelearning:
  - vorausgesetzt werden geeignete Angebote
  - Teilnehmer brauchen Medienkompetenz
  - individuelle Gestaltungsmöglichkeiten
  - eventuell hoher Aufwand für Ausstattung und Programme
- Projektausbildung:
  - geeignete Gruppenzusammensetzung
  - hoher Vorbereitungsaufwand
  - fördert Kreativität und soziales Lernen
- Fachvortrag:
  - ermöglicht schnelle Information einer größeren Anzahl von Teilnehmern
  - erfordert geringe Kapazitäten an Ausbildern, Unterweisungsräumen und Unterweisungszeit
  - lässt aber andererseits nur wenig Spielraum für Individualisierung und Differenzierung
- Fallmethode:
  - höherer Vorbereitungsaufwand
  - gute Kenntnisse über Arbeiten mit Gruppen
- Rollenspiel:
  - oft schwierige Auswahl geeigneter Situationen
  - Motivation der Teilnehmer
  - mit viel Aufwand verbunden.

Im Einzelnen wurde und wird darauf bei den einzelnen Organisationsformen teilweise noch näher eingegangen.

Handlungsorientierte, fallbezogene Aufgaben

1. Als Ausbilder wissen Sie durch Ihre Vorbereitung auf die Meisterprüfung, dass bei der Ausbildung von Lehrlingen im Betrieb mehrere didaktische Prinzipien (Grundsätze des Lehrens) beachtet werden sollten, um den Lernerfolg sicherzustellen.

<u>**Aufgabe:**</u> **Beschreiben Sie fünf didaktische Prinzipien, die aus Ihrer Sicht bei der betrieblichen Ausbildung besonders beachtet werden sollten!**

„Siehe Seite 217 des Textteils!"

2. Im Rahmen der Ausbildung steht Ihnen als Ausbildungsmethode auch die programmierte Unterweisung zur Verfügung.

<u>**Aufgabe:**</u> **Was versteht man unter programmiertem Lernen und Lehren?**

- ☐ a) Lern- und Lehrverfahren mit verhältnismäßig großen Schritten.
- ☐ b) Nur das Lernen mit Lehrmaschinen auf der Basis der Elektronik.
- ☒ c) Lern- und Lehrverfahren mit verhältnismäßig kleinen, logisch aufeinander aufbauenden Schritten.
- ☐ d) Eine moderne, noch nicht voll entwickelte Ganzheitsmethode im Bildungswesen.
- ☐ e) Eine Unterrichtstechnologie, die nur an Hochschulen, Fachhochschulen und Fachakademien eingesetzt werden kann.

„Siehe Seite 221 des Textteils!"

4.2 Handlungssituation: Lernen am Arbeitsplatz organisieren und unterstützen

Kompetenzen:
- Methodenkonzept des auftragsorientierten Lernens kennen und bei der Gestaltung von Ausbildungseinheiten anwenden

4.2.1 Überblick über die verschiedenen Ausbildungsmethoden und Lehrverfahren

4.2.1.1 Methodensysteme und Methodenkonzeptionen

Der Begriff Methode dient in der Regel zur Kennzeichnung geregelter Verfahren und Abläufe. Eine Methodenkonzeption der betrieblichen Ausbildung umfasst demnach deren gesamten Ablauf und Prozess.

Methoden

Darunter fallen unter anderem
- Lernziele
- Aufbau und Ablauf der Ausbildung
- organisatorische und institutionelle Einbettung der Ausbildung
- Eigenheiten, Verhalten und Aktivitäten von Ausbildern und Lehrlingen.

In der Wissenschaft wurden dazu verschiedene Konzepte entwickelt.
Bei der **lehrgangsorientierten Ausbildung** werden für die Lernziele und den entsprechenden Lehrstoff eine genaue Abfolge und Zeitspanne vorgegeben. Der Lehrgang in der betrieblichen Ausbildung ist sozusagen das Gegenstück des Lehrplans in der Schule.

Methodenkonzeptionen

Das wesentliche Merkmal der **projektorientierten Ausbildung** besteht darin, dass die Lernenden eine umfangreiche und konkrete Arbeitsaufgabe erhalten. Für die Durchführung und Lösung wird ihnen ein hohes Maß an Selbstständigkeit eingeräumt.

Die **auftragsorientierte Ausbildung** ist als weiterentwickelte Stufe durch das Lernen und Lehren anhand echter Arbeitsaufgaben und Arbeitssituationen im Rahmen eines Kundenauftrages gekennzeichnet.

Diesen Methodenkonzeptionen entsprechen die Methodensysteme
- Lehrgangsmethode
- Projektmethode
- Auftragsmethode.

4.2.1.2 Lehrverfahren

Die grundlegenden Lehrverfahren beziehen sich auf den Gesamtprozess des Lehrens, insbesondere die Stellung und das Verhältnis von Lehrenden, Lernenden und Lernstoff.

Beim **darbietenden Lehrverfahren** (auch gebende Methode genannt) wird der Stoff vom Lehrenden vorgetragen, gezeigt und dargestellt. Der Lehrling verhält sich eher passiv und nimmt den Stoff auf.

Beim **erarbeitenden Lehrverfahren** beteiligt der Lehrende den Lernenden durch Fragen und Diskussionen am Finden und Erarbeiten des neuen Lehrstoffes.

Beim **entdeckenden Lehrverfahren** eignet sich der Lernende den Stoff mit geeignetem und anregendem Lernmaterial weitgehend selbstständig an.

Kombinationen

In der Praxis werden oftmals auch einzelne Elemente der Lehrverfahren miteinander kombiniert.

4.2.2 Überblick über das Methodenkonzept des auftragsorientierten Lernens

Die folgenden Ausführungen stützen sich auf Forschungsergebnisse des Forschungsinstituts für Berufsbildung im Handwerk an der Universität Köln.

4.2.2.1 Auftragsbegriff

Kundenauftrag

> Unter den verschiedenen Auftragsformen ist im Handwerk vor allem der Kundenauftrag von Bedeutung. Darunter versteht man die Aufforderung des Kunden an den Betrieb, ihm ein bestimmtes Produkt zu liefern oder eine bestimmte Leistung zu erbringen.

Wichtige Bereiche des Kundenauftrages im Handwerk

Abbildung 150

Allgemeine Merkmale

Als allgemeine Merkmale der für das Handwerk typischen Aufträge lassen sich nennen:
- unmittelbarer und direkter Kontakt zum Kunden
- breites Leistungsspektrum bei geringer Fertigungstiefe
- Anforderungen gestalterischer Art
- breites Aufgabenfeld für die einzelnen Mitarbeiter.

4.2.2.2 Bedeutung des auftragsorientierten Lernens

Auftrags-
abwicklung

Im Handwerk sind die Lehrlinge in der Regel in den betrieblichen Leistungsprozess eingebunden. Die Ausbildung findet in engem Zusammenhang mit der täglichen Arbeit im Betrieb, das heißt der Auftragsabwicklung, sozusagen im Ernstfall, statt. Die besonderen Vorteile der auftragsorientierten Ausbildung liegen damit in der Kundennähe und der Überschaubarkeit des Arbeitsprozesses. Die Lehrlinge können realitätsnah entsprechend ihrer steigenden Fertigkeiten und Kenntnisse bei der Erfüllung der Aufträge beteiligt werden.

Diese Auftragsabwicklung weist zwar durchaus branchenmäßige Unterschiede auf. Es lassen sich jedoch wesentliche allgemeine Bestandteile herausarbeiten.

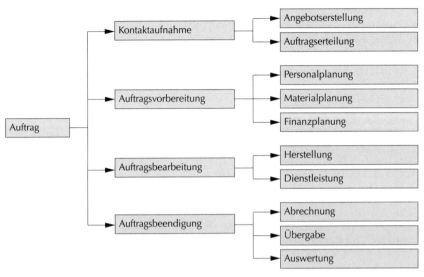

Abbildung 151

Die gesamten Arbeiten, die so im Rahmen der Auftragsabwicklung anfallen, sollen dann auch in die Ausbildung übernommen werden. Eine auftragsorientierte Ausbildung bietet vielfältige Möglichkeiten, über die fachliche Kompetenz hinaus auch persönliche und soziale Kompetenz zu stärken und zu vermitteln.

Auftragsorientierte Ausbildung

4.2.2.3 Struktur und didaktisches Regulationssystem

Unter der Struktur der betrieblichen Ausbildungsorganisation versteht man allgemein die Beschaffenheit und das Zusammenspiel der Faktoren, die das Lernen und Lehren im Betrieb kennzeichnen.

Struktur einer auftragsorientierten Ausbildung

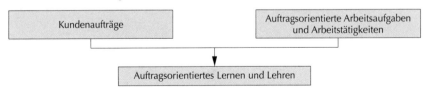

Abbildung 152

Im Rahmen dieses Umfeldes muss nun der Lehrling in didaktisch geeigneter Form in den betrieblichen Produktions- und Dienstleistungsprozess eingebunden werden. Für das auftragsorientierte Lernen wurde dafür ein vierstufiges Regulationssystem entwickelt:
- Erste Stufe: Zuordnung des Lehrlings zu produktiven Arbeitsaufgaben.
- Zweite Stufe: Festlegung, wie der Lehrling in den Prozess der Auftragserledigung einbezogen werden soll.
- Dritte Stufe: Formulierung konkreter Aufgaben und Unterstützung des Lehrlings bei der Aufgabenerfüllung.
- Vierte Stufe: Angemessener Einsatz von Sonderformen des betrieblichen Lernens.

4.2.3 Ausbilden in produktiven Arbeitsaufgaben

4.2.3.1 Arbeitsstrukturanalyse

> Die Arbeitsstrukturanalyse ist eine Darstellung der verschiedenen Phasen der Auftragsabwicklung sowie der in den einzelnen Phasen jeweils konkret anfallenden Aktivitäten.

Dabei wird aufgezeigt
- woran (Objekte)
- was (Verrichtungen)
- wie (Informationen)
- womit (Hilfsmittel)

gearbeitet wird.

4.2.3.2 Zuordnung des Lehrlings zu den Arbeitsaufgaben und verantwortlichen Mitarbeitern

Arten

Dem Lehrling können grundsätzlich zugeordnet werden:
- Arbeitsaufgaben, die den ganzen Auftrag abdecken
- Arbeitsaufgaben, die nur Teile eines kompletten Auftrags abdecken
- Arbeitsaufgaben, die allgemein immer wieder bei einzelnen Aufträgen wiederkehren (zum Beispiel Rechnungsbearbeitung und Mahnwesen).

Wichtige Zuordnungsmerkmale von Arbeitsaufgaben

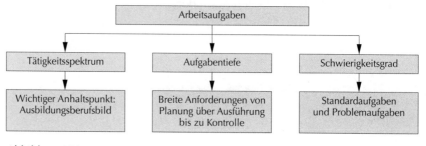

Abbildung 153

Beim Tätigkeitsspektrum sollten neben den rein fachtechnischen insbesondere auch
- betriebswirtschaftliche
- arbeitsorganisatorische
- gestalterische
- arbeitsökologische

Aufgaben berücksichtigt werden.

Tätigkeitsspektrum

Durch die umfassende Aufgabentiefe soll erreicht werden, dass der Lehrling nicht nur Handlungen nachvollziehen, sondern selbst gestalten kann.
Standardaufgaben sind Aufgaben, die immer wieder vorkommen und mit einem einmal erlernten Verhaltens- und Lösungsmuster bewältigt werden können.
Problemaufgaben dagegen erfordern jeweils angepasste Lösungsansätze.

Aufgabentiefe

Standardaufgaben

Problemaufgaben

4.2.3.3 Bestimmung der angemessenen Mitwirkungsformen und der erforderlichen Lernhilfen

Abbildung 154

Die Form der Mitwirkung ist dabei maßgeblich abhängig vom jeweiligen Ausbildungs- und Lernstand.
Im Laufe ihrer Ausbildung im Handwerksbetrieb sollen die Lehrlinge mit allen wesentlichen berufs- und betriebsüblichen Aufgaben und Aufträgen vertraut gemacht werden. Ausbilder und Arbeitskollegen unterstützen sie dabei durch gezielte Hilfen, insbesondere durch

Lernhilfen

- fallweises Eingreifen
  und
- „auf die Sprünge helfen".

Dabei sollen sowohl Über- wie auch Unterforderung vermieden werden (auf einzelne Lernhilfen wird in Abschnitt 5.2 „Handlungssituation: Lern- und Arbeitstechniken vermitteln" näher eingegangen).

4.2.4 Ergänzendes Ausbilden außerhalb der produktiven Arbeitsaufgaben

Während des Ausbildungsprozesses kann es zur besseren Sicherstellung des Ausbildungserfolges notwendig werden, manche Lern- und Lehraktivitäten aus dem am konkreten Auftrag orientierten Verbund herauszulösen und sie in andere Organisationsformen einzubinden.

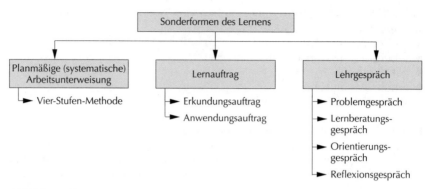

Abbildung 155

4.2.4.1 Systematische Arbeitsunterweisung

Zum Konzept

> Die systematische Arbeitsunterweisung ist eine besondere Form des planmäßigen Lehrens und Lernens in der betrieblichen Ausbildung. Neben fachlichen Kenntnissen und Fertigkeiten zielt sie auch auf die Vermittlung sozialer Verhaltensweisen.

Unterweisungslehre

Das Lehren erfolgt bei der systematischen Arbeitsunterweisung in Stufen. Der Ausbilder muss dazu die wichtigsten Inhalte der Unterweisungslehre beherrschen.
Diese hat die Aufgaben,
- den Unterweisungsvorgang zwischen Ausbilder und Lehrling darzustellen
- den Unterweisungsvorgang zu systematisieren
- dem Ausbilder Hilfen für eine methodische Durchführung der Unterweisung zu vermitteln.

Wichtige Grundsätze für die Durchführung der Unterweisung

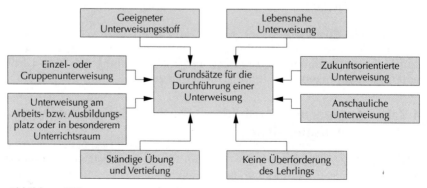

Abbildung 156

Bei Beachtung dieser Grundsätze ermöglicht die systematische Arbeitsunterweisung folgende wesentliche Vorteile:

Vorteile

- Steigerung des Lerninteresses
- gründliches und rationelles Lernen
- nachhaltiger Lernerfolg
- Genauigkeit der Arbeit bzw. der Leistung
- Einschränkung der Unfallgefahr.

Methoden der systematischen Arbeitsunterweisung

Für die Durchführung der systematischen Arbeitsunterweisung stehen in Abhängigkeit von

- Lernzielen
und
- Lernprozess

mehrere Unterweisungsmethoden zur Verfügung.

> Die bekannteste Methode für die systematische Arbeitsunterweisung ist nach wie vor die Vier-Stufen-Methode.

Vier-Stufen-Methode

Dieses Verfahren berücksichtigt die logische Denkfolge des Menschen. Danach geht man bei der Vermittlung einer Fertigkeit in vier Stufen und innerhalb dieser wiederum nach einzelnen Schritten vor.

Die Vier-Stufen-Methode

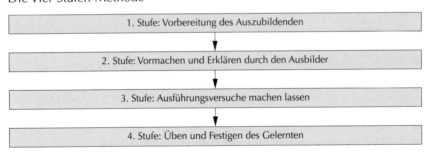

1. Stufe: Vorbereitung des Auszubildenden
2. Stufe: Vormachen und Erklären durch den Ausbilder
3. Stufe: Ausführungsversuche machen lassen
4. Stufe: Üben und Festigen des Gelernten

Abbildung 157

Bei der **Vorbereitung des Auszubildenden** sind folgende Schritte wichtig:

Einzelschritte

- Befangenheit nehmen und Kontakt herstellen
- Weckung von Interesse, Leistungs- und Aufnahmebereitschaft
- Vermittlung von Lernmotiven
- Beseitigung von Hemmungen
- Unsicherheit nehmen durch Ermutigung
- Bezeichnung der zu erlernenden Fähigkeit, damit der Lehrling weiß, um was es geht
- Anknüpfung an den vorhandenen Erfahrungs- und Wissensstand (Vorkenntnisse und Vorfertigkeiten)
- Vermeidung von langatmigen Einführungen
- Prüfung der Arbeits- und Ausbildungsplatzausstattung (Werkzeuge)

- Überprüfung der Ausbildungsplatzgestaltung
- richtige Aufstellung am Ausbildungsplatz.

Beim **Vormachen und Erklären** des Vorgangs sollte der Ausbilder nach folgenden Schritten vorgehen:

1. Stufe
- kurz und verständlich erklären und zeigen
- genauere Erklärungen geben
- Vorgehen begründen (was, wie, warum)
- wichtige Teilvorgänge bzw. Lernschritte hervorheben
- Kernpunkte betonen und besonders unterstreichen
- Zeichnungen und Muster benutzen.

Beim **Ausführungsversuche** machen lassen sind folgende Einzelschritte besonders wichtig:

2. Stufe
- den Auszubildenden zum Durchdenken der Aufgaben und Lösungsmöglichkeiten veranlassen
- den Lehrling selbst ausführen lassen
- Unterweisungsvorgang erklären und begründen lassen
- Kernpunkte als Orientierungshilfen und Gedächtnisstützen herausstellen
- Hilfen geben (aber nur, wenn unbedingt nötig)
- Fehler verbessern.

Einzelmaßnahmen

Üben und Festigen des Gelernten erfordert insbesondere folgende Einzelmaßnahmen:

3. Stufe
- Ziel der Festigung herausheben
- bei der Festigung und Sicherung des Gelernten Hilfestellungen geben
- ausreichende Gelegenheiten zum Üben geben
- Übungsfortschritte kontrollieren und anerkennen
- Probeaufträge erteilen
- Fehler rechtzeitig abstellen
- auf Arbeitsgenauigkeit und Arbeitsqualität achten
- Arbeitsschnelligkeit bzw. Arbeitstempo durch Intervalltraining fördern
- Übungsbedingungen abwandeln.

Drei-Stufen-Methode

Man kann die vier Stufen entsprechend der Aufteilung des Lernprozesses auch zur **Drei-Stufen-Methode** zusammenfassen, also
- 1. Stufe: Vorbereiten des Lehrlings
- 2. Stufe: Auseinandersetzung mit dem Lerngegenstand
- 3. Stufe: Vervollkommnung und Festigung des Gelernten.

Um den veränderten Anforderungen und Arbeitsbedingungen gerecht zu werden, wird verschiedentlich auch ein Ausbau der Vier-Stufen- zur Sechs-Stufen-Methode vorgeschlagen.

Sechs-Stufen-Methode der Unterweisung

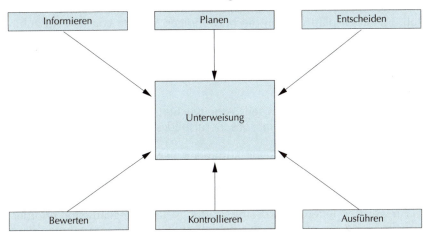

Abbildung 158

Diese Sechs-Stufen-Methode wird auch als Modell der vollständigen Handlung bezeichnet.
Derartige Erweiterungen der Vier-Stufen-Methode tragen auch der veränderten Vorbildungsstruktur der Lehrlinge (mehr Realschüler und Abiturienten) sowie der geänderten Altersstruktur besser Rechnung.

Vollständige Handlung

> Eine Weiterentwicklung der Vier-Stufen-Methode ist die so genannte Leittextmethode.

Leittexte sind schriftliche Anleitungen zum Lernen. Ihr Ziel ist es, selbst gesteuertes Lernen über Planung, Ausführung und Kontrolle zu ermöglichen und die Handlungskompetenz des Lehrlings zu fördern.
Die Leittextmethode ist deshalb auch anspruchsvoller und zeitintensiver als andere Unterweisungsmethoden.

Leittexte

Aufbau und Hilfsmittel der Leittextmethode

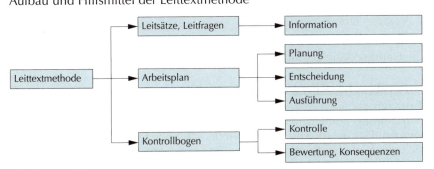

Abbildung 159

Leitfragen
Leitsätze

Kontrollbogen

Die Leitfragen sollen das notwendige Grundwissen zur Aufgabenlösung vermitteln. Die Leitsätze sollen darüber informieren, was getan werden soll. Im Arbeitsplan werden die notwendigen Schritte von den Auszubildenden fest- und dargelegt. Der Kontrollbogen schließlich hat die Funktion, zur systematischen Fehlersuche und Fehlerbeseitigung mit den entsprechenden Konsequenzen anzuleiten.

> **Beispiel:**
>
> Mögliche Leitfragen für den Teil „Arbeitssicherheit, Umweltschutz und rationelle Energieverwendung" des Berufsbildes Kraftfahrzeugmechaniker sind:
> - Warum sind in regelmäßigen Abständen an Motor und Getriebe Pflege- und Wartungsmaßnahmen durchzuführen?
> - Weshalb sind auch an anderen Bauteilen des Kfz regelmäßig Wartungs- und Pflegearbeiten durchzuführen?
> - An welchen Teilen des Kfz sind Wartungs- und Pflegearbeiten erforderlich? Listen Sie mit Hilfe der Betriebsanleitung die Maßnahmen nach Funktionsbereichen geordnet auf! Ergänzen Sie die Liste gegebenenfalls!

> Ob die Leittextmethode auch im Handwerksbetrieb angewandt werden kann, hängt immer vom jeweiligen Einzelfall ab.

Bisherige Erfahrungen haben gezeigt, dass dafür folgende Faktoren bedacht werden müssen:

Zeitaufwand
- Die Leittextmethode erfordert, dass ein Ausbilder als „Lernberater" zur Verfügung steht, der genügend Zeit für die Auszubildenden, die möglichst eigenständig die Aufgaben lösen, hat. Gerade der Informationsprozess kann sehr zeitintensiv sein.

Räumliche Gegebenheiten
- Die Leittextmethode setzt ferner im Rahmen der Ausbildung entsprechende zeitliche und räumliche Möglichkeiten voraus; so kann diese Methode auf Baustellen oder im Rahmen von Arbeiten bei Kunden nicht angewandt werden.

Gruppen-
ausbildung
- Die Leittextmethode bedingt schließlich auch Gruppenausbildung; das heißt sie eignet sich weniger für den typischen Handwerksbetrieb, der nur wenige Lehrlinge hat oder sie jeweils an verschiedenen Lernorten einsetzt. In der überbetrieblichen Ausbildung allerdings sind diese Voraussetzungen gegeben.

Es ist jedoch auch möglich, nur einzelne Elemente der Leittextmethode in die Handwerksausbildung zu übernehmen.

Vermeidung typischer Unterweisungsfehler

Trotz der genauen Aufteilung des Unterweisungsvorganges in die einzelnen Schritte können Fehler bei der Unterweisung nicht ausgeschlossen werden. Es gibt typische, immer wiederkehrende Unterweisungsfehler, die sich vor allem bei Routinearbeiten einschleichen.

4.2.4 Ergänzendes Ausbilden außerhalb der produktiven Arbeitsaufgaben

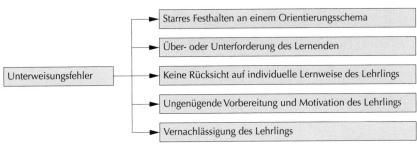

Abbildung 160

Jeder Ausbilder muss bestrebt sein, solche Unterweisungsfehler zu vermeiden bzw. zu beseitigen.

4.2.4.2 Lehrgespräche

Ausbildungs-, Unterweisungs- und Arbeitsablauf erfordern ständig Gespräche zwischen Ausbilder und Lehrlingen, aber auch den Lehrlingen untereinander zur optimalen Wissensvermittlung und Erkenntnisgewinnung. Solche Gespräche nennt man Lehrgespräche.

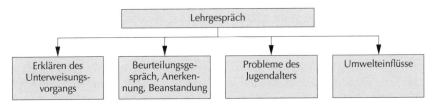

Abbildung 161

Wegen ihrer besonderen Bedeutung muss jeder Ausbilder über Arten, Formen und Einsatzmöglichkeiten des Lehrgesprächs informiert sein.

Wichtige Arten von Lehrgesprächen sind:
- **Problemgespräch:** Damit soll dem Lehrling vor allem vermittelt werden, wie man am geeignetsten mit Problemen umgeht, die während der Auftragserledigung auftauchen.
- **Lernberatungsgespräche:** Sie befassen sich mit grundsätzlichen Fragen, die beim Lehrling auftauchen, zum Beispiel über den Lernstand, Konfliktbewältigung oder auch berufliche Perspektiven.
- **Orientierungsgespräch:** Vielfach ist es dem Lehrling nicht möglich, alle Zusammenhänge an und um seinen Arbeits- bzw. Ausbildungsplatz zu durchschauen und zu verstehen. Hier soll das Orientierungsgespräch, nach Möglichkeit ausgehend von einem konkreten Auftrag, helfen.
- **Reflexionsgespräche (Reflexion = Nachdenken):** Sie haben das Ziel, Lernprozesse nachzubereiten und aus den gewonnenen Erfahrungen zu lernen.

Formen des Lehrgesprächs

Abbildung 162

Das **Gruppengespräch** kommt zur Anwendung, wenn in der Gruppe ausgebildet wird. Es hat vor allem den Zweck,
- die Unterweisung vorzubereiten
und
- den Meinungsaustausch innerhalb der Gruppe in Gang zu bringen.

Voraussetzungen

Für den optimalen Erfolg sollten folgende Voraussetzungen gegeben sein:
- geeignete Auswahl der Gruppenmitglieder
- bestmögliche Vorbereitung durch den Ausbilder mit Festlegung von Themen, Zeitpunkt und Ort
- Bereitstellung des notwendigen Anschauungsmaterials
- Gesprächsleitung durch den Ausbilder
- genügend Zeit für die freie Aussprache
- angemessene Herausstellung und Zusammenfassung der Ergebnisse.

Das **Einzelgespräch** richtet sich an den einzelnen Auszubildenden. Es hat immer auch einen vertraulichen Charakter und gibt dem Lehrling das Gefühl, dass seine Probleme innerhalb des Gesprächs im Vordergrund stehen. Einzelgespräche sollten, falls notwendig, in allen Phasen der Berufsausbildung durchgeführt werden.

Zwiegespräch

> Beim Lehrgespräch in der Form des Einzelgesprächs ist besonders darauf zu achten, dass es keinen einseitigen und langatmigen Monolog des Ausbilders darstellt, sondern als echtes Zwiegespräch geführt wird.

Positive Auswirkungen

Sorgfältig vorbereitete und regelmäßig durchgeführte sowie in sachlichem und in richtigem Ton geführte Lehrgespräche tragen wesentlich dazu bei,
- die Lernmotivation zu steigern
- Unklarheiten rechtzeitig zu beseitigen
- selbstständiges Handeln, Arbeitsfreude sowie ähnliche positive Verhaltensweisen zu fördern.

4.2.4.3 Lernaufträge

Beim **Lernauftrag** wird dem Lehrling eine in der Regel relativ komplexe – aus dem Gesamtauftrag ausgegliederte – Aufgabe gestellt, die er möglichst selbstständig nach dem Konzept der vollständigen Handlung zu erledigen hat. Lernen und Arbeiten finden dabei gleichzeitig statt. Es bietet sich – um Aufwand und Kosten gering zu halten – an, vor allem aus öfter durchgeführten Standardaufträgen Lernaufträge zu gestalten.

Bei **Erkundungsaufträgen** müssen die Lehrlinge beispielsweise bestimmte Informationen durch eigene Beobachtungen sammeln.
Anwendungsaufträge haben zum Ziel, bereits vorhandene Kenntnisse und Fertigkeiten auf neue Aufgabenstellungen anzuwenden.

4.2.5 Didaktische Hilfsmittel

4.2.5.1 Arbeitsaufgabenanalyse (Arbeitszergliederung)

> Die Arbeitsaufgabenanalyse (Arbeitszergliederung) ist ein wichtiges Hilfsmittel, den Arbeitsablauf der zu erlernenden Fertigkeiten in lernbaren Schritten zu gewährleisten. Sie bestimmt damit weitgehend den Unterweisungserfolg.

Schwerpunkte der Arbeitszergliederung

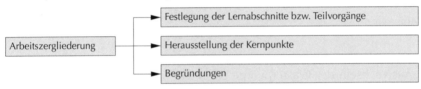

Abbildung 163

> Bei der Festlegung der Lernabschnitte bzw. Teilvorgänge steht im Vordergrund die Frage: Was mache ich?

Dabei ist jeder Teilvorgang ein logischer Abschnitt des gesamten Arbeitsprozesses, der diesen jeweils einen Schritt weiterbringt. Durch die Zerlegung in Teilvorgänge lässt sich ferner feststellen, wieviel man dem Lehrling bei der Unterweisung auf einmal zumuten kann. *Teilvorgänge*

> Die Herausstellung der Kernpunkte gibt Antwort auf die Frage: Wie mache ich es?

Für jeden festgelegten Teilvorgang sind im zweiten Schritt entsprechende Kernpunkte festzulegen. Während der Arbeitsausführung sollen die mit dem jeweiligen Kernpunkt zusammenhängenden Fragen immer wieder gestellt werden.

Die genaue Festlegung von Kernpunkten *Auswirkungen*
- bestimmt den Erfolg der Unterweisung
- verringert die Unfallgefahren
- erleichtert die Arbeit
- hilft Materialverschwendung und Beschädigung von Werkzeugen, Maschinen und Geräten zu verhindern.

> Bei den Begründungen geht es um die Frage: Warum mache ich es?

Zu jedem Kernpunkt gehört auch stets eine Begründung. Gute Begründungen erleichtern das Verstehen und damit das Lernen und Behalten des Lernvorgangs. Die Begründung muss nachvollziehbar sein und sich an der zweckmäßigsten, leichtesten und sichersten Art den Auftrag durchzuführen, orientieren.

Für die Aufstellung einer Arbeitszergliederung bietet sich folgendes Schema an:

Bezeichnung der Arbeit:	Abteilung/ Arbeitsgruppe: Ausbilder: Unterweisung am:	Benötigte Maschinen: Werkzeuge: Materialien:
Lernschritte (Was?)	Kernpunkte (Wie?)	Begründung (Warum?)
Besondere Unfallgefahren:		

Abbildung 164

Im Folgenden wird beispielhaft eine Arbeitszergliederung für die Aufgabe „Auswechseln der Wasserpumpe an einem Kfz" dargestellt. Das Beispiel erhebt keinen Anspruch auf Vollständigkeit, sondern gibt lediglich Auszüge wieder.

Bezeichnung der Arbeit: Auswechseln der Wasserpumpe	Unterweisung vom:	Materialien: Werkzeuge, neue Wasserpumpe usw.
Lernschritte (Was?)	Kernpunkte (Wie?)	Begründung (Warum?)
1. Kühlflüssigkeit ablassen	Wasserschlauch entfernen	Damit keine Kühlflüssigkeit mehr in Kühler und Pumpe ist
2. Keilriemen entfernen	Befestigungsschraube vom Pumpenrad lösen und Riemenscheibe abnehmen	Spannung des Keilriemens würde Ausbau der Pumpe erschweren
3. Kühlwasserschläuche von der Pumpe abziehen	Schlauchschellen lösen und Schläuche vorsichtig von den Anschlussstutzen ziehen	Damit die Pumpe ausgebaut werden kann
4. Pumpe ausbauen	Befestigungsschrauben lösen, Wasserpumpe langsam abnehmen; bei Festsitzen abhebeln	Um Pumpe entfernen zu können
5. Dichtfläche reinigen	Durch Abschmirgeln der Kanten, wo die Pumpe aufliegt	Um Dichtheit zu gewährleisten
6. Neue Dichtung auflegen	Dichtring mit Dichtungsmittel auf den Anschlussteil der Pumpe aufsetzen	Damit die Pumpe bei Betrieb dicht ist

Bezeichnung der Arbeit: Auswechseln der Wasserpumpe	Unterweisung vom:	Materialien: Werkzeuge, neue Wasserpumpe usw.
Lernschritte (Was?)	Kernpunkte (Wie?)	Begründung (Warum?)
7. Neue Pumpe einbauen und Keilriemen wieder spannen	Pumpe auf den Motorblock aufsetzen, Schrauben einsetzen und festziehen sowie Riemenscheibe wieder befestigen	Um sicheren Sitz der Pumpe zu gewährleisten
8. Wasserschläuche wieder anbringen	Schläuche auf Anschlussstutzen stecken und Schellen festziehen	Um geschlossenen Wasserkreislauf wiederherzustellen
9. Wasser auffüllen	Mit Wasser und Frostschutzmittel auffüllen	Um Betriebsfähigkeit herzustellen
10. System auf Dichtheit prüfen	Motor warm laufen lassen, dann Prüfung mit Druckprüfer	Um Dichtheit zu gewähren und damit Überhitzungen zu vermeiden

> Es empfiehlt sich, solche Arbeitszergliederungen schriftlich vorzunehmen. Diese Unterlagen können dann immer wieder von neuem verwendet werden. Auch erfahrene Ausbilder sollten zumindest auf eine Gedächtnisstütze nicht verzichten.

Schriftliche Unterlagen

4.2.5.2 Unterweisungsentwürfe und Lehrgesprächsskizzen

Es ist jedem Ausbilder zu empfehlen, zumindest für die wichtigen und immer wiederkehrenden Lehrvorgänge das gesamte Vorgehen sowohl bei Arbeitsunterweisungen wie auch bei Lehrgesprächen aufzunotieren. Meistens, zumindest beim erfahrenen Ausbilder, genügen dafür kurze stichpunktartige Aufzeichnungen, so genannte

- Unterweisungsentwürfe bzw.
- Lehrgesprächsskizzen.

Beide geben dem Ausbilder wichtige Anhaltspunkte und einen Leitfaden nicht nur für die gerade stattfindende, sondern auch für spätere Lehrveranstaltungen.

Unterweisungsentwürfe

Lehrgesprächsskizzen

Handlungsorientierte, fallbezogene Aufgaben

1. Sie wenden in der betrieblichen Ausbildung die systematische Arbeitsunterweisung als eine besondere Form des planmäßigen Lehrens und Lernens an. Neben fachlichen Kenntnissen und Fertigkeiten können Sie damit auch soziale Verhaltensweisen vermitteln.

Aufgabe:

a) Welche wichtigen Grundsätze haben Sie bei der Durchführung einer Unterweisung zu beachten? *Systematische, aufgegliedert*
b) Beschreiben Sie eine besonders häufig eingesetzte Form der systematischen Arbeitsunterweisung näher! *4. Stufe 1.) Vorbereitung zum Umschalten, Nachmachen, festigen, Übung Fertigung*

„Siehe Seite 230 ff. des Textteils!"

2. Sie bereiten sich sehr genau auf die Unterweisung der Lehrlinge in Ihrem Betrieb vor. Sie wissen aber, dass Sie trotzdem darauf achten müssen, Unterweisungsfehler zu vermeiden.

Aufgabe: Welches sind typische Unterweisungsfehler, die bei Unterweisungen immer wieder vorkommen und wie können Sie diese vermeiden? *Über-/Unterforderung, keine Rücksicht auf Indi.., Vernachlässigung, keine Motivation*

„Siehe Seite 235 f. des Textteils!"

3. Den im Rahmen einer Unterweisung geplanten Arbeitsablauf können Sie in Form einer Arbeitszergliederung darstellen.

Aufgabe: Welche Vorteile hat es für den Ausbilder, solche Arbeitszergliederungen in Form eines Schemas festzuhalten?

- ☐ a) Keine, weil ein erfahrener Ausbilder für die Aufstellung einer sinnvollen Arbeitszergliederung kein Schema braucht.
- ☐ b) Keine, weil schematische Arbeitszergliederungen grundsätzlich von den Beteiligten als schablonenhaft empfunden und abgelehnt werden.
- ☐ c) Keine, weil sich nur theoretische Ausbildungsinhalte in ein Schema einordnen lassen.
- ☐ d) Keine, weil sich nur wenige Arbeitsvorgänge bei der betrieblichen Ausbildung in ein Schema einordnen lassen.
- ☒ e) Es ermöglicht die schnellere Erstellung von Arbeitszergliederungen und deren Wiederverwendung für spätere Unterweisungsarbeiten.

„Siehe Seite 237 des Textteils!"

4.3 Handlungssituation: Ausbildungsmittel für die Gestaltung von Lehr-/Lernarrangements auswählen und einsetzen

Kompetenzen:
- Unterschiedliche Ausbildungsmittel kennen und kriterienorientiert für die Unterstützung des Lernens in der Ausbildung einsetzen

4.3.1 Einsatz und Gestaltung von Ausbildungsmitteln (Medieneinsatz)

4.3.1.1 Erscheinungsformen

Ausbildungsmittel sind wichtige Hilfen bei der Unterweisung und zur Förderung des Lernprozesses. Sie ermöglichen es, neben der Sprache, die bei der Unterweisung im Vordergrund steht, andere Sinneskanäle der Lehrlinge – wie zum Beispiel Sehen, Hören, Fühlen – anzusprechen, um so den Lernerfolg zu verbessern.

Ausbildungsmittel

Arten von Ausbildungsmitteln

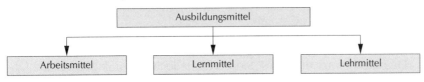

Abbildung 165

Die elementarsten Ausbildungsmittel sind die unmittelbaren **Arbeitsmittel** wie
- Arbeits- und Ausbildungsplätze
- Maschinen
- Werkzeuge und andere Arbeitsmaterialien.

Wichtige **Lernmittel** zur Förderung des Lernens beim Lehrling sind
- Lehr- und Fachbücher, Fachzeitschriften
  Lehr- und Fachbücher dienen der Vorbereitung von Unterweisungsprozessen oder der Vertiefung von erworbenen Kenntnissen und Fertigkeiten. Wichtige Anforderungen an Lehr- und Fachbücher sind:
  - Systematik und Gliederung
  - knappe, aber dennoch informative Darstellungen
  - dem Verständnis des Lernenden angepasste Sprache
  - Hilfen zur Übung und Vertiefung des Stoffes wie Zusammenfassungen und optische Darstellungen.

Lehr- und Fachbücher

Anforderungen

Fachzeitschriften weisen gegenüber Fach- und Lehrbüchern vor allem den Vorteil größerer Aktualität auf. Sie sind ein hervorragendes Infor-

Fachzeitschriften

mationsmittel über die aktuellen technischen, wissenschaftlichen und wirtschaftlichen Entwicklungen.

Arbeitsblätter
- Aufgaben, Arbeitsblätter, Merkblätter
Aufgaben und Arbeitsblätter fördern die Auseinandersetzung mit dem Lerngegenstand. Geeignete Merkblätter, die die wesentlichen Kernpunkte enthalten, erhöhen die Merkfähigkeit.

Grafiken
- Buchauszüge, Grafiken, Tabellen, Skizzen, Diagramme, Flussdiagramme, Schaubilder
Systematische und überschaubare Darstellungen in Form dieser Ausbildungsmittel erleichtern den Lernprozess.

Bedienungsanleitungen
- Bedienungsanleitungen, Schalt-, Funktionspläne
Diese Ausbildungsmittel fördern neben dem Verständnis des jeweiligen Sachverhaltes vor allem auch das funktionelle Denken.

Lehrmittel werden bei Unterricht und Unterweisung als Hilfsmittel des Ausbilders eingesetzt:

Tafeln
- Schreibtafeln, Hafttafeln, Stecktafeln, Pinnwand, Flip-Chart (die Tafel wird durch große Papierblätter ersetzt)
Diese Ausbildungsmittel haben den Vorteil, dass die Aufmerksamkeit des Lernenden beim Vortrag gleichzeitig über Auge und Ohr (Optik und Akustik) angesprochen wird. Vor allem, wenn während des Unterrichts und der Unterweisung die entsprechenden Ausbildungsmittel mit der Hand beschriftet werden, ist auf gute Lesbarkeit und Übersichtlichkeit zu achten. Bei Hafttafeln mit Druckbuchstaben lassen sich diese Probleme umgehen.

Tageslichtprojektoren
- Tageslichtprojektoren, Diaprojektoren, Präsentation per PC
Für diese Ausbildungsmittel, die zwar viel Vorbereitung erfordern, aber in der Unterweisung dann sehr gut einsetzbar sind, gilt von der Wirkung her das oben Gesagte.

Schaukästen
- Modelle, Schaukästen, Unterweisungs-, Schalt- und Demonstrationsbretter
Diese Ausbildungsmittel erleichtern das „Zeigen" als wichtigen Teil des Demonstrationsvorganges. Sie dürfen jedoch die praktische Durchführung der Unterweisungsarbeit, also das selbstständige Durchführen und eigene Erleben, nicht ersetzen. Modellhaftes Zeigen kann auch anhand von Maschinen und Geräten aus dem Programm der Ausbildungsstätte erfolgen.

Lehrfilme
- Tonbänder, Filmgeräte, Videorecorder, Tonbildschauen, Lehrfilme, Funk und Fernsehen
Diese Ausbildungsmittel helfen dem Ausbilder bei der Demonstration und Darstellung des Unterweisungsstoffes. Auch die Rundfunk- und Fernsehanstalten haben verschiedene Aus- und Fortbildungssendungen entwickelt, die in die betriebliche Unterweisung einbezogen werden können. Die Möglichkeit der Videoaufzeichnung bietet hier wesentliche Vorteile.

Video
- Videorecorder, Videokamera, Bildschirmgerät (Fernseher)
In Kombination dieser Hilfsmittel ist es möglich, im Rahmen von Rollenspielen typische Situationen des Berufslebens zu trainieren. Das Lernen erfolgt vor allem durch Auswertung der Aufnahmen und darauf aufbauende Korrekturen.

Unterrichtsprogramme
- Unterrichts- und Ausbildungsprogramme
(Vgl. hierzu Abschnitt 4.1.3.6 „Programmierte Unterweisung, programmierter Unterricht, mediengestützte Aus- und Fortbildung").

Computer
- Computerprogramme
(Vgl. hierzu Abschnitt 4.1.3.7 „Computerunterstütztes Lernen").

4.3.1.2 Didaktisch-methodische Funktionen

Wesentliche Funktionen von Ausbildungsmitteln sind:
- Vermittlung klarer Vorstellungen von realen Objekten oder Vorgängen
- Verdeutlichung des Wesentlichen
- Darstellung abstrakter Zusammenhänge
- Systematisierung von Einzelwissen
- Vergrößerung des Behaltenseffekts
- Verhaltenstraining
- Förderung der Lernmotivation und der Aufgeschlossenheit für Unterweisungsvorgänge.

4.3.1.3 Allgemeine Hinweise für den lernspezifischen Einsatz und die Gestaltung von Ausbildungsmitteln

> Bei richtigem Einsatz helfen Ausbildungsmittel dem Ausbilder wesentlich bei der Vermittlung von Kenntnissen und Fertigkeiten.

Positive Auswirkungen des Einsatzes von Ausbildungsmitteln

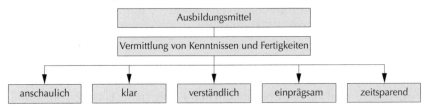

Abbildung 166

Bei der Auswahl der geeigneten und richtigen Ausbildungsmittel sollte sich der Ausbilder folgende Fragen stellen:

Fragen

- Welche Ausbildungsmittel stehen jeweils zur Verfügung?
- Wie können die Lehrlinge bei der Planung des Ausbildungsmitteleinsatzes angemessen berücksichtigt werden?
- Wie stellen die jeweiligen Ausbildungsmittel den Lerninhalt dar?
- Welche Lernziele lassen sich mit den Ausbildungsmitteln erreichen?
- Ist es möglich und nützlich, das Ausbildungsmittel selbst oder gemeinsam mit den Lehrlingen zu erstellen, bzw. wie hoch sind die Kosten einer Beschaffung?
- Welche Voraussetzungen stellen die jeweiligen Ausbildungsmittel an die Lehrlinge?
- Welche Auswirkungen haben die jeweiligen Ausbildungsmittel für die Motivation der Lehrlinge?
- Welche Sinnesorgane werden angesprochen und aktiviert?
- Welche apparativen und räumlichen Voraussetzungen sind vorhanden?

Für den bestmöglichen Erfolg ist es ferner notwendig, einige Grundsätze zu beachten:

Grundsätze

- Lernzielangemessenheit
- Lehrlingsangepasstheit

- Zuverlässigkeit
- dem Unterweisungszweck dienlich
- an Lehrmethoden, Lehrverfahren und Sozialformen des Lehrens ausgerichtet
- der Individualisierung und Differenzierung dienlich.

> Ausbildungsmittel dürfen nicht zum Hauptzweck der Unterweisung werden. Der Lehrling darf durch Ausbildungsmittel außerdem nicht abgelenkt oder überfordert werden.

Lerntransfer

Bei optischen Ausbildungsmitteln ist gleichzeitig zu erklären, worauf das Augenmerk in besonderem Maße zu richten ist. Auch bei der Verwendung von Ausbildungsmitteln sollten die Erkenntnisse über den Lerntransfer (siehe dazu Abschnitt 5.4.1 „Bedeutung von Üben und Anwenden (Transfer) für den Lern- und Ausbildungserfolg") mit verwertet werden; das heißt beispielsweise zu berücksichtigen, dass Informationen, die über Wort und Bild zusammen vermittelt werden, den Lernerfolg erheblich steigern.

Handlungsorientierte, fallbezogene Aufgaben

1. Als Ausbilder möchten Sie Ausbildungsmittel einsetzen, um damit beim Lehrling die Vermittlung von Kenntnissen und Fertigkeiten zu erleichtern.

<u>Aufgabe:</u>

a) Welche Faktoren und Gegebenheiten beachten Sie bei der Auswahl der geeigneten und richtigen Ausbildungsmittel?
b) Welche Grundsätze sind für den bestmöglichen Erfolg beim Einsatz von Ausbildungsmitteln zu beachten?

„Siehe Seite 241 ff. des Textteils!"

4.4 Handlungssituation: Ausbildungserfolgskontrollen durchführen

Kompetenzen:
- Methoden der Ausbildungserfolgskontrolle kennen und im betrieblichen Ausbildungsprozess anwenden

4.4.1 Begriff, Arten und Funktionen der Ausbildungserfolgskontrollen

Ausbildungserfolgskontrollen (Lernerfolgskontrollen) dienen generell dazu, erworbene Kenntnisse, Fertigkeiten und Verhaltensweisen ausbildungsbegleitend ständig nachzuweisen und zu erproben.

Ausbildungserfolgskontrollen sind für die betriebliche wie für die schulische Berufsausbildung gesetzlich vorgeschrieben.

Vorgeschriebene Ausbildungserfolgskontrollen während der Berufsausbildung

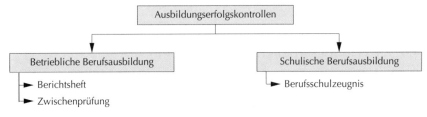

Abbildung 167

Andererseits finden im Ausbildungsbetrieb selbst ständig zusätzliche Kontrollen des Ausbildungserfolges statt, zum Beispiel als Übungsarbeiten und Tests.   *Übungsarbeiten*

Wesentliche Funktionen von Ausbildungserfolgskontrollen sind vor allem: *Funktionen*
- Überwachung der Berufsausbildung hinsichtlich Planung, Durchführung und Ausbildungsmethoden
- Feststellung des jeweiligen Lernstandes
- Steuerung des Lehr- und Lernprozesses
- Weckung von Lernanreiz und Lernmotivation
- Feststellung der Eignung für den gewählten Beruf (Probezeit)
- Kontrolle der Durchführung der Ausbildung (Medieneinsatz, Ausbildungsstil u. a.)
- Bestimmung eines möglichen Arbeitseinsatzes nach der Ausbildung
- Nachweis bestimmter Berechtigungen.

4.4.2 Allgemeine Anforderungen an Lernerfolgs- bzw. Ausbildungserfolgskontrollen

Voraus-
setzungen

Ausbildungserfolgskontrollen sollen in der Regel folgende Voraussetzungen erfüllen:
- Eignung als Instrument der Lernhilfe
- Gewährleistung der Transparenz (Offenlegung)
- Objektivität der Beurteilung, das heißt das Ergebnis einer Kontrolle darf nicht von der Person des Prüfers abhängen
- Beachtung des Grundsatzes der Validität (Gültigkeit), das heißt die angewandten Verfahren zur Kontrolle des Ausbildungserfolges müssen zuverlässig sein
- Übereinstimmung der Kontrolle mit dem Ausbildungszweck
- Verbindung der Beurteilung mit einem Beurteilungsgespräch.

4.4.3 Durchführung innerbetrieblicher Ausbildungserfolgskontrollen

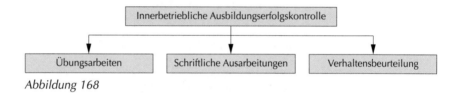

Abbildung 168

4.4.3.1 Übungsarbeiten (Arbeitsproben)

> Bei Übungsarbeiten oder Arbeitsproben wird der Lehrling im betrieblichen Alltag beobachtet. Es geht dabei weniger um bestimmte Einzelleistungen, sondern darum, wie der Lehrling an die gestellte Arbeit herangeht und wie er sie zu lösen versucht.

Arbeitsproben

Während der Übungsarbeiten soll also das Gesamtverhalten nach Fertigkeiten und Fähigkeiten beobachtet werden. Übungsarbeiten und Arbeitsproben zählen damit zu den prozessualen Lernstandskontrollen, da der gesamte Prozess (Verlauf) des Arbeitens beim Auszubildenden während der gestellten Aufgabe beobachtet wird.

4.4.3.2 Schriftliche Ausarbeitungen

> Schriftliche Ausarbeitungen sind resultative Lernstandskontrollen, das heißt, es werden die Ergebnisse beurteilt, die der Lehrling erzielt.

Dazu dienen vor allem Fragen, mit deren Hilfe das bis zum Prüfungszeitpunkt erworbene Wissen kontrolliert wird. Dafür sind insbesondere zwei Formen geeignet:

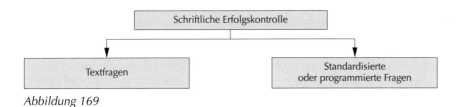

Abbildung 169

Bei Textfragen wird ausführlich der in Frage stehende Sachverhalt handlungsorientiert abgehandelt. Dies kann im Rahmen von Stichworten oder ausführlicheren Aufsätzen erfolgen. Wichtig ist, dass der Lehrling die Antworten selbst formulieren muss.

Textfragen

Bei standardisierten oder programmierten Fragen müssen aus mehreren vorgegebenen Antworten eine oder mehrere als richtig erkannt werden.

Standardisierte Fragen

4.4.3.3 Verhaltensbeurteilung/Beurteilungsgespräch

Verhaltensbeurteilung

> Im Rahmen der Verhaltensbeurteilung beobachtet der Ausbilder unter anderem, wie der Lehrling an die gestellten Aufgaben herangeht und wie er sich gegenüber Vorgesetzten und Kollegen verhält. Die Verhaltensbeurteilung enthält sowohl Elemente einer resultativen, das heißt vom Leistungsergebnis abhängigen, wie auch Elemente einer situativen, das heißt von Lage und Umfeld abhängigen Lernstandskontrolle.

Die Ergebnisse der Verhaltensbeurteilung finden ihren Niederschlag im Beurteilungsbogen.

Die Führung solcher Beurteilungsbogen ist jedem Ausbildenden bzw. Ausbilder dringend zu empfehlen. Denn sie sind eine wichtige Basis für eine erfolgreiche Ausbildung. Außerdem dienen sie als Entscheidungsgrundlage für die Gestaltung der Ausbildung, so dass für jeden Lehrling der bestmögliche Erfolg erreicht werden kann. Ferner können gut geführte Beurteilungsbogen auch herangezogen werden, wenn der Ausbilder dazu Stellung nehmen soll, ob eine Lehrzeitverkürzung in Frage kommt.

Beurteilungsbogen

Werden die Beurteilungsbogen ebenso wie das Abgangsschulzeugnis und die Ergebnisse in der Berufsschule zur Personalakte genommen, so kann sich der Ausbilder bzw. Ausbildende stets ein umfassendes Bild über den Ausbildungsstand des Lehrlings verschaffen.

Die Erstellung eines Beurteilungsbogens ist weniger kompliziert als viele Ausbildungsbetriebe befürchten. Es kommt dabei vor allem darauf an, dass der Beurteilungsbogen mit seinem wesentlichen Inhalt auf den einzelnen Beruf und dessen Anforderungen abgestimmt wird. Dazu orientiert man sich am besten am betrieblichen Ausbildungsplan. Dabei sollte auch auf die sog. Schlüsselqualifikationen eingegangen werden. Da der Berufsausbildung nach dem Berufsbildungsgesetz ferner ein persönlichkeitsbezogenes Ziel vorgegeben ist, ist es empfehlenswert, auch allgemeine Eigenschaften und dementsprechende Verhaltensweisen in den Beurteilungsbogen aufzunehmen.

Inhalt

> Ein Beurteilungsbogen enthält in der Regel in der Senkrechten die Beurteilungsbereiche bzw. Beurteilungsmerkmale und in der Waagrechten die Ergebnisse der Beurteilung. Hierzu wird eine klare und nachvollziehbare Abstufung empfohlen. Sie sollte mindestens dreistufig sein, also etwa: erreicht, teilweise erreicht, nicht erreicht. Noch besser allerdings ist eine mindestens fünfstufige Bewertung. Der Ausbilder kreuzt dann entsprechend seiner Bewertung bei der entsprechenden Stufe an.

Jeder Beurteilungsbogen kann selbstverständlich in Bezug auf die einzelnen Beurteilungsmerkmale noch tiefer und hinsichtlich der Ergebnisse nach Ausbildungsabschnitten gegliedert werden.
Wichtig ist auf jeden Fall, dass für den Beurteiler der Beurteilungsbogen einsichtig und praktikabel ist, so dass er damit umgehen kann.

Regeln

Bei der Beurteilung sollten folgende Regeln eingehalten werden:
- Beobachtungen sollen sofort schriftlich im Beurteilungsbogen festgehalten werden.
- Bei mehreren Auszubildenden sollte nach Möglichkeit das gleiche Verhalten in der gleichen Situation beobachtet werden.
- Die Aufzeichnungen sollen rein sachlich sein. Erklärungen und Bewertungen sind Gegenstand des Beurteilungsgesprächs.
- Beobachtungen des Lehrlings sollen regelmäßig erfolgen und nicht auf Einzelvorfälle beschränkt sein.

Der folgende Beurteilungsbogen, der sich am Beispiel für einen einzelbetrieblichen Ausbildungsplan (siehe Abschnitt 2.4 „Handlungssituation: Betrieblichen Ausbildungsplan erstellen") orientiert, gibt beispielhaft Aufschluss über die Möglichkeiten der Beurteilung von Lehrlingen. Für die Beurteilung gilt dabei eine sechsstufige Skala, die auch mit Punktwerten versehen werden kann, also:

Punkteskala

sehr gute Leistung	(= 6 Punkte)
gute Leistung	(= 5 Punkte)
durchschnittliche Leistung	(= 4 Punkte)
ausreichende Leistung	(= 3 Punkte)
schlechte Leistung	(= 2 Punkte)
sehr schlechte Leistung	(= 1 Punkt).

<u>Beurteilungsgespräch</u>

> Der Beurteilungsbogen ist Basis für ein ausführliches Gespräch mit dem Lehrling, das so genannte Beurteilungsgespräch.

Aufgaben

Das Beurteilungsgespräch hat wichtige Aufgaben zur
- Motivation
- Beratung
- Förderung

des Auszubildenden.

Regeln

Für ein erfolgreiches Beurteilungsgespräch sind mehrere Regeln zu beachten:
- Rechtzeitige Terminabsprache, damit alle Beteiligten sich auf das Gespräch vorbereiten können.
- Ausreichende Vorbereitung des Gesprächs.

- Kein Beurteilungsgespräch unter Zeitdruck oder schlechter Stimmung.
- Schaffung einer lockeren und angenehmen Gesprächsatmosphäre.

Das Gespräch selbst sollte folgenden Aufbau haben:

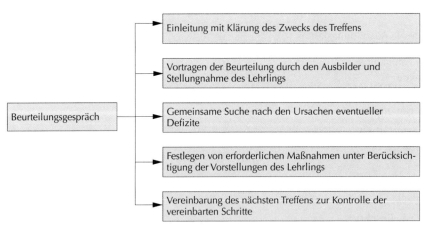

Abbildung 170

Beurteilungsbogen:

Ausbildungsabschnitt:	Bewertung der einzelnen Merkmale nach Punkten, wobei das beste Urteil die Punktzahl 6 und das schlechteste die Punktzahl 1 ergibt					
1. Halbjahr des 1. Ausbildungsjahres	6	5	4	3	2	1
1. Fertigkeiten und Kenntnisse lt. Ausbildungsplan – Planen und Vorbereiten des Arbeitsablaufes sowie Kontrollieren und Bewerten der Arbeitsergebnisse – Lesen, Anwenden und Erstellen von technischen Unterlagen – Prüfen, Messen, Lehren – Fügen – manuelles Spanen und Umformen – Aufbau und Organisation des Ausbildungsbetriebes – Arbeits- und Tarifrecht, Arbeitsschutz						
Summe (falls gewünscht)						
2. Persönliche Eigenschaften des/der Auszubildenden • Theoretische Fähigkeiten – Auffassungsgabe – Ausdauer und Konzentration – Beobachtungsgabe – selbstständiges Denken – Lernfähigkeit – Merkfähigkeit – Umsetzungsfähigkeit (Transfervermögen)						
Summe (falls gewünscht)						

Ausbildungsabschnitt:	Bewertung der einzelnen Merkmale nach Punkten, wobei das beste Urteil die Punktzahl 6 und das schlechteste die Punktzahl 1 ergibt					
1. Halbjahr des 1. Ausbildungsjahres	6	5	4	3	2	1
● Praktische Fähigkeiten – Fachkenntnisse – manuelle Geschicklichkeit						
Summe (falls gewünscht)						
● Einstellung zur Arbeit – Arbeitstempo – Fleiß – Kreativität – Sorgfalt – Zuverlässigkeit						
Summe (falls gewünscht)						
● Soziales Verhalten – Bereitschaft zur Zusammenarbeit – Einordnungsbereitschaft – Hilfsbereitschaft – Verantwortungsbewusstsein – Kontaktfähigkeit – Teamfähigkeit – Verhalten gegenüber Vorgesetzten – Verhalten gegenüber Kollegen – Verhalten gegenüber Kunden						
Summe (falls gewünscht)						
Gesamtsumme (falls gewünscht)						

4.4.4 Leistungsfeststellung und -beurteilung

Bewerten
Beurteilen

Leistungsfeststellung (auch Bewertung genannt) und -beurteilung sind während der gesamten Ausbildung notwendig. Auf der Grundlage der jeweiligen Ergebnisse können rechtzeitig erforderliche Korrekturen im gesamten Ausbildungsprozess vorgenommen werden.
Damit sind Bewertung und Beurteilung entscheidend für den Erfolg der Berufsausbildung.

4.4.4.1 Aussageformen

Grundlage jeder Bewertung und Beurteilung ist die Feststellung von folgenden Faktoren:
– Lernergebnisse bei Kenntnissen und Fertigkeiten
– Leistungen
– Leistungs- und Lernverhalten

Faktoren

- Leistungs- und Lernschwächen
- Interessen
- Verhaltensformen.

Eine Bewertung und Beurteilung dieser Faktoren ist zu verschiedenen Zeitpunkten möglich und erforderlich:

Zeitpunkte

- am Ende der Probezeit
- nach Beendigung eines Ausbildungsabschnittes
- am Ende der Ausbildung.

4.4.4.2 Beobachtungs- und Beurteilungskategorien

Es gibt zahlreiche Beurteilungskategorien und -merkmale.

Abbildung 171

Im Einzelnen zählen zu diesen Kategorien unter anderem folgende Merkmale:

Beurteilungsmerkmale

- **Theoretische Fähigkeiten**
  - Auffassungsgabe
  - Ausdauer und Konzentration
  - Beobachtungsgabe
  - Denkfähigkeit
  - Lernfähigkeit
  - Merkfähigkeit
  - Umsetzungsfähigkeit (Transfervermögen)

- **Praktische Fähigkeiten**
  - Fachkenntnisse
  - manuelle Geschicklichkeit

- **Einstellung zur Arbeit**
  - Arbeitstempo
  - Fleiß
  - Kreativität
  - Sorgfalt
  - Zuverlässigkeit

- **Einstellung zur Umwelt**
  - Bereitschaft zur Zusammenarbeit
  - Einordnungsbereitschaft
  - Hilfsbereitschaft
  - Kontaktfähigkeit
  - soziales Verhalten gegenüber Kollegen und Kunden.

4.4.4.3 Bewertungssysteme

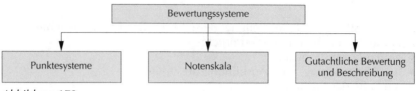

Abbildung 172

100-Punkte-System

Notenskala

Am objektivsten ist die Bewertung, wenn eine exakte Fehler- und Punktezahlermittlung möglich ist. Dies ist zum Beispiel bei der programmierten Prüfung der Fall. Dann bietet sich das so genannte 100-Punkte-System an, innerhalb dessen die Prüfungsleistung eingeordnet wird. Die persönlichen Erfahrungen des Ausbilders und Lehrenden gehen in die Bewertung ein, wenn beispielsweise Textaufgaben im Rahmen der üblichen Notenskala (1–6) beurteilt werden sollen. Bei der gutachtlichen Beschreibung kommt es darauf an, durch eine entsprechende Wortwahl die Beurteilung und Bewertung so abzufassen, dass sie in ihrem Sinngehalt auch von Dritten nachvollzogen werden kann.

4.4.4.4 Beurteilungs- bzw. Bewertungsmaßstäbe

> Jede Bewertung erfordert auch Maßstäbe, damit sie von jedermann möglichst objektiv nachvollzogen werden kann.

Vergleichsweise unproblematisch ist dies beim 100-Punkte-System möglich. Hier hat sich allgemein eine Skala mit den folgenden Zuordnungen durchgesetzt:

100 – 92 Punkte: sehr gut (1)	66 – 50 Punkte: ausreichend (4)
91 – 81 Punkte: gut (2)	49 – 30 Punkte: mangelhaft (5)
80 – 67 Punkte: befriedigend (3)	29 – 0 Punkte: ungenügend (6)

Sechs-Noten-System

Schwieriger gestaltet sich das Finden eines entsprechenden Maßstabes bei der freien Benotung im Rahmen des Sechs-Noten-Systems. Hier muss sich der Ausbilder entweder vor der Bewertung einen Maßstab zurechtlegen, den er konsequent einhält, beispielsweise die Zahl richtiger Lösungen mit der jeweiligen Notenzuordnung; oder aber der Maßstab wird erst nach Durchsicht der Prüfung festgelegt. Dann kann beispielsweise so verfahren werden, dass als befriedigende Leistung (= Note 3) die durchschnittliche Fehlerzahl pro Prüfungsteilnehmer zugrunde gelegt wird. An diesem Maßstab werden dann die einzelnen Prüfungsleistungen gemessen.

Bei diesen Verfahren gilt es, besonders einseitige Bewertungen zu vermeiden. In der Praxis ist man bestrebt, bezüglich der einzelnen Noten eine so genannte Gaußsche Normalverteilung (benannt nach dem Mathematiker Gauß) zu erreichen. Graphisch lässt sich dies folgendermaßen darstellen:

Kurve der Normalverteilung für eine Bewertung nach Noten

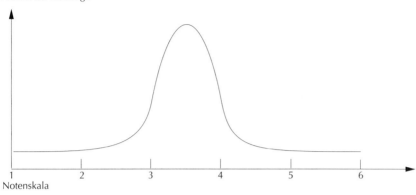

Abbildung 173

Diese Verteilung darf aber nicht als strikte Vorgabe angesehen werden. Vielmehr sind immer die Eigenheiten des Lernstoffs und der Prüflinge zu berücksichtigen.

4.4.4.5 Beurteilungsfehler

Bei jeder Beurteilung ist es wichtig, sich von gefühlsmäßigen Eindrücken weitestgehend frei zu machen und das Urteil auf
- tatsächliche und
- nachweisbare

Einzelbeobachtungen zu gründen.

Objektive Beurteilung

Jede Beurteilung muss zu jedem Zeitpunkt und im konkreten Einzelfall den persönlichen Ausbildungsstand des Betroffenen berücksichtigen. Sind beispielsweise durch Abwesenheit des Lehrlings Lücken entstanden, die er nicht zu vertreten hat, so darf der Ausbilder dies nicht außer Acht lassen.
Ansonsten läuft er Gefahr, bei der Beurteilung weit reichende Fehler zu machen.

Persönliche Besonderheiten

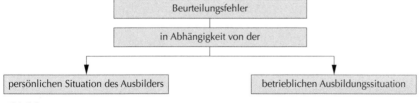

Abbildung 174

Aus der **persönlichen Situation des Ausbilders** heraus können sich vor allem folgende Faktoren fehlerhaft auf die Beurteilung auswirken:
- Interessen und Bedürfnisse (zum Beispiel gemeinsame Hobbys)
- Gefühle und Stimmungen (Sympathie, Antipathie)
- Voreingenommenheit und Vorurteile (zum Beispiel wegen Kleidung, Frisur u. Ä.)

Beurteilungsfehler im Rahmen der **betrieblichen Ausbildungssituation** ergeben sich aus dem Spannungsverhältnis zwischen Ausbilder, Lehrling sowie der Lern- und Prüfungssituation.

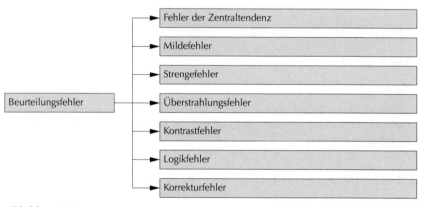

Abbildung 175

Fehler der Zentraltendenz oder der Tendenz zur Mitte: Der Ausbilder neigt dazu, alle Auszubildenden etwa gleich zu beurteilen.

Mildefehler: Vor allem wenn sich der Ausbilder den Lehrlingen gegenüber zu kollegial verhält und sich zu sehr mit ihnen identifiziert, besteht die Gefahr einer zu milden und wohlwollenden Einstellung sowie Beurteilung. Der Ausbilder sieht dabei auch zu sehr in seinen Ausbildungsbemühungen den eigenen Leistungserfolg.

Strengefehler: Aufgrund eines zu hohen und für die Lehrlinge kaum erreichbaren Beurteilungsmaßstabes werden diese zu streng beurteilt.

Überstrahlungsfehler: Der einmal gewonnene, von einer hervorstechenden Eigenschaft bestimmte Eindruck vom Lehrling ist beim Ausbilder häufig so ausgeprägt, dass er andere Eigenschaften nicht mehr erkennt. Daraus kann der Eindruck entstehen, dass die anderen Beurteilungsmerkmale genauso ausgeprägt sind.

Kontrastfehler: Der Ausbilder misst die Lehrlinge an den Anforderungen, die er an sich selber stellt. Meistens ist damit die Gefahr einer zu strengen Bewertung verbunden.

Logikfehler: Der Ausbilder begeht den Fehler, von einigen Merkmalen auf andere logisch zu schlussfolgern, anstatt auch diese Merkmale gründlich zu beobachten.

Korrekturfehler: Der Ausbilder zieht immer wieder frühere Beurteilungen heran, anstatt starke Verbesserungen oder Verschlechterungen des Lehrlings angemessen zu berücksichtigen.

> Um solche Fehler vermeiden zu helfen und aus jeder Bewertung und Beurteilung die entsprechenden Schlussfolgerungen für die weitere betriebliche Ausbildung ziehen zu können, ist es jedem Ausbilder dringend zu empfehlen, die Beurteilungs- und Bewertungsergebnisse mit allen Beteiligten, also insbesondere mit dem Lehrling, dessen Eltern und den Berufsschullehrern zu besprechen. Notfalls können auch Ausbildungsberater und Lehrlingswart hinzugezogen werden.

Beurteilungsgespräch

4.4.5 Ausbildungsnachweis/Berichtsheft als Hilfsmittel der Ausbildungserfolgskontrollen

Das Berichtsheft (Ausbildungsnachweis), das im Wesentlichen in tabellarischer Form die an einem Ausbildungstag ausgeübten Tätigkeiten enthält, ist für den Ausbilder anhand der Darstellung und Beschreibung durch den Lehrling ein wichtiges Kontrollmittel, ob der Lehrling die zu vermittelnden Kenntnisse und Fertigkeiten auch tatsächlich erfasst und verarbeitet hat. Auch der Lehrling selbst kann bei einer gewissenhaften Führung des Berichtsheftes kontrollieren, ob er alles verstanden hat, und gegebenenfalls den Ausbilder nochmals um Erklärung bitten.

4.4.6 Außerbetriebliche Lernerfolgskontrollen: Auswertung von Zwischenprüfungen und Lernerfolgskontrollen der Berufsschule

Die wichtigsten außerbetrieblichen Erfolgskontrollen während der Berufsausbildung sind
- Zwischenprüfungen
  und
- Lernerfolgskontrollen der Berufsschule.

Beide Arten der Erfolgskontrolle sind nicht nur für den Lehrling, sondern als eine Art Rückkopplung über die Qualität der gesamten Ausbildung auch für den Betrieb von großer Bedeutung.

4.4.6.1 Zwischenprüfung

> Die Zwischenprüfung ist ein Kontrollinstrument für den jeweiligen Ausbildungsstand des Lehrlings im Rahmen der betrieblichen Ausbildung.

4.4.6.2 Lernerfolgskontrollen in der Berufsschule

Schriftliche und mündliche Kontrollen

> In den Berufsschulen werden zahlreiche schriftliche oder mündliche Kontrollen durchgeführt, die in das Berufsschulzeugnis eingehen und damit die Leistungen des Lehrlings in den fachtheoretischen und allgemein bildenden Teilen widerspiegeln.

Man könnte auch sagen, dass es sich dabei um eine Art schulischer Beurteilungsbogen handelt.
Der Ausbilder sollte auch diese Beurteilungsergebnisse in sein Gesamtbild über den Lehrling und in die Gestaltung der betrieblichen Ausbildung einbeziehen.

Handlungsorientierte, fallbezogene Aufgaben

1. Sie haben in Ihrem Betrieb 2 Lehrlinge, über deren Ausbildungserfolg Sie während der gesamten Ausbildung mehrfach Kontrollen durchführen.

Aufgabe:

a) **Nennen Sie verschiedene Formen der Ausbildungserfolgskontrolle, die während der Ausbildung vorgeschrieben sind!**
b) **Beschreiben Sie die wesentlichen Funktionen von Ausbildungserfolgskontrollen!**
„Siehe Seite 245 ff. des Textteils!"

2. Nach der Beurteilung Ihres Lehrlings führen Sie mit diesem ein Gespräch zur Erörterung der Ergebnisse Ihrer Bewertung und Beurteilung.

Aufgabe: Beschreiben Sie den Aufbau eines solchen Beurteilungsgesprächs!
„Siehe Seite 249 des Textteils!"

3. Sie möchten die Bewertung der Leistungen Ihres Lehrlings so darstellen, dass sie auch von einem Dritten möglichst objektiv nachvollzogen werden kann.

Aufgabe: Schildern Sie ein Bewertungsverfahren, anhand dessen Ihnen dieses möglich ist!
„Siehe Seite 252 des Textteils!"

5 Handlungsfeld: Förderung des Lernprozesses

5.1 Handlungssituation: Lebenssituationen und Entwicklungsstand als Lernvoraussetzung von Lehrlingen erkennen und berücksichtigen

> **Kompetenzen:**
> - Einflüsse verschiedener Bezugspersonen bzw. Lebensbereiche und Kulturen auf das Verhalten junger Erwachsener verstehen und bei der Ausbildung des Lehrlings berücksichtigen
> - Entwicklungserscheinungen beim Übergang vom Jugend- zum Erwachsenenalter kennen und im Ausbildungsprozess berücksichtigen
> - Bedeutung der Prüfung von Lernvoraussetzungen begründen, Bezugspunkte für die Prüfung von Lernvoraussetzungen verstehen sowie die Prüfung von Lernvoraussetzungen des Lehrlings vornehmen

5.1.1 Generelle Lernvoraussetzungen

Die Umwelteinflüsse auf die Entwicklung junger Menschen waren zu keiner Zeit so stark wie heute. Dies ist auch darauf zurückzuführen, dass Freizeitdauer und Möglichkeiten ihrer Gestaltung in einem enormen Ausmaß gewachsen sind. Diese Faktoren haben auch maßgeblichen Einfluss auf das berufliche Lernen. Der Ausbilder sollte insbesondere folgende Bereiche berücksichtigen und sich bei der Ausbildung daran orientieren.

Umwelteinflüsse

Die wesentlichen Beeinflussungsfelder für Jugendliche und junge Erwachsene

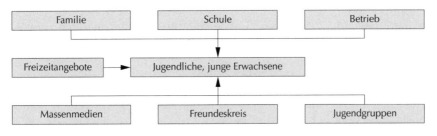

Abbildung 176

5.1.1.1 Wirtschaftliche und soziale Situation der Familie

Hier sind insbesondere die Bedingungen, innerhalb derer sich der Jugendliche entwickeln kann und konnte (so genannte Sozialisationsbedingungen) sowie die wirtschaftlichen und sozialen Verhältnisse von Bedeutung. Merkmale dafür sind u. a.:

- Erziehung durch beide Elternteile oder Aufwachsen bei Alleinerziehenden
- Vorhandensein von Geschwistern
- Berufliche Situation der Eltern; Arbeitslosigkeit oder Beschäftigung
- Vorhandensein von Suchtverhalten in der Familie
- Vorbildfunktion der Eltern
- Wohnumfeld
- Kultureller Hintergrund.

Umfeld

Der letztgenannte Faktor ist vor allem bei ausländischen Jugendlichen oder Aussiedlern wichtig. Sie kennen teilweise wesentlich andere Lehr- und Erziehungsstile.

Familie

Bei der Familie ist ferner danach zu unterscheiden, ob es sich dabei um Eltern und Geschwister handelt oder ob der Lehrling eventuell schon eine eigene Familie gegründet hat. Dann ist der Einfluss der Familie naturgemäß wesentlich stärker als im anderen Fall, wo die Loslösung vom Elternhaus zumeist schon wesentlich fortgeschritten ist.

5.1.1.2 Freundesgruppen

> Freundeskreis und Jugendgruppen nehmen bei Jugendlichen eine wichtige Rolle beim gesamten Prozess der Loslösung vom Elternhaus ein. Sie haben auf Jugendliche großen Einfluss.

Sie äußern sich aber nur selten in negativen Entwicklungen wie

Extreme Jugendgruppen

- der Zugehörigkeit zu extremen Jugendgruppen (zum Beispiel Skinheads, Punks, Hooligans und Ähnliche)
- der Jugendkriminalität
- dem Anschluss an Sekten
und

Drogen

- der Hinwendung zu Drogen und Suchtmitteln, die letztendlich zur völligen Leistungsunfähigkeit und zum körperlichen Verfall führen können.

5.1.1.3 Medien

Reizeinflüsse

Die Reizeinflüsse, denen die Jugend heute ausgesetzt ist, werden immer vielfältiger. Beispielhaft sind zu nennen:
- Werbung
- immer weiter zunehmende Mobilität
- Filme, Fernsehen, Video
- Computerspiele, Internet
- Zeitschriften
- Porno- und Gewaltdarstellungen
- Stresswirkungen sonstiger Art.

Zu beobachten ist als Folge vielfach ein Nachlassen der Konzentrationsfähigkeit durch die Reizüberflutung. Besonders weit reichend sind die Beeinflussungsmöglichkeiten bei Jugendlichen, die selbst noch keine fest gefügten Werthaltungen für ihr Leben entwickelt haben. Nicht gering schätzen darf man ferner den Einfluss von Vorbildern oft negativer Art aus Fernsehserien, Filmen, Videos und Computerspielen, beispielsweise hinsichtlich der Rauch- und Trinkgewohnheiten oder auch der Art, Konflikte zu lösen. Dieser Verantwortung sollten sich alle für die entsprechende Programmgestaltung zuständigen Personen bewusst sein.

5.1.1.4 Schulische Voraussetzungen

Hinsichtlich der schulischen Voraussetzungen ist es für die Ausbildung und deren Gestaltung wichtig, ob es sich bei den Lehrlingen um
- Sonderschüler (Schüler, die in ihrer Entwicklung oder in ihrem Lernen so beeinträchtigt sind, dass sie in den üblicherweise vorgesehenen Schularten nicht oder nicht ausreichend gefördert werden konnten) *Sonderschüler*
- Hauptschüler (Schüler mit grundlegender Allgemeinbildung und praxisbezogenem Wissen und Können) *Hauptschüler*
- Realschüler (Schüler mit allgemeiner und differenziert berufsvorbereitender Bildung) *Realschüler*
- Gymnasiasten (Schüler mit einer vertieften Allgemeinbildung und zusätzlichen Voraussetzungen für eine berufliche Ausbildung wie beispielsweise Fremdsprachen) *Gymnasiasten*

handelt.
Die Schullaufbahn des Jugendlichen prägt das Lernniveau, die Leistungsfähigkeit und soziale Eigenschaften.

> Allerdings ist nachdrücklich davor zu warnen, pauschal vom Schulabschluss auf Eigenschaften und Leistungsfähigkeit des Jugendlichen zu schließen. Es kommt immer auf den Einzelfall an.

5.1.1.5 Betrieb

Aber auch durch die betriebliche Umwelt, die sachlichen Gegebenheiten wie auch insbesondere die sozialen Beziehungen zu Ausbilder, Kollegen und Kunden, werden junge Menschen maßgeblich geprägt.

5.1.2 Grundzusammenhänge

5.1.2.1 Handeln und Verhalten als Funktion von Person und Umwelt

> Jede Person ist in ihrem Wesen einmalig (Individuum). Sie verwirklicht sich letztlich aber erst im Kontakt mit ihrer Umwelt, das heißt dem gesamten äußeren Umfeld, das uns umgibt. *Individuum*

Umwelt sind sowohl die Natur um uns herum wie auch andere Menschen, insbesondere die Familie und weitere Gruppen, denen man angehört. Für das Zusammenleben spielen Handeln und Verhalten des Einzelnen eine wichtige Rolle. Handeln heißt, zweckgerichtet etwas zu bewirken. Unter Verhalten versteht man bewusste (kognitive), bewegungsmäßige (motorische) und gefühlsmäßige (affektive) Reaktionen und Bewegungen, die angeboren oder erlernt sein können. Sie prägen das Handeln wesentlich.

Das Zusammenwirken von Person und Umwelt

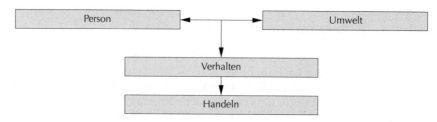

Abbildung 177

5.1.2.2 Begriff und Faktoren der Entwicklung

Entwicklungsbegriff

> Als Entwicklung bezeichnet man im Rahmen der Berufspädagogik die laufend fortschreitende Veränderung des Menschen hinsichtlich körperlicher Merkmale und in Bezug auf seine Verhaltensweisen.

Die gesamte Entwicklung lässt sich dabei in verschiedene Abschnitte einteilen. Für den Bereich der Berufsausbildung sind von besonderer Bedeutung
- frühe Adoleszenz
- mittlere Adoleszenz
- spätere Adoleszenz.

Faktoren der Entwicklung

Erbanlagen

> Hinsichtlich der Entwicklung wird danach unterschieden, welcher Anteil durch die Erbanlagen und welcher durch Umwelteinflüsse bedingt ist. Im ersten Fall handelt es sich um Reifungsprozesse, im zweiten um Lernen.

Reifung

Reifung beschreibt also die Entwicklung des Menschen bezüglich
- seiner äußeren Erscheinung
- seines Verhaltens
- seiner Leistungsfähigkeit
- seiner Intelligenz
- seiner Persönlichkeit,

soweit sie bereits in den Erbanlagen festgelegt ist.

Umwelteinflüsse

Die Steuerungsmöglichkeit durch Umwelteinflüsse ist in Teilbereichen wie der äußeren Erscheinung (Körpergröße u. Ä.) nur in geringem Umfang möglich, während bei Intelligenz, Verhalten und Leistungsfähigkeit die Einflussnahme durch Lernen in größerem Umfange gegeben ist. Beim

Menschen ist das Verhalten kaum instinktiv ausgeprägt, vielmehr entwickelt es sich durch aktive Anpassung an die jeweiligen Umstände und sozialen Gegebenheiten.
Allerdings bestimmen die Erbanlagen gewisse Grenzen, die dann auch durch Lernprozesse nicht überschritten werden können.

5.1.2.3 Entwicklung von habituellen Personeneigenschaften

Habituelle Personeneigenschaften sind solche Verhaltensformen, die durch bestimmte Reiz-Reaktions-Verbindungen entstehen, das heißt auf bestimmte Reize folgen entsprechende Reaktionen. Man unterscheidet dabei mehrere derartiger habitueller Personeneigenschaften.

Reiz-Reaktionsverbindungen

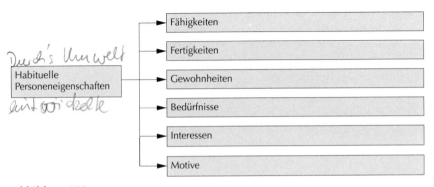

Abbildung 178

Fähigkeiten: Sie ermöglichen es, auftretende Probleme durch Lernprozesse oder entsprechende Leistungen bewältigen zu können. Wichtige Grundfähigkeiten sind zum Beispiel logisches Denken, abstraktes Denken, Raumvorstellungsvermögen und Merkfähigkeit.
Fertigkeiten: Mit Fertigkeiten können Aufgaben und Anforderungen durch bereits erlernte Reaktionsmuster ohne größere Probleme und möglichst schnell bewältigt werden. Beispiele dafür sind Handgriffe, die zur Bedienung einer Maschine erforderlich sind.
Gewohnheiten: Gewohnheiten ergeben sich aus ständigem Lernen und Üben. Beispiele sind routinemäßige Handlungen und immer wiederkehrende Denkmuster.
Bedürfnisse: Bedürfnisse ergeben sich aus dem Spannungsfeld zwischen Reiz und Reaktion, also beispielsweise dem Hunger und dem Bestreben, diesen Mangel zu beheben.
Interessen: Sie können sich äußern als Anteilnahme, Aufmerksamkeit oder Neigung und werden vom Verhältnis der Person zu den jeweiligen Gegenständen bestimmt, also beispielsweise Interesse des Jugendlichen an seiner Berufsausbildung.
Motive: Motive sind treibende Elemente für ein bestimmtes Handeln. Wenn jemand beispielsweise eine bestimmte Anschaffung tätigen will, so kann dies für ihn Anlass sein, mehr zu sparen oder Überstunden zu leisten.

5.1.3 Entwicklungserscheinungen

5.1.3.1 Pubertät und Adoleszenz

Reifungsprozess

Bei der Entwicklung vom Kind zum Erwachsenen findet beim Menschen ein entscheidender und einschneidender Reifungsprozess statt.
Dieser Reifungsprozess ist sowohl körperlicher, moralischer wie auch geistig-intellektueller Art. Ausgelöst werden die biologisch-körperlichen Veränderungen durch Umstellungen im Körperchemismus (innersekretorisches Drüsensystem). Von Bedeutung sind insbesondere hormonale Einflüsse, gesteuert durch die Hirnanhangdrüse und die Keimdrüsen, vor dem Hintergrund genetischer, geographischer und ernährungsbedingter Faktoren.

Adoleszenz

Pubertät

> Man bezeichnet diese Phase als Jugendalter oder auch als Adoleszenz. In ihr findet auch die sexuelle Reifung des Menschen statt. Deren verschiedene Stadien werden als Pubertät bezeichnet.

Die Phasen des Jugendalters

Frühe Adoleszenz	10. bis 13. Lebensjahr
Mittlere Adoleszenz	14. bis 16. Lebensjahr
Späte Adoleszenz	17. bis 21. Lebensjahr

Abbildung 179

Die Dauer des Stadiums der sexuellen Reifung, die mit der frühen Adoleszenz beginnt, schwankt zwischen 3 und 6 Jahren und startet bei Mädchen 0,5 bis 1,5 Jahre früher als bei den Jungen. Dies sind allerdings nur Durchschnittswerte, da die Entwicklung bei jedem Menschen letztendlich unterschiedlich verläuft.

Akzeleration

Ferner lässt sich feststellen, dass sich die körperliche Entwicklung in den letzten Jahrzehnten spürbar beschleunigt hat. Die Geschlechtsreife wird heute um drei bis vier Jahre früher erreicht als noch vor hundert Jahren. Man nennt diesen Prozess Akzeleration. Diese Akzeleration ist vermutlich eine Folge von Änderungen in der Ernährung und in der gesamten Umwelt.

5.1.3.2 Körperliche und moralische Entwicklung während der Adoleszenz

Wichtige Bereiche der Entwicklung während der Adoleszenz

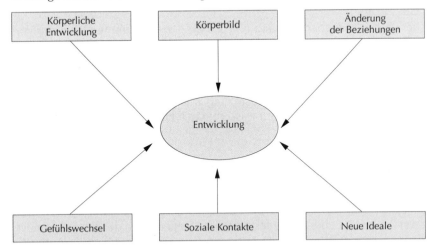

Abbildung 180

Körperliche Entwicklung
Die Pubertät bringt einen deutlichen Wachstumsschub. Außerdem ist diese Phase durch eine Zunahme der Knochendichte geprägt.

Körperbild
Infolge des Wachstumsschubes fühlen sich Jugendliche oft unsicher hinsichtlich der Wirkung ihres Erscheinungsbildes auf die Umwelt. Sie können versuchen, dies mit ausgefallener Kleidung oder besonderen Frisuren zu überdecken. Erst im Laufe der späten Adoleszenz wird dann der eigene Körper akzeptiert. Folgen dieser Schwierigkeiten können Fehlentwicklungen wie die Magersucht sein.

Änderung der Beziehungen
Mit zunehmendem Alter werden Jugendliche unabhängiger und selbstständiger. Dies bedingt die Loslösung von den Eltern als den bis dahin wichtigsten Bezugspersonen. Dieser Prozess ist bisweilen verbunden mit offener Aufsässigkeit, Trotz und Rebellion gegenüber den Einstellungen der Eltern.

Gefühlswechsel
Die Zeit des Heranwachsens ist von raschen Gefühlswechseln gekennzeichnet. Stimmungshochs und Stimmungstiefs können sich schnell ablösen. Jugendliche, die damit nicht zurecht kommen, können sehr leicht in Depressionen verfallen. In dieser Zeit steigt auch die Konfliktbereitschaft.

Soziale Kontakte

Während sich die Jugendlichen vom Elternhaus lösen, bauen sie gleichzeitig Kontakte zu Gleichaltrigen, Gleichgesinnnten und später dann zu Partnern auf.

Neue Ideale

Die Phase der Jugend ist auch eine Phase der Auflehnung gegen die Vorstellungen der älteren Generation. Die Jugendlichen entwickeln ihre eigenen Ideale und moralischen Werte und zeigen diese teilweise in offenem Protest gegenüber dem Althergebrachten. In dieser Zeit suchen sich die Jugendlichen vielfach besondere Leitfiguren und Idole wie Popsänger und Schauspieler. Die Auseinandersetzung mit der Realität führt aber recht bald zur Bereitschaft, Kompromisse einzugehen und Grenzen zu akzeptieren.

5.1.3.3 Entwicklung der geistigen Fähigkeiten

Intelligenz

Hinsichtlich der Entwicklung der Intelligenz eines jungen Menschen ist ein starker Anstieg der Kurve intellektueller Leistungen während der ersten zehn bis zwölf Lebensjahre festzustellen. Gegen Ende des Jugendalters ergibt sich eine Abflachung der Kurve und eine deutliche Stabilisierung der intellektuellen Leistungsfähigkeit im jungen Erwachsenenalter. Im Jugendalter vollzieht sich auch der Wandel

Abstraktes Denken
- vom anschaulichen zum abstrakten Denken und

Logik
- vom mechanischen Nachvollziehen zum logischen Ableiten.

5.1.3.4 Konsequenzen für eine entwicklungsgemäße Gestaltung der Berufsausbildung

> Nach wie vor sind im Handwerk viele Auszubildende Jugendliche. Bei den Übrigen handelt es sich überwiegend um junge Erwachsene. Für die erfolgreiche Arbeit als Ausbilder ist daher das Verstehen und das Eingehen auf die Probleme und Eigenheiten dieser Altersgruppe eine elementare Voraussetzung.

Entwicklungsgemäße Gestaltung der Berufsausbildung

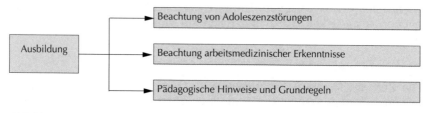

Abbildung 181

Störungen der Adoleszenz

Zu den häufigsten Adoleszenzstörungen, über die der Ausbilder Bescheid wissen sollte, gehören:
- Auftauchen psychosomatischer Beschwerden; d. h. vorhandene psychische Entwicklungsprobleme äußern sich in körperlichen Beschwerden wie Kopfschmerzen oder Bauchschmerzen.
- Depressionen mit den Folgen: Fehlende Initiative und Motivation, Entscheidungsschwäche und mangelnde Konzentration.
- Übertriebenes Risikoverhalten, wenn Jugendliche – auch körperlich – ihre Grenzen ausloten wollen.
- Jugendaggressivität und Jugendkriminalität.
- Suchtverhalten bei Alkohol, Tabak oder Drogen.
- Pubertätsmagersucht.

Der Ausbilder kann sich dazu sowohl bei Ärzten wie auch verschiedenen Selbsthilfeorganisationen oder Jugendbehörden Rat holen.

Suchtverhalten

> Besonders gefordert ist er bei Drogenkonsum durch den Lehrling. Da bei einer Drogenabhängigkeit sowie anderem Suchtverhalten nicht nur das weitere Berufs-, sondern auch das Privatleben in höchstem Maße gefährdet ist, sollte der Ausbilder bei entsprechendem Verdacht sofort das Gespräch mit dem Auszubildenden selbst, aber auch mit den Eltern, der Berufsschule, dem Gesundheits- und Jugendamt sowie Beratungsstellen suchen.

Beachtung entwicklungspsychologischer und arbeitsmedizinischer Erkenntnisse

> Jeder Ausbilder sollte ferner wissen, dass sowohl die körperliche wie auch die geistige Leistungsfähigkeit bestimmten Schwankungen unterliegt, da sie wie das gesamte menschliche Leben von rhythmischen Abläufen abhängen. Dies gilt sowohl in kurz- wie auch in längerfristiger Betrachtung.

Schwankungen der Leistungsfähigkeit

Leistungsprofil im Tagesablauf

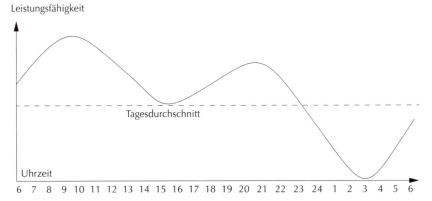

Abbildung 182

Zahlreiche Tests und Versuche haben obigen Verlauf der Leistungsbereitschaft und Leistungsfähigkeit ergeben. Sie zeigt folgende markante Werte:

Leistungshöhepunkte

- Der Gipfel der Leistungsfähigkeit liegt bereits am frühen Vormittag gegen 9 Uhr.
- Danach ist bis 15 Uhr ein Absinken zu beobachten.
- Ein weiterer Höhepunkt, allerdings auf niedrigerem Niveau, wird in den Abendstunden gegen 21 Uhr erreicht.

Leistungstiefpunkte

- Danach fällt die Leistungskurve bis in die frühen Morgenstunden gegen 3 Uhr steil ab.
- Darauf folgt ein ebenso steiler Anstieg.

Forschungsergebnisse haben gezeigt, dass dieser Verlauf der Leistungskurve zugleich ziemlich genau den Schwankungen der Körpertemperatur und der Konzentration bestimmter Hormone entspricht.

Körpertemperatur

Selbstverständlich gibt es von diesen wissenschaftlich fundierten Erhebungen bei Einzelpersonen nicht unerhebliche Abweichungen; so zum Beispiel bei so genannten „Morgenmuffeln".

Individuelle Abweichungen

Für Arbeit und Leistung ist jedoch die Tatsache wichtig, dass in den üblichen Arbeitszeiten – ohne Schichtarbeit – das Durchschnittsleistungsniveau eines 24-Stunden-Tages übertroffen wird.

Tagesrhythmus

> Trotzdem ist zu empfehlen, den Tagesrhythmus bei der Erteilung von Aufträgen und bei Unterweisungen zu berücksichtigen. Werden diese in die Phasen höchster Leistungsbereitschaft und Leistungsfähigkeit gelegt, wird der Ausbildungserfolg im Regelfall am größten sein. Die beste Zeit dafür liegt nach der Leistungskurve zwischen 8 und 11 Uhr.

Wird ständig von diesem Rhythmus abgewichen, so folgen
- Überforderung
- Ermüdung
- Erkrankung
- Arbeitsunfälle.

Leistungskurve

Aufgabe des Ausbilders ist es deshalb, die Leistungskurve bei der Gestaltung der Ausbildung zu berücksichtigen und in ungünstigeren Tageszeiten mögliche Unfallgefahren immer wieder in besonderer Art und Weise sichtbar zu machen.

In den leistungsschwächeren Rhythmusphasen sollten ferner Überbeanspruchungen wie dauerndes Stehen, unnatürliche Körperhaltung oder höchste Konzentration nach Möglichkeit vermieden werden.

Die Tagesleistungskurve sollte auch der Pausenregelung zugrunde gelegt werden.

Zeitpunkte der Ermüdung und Phasen der Erholung

Die Leistungskurve verdeutlicht auch, dass sich im Verlaufe eines Tages Zeitpunkte der Ermüdung ergeben, denen Phasen der Erholung folgen müssen.

Gesunde Lebensführung

> Pausen, Erholung, Freizeit und Schlaf müssen in den richtigen Tagesrhythmus eingepasst werden, um auf Dauer eine gesunde Lebensführung und die optimale Leistungsfähigkeit zu gewährleisten.

Für Pausen während eines Ausbildungstages werden aufgrund arbeitsmedizinischer Kenntnisse mehrere Kurzpausen empfohlen; denn es hat sich gezeigt, dass der Erholungseffekt nicht geradlinig zunimmt, sondern dass er zu Beginn einer Erholungspause größer ist und sich mit zunehmender Dauer nicht mehr nennenswert steigern lässt.

Kurzpausen

Deshalb sind mehrere Kurzpausen erholsamer als eine einzige Pause von längerer Dauer. Allerdings wird der Einzelne aus dem Arbeitsrhythmus gebracht und verliert eventuell die Motivation zum Weiterarbeiten, wenn Kurzpausen zu lange dauern. Nach dem Jugendarbeitsschutzgesetz gelten als Pausen allerdings nur Arbeitsunterbrechungen von mindestens 15 Minuten.

Die Hauptpause sollte nach Möglichkeit eher in der zweiten Hälfte der täglichen Arbeitszeit liegen und nicht am Arbeitsplatz oder im Arbeitsraum verbracht werden, um eine echte Entspannung zu gewährleisten.

Hauptpause

Die richtige Pausengestaltung bewirkt
- Erholung
- ein nicht zu starkes Abfallen der Leistungskurve
- die bessere Verarbeitung der aufgenommenen Informationen und
- die Verringerung der Unfallgefahr.

Pausengestaltung

Verlauf der Erholung bei Pausen

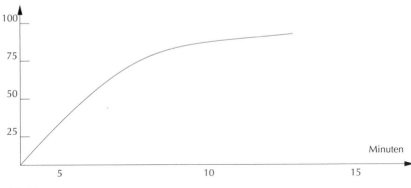

Abbildung 183

<u>Leistungsfähigkeit im Wochenablauf</u>
Die Leistungsfähigkeit zeigt auch im Verlauf einer Woche typische Schwankungen.

Leistungsprofil im Wochenablauf

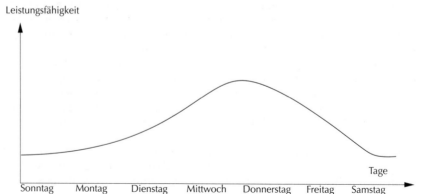

Abbildung 184

Höhepunkt

Der Kurvenverlauf zeigt, dass in der Regel die Leistungsfähigkeit zur Wochenmitte – am Mittwoch und Donnerstag – ihren Höhepunkt erreicht. Dies sollte bei der Aufstellung des Wochenunterweisungsplanes durch den Ausbilder berücksichtigt werden.

Leistungsprofil im Ablauf des Lebens

Hier gilt, dass körperliche und geistige Leistungsfähigkeit einen unterschiedlichen Verlauf haben. Während der Gipfel der körperlichen Leistungsfähigkeit in der Regel zwischen dem 20. und 30. Lebensjahr liegt, hält sich die geistige Leistungsfähigkeit länger auf einem hohen Niveau.

> In der für die Berufsausbildung typischen Altersphase zeigt sowohl die Kurve der körperlichen wie auch der geistigen Leistungsfähigkeit aufsteigende Tendenz, wobei die Leistungssteigerung im körperlichen Bereich im Durchschnitt stärker ausgeprägt ist. Darauf sollte im Rahmen der Ausbildung besondere Rücksicht genommen werden.

Geistige und körperliche Leistungsfähigkeit im Lebensablauf

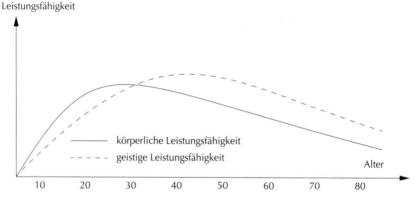

Abbildung 185

Wichtige pädagogische Hinweise und Grundregeln für den Ausbilder

Für eine entwicklungsgemäße Ausbildung, die der sozial-kulturellen Lebenssituation des Jugendlichen und jungen Erwachsenen Rechnung trägt, sollte jeder Ausbilder einige Hinweise und Grundregeln beachten.

Entwicklungsgemäße Ausbildung

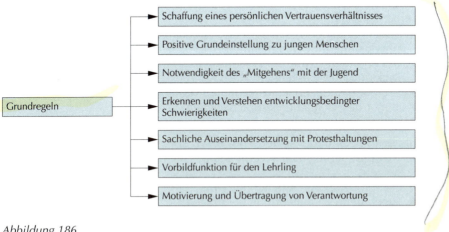

Abbildung 186

Die Schaffung eines persönlichen Vertrauensverhältnisses auf der Basis von fachlicher und persönlicher Autorität ist eine unabdingbare Voraussetzung für eine erfolgreiche Arbeit mit jungen Menschen und für die Berufsausbildung. Jugendliche wenden sich gerade an Personen, die sie einerseits als gleichberechtigten Partner behandeln, ihnen aber andererseits auch Schutz und Hilfe anbieten. Der Lehrling muss darauf vertrauen können, dass der Ausbilder bereit ist, ihm zu helfen, sich in allen Lebenslagen zurechtzufinden. Dies ist jedoch nur möglich, wenn für den Ausbilder die positive Einstellung zu Jugendlichen und jungen Erwachsenen eine Selbstverständlichkeit und er in der Lage ist, mit ihnen mitzugehen. Nur wer ihre Ideale mitträgt, kann sie auch für andere Ideale begeistern.

Vertrauensverhältnis

Dabei sollte der Ausbilder auf jeden Fall den Fehler vermeiden, die heutige Jugend an seinen eigenen Erfahrungen und Erinnerungen zu messen oder Klischeevorstellungen oder Pauschalurteilen zu unterliegen

Klischeevorstellungen

Vor derartigen verallgemeinernden Urteilen und Vorurteilen sollte sich jeder Ausbilder hüten. Sie erweisen sich fast immer als psychologische Barriere für eine entwicklungsgemäße und somit erfolgreiche Ausbildung.

Genauso wird von einem qualifizierten Ausbilder erwartet, dass er die entwicklungsbedingten Schwierigkeiten eines Lehrlings versteht und mit ihnen angemessen umgehen kann.

Entwicklungsbedingte Schwierigkeiten

> Bei Lehrlingen, die noch die Phase der mittleren Adoleszenz durchlaufen, kommt auf den Ausbilder eine hohe Verantwortung zu. Gerade in dieser Zeit zeigen sich bei den Jugendlichen einerseits eine besondere Erziehungsbedürftigkeit, andererseits aber auch weit reichende Erziehungs- und Bildungsmöglichkeiten. Grundvoraussetzung ist, dass der Ausbilder die möglichen Verhaltensweisen kennt und Verständnis dafür aufbringt.

Regeln

Ferner sollte er
- in der Aufgaben-, Auftrags- und Arbeitsverteilung auf die körperliche Entwicklung Rücksicht nehmen
- Unbeholfenheit und Ungeschicklichkeit als Auswirkungen dieser Entwicklungsphase erkennen
- Streit und unbeherrschtes Verhalten vermeiden
- immer das sachliche Gespräch suchen
- selbst Vorbild sein.

Bei Lehrlingen in der späten Adoleszenz sollte der Ausbilder
- die Anforderungen bei Vermeidung von Unter- und Überforderungen steigern
- das selbstständige Arbeiten fördern
- zunehmend Verantwortung übertragen
- zur Verantwortung gegenüber Kollegen aufrufen
- klar die Grenzen bei unangepasstem Verhalten aufzeigen.

Vorbild

Der Lehrling wird den Ausbilder und seine Anweisungen umso besser akzeptieren, als dieser selbst durch einwandfreies Verhalten im persönlichen wie im beruflichen Lebensbereich ein gutes Vorbild gibt und damit beim Jugendlichen besondere Wertmaßstäbe setzt.

Motivation

Verantwortung

Bei der Ausbildungsarbeit selbst kommt es heute besonders darauf an, die entsprechende Motivation zu geben und den Sinn der Arbeit zu vermitteln. Sobald ferner aufgrund der Kenntnisse und der persönlichen Reife des Lehrlings Verantwortung übertragen werden kann, sollte dies geschehen. Verantwortung hebt die Freude an der Arbeit, fördert die Aufgeschlossenheit und erhöht die Selbstsicherheit.

Eigenschaften

Den besten Ausbildungserfolg wird insgesamt der Ausbilder erzielen, der über
- Selbstdisziplin
- Autorität
- Kontaktfreudigkeit

verfügt.

5.1.4 Begabungsbegriff

Begabung

> Unter Begabung versteht man die Leistungs- und Lernfähigkeit einer Person auf den verschiedensten Gebieten. Begabung ist zu einem wesentlichen Teil durch die Erbanlagen vorbestimmt und begrenzt. Ihre Entfaltung kann jedoch durch äußere Einflüsse und auch durch Schule sowie Betrieb gefördert werden.

Begabung ist also zum Beispiel die Fähigkeit zum Erlernen von Fremdsprachen, manuelles Geschick, besondere Merkfähigkeit oder besondere Kontaktfähigkeit.

5.1.5 Spezifische Lernvoraussetzungen

5.1.5.1 Lernbereitschaft

Die Lernbereitschaft beschreibt die Einstellung des Einzelnen zum Lernen und seine grundsätzliche Bereitschaft dazu. Ohne diesen Willen kann Lernen nicht erfolgreich sein. Er muss vom Auszubildenden selbst kommen. Der Ausbilder kann allerdings durch verschiedene Motivationsmaßnahmen versuchen, die Lernbereitschaft zu fördern (siehe dazu auch die Ausführungen in Abschnitt 5.3.1 „Lernmotivation").

Wille zum Lernen

5.1.5.2 Lerntempo

Lerntempo kennzeichnet die Geschwindigkeit, mit der der Lernende den Lernstoff erfasst, verarbeitet und behält. Dieses Lerntempo kann von Person zu Person sehr unterschiedlich sein, da es von zahlreichen Faktoren abhängt wie Wahrnehmungsfähigkeit, Reaktionsgeschwindigkeit, Merkfähigkeit, Konzentration und auch der jeweiligen Tagesform. Die Veranlagung – mehr praktisch oder mehr theoretisch – spielt ebenfalls eine Rolle.

5.1.5.3 Kommunikations-, Abstraktions- und Übertragungsfähigkeit

Erfolgreiches Lehren und Unterweisen setzt voraus, dass Ausbilder und Lehrling nicht zu unterschiedliche sprachliche Verhaltensweisen haben, sich also verstehen und miteinander verständigen können.

Kommunikationsfähigkeit

Unter Abstraktionsfähigkeit oder Möglichkeit zum abstrakten Denken ist zu verstehen, dass der Lehrling in der Lage sein sollte, das Wesentliche und Gleichbleibende unterschiedlicher Gegenstände oder komplexer Sachverhalte zu erkennen. Die Anwendung von Berechnungsformeln statt Herumprobierens zeugt beispielsweise von der Fähigkeit zu abstraktem Denken.

Abstraktionsfähigkeit

Die Übertragungsfähigkeit fordert, dass der Lehrling in der Lage sein sollte, erarbeitete Lösungswege auch auf andere Problemstellungen anzuwenden. Nur dann ist auch selbstständiges Lernen möglich.

Übertragungsfähigkeit

5.1.6 Besondere Personengruppen in der Berufsausbildung

Zur Sicherung des beruflichen Nachwuchses bemüht sich das Handwerk vermehrt um die Teilgruppen der Jugendlichen, die noch zu wenig in den Prozess der beruflichen Ausbildung integriert sind.

> Die Erschließung dieses Potenzials erfordert allerdings auch, die betrieblichen Ausbildungsbedingungen auf die besonderen Anforderungen solcher Jugendlichen abzustimmen.

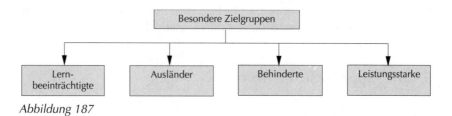
Abbildung 187

5.1.6.1 Lernbeeinträchtigte

> Lernbeeinträchtigt sind all diejenigen, die die üblichen Lernanforderungen der betrieblichen Ausbildung insgesamt oder wesentliche Teile davon nicht erfüllen können.

Lernbeeinträchtigungen

Lernbeeinträchtigungen äußern sich unter anderem in
- unterdurchschnittlichem Intelligenzniveau
- verminderter Konzentrationsfähigkeit
- geringerer Merkfähigkeit
- mangelndem abstrakten Denken
- geringerem Wortschatz
- Schreib- und Leseschwierigkeiten.

Die Ursachen dafür können sehr vielfältig sein.

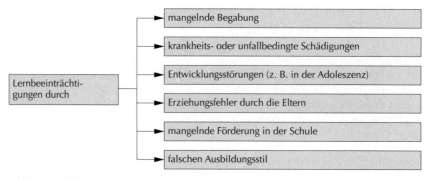
Abbildung 188

Praktische Fähigkeiten

Die Chance für eine berufliche Ausbildung im Handwerk liegt bei vielen Lernbeeinträchtigten darin, dass sie zwar einerseits Probleme beim Erfassen theoretischer Sachverhalte haben, aber andererseits oft über bemerkenswerte praktische Fähigkeiten verfügen.

5.1.6.2 Ausländer

Der Anteil ausländischer Jugendlicher an den Auszubildenden im Handwerk beträgt gegenwärtig knapp sieben Prozent. Türkische Lehrlinge bilden dabei mit Abstand die größte Gruppe der ausländischen Lehrlinge. Es folgen Jugendliche aus dem ehemaligen Jugoslawien und aus Italien.

Bei der Ausbildung ausländischer Jugendlicher sind mehrere Besonderheiten zu beachten.

Abbildung 189

Diese Faktoren dürften dann nicht mehr so stark zum Tragen kommen, wenn es sich um ausländische Jugendliche handelt, die selbst, oder bei denen sogar schon die Eltern in Deutschland geboren wurden.
Mit der Ausbildung von Ausländern leistet das Handwerk einen wichtigen Beitrag zu deren sozialer, wirtschaftlicher und politischer Integration. Es muss aber ein besonderes Anliegen sein, das Potenzial ausländischer Jugendlicher für eine Ausbildung im Handwerk noch deutlicher auszuschöpfen.

Integration

5.1.6.3 Behinderte

> Der Begriff „Behinderte" umfasst diejenigen Personen, bei denen infolge schwerwiegender Beeinträchtigungen eine Ausbildung und Beschäftigung nur unter erschwerten Bedingungen, insbesondere unter besonderer pädagogischer Betreuung möglich ist.

Arten von Behinderungen

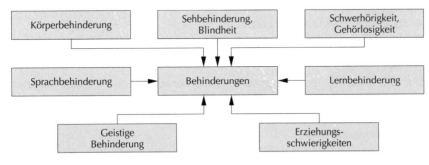

Abbildung 190

Viele betroffene Personen weisen Mehrfachbehinderungen auf.
Im Rahmen einer beruflichen Ausbildung müssen insbesondere folgende mögliche Auswirkungen von Behinderungen berücksichtigt werden:
- geringere Intelligenz
- verlangsamte oder eingeschränkte psychomotorische Fähigkeiten („Handfertigkeiten")
- geringe Motivation
- Verhaltensstörungen

Auswirkungen

- Schwierigkeiten, sich sprachlich mitzuteilen
- Verständnis- und Auffassungsprobleme.

5.1.6.4 Leistungsstarke

Etwa fünf Prozent der Ausbildungsanfänger im Handwerk besitzen die Hochschul- oder Fachhochschulreife. Ihr Anteil ist in den kunsthandwerklichen Berufen sowie bei den Gesundheitshandwerken und einigen Berufen der Elektro- und Metallhandwerke besonders hoch. Da immer mehr Jugendliche eines Jahrgangs das Abitur erwerben, ist es für das Handwerk wichtig, auch diese Gruppe stärker in die Ausbildungsanstrengungen einzubeziehen.

5.1.6.5 Möglichkeiten der Individualisierung und Differenzierung

Die Möglichkeiten der Individualisierung und Differenzierung sind bei einzelnen besonderen Personengruppen in der Berufsausbildung unterschiedlich.

Für **Lernbeeinträchtigte** und **Behinderte**:
- besondere Eignung des Ausbildungsbetriebes hinsichtlich der personellen und räumlichen Gegebenheiten
- besondere sozialpädagogische Betreuungsmaßnahmen
- Stützkurse
- Förderkurse
- Einsatz besonderer Lernhilfen
- Anpassung der Unterweisung.

Bund und Länder unterstützen die Ausbildung Lernbeeinträchtigter und Behinderter durch finanzielle Fördermaßnahmen.

Für **Ausländer**:
- ausbildungsbegleitende Hilfen
- Hinweis auf Stützkurse, insbesondere in Deutsch und Rechnen bei den Berufsschulen und Berufsbildungs- und Technologiezentren des Handwerks.

Vor der Bildung von Gruppen nur mit ausländischen Auszubildenden muss allerdings gewarnt werden, da dies für das Betriebsklima und auch für die Integration der Ausländer nicht zweckdienlich wäre.

Für **Leistungsstarke**:
- Angebot zusätzlicher Lehrangebote, die über die in der Ausbildungsordnung vorgesehenen Mindestanforderungen hinausgehen, zum Beispiel Berufsakademien und Verbundmodelle Handwerk/Fachhochschule, bei denen parallel eine berufliche Ausbildung in einem Handwerksberuf und ein Fachhochschulstudium zum Diplom-Ingenieur (FH) ermöglicht wird.

5.1.6.6 Frauen in „Männerberufen"

Junge Frauen stellen derzeit ein Fünftel aller Lehrlinge im Handwerk. Sie bevorzugen dabei zwar nach wie vor überwiegend so genannte Frauenberufe. Aber auch ihr Anteil in technischen Berufen, die lange Zeit als „Männersache" galten, steigt zum Teil merklich an. Um sie sollten sich die Betriebe ebenfalls gezielt mit besonderen Förderungsmaßnahmen kümmern.

Abbildung 191

Vielfach spielen aber auch die Einstellungen und Vorbehalte der Ausbildungsbetriebe eine wichtige Rolle. Manchmal sind hier wegen der Vorstellungen über die Rolle der Frau Einwände gegen ihre Ausbildung in technischen Berufen zu hören. Weitere Ursachen können in der Furcht vor Belastungen durch zusätzliche sanitäre Anlagen oder Mutterschutz- sowie Elternzeitregelungen liegen.

<small>Unbegründete Vorbehalte</small>

Gezielte Fördermaßnahmen sind unter anderem:
- besondere Unterstützung bei der Aneignung gewerblich-technischer Fertigkeiten zumindest in der Anfangsphase der Ausbildung, zum Beispiel durch ausführliche Erklärungen
- besondere Übungsphasen zum Erlernen des Umgangs mit ungewohnten Werkzeugen.

<small>Fördermaßnahmen</small>

Handlungsorientierte, fallbezogene Aufgaben

1. Als Ausbilder haben Sie es vielfach mit jungen Menschen zu tun, bei denen die Reifung als wichtige Phase der Entwicklung noch nicht abgeschlossen ist.

Aufgabe: Welche Aussage ist richtig?

Reifung beschreibt die Entwicklung des Menschen, soweit sie
- ☐ a) durch Umwelteinflüsse bedingt ist.
- ☐ b) durch Umwelteinflüsse und Erbanlagen bedingt ist.
- ☒ c) durch Erbanlagen bedingt ist.
- ☐ d) überhaupt nicht beeinflusst werden kann.
- ☐ e) instinktiv ausgeprägt ist.

„Siehe Seite 260 des Textteils!"

2. Sie sind Ausbilder in einem Handwerksbetrieb. Unter Ihren Lehrlingen befinden sich zwei Jugendliche. Sie wissen, dass für die erfolgreiche Arbeit als Ausbilder das Verstehen und das Eingehen auf die Probleme und Eigenheiten dieser Altersgruppe eine elementare Voraussetzung ist.

Aufgabe:
a) Welche Störungen beim Heranwachsen der Jugendlichen kennen Sie und wie reagieren Sie bei der Ausbildung darauf?
b) Wie berücksichtigen Sie die so genannten Leistungsprofile bei der Planung und Gestaltung der Ausbildung?

„Siehe Seite 265 ff. des Textteils!"

3. Sie sind Ausbilder in einem Handwerksbetrieb. Im neuen Ausbildungsjahr nehmen Sie einen lernbeeinträchtigten Jugendlichen zur Ausbildung auf.

Aufgabe:
a) Welche Arten von Lernbeeinträchtigungen kennen Sie?
b) Worin können deren Ursachen liegen?
c) Wie gestalten Sie für diesen Jugendlichen die Ausbildung?

„Siehe Seiten 272 und 274 des Textteils!"

5.2 Handlungssituation: Lern- und Arbeitstechniken vermitteln

Kompetenzen:
- Lernen als Grundform menschlichen Handelns in unterschiedlichen Ausprägungen und Abläufen verstehen und bei der Gestaltung von Lernsituationen beachten
- Techniken zur Unterstützung und Verbesserung des Lernens anwenden

5.2.1 Lerntheoretische Grundlagen

5.2.1.1 Lernbegriff

> Unter Lernen versteht man allgemein die Aneignung eines Lerngegenstandes, die langfristig auf die Veränderung von Einstellungen und Verhaltensweisen ausgerichtet ist.

Lernen ist dabei abzugrenzen von Reifungsprozessen, angeborenen Reaktionen, Verhaltensänderungen aufgrund von Krankheit oder Drogen und Medikamenten sowie von kurzfristig auftretenden Stimmungsschwankungen.

Reifung
Verhaltensänderung

5.2.1.2 Lernsituationen

> Die für die berufliche Ausbildung typische Lernsituation besteht darin, dass sich der Lernende, also der Lehrling, mit dem Lerngegenstand seiner Ausbildung auseinander setzen muss.

Lerngegenstand

Wesentliche Bestandteile des Lerngegenstandes

Abbildung 192

Kommt noch eine Person dazu, die das Lernen durch „Lehren" unterstützt, spricht man auch von einem Lerndreieck.

Abbildung 193

5.2.1.3 Lernarten

Geplantes Lernen
Geplantes Lernen wird gesteuert, zum Beispiel am Ausbildungsplatz vom Ausbilder im Rahmen einer Unterweisung.

Zufälliges Lernen
Zufälliges Lernen heißt, dass der Lernende Kenntnisse, Fertigkeiten und Verhaltensweisen sich durch zufällige Beobachtung (Sehen oder Hören) aneignet.

Bewusstes Lernen
Der Lernende ist sich der Tatsache des Lernens voll bewusst und steuert bzw. organisiert den Lernprozess.

Unbewusstes Lernen
Unbewusstes Lernen erfolgt eher funktional, das heißt nachahmend und nicht besonders organisiert; es hat deshalb einen verhältnismäßig geringen Bewusstseinsgrad.

Zwischen beiden Formen sind eine Reihe verschiedenartiger Abstufungen möglich.

Primitives Lernen
Primitives Lernen ist in erster Linie ein bloßes Reagieren auf Reize und Signale der Umwelt. Frühe Stufen des Lernens beim Kleinkind werden so genannt.

Einsichtiges Lernen
Lernen durch Einsicht erfordert das vollständige Erfassen von Zusammenhängen und Abläufen. Es ist die höchste Stufe des Lernens und baut oft auf recht schwierigen Denkvorgängen auf.

Aktives Lernen
Aktives Lernen vollzieht sich durch das Handeln des Menschen.

Passives Lernen
Passives Lernen erfolgt durch Aufnehmen und Zuhören. Aber auch dies erfordert gewisse Aktivitäten.

Theoretisches Lernen
Diese Lernart baut auf der systematischen Verarbeitung von Erkenntnissen und gesetzmäßigen Aussagen auf.

Praktisches Lernen
Bei dieser Lernart stehen praktische Erlebnisse und Erfahrungen im Vordergrund. Die betriebliche Ausbildung ist zum großen Teil praktisches Lernen.

Es muss vor dem Fehler gewarnt werden, praktischem Lernen einen niedrigeren Stellenwert beizumessen als theoretischem Lernen.

Direktes Lernen
Der Lernende steuert den Lernprozess selbst.

Indirektes Lernen
Das Lernen wird durch die Umwelt angeregt.

Produktives Lernen
Hier überwiegt beim Lernen das schöpferische Element.

Reproduktives Lernen
Hier ist beim Lernen mehr der nachahmende und nachbildende Charakter ausgeprägt.

Individuelles Lernen
Das Lernen vollzieht sich im persönlichen Bereich.

Soziales Lernen
Das Lernen findet in Gemeinschaft statt.

In der Wissenschaft werden verschiedene Lerntypen unterschieden, die für konkrete Lernleistungen und Lernbedingungen charakteristisch sind.

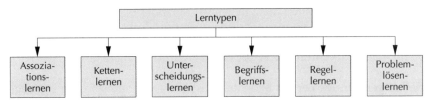

Abbildung 194

Assoziationslernen: Das Lernen besteht im Einprägen einer bestimmten Reiz-Reaktionsverbindung.

Beispiel:
Der Lehrling lernt, eine Maschine bei Vorliegen eines Störanzeichens (optisch oder akustisch) sofort abzuschalten.

Kettenlernen: Hier werden mehrere Reiz-Reaktionsverbindungen zu einem kompletten Handlungsablauf verknüpft.

Beispiel:
Das Inbetriebsetzen einer Maschine.

Unterscheidungslernen: Dieser Lerntyp bezeichnet die Fähigkeit, mehrere Reize genau wahrzunehmen und entsprechend der gestellten Aufgabe unterscheiden zu können.

Beispiel:
Zuordnung von Materialien anhand ihrer Oberflächenbeschaffenheit.

Begriffslernen: Der Lernende ist fähig zu erkennen, dass verschiedene Dinge einige Reize gemeinsam haben; er kann das Gemeinsame bei ähnlichen Reizen herausstellen.

Beispiel:
Die Fähigkeit, zusammengehörende Arbeitsgeräte zu erkennen.

Regellernen: Zwei oder mehrere Begriffe können zu einer Regel zusammengefasst werden.

Beispiel:
Im Elektrobereich die Widerstandsbestimmung.

Problemlösenlernen: Mehrere Regeln können zu einer übergeordneten Regel verknüpft werden.

Beispiel:
Die Fähigkeit, anhand von Störungsanzeichen auf die Ursachen schließen zu können.

5.2.1.4 Lernhandeln

Lernen bedeutet immer auch aktive Auseinandersetzung mit dem Lerngegenstand. Diese Auseinandersetzung kann selbst und fremd gesteuert erfolgen. Ziel gerade einer auftragsorientierten Berufsausbildung soll es sein, dass der Lehrling zu selbst gesteuertem Lernen fähig wird.

Selbst gesteuert

Selbst gesteuertes Lernen bedeutet, dass der Lernende selbst in der Lage ist, seine Lernhandlung zu bestimmen. Man spricht hier auch von „learning by doing".

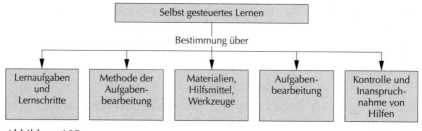

Abbildung 195

Fremd bestimmt

Wenn diese Entscheidungen – also: was, wie und womit gelernt und wie dies kontrolliert und unterstützt wird – weitgehend fremden Personen, insbesondere dem Ausbilder vorbehalten sind, dann spricht man von fremd bestimmtem Lernen.
Allerdings muss auch das selbst bestimmte Lernen sozusagen vorher erlernt werden. Die erforderlichen Fähigkeiten müssen dazu im Laufe der Ausbildung entwickelt werden.

5.2.1.5 Lernziele

Definition

> Lernziele beinhalten beabsichtigte, angestrebte und erwünschte Ergebnisse des Lernprozesses und die Veränderung von Verhaltensweisen beim Lernenden.
> Lernziele sind also Beschreibungen des beobachtbaren Endverhaltens, das durch das Lernen in der Ausbildung erreicht werden soll.

Endverhalten

Zweck

Lernziele
- informieren über die zu erwerbenden Fertigkeiten und Kenntnisse
- helfen, den Erfolg der Ausbildung zu beurteilen
- zwingen den Ausbilder, seine Unterweisung zu strukturieren.

Lernzielklassifikationen

In Übereinstimmung mit den drei Lernbereichen – Kenntnisse, Fertigkeiten, Verhalten – gibt es auch entsprechende Lernzielbereiche.

Lernzielbereiche

Abbildung 196

Kognitive Lernziele beziehen sich insbesondere auf Veränderungen bei
- Wissen
- Verstehen
- Einsehen
- Denken
- Behalten.

Psychomotorische Lernziele sind vor allem Veränderungen in den Bereichen
- körperliches Handeln
- Bewegungen
- manuelle Tätigkeiten.

Affektive Lernziele beinhalten unter anderem Veränderungen bei
- Empfindungen
- Wertungen
- Interessen
- inneren Einstellungen
- Motivation
- sozialem Verhalten

- Ordnungssinn
- Bereitschaft zur Kooperation
- Arbeitsfreude.

Genauigkeit

Lernziele können auch nach dem Grad der Genauigkeit und Eindeutigkeit unterschieden werden.

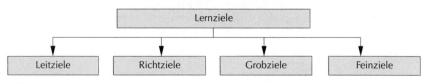

Abbildung 197

Leitziele sind das oberste Ziel des Lernens.

Beispiel:

Erfolgreiche Ausbildung im Kfz-Handwerk.

Richtziele – auch Makroziele genannt – beschreiben einen Bereich der angestrebten Kenntnisse und Fertigkeiten. Sie weisen damit einen geringen Grad an Genauigkeit auf und lassen eine größere Zahl von Auslegungen zu.

Beispiel:

Beherrschung der notwendigen Fertigkeiten und Kenntnisse für die Kraftfahrzeuginstandsetzung.

Grobziele beschreiben Verhaltensformen eines Teils dieses Lernbereichs. Sie weisen damit einen mittleren Grad an Genauigkeit auf.

Beispiel:

Messen zum Feststellen von Störungen am Kfz.

Feinziele – auch Mikroziele genannt – beschreiben die jeweiligen Ziele einer Lerneinheit. Sie sind damit auf Exaktheit ausgerichtet und lassen nur eine Auslegung zu.

Beispiel:

Messen und Einstellen des Elektrodenabstandes an Zündkerzen.

Teillernziele

Aus Gründen einer größtmöglichen Systematik und der Notwendigkeit der Festlegung kleinerer Lern- und Unterweisungseinheiten kann man auch Teillernziele festlegen. Sie müssen allerdings den jeweiligen Endlernzielen systematisch zugeordnet sein.

Lernzielniveaus

Unter dem Gesichtspunkt des Anspruchsniveaus und der Wertigkeit des Gelernten unterscheidet man mehrere Lernzielstufen bzw. Lernzielniveaus.

5.2.1 Lerntheoretische Grundlagen

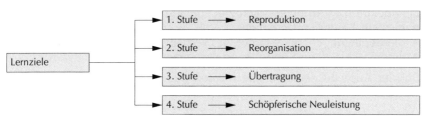

Abbildung 198

Reproduktion bedeutet, dass das Gelernte aus dem Gedächtnis wiedergegeben werden kann.

Beispiel:
Wiedergabe von Begriffen und Regeln.

Reorganisation besagt, dass der Lernende das Wesentliche des Gelernten verstanden hat und es mit eigenen Worten, unter Umständen auch in veränderter Reihenfolge, wiedergeben kann.

Beispiel:
Zuordnung von Handlungsanleitungen auf den jeweiligen Kundenauftrag.

Bei der **Übertragung** (Transfer) kann der Lernende die Prinzipien des Gelernten auf neue, ähnliche Aufgaben anwenden.

Lernzielstufen

Beispiel:
Berechnung des Materialverbrauchs für neue Aufträge anhand der Erfahrungen und Ergebnisse eines soeben beendeten Auftrages.

Schöpferische Neuleistung liegt vor, wenn der Lernende in der Lage ist, das Gelernte selbst weiterzuentwickeln, also problemlösend und problemfindend zu denken.

Beispiel:
Unterbreitung von Verbesserungsvorschlägen.

Eine weitere, aber der obigen vergleichbare, Darstellung nach Lernzielniveaus lautet:
- Faktenwissen
- Kenntnisse über Verfahren
- Problemlösestrategien
- Fähigkeiten zur Analyse und Bewertung.

Lernzielbeschreibung (Operationalisierung)

> Für eine systematische Planung, Ausführung, Kontrolle und Steuerung des Ausbildungsprozesses bedarf es genauer Lernzielbeschreibungen. Man spricht dabei auch von der Operationalisierung der Lernziele.

Inhalt

Ein operational formuliertes Lernziel enthält
- die Angabe des Endverhaltens
- die Bedingungen, unter denen das Verhalten gezeigt werden soll
- einen Maßstab zur Kontrolle, ob das Endverhalten erreicht wurde.

Auswahl

Bei der Auswahl der Lernziele müssen mehrere Faktoren berücksichtigt werden.

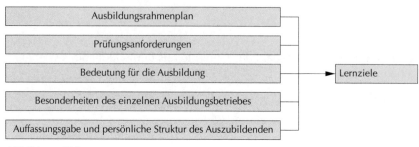

Abbildung 199

5.2.1.6 Lernprozess

Stufen des Lernprozesses

In der pädagogischen Literatur wurde eine Reihe von Modellen entwickelt, die die Stufen bzw. Phasen des Lernprozesses darstellen. Allgemein umfasst der Lernvorgang die Schritte Vorbereitung, Aneignung, Speicherung, Erinnerung.

Drei-Stufen-Modell

Für die praktische Berufsausbildung eignet sich insbesondere das so genannte Drei-Stufen-Modell.

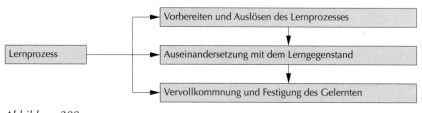

Abbildung 200

Vorbereiten und Auslösen des Lernprozesses

Wecken der Lernbereitschaft

In dieser ersten Stufe kommt es insbesondere darauf an, beim Lernenden Beweggründe (Motive) auszulösen, die seine Bereitschaft zum Lernen wecken.

Zu bedenken ist dabei, dass mangelnde Lernbereitschaft mehrere Ursachen haben kann, insbesondere
- mangelndes Interesse
- fehlende Einsicht in Sinn und Zweck der gestellten Aufgabe
- Überforderung des Lernenden.

(Vgl. hierzu im einzelnen Abschnitt 5.3.1 „Lernmotivation".)

Auseinandersetzung mit dem Lerngegenstand

In dieser zweiten Stufe tastet sich der Lernende nach und nach an die richtige Lösung heran. Fehler werden durch wiederholte Versuche und auf der Basis des bereits vorhandenen Wissens abgestellt.

> Mit der ersten Aneignung der zu erlernenden Verhaltensweise oder dem ersten selbstständigen Erwerb einer neuen Fertigkeit oder Kenntnis ist das eigentliche Lernstadium abgeschlossen.

Vervollkommnung und Festigung des Erlernten

In der dritten Stufe geht es darum, den Lernerfolg, d. h. die Speicherung und Erinnerung durch
- mehrmalige Übungen
  und
- gestaltende Anwendung sicherzustellen.

(Vgl. dazu auch Abschnitt 5.4.1 „Bedeutung von Üben und Anwenden (Transfer) für den Lern- und Ausbildungserfolg".)

> Während des gesamten Lernprozesses sind Erfolgserlebnisse für die Lern- und Leistungsmotivation besonders wichtig.

Erfolgserlebnisse

5.2.1.7 Typische Lernanforderungen

> Erfolgreiches Lernen erfordert neben der geeigneten Lernsituation und dem angepassten Lernstoff auf Seiten des Auszubildenden vor allem Lernfähigkeit und Lernbereitschaft.

Wichtige Lernanforderungen im Handwerk sind:
- Praktische und theoretische Intelligenz
- Motivation
- Eigeninitiative
- Konzentrationsfähigkeit
- Kreativität
- Besondere Fähigkeiten wie Rechnen
- Hand- und Fingergeschicklichkeit.

5.2.2 Lernpsychologische Grundlagen zum Behalten und Vergessen

5.2.2.1 Speichermodelle des Gedächtnisses

Für die Fähigkeit, das Geübte einzuprägen und zu behalten, ist das Gedächtnis entscheidend.

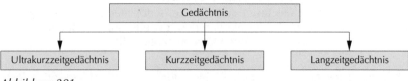

Abbildung 201

Ultrakurzzeitgedächtnis

Kurzzeitgedächtnis

Langzeitgedächtnis

Das Ultrakurzzeitgedächtnis nimmt eingehende Informationen auf und behält sie rd. 1 Sekunde in Form von elektrischen Schwingungen. Nur das, was für wichtig gehalten wird, wird ausgefiltert und landet dann im Kurzzeitgedächtnis. Hier bleiben die Informationen höchstens 20 Minuten und werden ein weiteres Mal gefiltert.

> Tatsächlich gelernt ist nur, was im Langzeitgedächtnis gespeichert ist.

Man spricht in diesem Zusammenhang von Enkodierung in das Langzeitgedächtnis. Auf die dann abgespeicherten Informationen kann auch noch nach vielen Jahren zurückgegriffen werden.
Allerdings kann sich der Mensch im Zeitablauf an Gelerntes oft nicht mehr vollständig oder überhaupt nicht mehr erinnern. In der graphischen Darstellung besagt die Vergessenskurve, dass bereits unmittelbar nach dem Lernvorgang sehr viel wieder vergessen wird. Im weiteren Zeitablauf geht das Vergessen wesentlich langsamer vor sich. Außerdem kann der Behaltenseffekt durch ständiges Üben deutlich verbessert werden.

Die Vergessenskurve

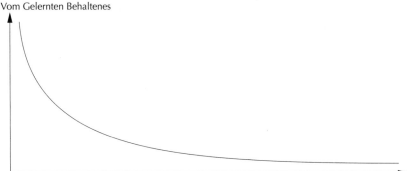

Abbildung 202

Allerdings darf auch diese Darstellung nur als allgemeines Verlaufsmuster angesehen werden. Der tatsächliche Verlauf kann bei jedem einzelnen Menschen davon erheblich abweichen. Er hängt wesentlich vom Lerngegenstand, den Lernbedingungen und der jeweiligen persönlichen Situation des Einzelnen ab.

Individuelle Gegebenheiten

5.2.2.2 Einflussfaktoren auf das Behalten

Forschungserkenntnisse ergeben, dass durch eine entsprechende Gestaltung des Lernprozesses der Behaltenseffekt wesentlich gesteigert werden kann.

Behaltenseffekt

> Aus der Hirnforschung weiß man, dass der Behaltenseffekt maßgeblich davon abhängt,
> - auf welche Art Informationen aufgenommen werden
> - ob neue Informationen bereits mit im Gehirn vorhandenen Informationen verknüpft werden können.

Forschungsergebnisse

Behaltensfähigkeit nach Art der Aufnahme von Informationen

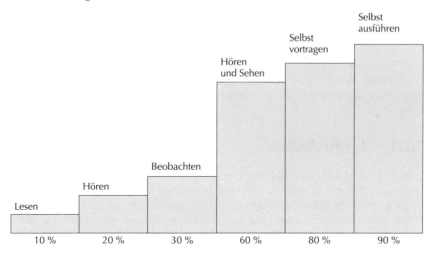

Abbildung 203

Grundsätzlich ist zu berücksichtigen, dass Informationen über verschiedene Kanäle in das Gehirn kommen können, nämlich insbesondere
- Sehen
- Hören
- Fühlen
- Riechen und Schmecken.

Verschiedene Kanäle

> Der optische Kanal ist dabei der leistungsfähigste. Grundsätzlich empfiehlt es sich jedoch, so viele Aufnahmemöglichkeiten wie möglich zu nutzen.

Linke Gehirn-hälfte

Wichtig ist ferner, die beiden Hälften des Gehirns gezielt zu nutzen. Die linke Seite, die oftmals auch „männliche" Hälfte genannt wird, hat ihren Einsatz schwerpunktmäßig für
- Fakten
- Zahlen, Wörter
- Analyse
- Taktik
- Logik.

Rechte Gehirn-hälfte

Die rechte oder „weibliche" Hälfte steht für:
- Bilder
- Meinungen
- Intuition
- Visionen
- Kreativität
- Gefühl.

> Es hat sich herausgestellt, dass Lernstoff umso besser behalten wird, wenn beide Hälften dafür eingesetzt werden, der Lernstoff also sowohl vom Verstand wie auch vom Gefühl her verankert ist.

Störfaktoren

Zu beachten ist außerdem, dass der Vorgang der Einprägung von Informationen im Gedächtnis anfällig für Störeinflüsse ist. So erschweren Stress, Konzentrationsstörungen und Ablenkung die Gedächtnisleistung erheblich. Dies ist bei der Gestaltung der Lernbedingungen zu berücksichtigen.

Wiederholen

Eine besondere Bedeutung für das Behalten hat das Wiederholen des Lernstoffes. Periodische Wiederholungen, beispielsweise nach einem Tag, einer Woche, einem Monat, einem Jahr sind der beste Schutz vor dem Vergessen.

5.2.3 Lerntechniken

Um den Lernstoff dauerhaft im Gedächtnis zu sichern, wurden verschiedene Techniken entwickelt. Sie sind allerdings keine Patentrezepte. Vielmehr kommt es immer auf den Einzelfall an, welche Methode oder welche Kombination aus ihnen die geeignetste ist. Neben schon älteren Techniken wie der Führung eines Karteikastens beruhen die meisten neueren Methoden darauf, beide Gehirnhälften optimal einzusetzen und die verschiedenen Aufnahmekanäle zu kombinieren. Dies geschieht zumeist dadurch, dass die sachlichen Fakten mit emotionalen Erlebnissen verknüpft werden.

Beispiel:
Die Lerngegenstände werden mit Gegenständen aus der eigenen, vertrauten Wohnung verknüpft oder mit Gebäuden auf dem täglichen Weg zur Arbeit usw.

Derartige Techniken bedingen allerdings, dass man vorher genau gelernt hat mit ihnen umzugehen.

Mind-Mapping

Eine solche Technik ist das so genannte „Mind-Mapping" (= Gedanken-Landkarte). Bei dieser Lerntechnik wird das zu behandelnde Thema auf einem Blatt Papier im Zentrum durch ein einprägsames Bild oder eine kleine

Skizze dargestellt. Alle damit zusammenhängenden Gedanken, Neben- oder Unterpunkte werden am Rand des Blattes Papier gruppiert und mittels Linien oder/und Pfeilen in unterschiedlichen Farben mit dem Hauptpunkt verbunden. Durch diese Verästelungen kann die relative Bedeutung der jeweiligen Gedanken und Ideen symbolisiert werden. „Mind-Maps" eignen sich sehr gut zur Wiederholung eines bereits erlernten und so dargestellten Stoffes. Sie erleichtern es, die Gedanken zu ordnen, tragen zur Entwicklung der Vorstellungskraft bei und steigern die Merkfähigkeit.

Handlungsorientierte, fallbezogene Aufgaben

1. Für eine systematische Planung, Ausführung, Kontrolle und Steuerung des Ausbildungsprozesses sollen Sie als Ausbilder die Lernziele genau beschreiben und festlegen.

Aufgabe: Unter einem Lernziel versteht man

- ☐ a) ausschließlich die Beschreibung von Fertigkeiten, die in der Grundausbildung zu vermitteln sind.
- ☐ b) nur die Kenntnisse, die während der Anwendungsausbildung vermittelt werden sollen.
- ☐ c) die Fertigkeiten und Kenntnisse, die ausschließlich die Fachausbildung betreffen.
- ☒ d) die Beschreibung des beobachtbaren Endverhaltens, das durch Lernen erreicht werden soll.
- ☐ e) die Beschreibung der Prüfungsanforderungen.

„Siehe Seite 281 des Textteils!"

2. Als Ausbilder wissen Sie, dass erfolgreiches Lernen neben der geeigneten Lernsituation und dem angepassten Lernstoff auf Seiten des Lehrlings vor allem Lernfähigkeit und Lernbereitschaft erfordert. Diese versuchen Sie während des Unterweisungsprozesses besonders zu fördern.

Aufgabe: Nennen und beschreiben Sie wichtige Lernanforderungen im Handwerk!

„Siehe Seite 285 des Textteils!"

3. Für den optimalen Ausbildungserfolg sind Sie bestrebt die einzelnen Unterweisungen so zu gestalten, dass der Lehrling auch möglichst viel davon langfristig behält und umsetzen kann.

Aufgabe: Was wissen Sie über die verschiedenen Einflussfaktoren des Behaltens von Gelerntem und wie setzen Sie diese Kenntnisse in der Gestaltung der Unterweisungen um?

„Siehe Seite 286 des Textteils!"

5.3 Handlungssituation: Zum Lernen motivieren

> **Kompetenzen:**
> – Die Bedeutung der Lernmotivation für den Lernerfolg erkennen und Möglichkeiten zur Verstärkung der Lernmotivation kennen und im Ausbildungsprozess einsetzen

5.3.1 Lernmotivation

5.3.1.1 Begriff

> Unter Lernmotivation versteht man grundsätzlich den Beweggrund oder Auslöser zum Lernen. Ein wesentliches Lernmotiv ist beim Menschen die Neugier.

Lerninteresse Jedes bewusste Lernen und jede zielgerichtete Informationsaufnahme bedingt ein entsprechendes Lern- bzw. Informationsinteresse.

5.3.1.2 Arten

Hinsichtlich der Motive zum Lernen unterscheidet man zwischen
- **Aktualmotivation:** Beweggründe aus bestimmten Einzelsituationen (z. B. Erlernen einer Fremdsprache, weil man im Urlaub in ein bestimmtes Land reisen will)
und
- **habitueller Motivation:** Beweggründe, die bereits zur Gewohnheit geworden sind.

Beide Motive können sich auch wechselseitig beeinflussen und ergänzen.

Motivinhalte Hinsichtlich der Motivinhalte lassen sich zwei Gruppen bilden:
- **Primäre oder direkte Motive:** Sie sind direkt auf den Lerngegenstand bezogen, zum Beispiel weil er Spaß macht oder interessant ist. Man nennt dies auch intrinsische (= innengeleitet) Motivation.
- **Sekundäre oder indirekte Motive:** Hier liegen die Beweggründe für das Lernen außerhalb der unmittelbaren Lerntätigkeit. Gelernt wird dann zum Beispiel für gute Noten oder wegen einer finanziellen Belohnung. Man nennt dies auch extrinsische (= außengeleitet) Motivation. Auf solche Motive hat der Ausbilder weniger Einfluss. Er sollte deshalb stets versuchen, sie zu einer intrinsischen Motivation umzuwandeln.

5.3.1.3 Faktoren und Bedingungen

Die Lernmotivation wird von mehreren Faktoren und Bedingungen maßgeblich geprägt.

Abbildung 204

5.3.2 Maßnahmen und Hilfen zur Förderung der Arbeits- und Lernmotivation

Dem Ausbilder stehen vielfältige Möglichkeiten zur Verfügung, durch geeignete Maßnahmen und Hilfen die Lernmotivation zu fördern.

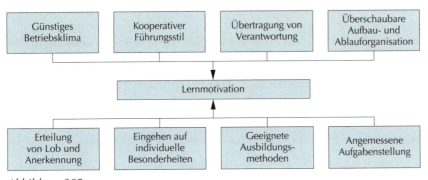

Abbildung 205

5.3.2.1 Möglichkeiten zur Förderung der Lern- und Arbeitsmotivation unter besonderer Berücksichtigung der auftragsorientierten Lernsituation am Arbeitsplatz

Die auftragsorientierte Lernsituation ist besonders günstig für die Förderung der Arbeits- und Lernmotivation. Motivationsfördernde Merkmale der auftragsorientierten Lernsituation sind:

- Enger Kontakt zum Ausbilder
- Realitätsnahes Lernen
- Breites Lernfeld im Rahmen des Gesamtauftrages
- Abwechslung und Arbeitsvielfalt
- Gute Entfaltungsmöglichkeiten
- Wachsendes Selbstvertrauen durch Übertragung von Verantwortung.

Merkmale

> Jeder Ausbilder muss versuchen, die Motivationsförderung auch optimal zu nutzen. Dafür stehen ihm mehrere Möglichkeiten zur Verfügung.

Abbildung 206

Handlungsorientierte, fallbezogene Aufgaben

1. Als Ausbilder kennen Sie die Bedeutung der geeigneten Motivation für den Lernerfolg.

Aufgabe:

a) Nennen und beschreiben Sie wichtige Lernmotive sowie deren Bedeutung für die Berufsausbildung!
b) Über welche Möglichkeiten verfügen Sie als Ausbilder, um die Motivation des Lehrlings zum Lernen und Arbeiten zu fördern?

„Siehe Seite 290 ff. des Textteils!"

5.4 Handlungssituation: Lernerfolge sicherstellen

Kompetenzen:
- Die didaktische Funktion von Übungs- und Transferaufgaben für die Sicherung des Lernerfolges kennen und bei der Planung und Durchführung von Lehr-/Lernarrangements berücksichtigen

5.4.1 Bedeutung von Üben und Anwenden (Transfer) für den Lern- und Ausbildungserfolg

Üben, Einprägen und Anwenden sind für den Lern- und Ausbildungserfolg eine unabdingbare Voraussetzung.
Stetiges Üben dient der
- Erlernung
- Sicherung
- Stabilisierung

von Kenntnissen, Fertigkeiten und Verhaltensweisen.

> Für den Lern- und Ausbildungserfolg ist im Weiteren von besonderer Bedeutung, dass der Lernende diese Kenntnisse, Fertigkeiten und Verhaltensweisen auch von einer Situation auf eine andere übertragen kann. Diesen Prozess bezeichnet man als Lerntransfer.

Lerntransfer

5.4.2 Beachtung von Leistungsfähigkeit und Regeln bei der Gestaltung von Übungs- und Transferphasen

Bedingungen für das Einprägen und Behalten

Abbildung 207

> Die Darstellung, wie groß der Zuwachs beim Lernen im Laufe der Übung ist, bezeichnet man als Lernkurve.

Lernkurve

Die Lernkurve ist also eine graphische Darstellung der Beziehung zwischen Wissensaufnahme und zeitlichem Ablauf des Lernprozesses. Zwei Abbildungsmöglichkeiten sind dafür möglich, nämlich einerseits die Darstellung, wie die Zahl der Fehler im Verlaufe der Übung abnimmt, und andererseits die Darstellung der richtigen Bewegungen, etwa beim Erlernen einer Fertigkeit.

Lernkurven

Abbildung 208

Individuelle Unterschiede

Es muss jedoch dabei darauf hingewiesen werden, dass diese Darstellungen nur das typische Verlaufsmuster wiedergeben können. Lernkurven sind bei jedem Lernenden verschieden und von einer Reihe von Faktoren abhängig, von der Begabung und Veranlagung bis hin zur jeweiligen Tagesform und Leistungsfähigkeit des Auszubildenden.

Gestaltung

Bei der Gestaltung von Übungs- und Transferphasen sollte darauf geachtet werden, dass
- die personellen Voraussetzungen (z. B. Motivation und Flexibilität)
- die organisatorischen Voraussetzungen (z. B. Anwesenheit und Unterstützung durch einen Vorgesetzten)
- die Umfeldbedingungen (z. B. Ausbildungsklima, Ausbildungsbedingungen)

stimmen.

Handlungsorientierte, fallbezogene Aufgaben

1. Als Ausbilder sind Sie bestrebt, im Rahmen der gesamten Ausbildung und der einzelnen Unterweisungsmaßnahmen die besten Bedingungen dafür zu schaffen, dass der Lehrling sich das Gelernte auch einprägen und es langfristig behalten kann.

<u>**Aufgabe:**</u> **Welche Bedingungen sind dabei zu beachten und was können Sie als Ausbilder tun, um diese bestmöglich zu gestalten?**

„Siehe Seite 293 f. des Textteils!"

5.5 Handlungssituation: Lernschwierigkeiten und Verhaltensauffälligkeiten erkennen, analysieren und lösen

Kompetenzen:
- Lernschwierigkeiten und Verhaltensauffälligkeiten erkennen und deren Ursachen ermitteln
- Maßnahmen zur Behebung von Lernschwierigkeiten und Verhaltensauffälligkeiten in der Ausbildung durchführen und dazu ggf. mit externen Beratungsstellen zusammenarbeiten
- Gründe für Ausbildungsabbrüche kennen und beachten

5.5.1 Begriff und Eingrenzung von Lernschwierigkeiten und Verhaltensauffälligkeiten sowie deren Ursachen

5.5.1.1 Lernschwierigkeiten

Typische Lernschwierigkeiten ergeben sich dann, wenn der Lernende den Lernanforderungen nicht gerecht werden will oder kann.

Abbildung 209

Lernschwierigkeiten beruhen vielfach auf Wissenslücken, d. h. früherer Lernstoff wurde versäumt, nicht verstanden oder nicht richtig verarbeitet. Sie können durch geeignete Nachhilfemaßnahmen ausgeglichen werden.

Wissenslücken

5.5.1.2 Verhaltensauffälligkeiten

Verhaltensauffälligkeiten und Erziehungsschwierigkeiten haben bei den Jugendlichen in den vergangenen Jahren erheblich zugenommen. Typische Formen solcher Fehlformen des Leistungs- und Sozialverhaltens sind:
- Disziplinlosigkeit
- Arroganz
- Trotz und Aufsässigkeit
- Drang zur Lüge
- geringe Motivation
- Faulheit
- Oberflächlichkeit
- mangelnde Konzentrationsfähigkeit

Erziehungsschwierigkeiten

Formen

- Kontaktarmut und Kontaktunfähigkeit
- Hemmungen und Angst
- Aggression
- Verwahrlosung
- Suchtverhalten
- Neurosen (seelisch bedingte Verhaltensstörungen).

Diese Fehlhaltungen können vielerlei Ursachen haben.

5.5.2 Ursachen für typische Lernschwierigkeiten und Verhaltensauffälligkeiten

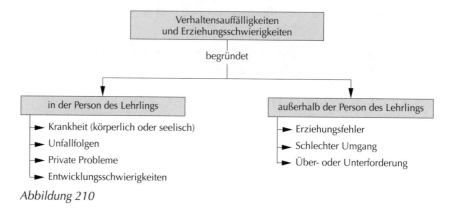

Abbildung 210

5.5.3 Auswahl und Anwendung ausbildungsbegleitender Hilfen

Lernhilfen

> Es ist Aufgabe des Ausbilders, durch geeignete Lernhilfen solche Lernschwierigkeiten von vornherein zu verhindern bzw. sie rasch zu beseitigen.
> Lernhilfen sind abhängig von Lernziel, Lerngegenstand und Lernschwierigkeiten. Sie helfen bei richtiger Gestaltung wesentlich
> - beim Einprägen von Wissen
> - bei der Vermittlung von Fertigkeiten
> - bei der Befähigung zum Problemlösen.

Nutzen

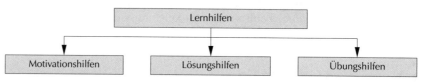

Abbildung 211

> Motivationshilfen dienen der Förderung der Lernbereitschaft, um den Lernprozess optimal in Gang bringen zu können.

Wichtige Motivationshilfen sind: *(Motivationshilfen)*
- Beseitigung von Hemmungen
- Weckung des Interesses
- Herausstellen der Bedeutung und Aufgabe des Lerngegenstandes.

> Lösungshilfen verfolgen den Zweck, dem Lehrling bei Problemen während der Lösung gestellter Aufgaben zu helfen.

Dies ist beispielsweise möglich durch *(Lösungshilfen)*
- Einräumen von genügend Zeit zum Probieren
- Vermittlung von Denkimpulsen
- gemeinsame Diskussion über Alternativlösungen
- Vormachen, Demonstrieren und Erklären.

> Übungshilfen dienen dem Ziel, den Übungsvorgang optimal und erfolgsorientiert zu gestalten.

Wichtige Übungshilfen sind *(Übungshilfen)*
- Bereitstellen von Übungsaufgaben
- Rechtzeitiges Abstellen von Fehlern
- Verändern der Übungsaufgaben
- Gedächtnisstützen.

Spezielle Lernhilfen wurden auch für die einzelnen Lerntypen (siehe dazu Abschnitt 5.2.1.3 „Lernarten") entwickelt. Es sind dabei insbesondere zu nennen: *(Spezielle Lernhilfen)*
- Hilfen zum Unterscheidungslernen; eine solche Hilfe ist zum Beispiel dann gegeben, wenn dem Lehrling bestimmte optische und akustische Reize immer wieder demonstriert werden.
- Hilfen zum Begriffslernen; das Lernen kann dem Lehrling beispielsweise dadurch erleichtert werden, dass zusammengehörende Arbeitsgeräte immer wieder in der täglichen Praxis eingesetzt werden.
- Hilfen für das Erlernen von Regeln, zum Beispiel durch laufende Erklärung an konkreten Fällen aus der betrieblichen Praxis.
- Befähigung zum Problemlösen, wenn möglich durch Erarbeiten aus dem Ernstfall.
- Hilfen zum Einprägen von Wissen, zum Beispiel durch einfache und verständliche oder auch grafische Darstellungen (Schaubilder).
- Hilfen für die Vermittlung von Fertigkeiten wie Vormachen und Fehlerkorrektur.

5.5.4 Möglichkeit der sozialpädagogischen Unterstützung und Betreuung

Sofern es sich nicht um Verhaltensauffälligkeiten und Erziehungsschwierigkeiten handelt, die die Hinzuziehung externer Stellen (wie z.B. Jugendämter, Psychologen, Ärzte, Sozialarbeiter, Psychotherapeuten in Beratungsstellen kommunaler oder freier Träger) erforderlich machen, stehen auch dem Ausbilder einige Mittel zu ihrer Beseitigung oder zumindest ihrer Minderung zur Verfügung. Dazu zählen
- der Aufbau eines wechselseitigen Vertrauensverhältnisses *(Maßnahmen des Ausbilders)*

- die Stärkung des Selbstvertrauens des Lehrlings
- die verstärkte Gesprächs- und Kontaktbereitschaft
- die Vornahme eventuell erforderlicher Korrekturen im Ausbildungsplan
- die kritische Überprüfung des Ausbildungsstils
- organisatorische Maßnahmen am Arbeits- oder Ausbildungsplatz.

> Bei der Festlegung der geeigneten Maßnahmen zur Beseitigung von Verhaltensauffälligkeiten sollte der Ausbilder zumindest in schwierigen Fällen planmäßig vorgehen.

Dabei empfehlen sich die Schritte, die auch bei der Lösung von Konflikten hilfreich sind, also

Planmäßiges Vorgehen

- Ermittlung des Sachverhalts
- Erforschung der Ursachen und Zusammenhänge
- Festlegung geeigneter Maßnahmen
- Durchführung der Maßnahmen
- Kontrolle der Maßnahmen.

(Vgl. dazu Abschnitt 6.3.6 „Strategien zur Bewältigung von Konfliktsituationen".)

5.5.5 Probleme und Prävention (Verhinderung) von Ausbildungsabbrüchen

Die Zahl der Jugendlichen, die ihre zuerst begonnene Berufsausbildung wechseln oder nicht beenden, hat sich in den letzten Jahren deutlich erhöht. Allerdings muss darauf hingewiesen werden, dass nicht jede Lösung eines Ausbildungsvertrages einem tatsächlichen und endgültigen Abbruch der Berufsausbildung entspricht. Vielmehr handelt es sich in der Mehrzahl um Ausbildungswechsler, die den Beruf, den Betrieb oder beides wechseln.

Gerade weil das Handwerk auch langfristig auf qualifizierte Fachkräfte angewiesen ist, muss es ein besonderes Anliegen sein, den Lehrling nicht nur während der Ausbildung, sondern auch danach an den Betrieb zu binden.

5.5.5.1 Gründe für einen Ausbildungsabbruch

Die Gründe für eine vorzeitige Lösung des Ausbildungsvertrages können sehr vielfältig sein. Meistens spielen dabei mehrere Ursachen aus der Sicht des Lehrlings oder des Ausbilders eine Rolle.

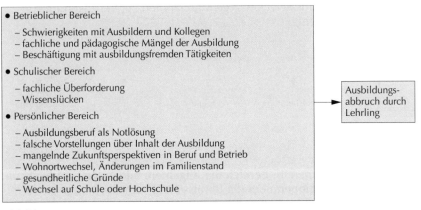

Abbildung 212

Häufige Ursachen für einen Ausbildungsabbruch aus der Sicht des Ausbildenden

Abbildung 213

5.5.5.2 Konsequenzen von Ausbildungsabbrüchen

Ausbildungsabbrüche bedeuten
- nachteilige Veränderungen im beruflichen Lebensweg der Jugendlichen
- finanzielle Verluste durch Fehlinvestitionen auf betrieblicher Ebene
- volkswirtschaftliche Kosten durch Mangel an entsprechend qualifizierten Fachkräften und durch nicht besetzte Ausbildungsplätze.

Nachteile

5.5.5.3 Maßnahmen zur Abbruchprävention

Der Hauptausschuss des Bundesinstituts für Berufsbildung hat eine Empfehlung mit Vorschlägen vorgelegt, wie Ausbildungsabbrüche verhindert oder zumindest verringert werden können.

Handlungspartner für zweckmäßige Maßnahmen zur Verringerung von Ausbildungsabbrüchen

Abbildung 214

Wichtige Maßnahmen im **Bereich der allgemein bildenden Schulen** sind:
- bessere Informationen über die Berufs- und Arbeitswelt
- Betriebspraktika für alle Schüler
- stärkere Berücksichtigung von Fragen der Berufs- und Arbeitswelt in der Aus- und Fortbildung der Lehrer.

Betriebspraktika

Im **Bereich der Berufsberatung** werden folgende Maßnahmen empfohlen:
- qualifizierte, gezielte und praxisnahe Informationen und Beratung
- frühzeitige und umfassende Klärung der Eignung, auch hinsichtlich der Gesundheit
- jugendgerechte und aktuelle Informationen über Berufsaussichten und Weiterbildungsmöglichkeiten
- verstärkte Zusammenarbeit der Berufsberater mit Ausbildungsberatern und den Trägern der Jugend- und Sozialhilfe
- schnelle und unbürokratische Beratung und Vermittlung der Ausbildungsabbrecher.

Eignung

Von Seiten der **Lehrlinge** selbst sind folgende Beiträge möglich:
- frühzeitige Inanspruchnahme von Beratungsangeboten vor und während der Ausbildung durch Berufsberater, Ausbildungsberater, Lehrlingswarte und Ausbilder
- intensivere Nutzung der Probezeit zur Überprüfung der Eignung und der Neigung.

Beratungsangebote

Probezeit

Auf **betrieblicher Seite** sind als Maßnahmen möglich:
- verstärkte Berücksichtigung des Themas „Ausbildungsabbruch" in der Ausbilderqualifizierung
- Hilfen für den Übergang von der Schule in den Beruf und zur Integration der Lehrlinge in den Ausbildungs- und Betriebsablauf
- stärkere Gesprächsbereitschaft bei der Entstehung und Bewältigung von Konflikten
- Steigerung der Ausbildungsmotivation durch den Einsatz moderner Lehr- und Lernmethoden
- Steigerung der Ausbildungseffektivität durch weitere Verbesserung des betrieblichen Lernangebotes sowie der personellen und sächlichen Rahmenbedingungen für die Durchführung der Berufsausbildung
- verstärkte Nutzung ausbildungsbegleitender Hilfen bei lernschwachen und ausländischen Jugendlichen
- rechtzeitiger Einsatz von Ausbildungsberatern und Lehrlingswarten (Informations- und Beratungsangebote für die Jugendlichen)
- zeitlich flexible Einstellung von Lehrlingen nach erfolgtem Ausbildungsabbruch
- Verbesserung der Abstimmung mit den Berufsschulen vor Ort.

Übergangshilfen

Motivation

Ausbildungsbegleitende Hilfen

5.5 Handlungssituation: Lernschwierigkeiten und Verhaltensauffälligkeiten erkennen

Im **Bereich der Berufsschulen** sind folgende Maßnahmen wichtig:
- intensivere Kontakte zwischen Berufsschullehrern, Ausbildern, Ausbildungsberatern und Eltern
- bessere Abstimmung mit den Ausbildungsbetrieben vor Ort
- Stütz- und Fördermaßnahmen für Lehrlinge
- Sicherung des Berufsschulbesuchs nach erfolgtem Ausbildungsabbruch, insbesondere unverzügliche Aufnahme bei neuem Ausbildungsvertrag.

Kontakte

Fördermaßnahmen

Handlungsorientierte, fallbezogene Aufgaben

1. Zahlreiche Auszubildende brechen ihre Ausbildung nicht nur während der Probezeit, sondern auch noch später ab. Ihnen als Betriebsinhaber können dadurch erhebliche finanzielle Verluste entstehen. Es besteht ferner die Gefahr, dass Ihnen später dann im Betrieb zu wenige Fachkräfte zur Verfügung stehen.

Aufgabe:
a) **Mit welchen betrieblichen Maßnahmen können Sie dazu beitragen, dass derartige Ausbildungsabbrüche möglichst selten vorkommen?**
b) **Welchen Beitrag dazu erwarten Sie von der Berufsschule?**

„Siehe Seite 300 f. des Textteils!"

5.6 Handlungssituation: Leistungsstarke Auszubildende fördern

Kompetenzen:
- Besondere Begabungen und Leistungen bei Auszubildenden erkennen und gezielt fördern

5.6.1 Anzeichen für spezifische Begabungen

Spezifische Begabungen

Spezifische Begabungen können unter anderem liegen in
- erkenntnisorientierter, forschender Begabung
- sprachlicher Begabung
- mathematisch-logischer Begabung
- mechanisch-technischer Begabung
- musisch-künstlerischer Begabung.

Sie lassen sich durch Tests, im Rahmen der Beurteilung und durch Beobachtung in der Berufsschule feststellen. Besondere Begabung wird heute nicht mehr mit hoher Intelligenz gleichgesetzt. Sie kann sich vielmehr in verschiedenen Formen äußern. Solche spezifischen Begabungen können sein:

Besondere Anzeichen
- Kreativität
- Organisationsfähigkeit des Lernens
- Effizienz der Informationsverarbeitung
- leistungsorientierte Arbeitshaltung.

5.6.2 Fördermöglichkeiten

Besonders begabte Auszubildende können zum einen durch Individualisierung und Differenzierung des Ausbildungsprozesses gezielt gefördert werden. Zum anderen gibt es folgende Möglichkeiten:
- Beschleunigung des Lernprozesses, also höheres Lerntempo für besonders Begabte
- Anreicherung des Lernstoffes durch erweiternde und vertiefende Lernangebote sowie Übertragung spezieller und zusätzlicher Aufgaben; dabei kann es sich vor allem um schwierigere, anspruchsvollere, komplexere und verantwortungsvollere Aufgaben handeln
- Zusammenfassung von besonders Begabten. Da dies bei Handwerksbetrieben wegen der geringen Betriebsgröße kaum in Frage kommt, bieten sich dazu überbetriebliche Einrichtungen oder auch die Berufsschule mit Spitzenleistungskursen und Arbeitsgemeinschaften an.

Förderprogramm

Das Bundesbildungsministerium hat seit einigen Jahren auch ein Programm „Begabtenförderung Berufliche Bildung" aufgelegt, das allerdings erst für Absolventen einer Berufsausbildung gilt. Danach werden gefördert
- Fachbezogene berufliche Weiterbildung
- Fach- oder berufsübergreifende Weiterbildung

- Weiterbildung, die der Persönlichkeitsentwicklung dient oder soziale Fähigkeiten vermittelt
- Weiterbildung, die zur aktiven Mitwirkung an beruflichen und gesellschaftlichen Entwicklungen befähigt.

Handlungsorientierte, fallbezogene Aufgaben

1. Handwerksbetriebe können auch leistungsstarken Jugendlichen besondere Entwicklungschancen bieten. Sie als Betriebsinhaber sind auch deshalb an solchen Jugendlichen interessiert, weil Sie sich erhoffen, dass einer Ihrer Mitarbeiter einmal Ihren Betrieb übernehmen könnte.

<u>Aufgabe:</u>
a) **Nennen Sie einige spezifische Begabungen und die besonderen Anzeichen dafür!**
b) **Wie können Sie leistungsstarke Jugendliche während der Berufsausbildung in Ihrem Betrieb besonders fördern?**

„Siehe Seite 302 des Textteils!"

6 Handlungsfeld: Ausbildung in der Gruppe

6.1 Handlungssituation: Gruppen und Teams bilden und führen

> **Kompetenzen:**
> - Besonderheiten der Führung von Gruppen erkennen und Kriterien für die Bildung und Führung von Gruppen bestimmen und anwenden
> - Die Bedeutung der Kommunikation für Gruppenführung und Gruppenleistung erkennen und kommunikationstheoretische Grundlagen bei der Führung von Gruppen berücksichtigen

6.1.1 Gruppenführung (Arbeits- und Lerngruppen)

6.1.1.1 Begriff, Merkmale und Arten von Gruppen

Unter Gruppe versteht man den Zusammenschluss zweier oder mehrerer Personen, die sich gegenseitig beeinflussen und steuern und damit besondere zwischenmenschliche Beziehungen sowie einen inneren Zusammenhalt aufweisen.
Typische Eigenschaften einer Gruppe sind:
- Gemeinsames Gruppenziel
- Gruppenbewusstsein (Zusammengehörigkeit)
- Gruppennormen (Verhaltensmuster)
- Gruppenstruktur (Aufgaben- und Rollenzuweisungen)
- Gruppenbeziehungen (gegenseitige Abhängigkeit)
- Regelmäßige und länger andauernde Zugehörigkeit.

Für die Gruppenbildung gibt es verschiedene Motive, die jeweils auch den Zweck und das Ziel der Gruppe bestimmen. Zweck und Ziel sowie Zusammenhalt und Anfälligkeit für den Zerfall der Gruppe hängen von der Gruppenform ab. *Gruppenbildung*

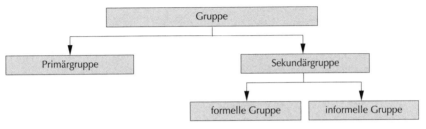

Abbildung 215

Die wichtigste Primärgruppe, die erste Gruppe, der ein Mensch angehört, ist die Familie. *Primärgruppe*
Sekundärgruppen sind außerhalb der Familie bestehende Gruppen. *Sekundärgruppe*

Formelle Gruppen

Formelle Gruppen ergeben sich meist aus bestimmten vorgegebenen Regelungen und Bestimmungen, wie beispielsweise Schulklassen und Arbeits- sowie Lerngruppen und Arbeitsteams.

Informelle Gruppen

Bei informellen Gruppen dagegen beruht die Mitgliedschaft auf der freiwilligen Entscheidung des Einzelnen. Typisches Beispiel ist die Freizeitgruppe.

6.1.1.2 Gruppenbeziehung, Gruppenstruktur und Gruppendynamik

Die inneren Gruppenbeziehungen hängen von der jeweiligen Gruppenform ab und weisen dementsprechend unterschiedliche – feste oder lockere – Bindungen auf. Jedes Mitglied der Gruppe nimmt in ihr einen bestimmten Platz ein. Dieser ist insbesondere abhängig von
- dem Beitrag des einzelnen Gruppenmitglieds zum Gruppenziel und
- seinem Beliebtheitsgrad bei den anderen Gruppenmitgliedern.

Rangordnung

Dadurch ergeben sich innerhalb jeder Gruppe bestimmte Rangordnungen.

Soziogramm

> Die Art und Intensität der Beziehungen innerhalb einer Gruppe kann man mit Hilfe eines Soziogramms darstellen. Dabei geben die Gruppenmitglieder an, zu welchem Gruppenmitglied sie besonders enge Beziehungen haben oder wünschen.

Das Soziogramm informiert dann sehr anschaulich darüber, ob in der Gruppe zwischen einzelnen Mitgliedern besonders enge Beziehungen bestehen (Freundschaften) und ob es in der Gruppe Außenseiter gibt.

Soziogramm für eine Gruppe mit fünf Mitgliedern

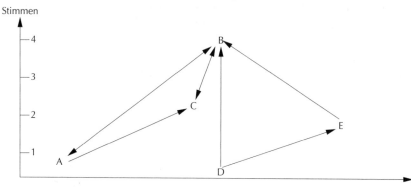

Abbildung 216

Die Abbildung zeigt, dass die Person B viermal gewählt wird. Diese selbst bevorzugt gleichzeitig ihrerseits die Personen A und C (gegenseitige Wahl).
Zu beachten ist allerdings, dass ein derartiges Soziogramm immer nur eine Momentaufnahme sein kann. Vor allem bei jüngeren Gruppenmitgliedern ändern sich diese Beziehungen oft sehr rasch.

Gruppen sind eben aus Einzelpersonen zusammengesetzt, die Gefühlen unterliegen, Konflikte austragen und auch ständig um ihren Platz in der Gruppe kämpfen. Diesen Prozess bezeichnet man als Gruppendynamik. Außerdem ist festzustellen, dass das Gruppenbild je nach Art des Lebensbereichs bei demselben Personenkreis erheblich voneinander abweichen kann.

Gruppendynamik

Beispiel:
Man wird bei der Frage nach Kontakten in der Freizeit eine andere Gruppenstruktur erhalten als bei der Frage nach der Beliebtheit am Arbeitsplatz.

Das nach dem Soziogramm beliebteste Gruppenmitglied kann, muss aber nicht, der Gruppenführer sein, der die Gruppe steuert und ihre Aktivitäten maßgeblich beeinflusst. Für die Rolle des Gruppenführers können neben der Beliebtheit auch andere Merkmale ausschlaggebend sein, wie zum Beispiel
- Tüchtigkeit
- Fähigkeiten
- Charaktereigenschaften
- fachliche und/oder persönliche Autorität.

Gruppenführer

Führungsmerkmale

> Weichen Gruppenführer und nach dem Soziogramm beliebteste Person voneinander ab, so werden Letztere auch als Wortführer oder stille Lenker bezeichnet.

Der Führungsstil hängt von der Gruppenform und vom jeweiligen Gruppenzweck ab. In Jugendgruppen herrscht oft ein autoritärer Führungsstil. Allgemein sollten aber Gruppen heute demokratisch geführt werden.
Die meisten Menschen gehören gleichzeitig verschiedenen Gruppen an, zum Beispiel Familie, Betrieb, Freizeitgruppe. In jeder dieser Gruppen hat das Mitglied jeweils unterschiedliche Rollen und in der Regel auch unterschiedliche Rangplätze.
Dies zwingt den Einzelnen dazu, sich immer wieder neu anzupassen und bringt außerdem die Gefahr von Rollenkonflikten mit sich (vgl. dazu auch Abschnitt 6.3.2 „Ursachen und Anlässe von Konflikten").

Führungsstil

Rollenkonflikte

6.1.1.3 Bedeutung von Rollen in Gruppen

Jedes Gruppenmitglied nimmt eine oder mehrere bestimmte Rollen ein. Die Rollenträger können dabei jederzeit wechseln. Man unterscheidet drei besondere Rollen:
- Aufgabenrollen: Sie sind für die Auswahl und Durchführung der Arbeiten innerhalb einer Gruppe verantwortlich. Unterschiedliche Ausprägungen sind beispielsweise
  - Aktivität
  - Initiative
  - Information
  - Koordination.
- Erhaltungsrollen: Sie sind dafür zuständig, dass Interesse und Engagement der Gruppenmitglieder trotz auftretender Probleme aufrechterhalten bleiben. Unterschiedliche Ausprägungen dafür sind unter anderem

Aufgabenrollen

Erhaltungsrollen

- Diagnose
- Vermittlung
- Spannungsabbau.

Störende Rollen
- in ihrer Funktion gestörte Rollen: In jeder Gruppe gibt es auch Rollen, die störend oder im Extremfall zerstörend wirken. Sie äußern sich beispielsweise in
  - Blockade
  - Selbstdarstellung auf Kosten anderer
  - Rivalitäten.

Bei Gruppen von Auszubildenden sollte der Ausbilder stets darauf achten, dass Aufgabenrollen und Erhaltungsrollen überwiegen.

Gruppen und ihre Rollen haben für jeden Einzelnen wie auch für die Gesellschaft insgesamt eine wichtige Bedeutung.

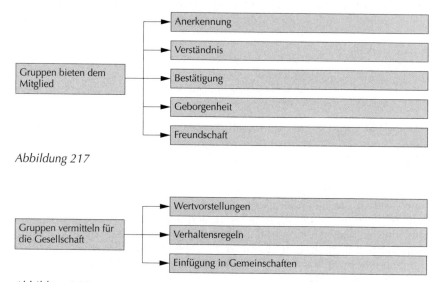

Abbildung 217

Abbildung 218

Jugendgruppen

Gerade bei Jugendlichen sind Gruppen ein wichtiges Hilfsmittel für das Hineinwachsen in die Erwachsenenwelt. Von Gruppen gehen allerdings nicht immer nur positive Einflüsse aus. Vor allem bei verschiedenen Jugendgruppen besteht die Gefahr der Kriminalität sowie des Alkohol- und Drogenmissbrauchs.

6.1.1.4 Gruppengestaltung und -führung in einem handwerksangemessenen Konzept der Organisationsentwicklung

> Jeder Betrieb, der auf dem Markt erfolgreich bleiben will, muss sich ständig fortentwickeln und den Erfordernissen anpassen. Damit sind auch laufende betriebliche Organisationsänderungen verbunden.

Diesen Prozess beschreibt der betriebswirtschaftliche Ansatz der Organisationsentwicklung. Seine Kernelemente sind

- die erforderlichen Änderungen in der Aufbau- und Ablauforganisation des Betriebes
sowie
- die Einbeziehung der von den Änderungen betroffenen Personen und Gruppen.

Der Ansatz der Organisationsentwicklung geht dabei davon aus, dass für den Erfolg der beabsichtigten organisatorischen Änderungen die Fähigkeit und Bereitschaft der betroffenen Mitarbeiter, die neuen Aufgaben und Rollen wahrzunehmen, eine wichtige Voraussetzung sind.

Deshalb ist es ein zentrales Anliegen, diese Gruppen rechtzeitig und optimal einzubinden und sie für die Kooperation (Zusammenarbeit) zu gewinnen.

Man spricht in diesem Zusammenhang auch von Personalentwicklungsmaßnahmen. Sie zielen insgesamt auf die Verbesserung der Leistungsfähigkeit und der -bereitschaft aller Mitarbeiter ab. Um dies zu erreichen, wurden verschiedene Maßnahmen und Methoden entwickelt. Für ihre bestmögliche und wirksame Gestaltung liefern die Kenntnisse über die Arbeit in Gruppen wichtige Ansatzpunkte.

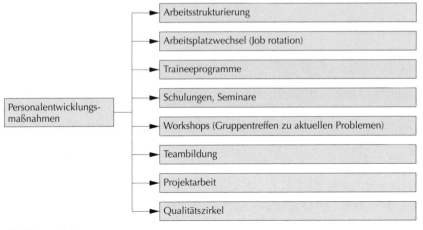

Abbildung 219

Einige der genannten Maßnahmen werden im Weiteren noch näher erläutert.

Arbeitsstrukturierung

Arbeitsstrukturierung bedeutet die Zerlegung einer Tätigkeit in mehrere Teiltätigkeiten.

Gerade im Handwerksbetrieb kennzeichnet es die Arbeitsweise, dass keine Fließbandtätigkeit gegeben ist. Deshalb empfiehlt es sich, die Arbeit so zu strukturieren, dass alle Teiltätigkeiten im Rahmen einer Gruppe und wechselnd von allen Gruppenmitgliedern durchgeführt werden können.

Eine solche Form der Arbeitsstrukturierung erhöht
- Kompetenz
- Verantwortung
- Motivation

des einzelnen Mitarbeiters und damit auch die Bereitschaft und Fähigkeit, zur Organisationsentwicklung beizutragen.

Teambildung

Teamarbeit

> Die Kooperation in Gruppen zur Erreichung eines bestimmten Ziels oder zur Lösung einer Aufgabe wird auch als Teamarbeit bezeichnet.

Dabei werden Verantwortung und Entscheidungsbefugnis nicht an Einzelpersonen, sondern an das gesamte Team übertragen. Damit Teams erfolgreich sein können, sind bei der Bildung folgende Grundsätze zu beachten:

Grundsätze
- Die optimale Größe darf nicht überschritten werden.
- Die Teammitglieder müssen zusammenpassen; zwischen ihnen dürfen keine größeren Konflikte bestehen.
- Für die gestellte Aufgabe muss hinreichend Verständnis vorhanden sein.
- Fähigkeiten und Kenntnisse müssen bei jedem ausreichen, um zur Problemlösung beitragen zu können.

Qualitätszirkel

> Qualitätszirkel sind langfristig angelegte kleinere Gruppen, die sich sowohl mit Fragen aus der täglichen Arbeit befassen wie auch längerfristige Probleme behandeln und dazu Lösungsvorschläge entwerfen.

Gegenstand

Gegenstand der Arbeit von Qualitätszirkeln sind insbesondere
- technische
- personelle
- organisatorische

Fragestellungen.

Für die Arbeit von Qualitätszirkeln wird allgemein empfohlen:
- kleine Gruppengröße (maximal 10 – 12 Teilnehmer)
- regelmäßige, aber nicht allzu lange dauernde Treffen
- möglichst homogener Teilnehmerkreis, das heißt Teilnehmer vergleichbarer Qualifikation und vergleichbarer beruflicher Position
- Betreuung durch einen Vorgesetzten oder Berater von außen.

6.1.2 Grundzusammenhänge der Kommunikation

6.1.2.1 Kommunikationsarten

> Als Kommunikation bezeichnet man allgemein jeden Austausch von Informationen zwischen zwei oder mehreren Personen.

Individualkommunikation

Bei Informationsaustausch zwischen zwei Personen spricht man von Individualkommunikation. Werden viele andere Personen angesprochen, so

wird dies als Massenkommunikation bezeichnet. Die Kommunikation kann
- sprachlich (verbal) oder
- nichtsprachlich (nonverbal)

erfolgen.

Massenkommunikation

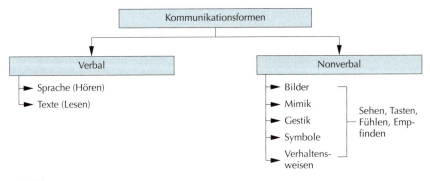

Abbildung 220

Kommunikation ist eng mit Interaktion verbunden, dieser aber untergeordnet.

> Als Interaktion bezeichnet man jede Beziehung von zwei oder mehr Menschen, die deren Verhalten in irgendeiner Form beeinflusst, also zum Beispiel zwischen Ausbilder und Lehrling.

Interaktion

Eine abgestimmte Kommunikation und Interaktion ist gerade in einer hoch entwickelten und arbeitsteiligen Wirtschaft und Gesellschaft von besonderer Bedeutung. Sie sind unabdingbare Voraussetzung für eine optimale Koordination und zur Vermeidung von Reibungsverlusten.

6.1.2.2 Einfaches Modell einer Kommunikationssituation

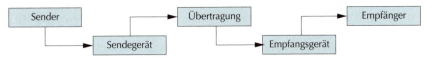

Abbildung 221

In diesem Kommunikationsmodell ist der **Sender** diejenige Person, die einer oder mehreren anderen Personen eine Information übermitteln will. Die Adressaten der Information werden als **Empfänger** bezeichnet.
Um die Information zwischen Sender und Empfänger vermitteln zu können, wird ein so genannter **Kommunikationskanal** eingerichtet. Die gebräuchlichsten Formen sind dabei

- Sehen
- Schreiben bzw. Lesen
- Sprechen bzw. Hören.

Formen

Je nach dem gewählten Kommunikationskanal muss die Information entsprechend vom Sender in die jeweiligen Signale akustischer oder optischer Art durch das **Sendegerät** umgewandelt und vom Empfänger mittels des **Empfangsgerätes** wieder zurückverwandelt werden. In der Fachsprache nennt man diesen Prozess „Verschlüsselung" und „Entschlüsselung".

Eine erfolgreiche Informationsvermittlung setzt voraus, dass es im Informationskanal zu keinen Störungen kommt (Beispiel: Zusammenbruch der Verbindung beim Telefon) und dass Empfänger und Sender die jeweiligen Signale gleich deuten, indem sie zum Beispiel dieselbe Sprache sprechen. Zur Kontrolle empfiehlt sich eine Rückkoppelung des Empfängers zum Sender (Feedback). Auf derartige Rückmeldungen ist man grundsätzlich auch angewiesen, um sein Kommunikationsverhalten gegebenenfalls korrigieren zu können.

Sendegerät
Empfangsgerät

Signale

Feedback

Beispiel:

Der Lehrling will dem Ausbilder mitteilen, dass er erkrankt ist und nicht in den Betrieb kommen kann.
Nach dem beschriebenen Kommunikationsmodell ergeben sich dann folgende Beziehungen und Abläufe:
- Sender ist der Lehrling
- Empfänger ist der Ausbilder
- Kommunikationskanal ist die Sprache über das Telefon
- Sendegerät ist das Sprechen des Lehrlings über das Mikrofon des Telefons
- Empfangsgerät ist das Hören des Ausbilders über den Hörer des Telefons
- Rückkopplung ist die Mitteilung des Ausbilders, dass er die Information (Krankmeldung) verstanden hat.

6.1.2.3 Kommunikationsaspekte

Jede Kommunikation besitzt sowohl einen Sach- oder Inhalts- wie auch einen Beziehungsaspekt.

Inhaltsaspekt
Beziehungs-
aspekt

> Der Inhaltsaspekt kennzeichnet die sachliche Ebene, nämlich die Übermittlung von Informationen. Der Beziehungsaspekt beschreibt die soziale Seite jeder Kommunikation, das heißt die zwischenmenschlichen Beziehungen zwischen Sender und Empfänger im Rahmen der Kommunikation.

In der Regel kann davon ausgegangen werden, dass der Beziehungsaspekt im Vordergrund steht. Auch die alltägliche Erfahrung bestätigt nämlich, dass eine Einigung über Sachverhalte oftmals nur dann, zumindest aber leichter möglich ist, wenn zwischen den Gesprächspartnern eine günstige Atmosphäre herrscht.
Deshalb werden viele sachlich wichtige Gespräche oftmals eher mit einer Unterhaltung über vermeintliche Belanglosigkeiten wie Hobbys oder Urlaubserfahrungen und Ähnlichem begonnen, um ein angenehmes Gesprächsklima zu schaffen.

Gesprächsklima

Es kommt also nicht nur darauf an, **was** besprochen wird, sondern vor allem auch darauf, **wie** es besprochen wird. Dieser Beziehungsaspekt der Kommunikation kann sich zeigen

- in der Art, wie gesprochen wird
- in der Art zu formulieren und die Worte zu wählen
- in Mimik und Gestik.

Ausprägungen

Bei jeder Kommunikation sollte deshalb bedacht werden, dass der Partner nicht nur die Botschaft, sondern auch diese genannten sozialen Ausprägungen aufnimmt und das Gesagte danach bewertet.

6.1.2.4 Auswirkungen von Kommunikationsstörungen auf die Leistungen in der Gruppe

Störungen in der Kommunikation können nie völlig ausgeschlossen werden. Jede Gruppe sollte jedoch daran interessiert sein, sie möglichst gering zu halten, da derartige Störungen nicht nur ihre Leistungsfähigkeit mindern, sondern im Extremfall sie sogar leistungsunfähig machen können. Kommunikationsstörungen können sich insbesondere ergeben durch

Störfaktoren

- belastete Beziehungen einzelner Gruppenmitglieder
- beeinträchtigte Kommunikationsfähigkeit einzelner Gruppenmitglieder (z. B. durch Erkrankungen oder Sprachstörungen)
- entwicklungs- oder krankheitsbedingte Kommunikationshemmungen
- Sprachprobleme
  - Fachausdrücke werden nicht von allen verstanden
  - Lehrlinge kommen aus unterschiedlichen Kulturkreisen und haben von daher Sprach- und Verständigungsschwierigkeiten
- Störungen der Kommunikation durch äußere Einflüsse wie einen hohen Geräuschpegel.

Handlungsorientierte, fallbezogene Aufgaben

1. In Ihrem Betrieb werden 5 Jugendliche ausgebildet. Sie stellen gegenüber den anderen Beschäftigten Ihres Betriebes eine eigene Gruppe dar. Darauf müssen Sie sich als Ausbilder einstellen, um Konflikte zu vermeiden.

<u>Aufgabe:</u>

a) **Nennen Sie typische Eigenschaften einer Gruppe und beschreiben Sie, wie Sie darauf Ihre Ausbildungstätigkeit abstellen!**
b) **Welche Bedeutung kann die Zugehörigkeit zur Gruppe für den einzelnen Auszubildenden haben?**

„Siehe Seiten 305 und 308 des Textteils!"

2. In Ihrem Betrieb spielt die Arbeit in Teams eine zunehmende Rolle. Deshalb legen Sie besonderen Wert darauf, dass auch die Auszubildenden möglichst schnell auf Teamarbeit vorbereitet werden.

<u>Aufgabe:</u> **Welche Grundsätze sind bei der Bildung von Teams zu beachten, damit diese erfolgreich sein können?**

„Siehe Seite 310 des Textteils!"

6.2 Handlungssituation: Lernen und Arbeiten in Gruppen und Teams planen und anleiten

Kompetenzen:
- Methodische Möglichkeiten zur Organisation des Lernens und Arbeitens in Gruppen und Teams kennen und einsetzen

6.2.1 Gestaltung von Gesprächssituationen

Gesprächsanlässe und Gesprächsarten

Gespräche sind eine der wichtigsten Formen der Kommunikation der Menschen und wichtiger Bestandteil der Arbeit in Gruppen und Teams.

Gesprächs-\
anlässe

Gespräche sind das bedeutendste Mittel für die
- Meinungsmitteilung
- gegenseitige Meinungsbildung
- Weitergabe von Informationen
- Diskussion umstrittener Sachverhalte

und damit insgesamt eine wichtige Voraussetzung für das funktionierende Zusammenleben in einer Gemeinschaft.

Zu den verschiedenen Gesprächsanlässen gibt es auch dementsprechende Gesprächsarten. Wichtige Unterscheidungskriterien für die Gesprächsart sind ergänzend zum Gesprächsanlass auch

Gesprächsarten
- die Austragungsart und
- die soziale Form

eines Gesprächs.

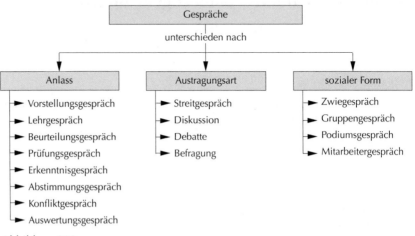

Abbildung 222

Verschiedene Gesprächsarten wurden unter anderen Punkten bereits angesprochen. Deshalb folgen hier nur kurze Erklärungen.

Vorstellungsgespräch: Gespräch zum gegenseitigen Kennenlernen und zur Information vor Abschluss eines Ausbildungs- oder Arbeitsvertrages.
Lehrgespräch: Gespräch zur Unterstützung der Erkenntnistätigkeit des Lernenden mit den Unterformen Problemgespräch, Lernberatungsgespräch, Orientierungsgespräch und Reflexionsgespräch (Reflexion = Nachdenken).
Beurteilungsgespräch: Gespräch zur Erörterung der Ergebnisse der Bewertung und Beurteilung des Lehrlings durch den Ausbilder.
Prüfungsgespräch: Form der mündlichen Prüfung, in der der Stoff über ein problemorientiertes Gespräch und nicht nach Stichworten abgefragt wird.
Erkenntnisgespräch: Gespräche zum Erkennen von neuen Sachverhalten.
Abstimmungsgespräch: Gespräch zur Abstimmung geplanter Maßnahmen in den verschiedensten Bereichen.
Konfliktgespräch: Gespräch zur Erörterung der Ursachen und der Maßnahmen zur Beseitigung von Konflikten.
Auswertungsgespräch: Gespräche zur Aufarbeitung von abgelaufenen Lernprozessen, die der Vertiefung sowie der Aufdeckung von Lerndefiziten dienen.
Streitgespräch: Gespräch, in dem die Teilnehmer offensiv gegensätzliche Positionen und Argumente vertreten.

Gesprächsarten

Diskussion: Ebenfalls eine Form des Streitgesprächs, in dem gegensätzliche Meinungen ausgetauscht werden, das aber letztlich auf eine Einigung bzw. Lösung abzielt.
Debatte: Ebenfalls eine Form von Streitgespräch/Diskussion, die in der Absicht geführt wird, den eigenen Standpunkt bei einer anschließenden Abstimmung durchzusetzen. Sie wird von einem Leiter klar strukturiert und möglichst sachlich geleitet.
Befragung: Gespräch, bei dem ein Experte einem Interessentenkreis für ausführliche Fragen zur Verfügung steht.
Zwiegespräch: Gespräch mit nur zwei Teilnehmern.
Gruppengespräch: Gespräch zwischen einem größeren gleichwertigen Teilnehmerkreis.
Podiumsgespräch: Gespräch einzelner herausgehobener Teilnehmer vor einem größeren Zuhörerkreis, dessen Gesprächsbeteiligung untergeordnet ist.
Mitarbeitergespräch: Gespräch zwischen Vorgesetzten und Mitarbeitern über vorwiegend betriebliche Belange, in dem die aktive Beteiligung der Mitarbeiter besonders erwünscht ist.

Gesprächsaufbau

Jedes Gespräch folgt in der Regel einem bestimmten Aufbau, wobei dieser nicht immer alle der nachgenannten Stufen enthalten muss:
Auslösung des Gesprächs: Hier kann es sich einerseits um ein völlig freies, zufällig etwa im Rahmen einer Begegnung zustande kommendes Gespräch oder um ein geplantes, verabredetes Gespräch handeln.
Eingrenzung des Gesprächsgegenstandes: Für ein geplantes Gespräch ist in der Regel zugleich auch bereits der Gesprächsgegenstand festgelegt. Beim freien Gespräch ergibt er sich oftmals erst während des bereits laufenden Gesprächs.
Austausch der Argumente: Dabei handelt es sich um den Kern jedes Gesprächs, wenn die Teilnehmer ihre Sichtweise zum jeweiligen Gesprächsgegenstand vortragen und die gegenseitigen Positionen kritisch hinterfragen.

Ordnung des Gesprächs: Umfangreichere Gespräche mit mehreren Teilnehmern sollten bereits vorstrukturiert werden. In anderen Fällen empfiehlt es sich, nach dem Austausch der Argumente diese nach bestimmten Gesichtspunkten zu ordnen.

Zusammenfassung des Gesprächs: Die Ordnung des Gesprächs bietet eine gute Voraussetzung, um ein Gespräch dann auch zielgerichtet zusammenfassen zu können.

Entscheidung: Soweit eine Einigung möglich ist, sollten Gespräche auch mit einer Entscheidung oder Einigung abgeschlossen werden.

Gesprächsverhalten und Gesprächsführung

Für die Führung eines Gesprächs und das Verhalten dabei lassen sich folgende Empfehlungen geben:

Gesprächsregeln

- Offenheit und Unvoreingenommenheit gegenüber jedem Gesprächspartner
- Achtung und Wertschätzung gegenüber jedem Gesprächspartner; ihn als Person akzeptieren
- aktives und aufmerksames Zuhören (auch durch die Mimik, also den Gesichtsausdruck) bei Beiträgen anderer Gesprächsteilnehmer
- den Gesprächspartner nicht unterbrechen, sondern ausreden lassen, also sich Zeit nehmen
- sich auf die Sache konzentrieren und nicht am Thema vorbeireden
- gezeigte Gefühle ernst nehmen und auch selbst keine Scheu zeigen, Gefühle zu äußern
- keine Überlegenheit demonstrieren, etwa durch Fragen, die bereits die Antwort vorgeben oder durch Gebrauch vieler Fremdwörter
- jeden Gesprächsteilnehmer so nehmen, wie er ist.

6.2.2 Moderation (z. B. Metaplantechnik)

Moderationsmethode

Die Moderationsmethode hat das Ziel, die Kommunikation und Zusammenarbeit von Gruppen zu verbessern. Sie kombiniert verschiedene Erkenntnisse aus Pädagogik, Soziologie und Psychologie, um bestmögliche Voraussetzungen dafür zu schaffen, dass sich Menschen in der Gruppe wohl fühlen, damit motiviert sind und so auch bessere Leistungen erbringen. Die Gruppen sollen lernen, ihre Probleme selbst zu lösen. Wichtig ist, dass dazu alle Mitglieder einbezogen werden. Um die Kommunikation der Gruppenmitglieder untereinander und das gemeinsame Bearbeiten vorhandener Probleme zu fördern, wird ein von außen kommender Moderator hinzugezogen. Er leitet die Treffen der Gruppe methodisch, aber nicht inhaltlich; das heißt er soll mit seinen Kenntnissen eine Atmosphäre schaffen, in der die Anwesenden sich wohl fühlen und bereitwillig sowie offen an den Diskussionen teilnehmen. Um die Teilnehmer einzubeziehen, bedient sich der Moderator folgender Regeln:

Ziele

Moderator

Techniken

- Zurufabfragen (die Teilnehmer äußern sich nach Zuruf durch den Moderator)
- Punktetechnik (die Teilnehmer kennzeichnen ihre Betroffenheit z. B. mit Klebepunkten an einer Skala)
- Kartenabfrage (die Teilnehmer schreiben ihre Vorstellungen und Ideen auf Karten)

Die Moderationsmethode ist gut für die Suche nach Problemlösungen, eignet sich jedoch nicht für die reine Wissensvermittlung. Eine moderierte Diskussion sollte folgende Phasen enthalten:

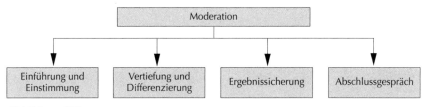

Abbildung 223

Zu jeder Moderation gehören die geeigneten Moderationsmaterialien. Dies sind insbesondere Flip-Chart und Pinnwand, da es wichtiges Element der Moderationsmethode ist, die einzelnen Beiträge festzuhalten und immer wieder sichtbar zu machen.

Moderationsmaterial

6.2.3 Gruppenarbeit

Gruppenarbeit gewinnt in der Praxis der Berufsausbildung immer mehr an Bedeutung.

> Darunter ist zu verstehen, dass mehrere Lehrlinge zusammenkommen, um einen vorgegebenen Auftrag oder eine vorgegebene Aufgabe gemeinsam zu erledigen bzw. zu lösen

Die Vorzüge liegen in einer höheren Lernmotivation, aber auch in der Förderung der Bereitschaft zur Zusammenarbeit und sozialer Verhaltensweisen.
Hinsichtlich der Gruppengröße wird zumeist eine Teilnehmerzahl zwischen drei und acht Lehrlingen empfohlen.

Gruppengröße

Ablauf der Gruppenarbeit

Abbildung 224

Dabei kann der Ausbilder der gesamten Gruppe
- ein Thema (themengleiche Gruppenarbeit)
oder
- mehrere Themen zugleich (arbeitsteilige Gruppenarbeit)
zur Bearbeitung geben.

Themengleich

Arbeitsteilig

Grundsätze

Für eine erfolgreiche Gruppenarbeit sind für die Planung und Durchführung wichtige Grundsätze zu beachten:
- sorgfältige Vorbereitung
  - bei der Zusammensetzung einer Gruppe
  - bei der Auswahl der Lehr- und Lernmittel
- klare Aufgabenstellung
- Abstimmung der Aufgabe auf den Leistungsstand der Teilnehmer
- Benennung eines oder mehrerer Gruppensprecher mit der Verantwortung für eine sachliche und themenbezogene Diskussion und Arbeit.

Entscheidungskriterien

Wichtige Faktoren, die bei der Entscheidung für Einzel- oder Gruppenarbeit eine Rolle spielen, sind unter anderem:
- Lernprobleme
- Basiskenntnisse der Lehrlinge
- Zusammensetzung der Lehrlinge.

6.2.3.1 Gruppendiskussion

Zweck

Diskussionen verfolgen den Zweck, durch Meinungsaustausch eine Aufgabe zu untersuchen und Lösungsmöglichkeiten dafür aufzuzeigen. Dabei sollen die verschiedenen Ansichten der Diskussionsteilnehmer einfließen. Für den Erfolg ist es empfehlenswert, dass sich die Gruppenmitglieder auf die Diskussion vorbereiten können, um dort ihre Ansichten vortragen zu können.

Diskussionsleiter

Der Diskussionsleiter hat darauf zu achten, dass sachorientiert diskutiert wird und möglichst alle an der Diskussion teilnehmen. Ferner soll er zwischendurch und am Ende den Diskussionsstand zusammenfassen.

6.2.3.2 Kurzvorträge

Kurzvorträge haben das Ziel, ein Thema aus dem Bereich der Ausbildung durch entsprechende
- Gliederung
- Darstellung
- Ausdrucksform

so darzustellen, dass die Zuhörer zum einen positiv motiviert werden und zum anderen einen Lernzuwachs erzielen. Der Vortragende kann dabei der Ausbilder oder einer der Auszubildenden sein. Kurzvorträge haben ferner den Vorteil, dass der Vortragende seine Ausdrucksfähigkeit und die Sicherheit des Auftretens vor anderen schulen kann. Dies gelingt besser,

Vortragstechnik

wenn der Vortragende seinen Text nicht nur abliest, sondern anhand von Stichworten teilweise frei vorträgt.
Bei Vorträgen und Referaten ist aber darauf zu achten, dass die Informationsmenge von den Zuhörern auch verarbeitet werden kann. Für den Erfolg von Vorträgen können folgende Regeln empfohlen werden:
- klare Zielsetzung
- gute Gliederung des Vortrages

- Einsatz von Darstellungsmitteln wie Flip-Chart oder Tageslicht-Projektor   *Regeln*
- Einbeziehung der Teilnehmer durch Fragen
- Kombination mit Beispielen aus der täglichen Ausbildungspraxis.

6.2.3.3 Brainstorming

> Ziel des Brainstormings ist es, innerhalb kurzer Zeit zu einem Thema möglichst viele Ideen oder Lösungsmöglichkeiten zu finden.   *Ziel*

In der ersten Stufe teilen alle Teilnehmer das mit, was ihnen zu dem gestellten Thema einfällt. Dies wird von einem Leiter notiert, aber nicht weiter kritisiert oder diskutiert. Erst in der zweiten Stufe, wenn keine Ideen mehr kommen, werden die Vorschläge bearbeitet, strukturiert und gegebenenfalls ausgesondert.   *Stufen*

6.2.3.4 Rollenspiele

> Rollenspiele haben ihren Schwerpunkt im Bereich von Einstellungen und Verhaltensweisen.

Dazu sollen sich die Teilnehmer vor Beobachtern in andere Personen hineinversetzen und deren Verhalten darstellen. Die Beobachtung durch Gruppenmitglieder kann durch Videoaufzeichnungen ergänzt werden. Für Rollenspiele empfiehlt sich folgende Vorgehensweise:

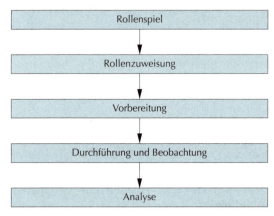

Abbildung 225

Bei Rollenspielen ist allerdings darauf zu achten, dass   *Empfehlungen*
- niemand zu einer bestimmten Rolle gezwungen wird
- zuvor Hemmschwellen beispielsweise vor Videoaufzeichnungen abgebaut werden
- keine „Hänseleien" oder Verspottungen stattfinden
- eine gründliche Vor- und Nachbereitung stattfindet.

Rollenspiele eignen sich damit gut zum Verhaltenstraining. Dafür sind folgende Schritte zu empfehlen:

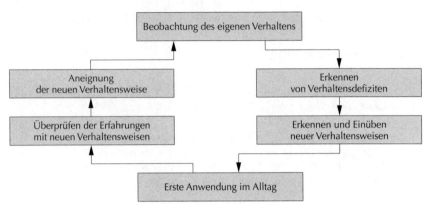

Abbildung 226

6.2.4 Projektarbeit im Team

> Unter einem Projekt versteht man eine umfangreichere, in vielen Fällen auch relativ komplizierte und zeitlich befristete Aufgabe bzw. Tätigkeit.

Merkmale

Projektarbeit ist durch folgende Merkmale gekennzeichnet:
- fächerübergreifende Arbeit
- Methodenvielfalt
- weitgehend selbstständige Arbeit der Projektgruppe
- ergebnisorientiertes Arbeiten
- Verknüpfung von theoretischer Analyse und praktischer Umsetzung.

Kombinationen

Zur Bearbeitung der jeweiligen Aufgabe bietet es sich oftmals an, Einzelarbeit, Gruppenarbeit und Arbeit im gesamten Projektteam miteinander zu kombinieren.

Handlungsorientierte, fallbezogene Aufgaben

1. Gruppenarbeit gewinnt in der Praxis der Berufsausbildung immer mehr an Bedeutung.

Aufgabe: Beschreiben Sie drei verschiedene Formen der Gruppenarbeit und ihre Bedeutung für die Berufsausbildung!

„Siehe Seite 317 ff. des Textteils!"

6.3 Handlungssituation: Zwischenmenschliche Konflikte erkennen und lösen

Kompetenzen:
- Funktionen und Arten von Konflikten verstehen und die mit ihnen verbundenen Chancen und Risiken beurteilen
- Sich anbahnende oder bestehende Konflikte erkennen und geeignete Lösungsstrategien auswählen
- Schlichtungs- und Konfliktgespräche vorbereiten, durchführen und nachbereiten

6.3.1 Konfliktbegriff

> Konflikte entstehen dann, wenn man sich zwischen einander widersprechenden Motiven, Einstellungen und Interessen entscheiden muss.

Ein Konflikt kann entweder eine Person allein betreffen oder aber zwischen mehreren Personen, Gruppen oder Institutionen ausgetragen werden.
Im ersten Fall spricht man von einem intrapersonalen, im zweiten von einem interpersonalen Konflikt.

Intrapersonal
Interpersonal

Beispiel:
Ein intrapersonaler Konflikt liegt vor, wenn ein Jugendlicher bei der Berufswahl wegen der Höhe der Ausbildungsvergütung (finanzielle Überlegungen) einen anderen Beruf ergreift, als es eigentlich seinen Neigungen entspricht.
Ein interpersonaler Konflikt besteht, wenn die Mitglieder einer Gruppe verschiedener Auffassung sind. Dabei kann der jeweilige Konflikt sach- oder personenbezogen sein. Vielfach aber ist beides nur schwer zu trennen.

Sach- oder personenbezogen

6.3.2 Ursachen und Anlässe von Konflikten

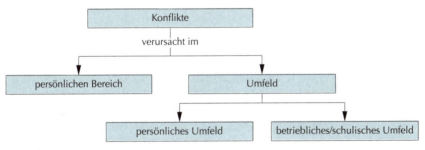

Abbildung 227

Zu den Konfliktursachen aus dem **persönlichen Bereich** zählen u. a.:
- Unterschiede gegenüber anderen in
  - Wertvorstellungen
  - Einstellungen
  - politischen Auffassungen
  - Interessen
  - Bedürfnissen
  - Vorlieben
- Unterschiede in
  - Begabung
  - Bildungsniveau
- Probleme im
  - körperlichen Bereich (zum Beispiel Belastbarkeit, Konstitution)
  - emotionalen Bereich (zum Beispiel Stimmungen).

Im **persönlichen Umfeld** sind häufige Konfliktursachen und -anlässe:
- Spannungen mit Freund/Freundin
- Spannungen innerhalb von Gruppen
- Spannungen innerhalb der eigenen Familie
- Spannungen mit den Eltern.

Im **betrieblichen und schulischen Umfeld** ergeben sich Konflikte aus
- den jeweiligen Anforderungen
- dem Umgang mit Kollegen, im Arbeitsteam, der Schulklasse
- dem Verhältnis zum Ausbilder oder Lehrer.

6.3.3 Konfliktarten

Aus diesen Ursachen heraus ergeben sich verschiedene typische Konfliktarten, wobei die folgenden drei im Vordergrund stehen:

Zielkonflikte

Entscheidungs- und Zielkonflikte: Sie liegen vor, wenn sich mehrere Alternativen, die als Entscheidungsmöglichkeiten oder als Ziele vorliegen, widersprechen.

Rollenkonflikte

Rollenkonflikte: Sie ergeben sich, wenn beispielsweise ein Lehrling zu Beruf und Freizeit widersprüchliche Einstellungen hat bzw. von ihm jeweils andere Verhaltensweisen erwartet werden. Er ist dann gezwungen, sich immer wieder neu anzupassen und seine Leistungskraft sowie seine Interessen entsprechend darauf abzustimmen.

Generationenkonflikte

Generationenkonflikte: Die Auffassungen von Eltern oder Ausbilder und Lehrling weichen aufgrund von altersbedingten Erfahrungen und Einstellungen voneinander ab. Solche Generationenkonflikte werden von der Jugend stets neu erlebt und es hat sie zu allen Zeiten gegeben. Sie werden heute durch die intensiven Einwirkungen der Umwelt und sonstige Reizeinflüsse noch verstärkt.

Latente Konflikte

Nicht alle Konflikte treten auch tatsächlich offen zu Tage und werden entsprechend ausgetragen. Viele Konflikte sind nur latent, also unterschwellig vorhanden. Sie beeinflussen zwar das Verhalten, werden aber nicht ausgetragen und auch nicht gelöst.

6.3.4 Konfliktbewertung

Konflikte sind nicht von vornherein negativ zu beurteilen. Vielmehr ist festzustellen, dass Konflikte alltäglich sind, ja zum Leben gehören. Überall, wo Menschen zusammenleben und ihre unterschiedlichen Interessen aufeinander prallen, entstehen Gegensätze, mithin auch Konflikte.

Zu den negativen Auswirkungen von Konflikten können unter anderem gehören:
- Reibungsverluste
  und
- Beeinträchtigung des zwischenmenschlichen Verhältnisses.

Negative Auswirkungen

> Auf der anderen Seite dagegen sind Konflikte ein wichtiger Steuerungsfaktor für Lernprozesse jedes Einzelnen für sich, aber auch in der Gruppe und in der gesamten Gesellschaft. Konflikte sind hier ein bedeutender Motor für die Fortentwicklung. Viele für das Überleben einer Gesellschaft elementare Verhaltensweisen werden erst durch Konflikte und deren Bewältigung erlernt.

Positive Auswirkungen

Die Auseinandersetzung mit dem Konfliktstoff fördert ferner die Selbstsicherheit und ist letztlich unerlässlich für die Herausbildung der eigenen Persönlichkeit.

In der Gruppe steigert sie den Zusammenhalt und ermöglicht außerdem leichter die Abgrenzung zu anderen Gruppen. Man nennt diesen Prozess auch Herausbildung einer Gruppenidentität.

Jeder sachbezogene Konflikt fördert die Auseinandersetzung mit dem jeweiligen Problem wie auch die Lösungskompetenz und regt neue Entwicklungen und neue Verfahren an.

Gruppenidentität
Lösungskompetenz

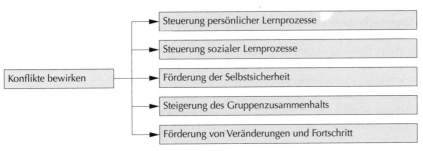

Abbildung 228

6.3.5 Möglichkeiten der Konfliktlösung

Um überhaupt die positiven Auswirkungen von Konflikten zu ermöglichen, ist die erfolgreiche Konfliktlösung und Konfliktbewältigung Voraussetzung. Nicht bewältigte Konflikte führen in der Regel zu Frustration und den damit verbundenen negativen Auswirkungen.

Frustration

> Unter Frustration versteht man das Erleben einer Enttäuschung und Spannung, die dadurch auftritt, dass jemand ganz oder teilweise daran gehindert wird, ein gesetztes Ziel zu erreichen.

Anlässe

Zu derartigen Behinderungen, die tatsächlich oder aber auch nur vermutet sein können, gehören unter anderem
- das Erlebnis wirklicher oder vermeintlicher Benachteiligung bzw. Zurücksetzung
- enttäuschte Erwartungen
- erlittene Ungerechtigkeit.

Jede Frustration kann sich durch verschiedene Verhaltensformen äußern:

Aggressionen: Darunter versteht man ein feindliches Verhalten gegen andere Menschen oder gegen sich selbst. Die Aggression kann sich in Worten (Beschimpfung) oder Intrigen und Verleumdung bis hin zu tätlichen Angriffen und Zerstörung äußern.

Verdrängung: Dabei werden Erlebnisse und Einstellungen aus dem Bewusstsein ins Unbewusste verdrängt. Sie können aber dennoch weiterhin das Verhalten in Form von Fehlhandlungen, Fehlanpassungen oder die Entwicklung von Neurosen beeinflussen. Neurosen bezeichnen einen durch unverarbeitete seelische Konflikte mit der Umwelt entstandenen krankhaften Zustand ohne erkennbare organische Ursachen.

Resignation: Der Betroffene ergibt sich sozusagen in sein Schicksal, gibt entmutigt auf und handelt nur noch zwangshaft, starr und sinnlos.

Regression: Damit bezeichnet man ein Verhalten, bei dem der Betreffende auf ein früheres Stadium der Entwicklung zurückfällt. Dies macht sich dann auch in kindlichem Verhalten und den entsprechenden Einstellungen und Ausdrucksweisen bemerkbar.

Ausweich- und Fluchtreaktionen: Folge der Frustration sind hier verzweifelte Versuche, Ersatzlösungen zu finden, um aus einer bedrängenden Situation herauszukommen; zum Beispiel über Alkohol- oder Drogenmissbrauch sowie Anschluss an Sekten. Die Folge sind oftmals weitere und noch schwerere Konflikte.

Konfliktlösungsmöglichkeiten

Für die Lösung von Konflikten und damit die Vermeidung dieser negativen Auswirkungen gibt es zahlreiche Möglichkeiten, die allerdings nicht immer befriedigend sind.

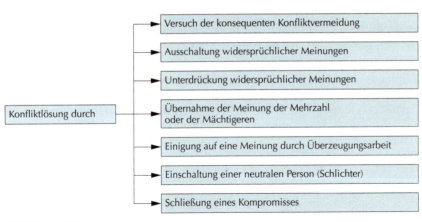

Abbildung 229

6.3.6 Strategien zur Bewältigung von Konfliktsituationen

Am Erfolg versprechendsten bei der Bewältigung von Konflikten sind sicherlich Strategien, bei denen es zu einer Integration der widersprüchlichen Auffassungen kommt; das heißt, alle Beteiligten suchen gemeinsam eine Lösung, die jeder mittragen kann.

Dafür empfiehlt sich ein mehrstufiges Vorgehen.

Mehrstufiges Vorgehen

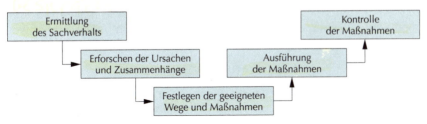

Abbildung 230

Ermittlung des Sachverhalts: Es sollte genau festgestellt werden, was wirklich die Ursache eines Konflikts ist. Dabei darf man sich nicht mit Vermutungen begnügen, sondern muss versuchen, die bedeutsamen Tatsachen zu erfassen. Dazu sollte man mit allen Beteiligten ausreichend sprechen. Im Rahmen der Berufsausbildung sind dies vor allem Ausbilder, Lehrling, Eltern, Kollegen und Berufsschullehrer. Auch die Ausbildungsberater der Handwerkskammern können hinzugezogen werden.

Sachverhalt

Es muss in Abhängigkeit vom jeweiligen Konfliktgegenstand und von den beteiligten Personen entschieden werden, ob diese Gespräche als Einzelgespräche oder als Gruppengespräche geführt werden.

Erforschung der Ursachen und Zusammenhänge: Bei diesem Schritt muss man sich zunächst auf die Frage konzentrieren, wie es überhaupt zu dem Konflikt gekommen ist. Der Ausbilder darf dabei nicht außer Acht lassen, dass auch er selbst dazu beigetragen haben kann. Außerbetriebliche Verhält-

Ursachen

nisse und Vorgänge müssen ebenfalls mit einbezogen werden. In den Fällen, in denen einzelne Beteiligte nur ungern oder nicht offen über die Konfliktursachen sprechen, haben sich auch Rollenspiele bewährt, die bei entsprechender Auswertung in der Regel zuverlässige Rückschlüsse zulassen.

Maßnahmen

Festlegung der Wege und Maßnahmen zur Behebung des Konflikts: Ausgangspunkt ist das Ziel, das man erreichen will, wobei alle bekannten Fakten sowie mögliche Ursachen und Folgen in die Überlegungen einzubeziehen sind. Anschließend muss geprüft werden, welche Wege zur Erreichung des Zieles geeignet sind und welche Handlungsalternativen es gibt. Dabei spielt auch die Frage eine Rolle, wie die beabsichtigten Maßnahmen auf die Beteiligten, aber auch auf andere wirken werden.

Ausführung

Ausführung der Maßnahmen: Dafür ist wichtig, dass geklärt ist, **wer** von den Beteiligten **wie** zu handeln hat. Entscheidend ist ferner, dass zur rechten Zeit gehandelt wird.

Kontrolle

Kontrolle der Maßnahmen: Jede Maßnahme zur Konfliktlösung muss auf ihren Erfolg hin kontrolliert werden. Dabei gilt es zu berücksichtigen, dass vielfach ein Erfolg erst nach einer gewissen Zeitspanne möglich ist. Von besonderer Bedeutung ist die Entscheidung darüber,
- durch wen
- wann
- wie
- wie oft

kontrolliert werden soll.

Dabei sollte ferner beobachtet werden, ob günstige oder ungünstige Auswirkungen auch bei anderen auftreten. Die Ergebnisse der Kontrolle liefern wiederum wichtige Erkenntnisse, die bei neuen Konflikten im Rahmen der Festlegung und Ausführung von Maßnahmen berücksichtigt werden sollten.

Konfliktbewältigung

> Die Konfliktbewältigung kann selbstverständlich nicht erst während der Berufsausbildung erlernt werden. Sie muss ein wichtiger Bestandteil des gesamten Erziehungsprozesses sein. Die Konfliktbewältigung steht ferner in engem Zusammenhang mit dem betrieblichen Führungsstil. Sie wird bei partnerschaftlichem Führungsstil wesentlich erfolgreicher gelingen als bei autoritärer Führung.

Da den jungen Menschen in der Regel die Lebenserfahrung fehlt, hat auch die mittlere und ältere Generation primär den Auftrag, zur Lösung von Konflikten beizutragen. Dies gilt insbesondere bei den so genannten Generationenkonflikten.

6.3.7 Mitwirkung von Ausbildungsberater oder Lehrlingswart

Bei Konflikten rund um die Ausbildung können sich sowohl Ausbildender und Ausbilder wie auch Lehrling an die Ausbildungsberatung der zuständigen Handwerkskammer und/oder an den Lehrlingswart der Innung wenden.

6.3.8 Ablauf von Konflikt- und Schlichtungsgesprächen

Konfliktgespräche zwischen den im Streit befindlichen Parteien sollten grundsätzlich vor folgendem Hintergrund stattfinden:
- Fortbestehen eines guten zwischenmenschlichen Klimas
- Sachlich-inhaltliches Austragen der gegenseitigen Standpunkte
- Suche nach Lösungen, die beiden Seiten gerecht werden, also Konfliktregelung ohne Niederlagen.

Rahmenbedingungen

Ähnlich dem bereits dargestellten mehrstufigen Vorgehen zur Lösung von Konflikten sollten Konflikt- und Schlichtungsgespräche folgende Stufen enthalten:

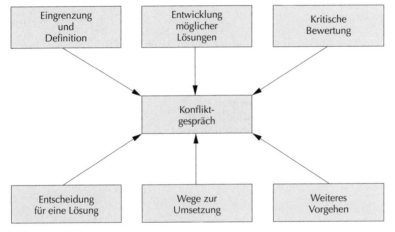

Abbildung 231

Das Konfliktgespräch setzt voraus, dass die Teilnehmer auch offen ihre Wünsche und Bedürfnisse äußern.

Handlungsorientierte, fallbezogene Aufgaben

1. Gerade bei Jugendlichen entstehen vielfach Konflikte, und zwar sowohl untereinander wie auch gegenüber Erwachsenen, also auch gegenüber den Ausbildern.

Aufgabe: Was versteht man ganz allgemein unter einem Konflikt?

- ☐ a) Einen Zustand, in dem man sich zwischen einander widersprechenden Interessen entscheiden muss.
- ☐ b) Den Ablauf eines Streitgesprächs zwischen zwei Personen.
- ☐ c) Den Ablauf eines Streitgesprächs zwischen mehreren Personen.
- ☐ d) Persönliche materielle Schwierigkeiten eines Menschen.
- ☐ e) Unterschiedliche Auffassungen zwischen politischen Parteien.

„Siehe Seite 321 des Textteils!"

2. Als Ausbilder sind Sie bei Ihren Auszubildenden vielfach mit Konflikten konfrontiert.

Aufgabe:

a) **In welchen Bereichen und Faktoren können gerade bei Jugendlichen besondere Ursachen und Anlässe für Konflikte liegen?**
b) **Nennen Sie 7 Möglichkeiten der Konfliktlösung!**
c) **Wie führen Sie ein Gespräch zum Abbau und zur Lösung von Konflikten (Konfliktgespräch)?**

„Siehe Seite 322 ff. des Textteils!"

7 Handlungsfeld: Abschluss der Ausbildung

7.1 Handlungssituation: Auf Prüfungen vorbereiten

> **Kompetenzen:**
> – Anforderungen und grundlegenden Ablauf der Zwischen- und der Gesellen-/Abschlussprüfung sowie von Wiederholungsprüfungen kennen und bei der Planung und Durchführung von Maßnahmen zur Prüfungsvorbereitung berücksichtigen

7.1.1 Funktion und Rechtsgrundlagen für die Prüfungen

7.1.1.1 Rechtsgrundlagen für die Zwischenprüfung

Abbildung 232

Ziel der Zwischenprüfung

Während der Berufsausbildung ist zur Ermittlung des Ausbildungsstandes mindestens eine Zwischenprüfung entsprechend der Ausbildungsordnung durchzuführen.

Mindestens eine Zwischenprüfung

Bei der Stufenausbildung ist eine Zwischenprüfung für jede Stufe notwendig. Die Ablegung der vorgeschriebenen Zwischenprüfungen ist Voraussetzung für die Zulassung zur Gesellenprüfung.

Zwischenprüfungsausschuss

Der Zwischenprüfungsausschuss wird bei der Handwerkskammer oder bei der Innung errichtet. Es gibt keine ausdrücklichen Vorschriften über die Zusammensetzung der Prüfungskommission. In der Praxis lehnt man sich an die Vorschriften und das Verfahren bei der Gesellenprüfung an, wobei die Handwerkskammer die Gesellenprüfungsausschüsse für die Abnahme der Zwischenprüfung für zuständig erklären kann.
Danach ergibt sich folgende Mindestzusammensetzung des Zwischenprüfungsausschusses:

Zusammensetzung

Abbildung 233

Vorsitzender Der Prüfungsausschuss wählt aus seiner Mitte einen Vorsitzenden und einen Stellvertreter.

Prüfungsgegenstand

Praxis und Theorie Die Zwischenprüfung erstreckt sich auf die praktischen Fertigkeiten und Kenntnisse sowie auf den im Berufsschulunterricht entsprechend den Rahmenlehrplänen zu vermittelnden Lehrstoff, soweit dieser für die Berufsausbildung wesentlich ist.

Prüfungsgebühr

Gebührenordnung Für die Abnahme der Zwischenprüfungen können Gebühren erhoben werden. Die Höhe der Gebühr richtet sich nach der Gebührenordnung der Handwerkskammer oder nach der Beschlussfassung durch die Innungsversammlung, die jedoch durch die Handwerkskammer zu genehmigen ist.

Gebührenschuldner Gebührenschuldner ist der Ausbildende. Der Lehrling darf nicht mit den Kosten der Zwischenprüfung belastet werden.

7.1.1.2 Rechtsgrundlagen für die Gesellenprüfung

Abbildung 234

Jede ordnungsgemäße Berufsausbildung sollte ihren Abschluss durch die Gesellenprüfung bzw. Abschlussprüfung finden. Für die Handwerksberufe ist als Abschluss die Gesellenprüfung durchzuführen. Für anerkannte nicht handwerkliche Ausbildungsberufe oder handwerksähnliche Ausbildungsberufe gibt es die Abschlussprüfung.

Gesellenprüfung
Abschlussprüfung

Ein Zwang zur Ablegung der Gesellenprüfung besteht nicht. Die Ablegung der Gesellenprüfung ist unbedingt zu empfehlen, weil deren Nachweis bei Stellenbewerbungen von ausschlaggebender Bedeutung sein kann. Die Gesellenprüfung ist außerdem Voraussetzung für die Zulassung zur Meisterprüfung.

Ziel der Gesellenprüfung

Durch die Gesellenprüfung ist festzustellen ob der Prüfling:
- die erforderlichen Fertigkeiten beherrscht
- die notwendigen praktischen und theoretischen Kenntnisse besitzt
- mit dem ihm im Berufsschulunterricht vermittelten, für die Berufsausbildung wesentlichen Lehrstoff vertraut ist.

Fertigkeiten
Kenntnisse

7.1.1.3 Rechtsgrundlagen für die Abschlussprüfung

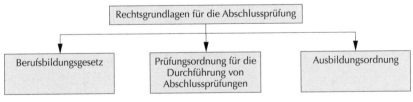

Abbildung 235

Ziele der Abschlussprüfung

Durch die Abschlussprüfung ist festzustellen:
- ob der Prüfungsteilnehmer die erforderlichen Fertigkeiten beherrscht
- die notwendigen praktischen und theoretischen Kenntnisse besitzt
- mit dem ihm im Berufsschulunterricht vermittelten, für die Berufsausbildung wesentlichen Lehrstoff vertraut ist.

Fertigkeiten
Kenntnisse

7.1.2 Prüfungsordnungen

> Für die Gesellenprüfung gilt die Prüfungsordnung für die Durchführung von Gesellenprüfungen, für die Abschlussprüfung die Prüfungsordnung für die Durchführung von Abschlussprüfungen.

Beide Prüfungsordnungen werden von der Handwerkskammer erlassen und können bei dieser beschafft werden.

Regelungsbereiche

Beide Prüfungsordnungen regeln folgende Bereiche:
- Prüfungsausschüsse
- Vorbereitung der Prüfung
- Durchführung der Prüfung
- Bewertung, Feststellung und Beurkundung des Prüfungsergebnisses
- Wiederholungsprüfung
- Rechtsmittel, Prüfungsunterlagen, Kosten und Gebühren.

Jeder Ausbildungsbetrieb muss sich die Prüfungsordnungen und die Ausbildungsordnungen für den jeweiligen Ausbildungsberuf, in dem ausgebildet wird, beschaffen.

7.1.3 Prüfungsanforderungen, Prüfungsaufbau, Prüfungsinhalte, Prüfungsfächer

7.1.3.1 Prüfungsanforderungen

Die näheren Einzelheiten der Prüfungsanforderungen und des Prüfungsverfahrens richten sich nach der Gesellenprüfungsordnung und der Abschlussprüfungsordnung der zuständigen Handwerkskammer sowie nach der Ausbildungsordnung des jeweiligen Berufs.

7.1.3.2 Prüfungsaufbau, Prüfungsfächer, Qualifikationsnachweise nach Handlungsfeldern

Aufbau der Gesellenprüfung

Soweit die Ausbildungsordnung nichts anderes bestimmt, soll die Gesellenprüfung wie folgt aufgebaut bzw. gegliedert werden.

Fertigkeits- und Kenntnisprüfung

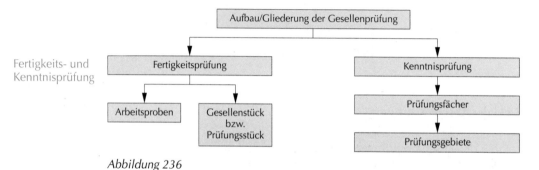

Abbildung 236

Die Ausbildungsordnung kann abweichend von der obigen Darstellung auch eine Prüfungsgliederung nach Qualifikationsnachweisen in Handlungsfeldern regeln, um die berufliche Handlungskompetenz der Prüfungsteilnehmer zu erfassen. *Handlungsfelder*

> Nach dem Strukturmodell zur Gestaltung von modernen Gesellenprüfungen des Deutschen Handwerkskammertages sind auch gestreckte Prüfungsformen denkbar, die aus zwei zeitlich auseinander fallenden Prüfungsteilen bestehen. Der Aufbau der Abschlussprüfung gliedert sich in analoger Weise wie die Gesellenprüfung, soweit die Ausbildungsordnung nichts anderes bestimmt. *Aufbau der Abschlussprüfung*

7.1.4 Übungsprüfungsaufgaben

Grundsätzlich sollte sich die Prüfungsvorbereitung mit Übungsaufgaben darauf konzentrieren, dass sich Lehrlinge möglichst mit prüfungsorientierten Inhalten befassen und Aufgaben unter prüfungsähnlichen Bedingungen bearbeiten. *Prüfungsähnliche Bedingungen*

Die übende Vorbereitung auf die Fertigkeitsprüfung sollte schwerpunktmäßig bei vergleichbaren Arbeitsproben liegen.

Zur Vorbereitung auf die Kenntnisprüfung können Fachliteratur und Übungsaufgaben herangezogen werden.

Alle Übungsprüfungsaufgaben haben sich am Profil der Prüfungsanforderungen und am Inhalt der Prüfung nach der Ausbildungsordnung des jeweiligen Berufes zu orientieren.

Sofern Lehrlinge im 3. Ausbildungsjahr an überbetrieblichen Kursen teilnehmen, kann damit auch eine übende Prüfungsvorbereitung erreicht werden, sofern der Ausbildungsplan des Lehrgangs zumindest teilweise darauf ausgerichtet ist.

In manchen Handwerksberufen oder in nicht handwerklichen Berufen (z. B. Bürokaufmann) werden auch besondere Lehrgänge zur Vorbereitung auf die Gesellen- bzw. Abschlussprüfung angeboten. *Vorbereitungskurse*

Handlungsorientierte, fallbezogene Aufgaben

1. Ein Ausbildender beschäftigt mehrere Lehrlinge. Zwei Lehrlinge erhalten gegen Ende des ersten Ausbildungsjahres eine Einladung zur Zwischenprüfung. Sie bitten den Ausbildenden um Erläuterung der Rechtsgrundlagen und des Zieles der Zwischenprüfung sowie um Information, wer die Gebühr für die Zwischenprüfung zu zahlen hat!

Aufgabe: Erklären Sie den Lehrlingen die Rechtsgrundlagen, das Ziel und die Gebührentragung der Zwischenprüfung!

1.1 Nennen Sie die Rechtsgrundlagen für die Zwischenprüfung!

1.2 Ziel der Zwischenprüfung ist
- ☐ a) zu ermitteln, ob der in den Ausbildungsvorschriften vorgesehene Ausbildungsstand erreicht wurde,
- ☐ b) dass man in erster Linie den Lernfortschritt in der Berufsschule feststellen kann,
- ☐ c) dass man die Ausbildungsarbeit des Meisters immer wieder überprüfen kann,
- ☐ d) dass der Lehrling nur noch einzelne Prüfungsfächer in der Gesellenprüfung ablegen muss und den Rest erlassen bekommt,
- ☐ e) dass man in erster Linie das Lernergebnis der überbetrieblichen Ausbildung feststellen kann.

1.3 Wer hat die Gebühr für die Abnahme der Zwischenprüfung zu tragen?
- ☐ a) Der Auszubildende
- ☐ b) Der gesetzliche Vertreter des Auszubildenden
- ☐ c) Der Ausbildende
- ☐ d) Ausbildender und Auszubildender je zur Hälfte
- ☐ e) Das Arbeitsamt.

„Siehe Seite 329 des Textteils!"

2. Sie bilden in Ihrem Betrieb zwei Lehrlinge aus, die sich im dritten Ausbildungsjahr befinden. Da die Gesellenprüfung in ca. sechs Monaten abzulegen ist, halten Sie es für notwendig, den Lehrlingen grundsätzliche Informationen über die Gesellenprüfung zu geben.

Aufgabe: Erläutern Sie Ihren beiden Auszubildenden die Rechtsgrundlagen, die Ziele, den Aufbau, die Gliederung und den Regelablauf der Gesellenprüfung sowie die Prüfungsanforderungen für den Beruf, in dem sie ausgebildet werden!

„Siehe Seiten 331 bis 333 des Textteils!"

3. Zwei Ihrer Auszubildenden befinden sich im letzten Halbjahr ihrer Ausbildungszeit. Aus den bisherigen Erfahrungen mit der Ausbildung von Lehrlingen wissen Sie, dass gründliche Prüfungsvorbereitungsmaßnahmen sowohl seitens der Auszubildenden selbst als auch durch Sie als Ausbilder die Prüfungschancen erhöhen und zu besseren Prüfungsergebnissen führen.

Aufgabe: Erläutern Sie den Auszubildenden, welche Prüfungsvorbereitung sie selbst durchführen sollten und welche Vorbereitungsmaßnahmen durch den Ausbilder (z. B. Arbeitsproben, Übungsprüfungsaufgaben usw.) noch umgesetzt werden!

„Siehe Seite 333 des Textteils!"

7.2 Handlungssituation: Zu Prüfungen anmelden

Kompetenzen:
- Vorgaben für die Anmeldung zur Zwischen- und Gesellen-/Abschlussprüfung sowie zu Wiederholungsprüfungen beachten

7.2.1 Zuständigkeit der Innung oder der Handwerkskammer

Die Gesellenprüfung wird durch Gesellenprüfungsausschüsse abgenommen. Sie werden von der Handwerkskammer für die einzelnen Handwerke errichtet. Die Handwerkskammer kann Innungen ermächtigen, Gesellenprüfungsausschüsse zu errichten, wenn die Leistungsfähigkeit der Handwerksinnung die ordnungsgemäße Durchführung der Prüfung sicherstellt. In den meisten Handwerkskammerbezirken wird der überwiegende Teil der Prüfungen von den ermächtigten Gesellenprüfungsausschüssen der Innungen abgenommen. *Gesellenprüfung*

Die Abschlussprüfungen für handwerksähnliche oder nichthandwerkliche Berufe werden für den Bereich der Handwerksbetriebe ausschließlich von der Handwerkskammer abgenommen. *Abschlussprüfung*

7.2.2 Unterlagen für die Anmeldung zur Prüfung, Zulassungsvoraussetzungen, Prüfungsgebühr

7.2.2.1 Unterlagen für die Anmeldung zur Prüfung

Die Anmeldung zur Prüfung ist schriftlich an die zuständige Stelle zu richten, wobei die Anmeldungs- und Prüfungstermine zu beachten sind. *Anmeldung zur Prüfung*

Der Anmeldung zur Prüfung sind im Regelfalle verschiedene Unterlagen beizufügen.

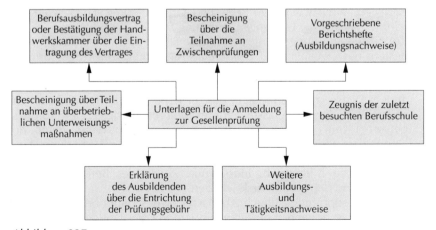

Abbildung 237

Bei der Zulassung in Sonderfällen (siehe unten) sind zusätzlich Zeugnisse oder glaubhafte Nachweise über den Erwerb von Kenntnissen und Fertigkeiten oder über den Besuch einer anerkannten berufsbildenden Schule vorzulegen.

7.2.2.2 Zulassungsvoraussetzungen

Regelfälle

Zur Gesellenprüfung in Regelfällen wird zugelassen, wer die Zulassungsvoraussetzungen erfüllt.

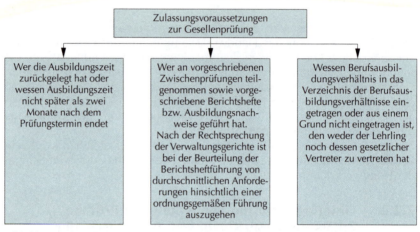

Abbildung 238

Weitere Zulassungsmöglichkeiten

Weitere Zulassungsmöglichkeiten bestehen in folgenden Fällen:

Vor Ablauf seiner Ausbildungszeit

- Der Lehrling kann nach Anhören des Ausbildenden und der Berufsschule vor Ablauf seiner Ausbildungszeit zur Gesellenprüfung zugelassen werden, wenn seine Leistungen dies rechtfertigen. Nach der Rechtsprechung müssen sowohl in den betrieblichen als auch in den schulischen (Berufsschule) berufsbezogenen Ausbildungsbereichen wesentlich über dem Durchschnitt liegende Leistungen nachgewiesen werden. Eine wesentlich über dem Durchschnitt liegende Leistung ist nur gegeben, wenn mindestens die Note „gut" erreicht wird. Die Rechtsprechung unterstreicht den engen Ausnahmecharakter der vorzeitigen Zulassung zur Gesellenprüfung.

Nachweis beruflicher Tätigkeit

- Zur Gesellenprüfung ist auch zugelassen, wer nachweist, dass er mindestens das Zweifache der Zeit, die als Ausbildungszeit vorgeschrieben ist, in dem Beruf tätig gewesen ist, in dem er die Prüfung ablegen will.

Andere Nachweise

- Zur Gesellenprüfung ist auch zuzulassen, wer durch Zeugnisse oder auf andere Weise glaubhaft macht, dass er Kenntnisse und Fertigkeiten erworben hat, die die Zulassung zur Prüfung rechtfertigen. Der Prüfungsbewerber muss nachweisen, dass er auf andere Weise einen der „Normalausbildung" entsprechenden vergleichbaren Ausbildungsstand erreicht hat.
Ausländische Bildungsabschlüsse und Zeiten der Berufstätigkeit im Ausland sind dabei zu berücksichtigen.

Anderweitige Ausbildung

- Zur Gesellenprüfung ist auch zuzulassen, wer in einer berufsbildenden Schule oder in einer sonstigen Einrichtung ausgebildet worden ist, wenn diese Ausbildung der Berufsausbildung in einem anerkannten Ausbildungsberuf des Handwerks entspricht.

7.2.2.3 Prüfungsgebühr

> Die Gesellenprüfungsgebühr hat der Ausbildende zu zahlen. Bei Sonderzulassungen sind abweichende Regelungen möglich.

Hinsichtlich der Mitwirkung von Ausbildenden und Ausbildern bei Gesellen- und Abschlussprüfungen siehe Abschnitt 1.5.3.2 „Mitwirkung bei Gesellen- und Abschlussprüfungen".

Handlungsorientierte, fallbezogene Aufgaben

1. Sie bilden als Inhaber eines Handwerksbetriebes zwei Lehrlinge aus, die sich im dritten Ausbildungsjahr befinden. Die von der Handwerkskammer zur Abnahme der Gesellenprüfung ermächtigte, für Sie zuständige Innung hat die Anmeldungs- und Prüfungstermine für die nächste Prüfung bekannt gegeben.

Aufgabe: Besprechen Sie mit Ihren Lehrlingen die Anmeldeformalitäten, informieren Sie über die Prüfungstermine und stellen Sie die Unterlagen zusammen, die den Anmeldungen zur Prüfung beizufügen sind. Erläutern Sie ferner die Regelzulassungsvoraussetzungen zur Gesellenprüfung!

„Siehe Seiten 335 bis 336 des Textteils!"

7.3 Handlungssituation: Ausbildungsverhältnis beenden, verlängern, Übernahme in ein Arbeitsverhältnis

> **Kompetenzen:**
> – Die rechtlichen Möglichkeiten der Beendigung und Verlängerung der Ausbildungszeit kennen und berücksichtigen

7.3.1 Beendigung der Ausbildungszeit

Neben den Kündigungsmöglichkeiten des Berufsausbildungsverhältnisses oder einer Aufhebungsvereinbarung (siehe Abschnitt 3.2.12 „Rechtliche Bestimmungen über die Kündigung des Berufsausbildungsverhältnisses und Aufhebungsvertrag") gibt es zwei Möglichkeiten zur Beendigung eines Ausbildungsverhältnisses:

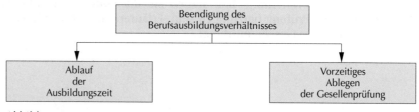

Abbildung 239

Ablauf der Ausbildungszeit

Ablauf

> Das Berufsausbildungsverhältnis endet grundsätzlich mit Ablauf der Ausbildungszeit nach dem Berufsausbildungsvertrag.

Vorzeitiges Ablegen der Gesellenprüfung

Vorzeitiges Bestehen der Gesellenprüfung

> Besteht der Lehrling vor Ablauf der Ausbildungszeit die Gesellenprüfung, so endet das Berufsausbildungsverhältnis mit Bestehen der Prüfung.

Kann die Feststellung des Prüfungsergebnisses nicht am Tage der letzten Prüfungsleistung getroffen werden, so hat der Prüfungsausschuss sie unverzüglich zu treffen und dem Prüfungsteilnehmer mitzuteilen. In diesen Fällen gilt eine mit Erfolg abgelegte Prüfung mit dem Zugang der Mitteilung beim Prüfungsteilnehmer als bestanden.

7.3.2 Übernahme in ein Beschäftigungsverhältnis

> Hat der Prüfling seine Gesellen- oder Abschlussprüfung bestanden und wollen beide Vertragspartner im Anschluss an die Ausbildung ein Arbeitsverhältnis eingehen, bestehen zwei Möglichkeiten:
> - die Vereinbarung eines befristeten Arbeitsverhältnisses
> - die Einigung auf ein unbefristetes Arbeitsverhältnis

Befristetes und unbefristetes Arbeitsverhältnis

Bereits innerhalb der letzten sechs Monate des Berufsausbildungsverhältnisses kann sich der Lehrling verpflichten, nach dessen Beendigung mit dem Ausbildenden ein Arbeitsverhältnis einzugehen.
In der Regel wird nach Beendigung der Ausbildung ein Arbeitsvertrag auf unbestimmte Zeit abgeschlossen, der erst mit der Kündigung durch einen der beiden Vertragspartner endet.
Im Anschluss an ein Berufsausbildungsverhältnis kann auch ohne besonderen Grund ein befristetes Arbeitsverhältnis bis zur Dauer von zwei Jahren vereinbart werden.
Im Übrigen siehe auch Abschnitte 1.3.4.2 „Kündigungsschutzrecht" und 1.3.4.6 „Sozialversicherungsrecht – Meldeverfahren".

7.3.3 Verlängerung bei nichtbestandener Prüfung

Bei Nichtbestehen der Gesellen- oder Abschlussprüfung kann der Lehrling eine Verlängerung der Ausbildungszeit verlangen und zwar bis zur nächstmöglichen Wiederholungsprüfung, höchstens jedoch um ein Jahr.
Bei Versagen des Auszubildenden in der Wiederholungsprüfung kann dieser nach der Rechtsprechung eine nochmalige Verlängerung des Ausbildungsverhältnisses bis zur zweiten Wiederholungsprüfung verlangen, aber insgesamt nicht über ein Jahr hinaus.

Handlungsorientierte, fallbezogene Aufgaben

1. Sie bilden als selbstständiger Handwerksmeister einen Lehrling aus, dessen Berufsausbildungsvertrag am 31. Juli endet. Alle Prüfungsmaßnahmen werden bereits im Monat Juni durchgeführt. Der Lehrling besteht in allen Prüfungsanforderungen die Prüfung.

Aufgabe: Mit welchem Zeitpunkt endet nach dem Berufsbildungsgesetz die Ausbildung, wenn die Prüfung wie im vorliegenden Fall in die vereinbarte Ausbildungszeit fällt?

- ☐ a) Nur mit Aushändigung des Prüfungszeugnisses.
- ☐ b) Mit dem Ablauf der Woche, in der die Prüfung bestanden wurde.
- ☐ c) Mit dem Ende der vereinbarten Ausbildungszeit.
- ☐ d) Mit formeller Bekanntgabe des Prüfungsergebnisses (Zugang der Mitteilung).
- ☐ e) Mit Ablauf des Monats, in dem der Auszubildende die Prüfung bestanden hat.

„Siehe Seite 338 des Textteils!"

2. Ein in Ihrem Handwerksbetrieb ausgebildeter Lehrling hat die Gesellenprüfung bestanden. Sowohl Sie als Betriebsinhaber als auch der junge Handwerker wollen im Anschluss an die Ausbildung ein Arbeitsverhältnis eingehen.

Aufgabe: Beschreiben Sie die zwei Gestaltungsmöglichkeiten eines Arbeitsverhältnisses im Anschluss an die Ausbildung!

„Siehe Seite 339 des Textteils!"

7.4 Handlungssituation: Zeugnisse ausstellen

Kompetenzen:
- Die arbeitsrechtliche Bedeutung eines Zeugnisses für den Lehrling beurteilen und Ausbildungszeugnis ausstellen

7.4.1 Gesellenprüfungs- bzw. Abschlussprüfungszeugnis, Berufsschulzeugnis

7.4.1.1 Gesellenprüfungszeugnis

> Über die bestandene Prüfung erhält der Prüfungsteilnehmer ein Zeugnis. Das Prüfungszeugnis enthält unter anderem das Gesamtergebnis der Prüfung und die Ergebnisse der Prüfungsleistungen in der Fertigkeits- und Kenntnisprüfung. Eine nicht bestandene Gesellenprüfung kann zweimal wiederholt werden.

Inhalt

Wiederholung der Prüfung

Dem Ausbildenden werden auf dessen Verlangen die Ergebnisse der Gesellenprüfung mitgeteilt.
Wurde die Gesellenprüfung vor einem Prüfungsausschuss der Handwerkskammer abgelegt, stellt diese das Zeugnis aus. Bei Ablegung der Prüfung vor dem Prüfungsausschuss der Innung erhält der Prüfling das Zeugnis von der Innung.

7.4.1.2 Abschlussprüfungszeugnis

> Über die bestandene Abschlussprüfung in einem handwerksähnlichen oder nicht handwerklichen Beruf erhält der Prüfungsteilnehmer von der Handwerkskammer ein Zeugnis. Das Prüfungszeugnis enthält u. a. das Gesamtergebnis der Abschlussprüfung und die Ergebnisse der Prüfungsleistungen in der Fertigkeits- und Kenntnisprüfung.

Inhalt

Eine nicht bestandene Abschlussprüfung kann zweimal wiederholt werden.

Wiederholung der Prüfung

7.4.1.3 Berufsschulzeugnis

> Die Berufsschule stellt bei Beendigung des Schulbesuchs ein Zeugnis aus, das die Leistungen in der Berufsschule ausweist.

7.4.1.4 Betriebliches Ausbildungszeugnis

> Der Ausbildende hat dem Lehrling bei Beendigung des Berufsausbildungsverhältnisses ein Zeugnis auszustellen.

Zeugnispflicht

Zwei Arten   Man unterscheidet zwei Arten von Ausbildungszeugnissen.

Abbildung 240

Mindestinhalte
Die beiden nachstehend aufgeführten Muster enthalten die gesetzlichen Mindestinhalte der beiden Zeugnisarten.

7.4.1 Gesellenprüfungs- bzw. Abschlussprüfungszeugnis, Berufsschulzeugnis

Muster eines einfachen Ausbildungszeugnisses

Zeugnis

Herr/Frau _____
(Name des Lehrlings)

geb. am _____ in _____

wurde vom _____ bis _____

im _____
Handwerk (Ausbildungsberuf)

in meinem/unserem Betrieb ausgebildet.

Der/Die Auszubildende hat an den vorgeschriebenen überbetrieblichen Maßnahmen teilgenommen.

Ihm/Ihr wurden alle Kenntnisse und Fertigkeiten nach der Ausbildungsordnung für das

_____
Handwerk (Ausbildungsberuf)

vermittelt, so dass er/sie das Ausbildungsziel erreicht hat.

_____
Ort, Datum

_____
Unterschrift des Ausbildenden
(Betrieb)

Muster eines qualifizierten Zeugnisses

Zeugnis

Herr/Frau _____
(Name des Lehrlings)

geb. am _____ in _____

wurde vom _____ bis _____

im _____
Handwerk (Ausbildungsberuf)

in meinem/unserem Betrieb ausgebildet. Der/Die Auszubildende hat regelmäßig die Berufsschule besucht und an den vorgeschriebenen überbetrieblichen Maßnahmen teilgenommen.

Ihm/Ihr wurden alle Kenntnisse und Fertigkeiten nach der Ausbildungsordnung für das

_____
Handwerk (Ausbildungsberuf)

vermittelt, so dass er/sie das Ausbildungsziel erreicht hat.
Sein/Ihr Verhalten während der gesamten Ausbildung war stets tadellos.
Den Vorgesetzten und Kollegen gegenüber verhielt er/sie sich loyal und korrekt.
Seine/Ihre Leistungen erfreuten sehr, besonderes Geschick bewies er/sie

_____
(besondere fachliche Fähigkeiten)

_____
Ort, Datum

_____
Unterschrift des Ausbildenden
(Betrieb)

Unterschriften — Hat der Ausbildende die Berufsausbildung nicht selbst durchgeführt, so soll auch der Ausbilder das Zeugnis unterschreiben.

Handlungsorientierte, fallbezogene Aufgaben

1. Ein in Ihrem Betrieb ausgebildeter Lehrling hat seine Ausbildungszeit beendet. Er bittet Sie um ein Ausbildungszeugnis, das auch Angaben über Führung, Leistung und besondere fachliche Fähigkeiten enthält.

Aufgabe: Erstellen Sie ein Zeugnis, das den Wünschen des Lehrlings und den gesetzlichen Anforderungen entspricht!

„Siehe Seite 344 des Textteils!"

7.5 Handlungssituation: Fortbildungs- und Förderungsmöglichkeiten kennen und mitteilen

> **Kompetenzen:**
> – Möglichkeiten der berufsspezifischen und berufsübergreifenden Weiterbildung kennen und im Rahmen einer Karriereberatung erläutern
> – Über Fördermöglichkeiten informieren

7.5.1 Bedeutung der Fortbildung für die persönliche, berufliche und wirtschaftliche Weiterentwicklung

Gründe für Fortbildung

Das Wissen von heute genügt nicht mehr für den Erfolg von morgen. Die rasch fortschreitende technische Entwicklung allgemein und insbesondere bei den Informations- und Kommunikationstechnologien und das Innovationstempo sowie die neuen sich ständig wandelnden Qualifikationsanforderungen an das Handwerk und sich verändernde Märkte zwingen zu ständiger, lebenslanger Fort- und Weiterbildung. Außerdem wird der Bedarf an Erwerbstätigen mit beruflicher Fortbildung, insbesondere an Meistern, in den nächsten Jahren erheblich zunehmen. In vielen Bereichen werden Zusatzqualifikationen erforderlich, die zunehmend durch modulare Weiterbildungskonzepte (in sich abgeschlossene Qualifikationsbausteine) vermittelt werden. Sie erfolgen im Handwerk unterhalb und oberhalb der Meisterebene.

Zusatzqualifikationen

Hinzu kommt, dass die Bewältigung des technischen Wandels angesichts der geburtenschwachen Jahrgänge und der damit verbundenen Probleme, den Nachwuchsbedarf zu sichern, auch von Erwerbstätigen mittleren und höheren Alters geleistet werden muss, deren Ausbildung darauf noch nicht ausgerichtet war.

Auswirkungen der Fortbildung

Berufliche Fortbildung kommt nicht nur den Betrieben, sondern auch jedem Einzelnen zugute. Die Erhaltung, ständige Erweiterung und laufende Anpassung der beruflichen Kenntnisse an den technischen Fortschritt sichert Arbeitsplätze und fördert den beruflichen Aufstieg. Deshalb sollte ein Teil der wachsenden Freizeit auch als Bildungszeit genutzt und außerdem überlegt werden, wie auch im Handwerk Weiterbildungszeiten im Rahmen der Flexibilisierung von Arbeitsorganisation und Arbeitszeiten erreicht werden können.
Die berufliche Fortbildung eröffnet dem Einzelnen verschiedene Möglichkeiten.

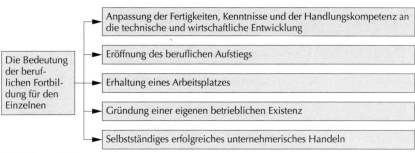

Abbildung 241

7.5.2 Fortbildungsmöglichkeiten

Die berufliche Fortbildung soll es jedem ermöglichen, seine beruflichen Kenntnisse und Fertigkeiten zu erhalten, zu erweitern und der laufenden technischen Entwicklung anzupassen.

> Die Fortbildungsmaßnahmen erfolgen teilweise in Schulen, schwerpunktmäßig aber in folgenden Einrichtungen des Handwerks:
> - Berufsbildungs- und Technologiezentren
> - Gewerbeförderungsanstalten
> - Akademien.

Fortbildungsträger

Auch schulische Einrichtungen (zum Beispiel städtische Fach-, Meister- und Technikerschulen sowie Berufs- und Fachakademien, Fachhochschulen und Hochschulen) stehen dem fortbildungswilligen Handwerker unter jeweils gegebenen persönlichen Zulassungsvoraussetzungen für die Fort- und Weiterbildung offen.
Die Fortbildung wird also von einer Vielfalt von Bildungseinrichtungen durchgeführt. Für jeden Handwerker ist die Fortbildung auf hohem Qualitätsniveau gewährleistet. Die Bildungseinrichtungen haben Qualitätsmanagement-Systeme aufgebaut, die durch die CERTQUA (Gesellschaft der deutschen Wirtschaft zur Förderung und Zertifizierung von Qualitätssicherungssystemen in der beruflichen Bildung mbH) zertifiziert wurden. Die Berufsbildungs- und Technologiezentren wirken als Kompetenzzentren für die berufliche Bildung des Handwerks.

CERTQUA

> Was die Vermittlungswege angeht, werden zunehmend Kurse und Lehrgänge per Internet angeboten, die bei Vorliegen entsprechender technischer Voraussetzungen genutzt werden können.

Internet

Die Bildungsmaßnahmen werden auch in Kombination aus Präsenzausbildung und Onlinelearning zu Hause durchgeführt. Telelearning oder „E-Learning" und Onlinekurse bieten die Möglichkeit für den Teilnehmer nach eigenem Lernrhythmus, eigener Lernzeit und Lerndauer zu Hause auch an entlegenen Orten zu lernen.

Telelearning

Onlinekurse

Die wichtigsten Fortbildungsmöglichkeiten im Überblick:

Abbildung 242

Information

Über die Fortbildungsmöglichkeiten informieren die Handwerkskammern und die anderen Handwerksorganisationen. Es bestehen zahlreiche Programmhefte und elektronische Weiterbildungsinformationssysteme.

Weiterbildungsberater

Auskünfte erteilen auch die Weiterbildungsberater der Handwerkskammern und anderer Handwerksorganisationen.

Der Mensch ist der wichtigste Produktions- und Leistungsfaktor im Handwerksbetrieb. Von der Bereitschaft zur Fortbildung wird daher die Zukunft einer Reihe von Handwerksberufen abhängen. Deshalb müssen die Betriebsinhaber den eigenen Weiterbildungsbedarf und den der Mitarbeiter rechtzeitig erkennen und entsprechende Maßnahmebeteiligungen sicherstellen.

Systematische Fortbildungsplanung

Somit ist es zweckmäßig
- eine systematische betriebliche Planung und
- eine persönliche Planung des Einzelnen für die jeweiligen Fortbildungsaktivitäten vorzunehmen.

7.5.3 Fortbildungsprüfungen

Für eine Reihe von Fortbildungsmaßnahmen besteht die Möglichkeit, anschließend eine Fortbildungsprüfung abzulegen.

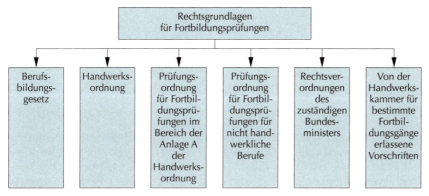

Abbildung 243

Ziel der Fortbildungsprüfungen: Zum Nachweis von Kenntnissen, Fertigkeiten und Erfahrungen, die durch die berufliche Fortbildung erworben worden sind, kann die Handwerkskammer Prüfungen durchführen.

Ziel

Zusammensetzung des **Prüfungsausschusses:** je nach Einzelregelung.

Gliederung und **Inhalt der Prüfung:** jeweils nach Einzelvorschrift.

Prüfungszeugnis: Über das Bestehen der Prüfung wird ein Zeugnis ausgestellt.

Über nähere Einzelheiten erteilt die zuständige Handwerkskammer Auskunft.

Auskunft Handwerkskammer

Das Gleiche gilt auch für von der Handwerkskammer im Anschluss an Umschulungsmaßnahmen durchgeführte Umschulungsprüfungen.

Umschulungsprüfungen

7.5.4 Meisterprüfung als besonderes Fortbildungsziel im Handwerk

7.5.4.1 Rechtsgrundlagen für die Meisterprüfung

Die Ablegung der Meisterprüfung ist freiwillig. Die Meisterprüfung kann nur in handwerklichen Vollberufen (Ausübungsberufen) entsprechend der Anlage A oder, wenn die Rechtsverordnung des Bundeswirtschaftsministeriums dies vorsieht, in den Prüfungsteilen I und II nach bestimmten festgelegten Schwerpunkten (wesentlichen Teilen eines Handwerks) abgelegt werden.
Es gibt verschiedene Rechtsgrundlagen für die Meisterprüfung.

Abbildung 244

Für die im Rahmen der Novelle zur HwO (gültig ab 1.4.1998) zusammengefassten Gewerbe der Anlage A gelten die bisherigen Rechtsverordnungen nach § 45 HwO für die Meisterprüfung so lange weiter, bis neue Rechtsverordnungen, die an die zusammengefassten Berufe angepasst sind, erlassen sind.

7.5.4.2 Ziel der Meisterprüfung

Durch die Meisterprüfung ist festzustellen, ob der Prüfling befähigt ist, einen Handwerksbetrieb selbstständig zu führen und Lehrlinge ordnungsgemäß auszubilden. Der Prüfling hat in vier selbstständigen Prüfungsteilen darzutun, ob er die in seinem Handwerk gebräuchlichen Arbeiten meisterhaft verrichten kann (Teil I), die notwendigen fachtheoretischen Kenntnisse im jeweiligen Handwerk (Teil II), die erforderlichen betriebswirtschaftlichen, kaufmännischen und rechtlichen Kenntnisse (Teil III) sowie die erforderlichen berufs- und arbeitspädagogischen Kenntnisse (Teil IV) besitzt.

7.5.4.3 Meisterprüfungsausschüsse

Staatliche Prüfungsbehörden

Die Meisterprüfung wird durch Meisterprüfungsausschüsse abgenommen. Die Meisterprüfungsausschüsse sind für die einzelnen Handwerksberufe am Sitz der Handwerkskammer errichtet. Die Meisterprüfungsausschüsse sind staatliche Prüfungsbehörden.

Errichtung

Die Meisterprüfungsausschüsse werden von der Höheren Verwaltungsbehörde, das ist in der Regel die zuständige Bezirksregierung bzw. das Regierungspräsidium, errichtet. Die Höhere Verwaltungsbehörde ernennt die Ausschussmitglieder aufgrund der Vorschläge der Handwerkskammer für längstens fünf Jahre. Die Geschäftsführung der Meisterprüfungsausschüsse liegt bei der Handwerkskammer.
Der Meisterprüfungsausschuss besteht aus fünf Mitgliedern.

Abbildung 245

Die Mitglieder sollen das 24. Lebensjahr vollendet haben. Die Mitglieder des Meisterprüfungsausschusses können aus wichtigem Grund abberufen werden.

Mindestalter 24 Jahre

7.5.4.4 Zuständigkeit und Prüfungszulassung

Für die Abnahme jedes Teils der Meisterprüfung ist der Meisterprüfungsausschuss zuständig, in dessen örtlichem Zuständigkeitsbereich der Prüfling

- seinen ersten Wohnsitz hat oder
- in einem Arbeitsverhältnis steht oder
- eine Maßnahme zur Vorbereitung auf die Meisterprüfung besucht oder
- ein Handwerk oder ein sonstiges Gewerbe selbstständig betreibt.

Örtlicher Zuständigkeitsbereich

Für die Abnahme der Teile I und II der Meisterprüfung muss außerdem die fachliche (berufliche) Zuständigkeit des Meisterprüfungsausschusses gegeben sein.
Die Entscheidung über die Zuständigkeit obliegt dem Vorsitzenden des Meisterprüfungsausschusses. Soweit er die Voraussetzungen für die Zuständigkeit nicht für gegeben hält, entscheidet der Meisterprüfungsausschuss.
Der zuständige Meisterprüfungsausschuss kann auf Antrag des Prüflings in begründeten Fällen die Genehmigung zur Ablegung einzelner Teile der Meisterprüfung vor einem örtlich nicht zuständigen Meisterprüfungsausschuss erteilen, wenn dieser zustimmt. Dies gilt auch für Wiederholungsprüfungen. Der Antrag auf Zulassung zur Meisterprüfung ist schriftlich zu stellen. Darin ist anzugeben, für welches Handwerk die Zulassung beantragt wird.

Fachlicher Zuständigkeitsbereich

Schriftlicher Antrag

Dem Antrag sind je nach gegebenen Sachverhalten folgende Nachweise beizufügen:

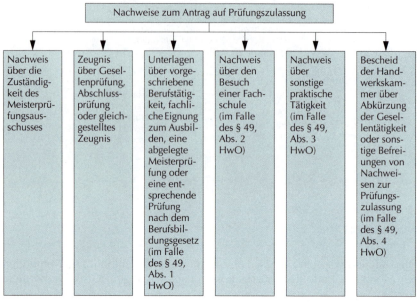

Abbildung 246

Regelfall

Die grundsätzlichen Zulassungsvoraussetzungen sind im Regelfalle:

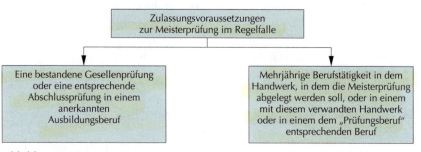

Abbildung 247

Für die Zeit der Berufstätigkeit dürfen nicht mehr als drei Jahre gefordert werden.
Zur Meisterprüfung ist ferner zuzulassen, wer in einem Handwerk, in dem er die Meisterprüfung ablegen will, die fachliche Eignung zum Ausbilden von Lehrlingen besitzt.
Der Nachweis einer Berufstätigkeit (siehe rechter Kasten der Abbildung 249!) ist nicht erforderlich, wenn der Prüfling bereits eine Meisterprüfung oder eine entsprechende Prüfung nach dem Berufsbildungsgesetz abgelegt hat.

Weitere Regelungen sind zu beachten:
- Bei der Zulassung von Soldaten auf Zeit und ehemaligen Soldaten der Bundeswehr zur Meisterprüfung im Handwerk ist eine berufsnahe Verwendung und eine einschlägige fachliche Fortbildung in der Bundeswehr vom Meisterprüfungsausschuss auf die nachzuweisende Gesellentätigkeit anzurechnen.
- Die Anrechenbarkeit militärischer Tätigkeiten ist durch die Zuordnungsliste militärischer Tätigkeiten zu Handwerksberufen durch ein Übereinkommen zwischen dem Deutschen Handwerkskammertag, dem Bundesministerium für Verteidigung und dem Bundeswirtschaftsminister geregelt.
- Der erfolgreiche Abschluss einer Fachschule ist bei einjährigen Fachschulen mit einem Jahr, bei mehrjährigen Fachschulen mit zwei Jahren auf die Berufstätigkeit anzurechnen.
- Ist der Prüfling in dem Handwerk, in dem er die Meisterprüfung ablegen will, als selbstständiger Handwerker, als Werkmeister oder in ähnlicher Stellung tätig gewesen oder weist er eine der Gesellentätigkeit gleichwertige praktische Tätigkeit nach, so wird diese Zeit angerechnet.
- Die Handwerkskammer kann auf Antrag eine auf drei Jahre festgesetzte Dauer der Gesellentätigkeit unter besonderer Berücksichtigung der in der Gesellenprüfung und während der Gesellenzeit nachgewiesenen beruflichen Befähigung abkürzen. Sie kann ferner auf Antrag von den oben aufgeführten Zulassungsvoraussetzungen ganz oder teilweise befreien. Die Handwerkskammer kann auch auf Antrag unter Berücksichtigung ausländischer Bildungsabschlüsse und Zeiten der Berufstätigkeit im Ausland von den Zulassungsvoraussetzungen ganz oder teilweise befreien.
Bei diesen Befreiungen kann die Handwerkskammer eine Stellungnahme des Meisterprüfungsausschusses einholen.

Die Zulassung obliegt dem Vorsitzenden des Meisterprüfungsausschusses. Hält dieser die Zulassungsvoraussetzungen nicht für gegeben, entscheidet der Prüfungsausschuss.

7.5.4.5 Prüfungsgebühr

Zur Deckung der Kosten ist eine Prüfungsgebühr an die Handwerkskammer zu entrichten.

7.5.4.6 Gliederung und Inhalt der Prüfung

Die Meisterprüfung in Gewerben der Anlage A zur Handwerksordnung umfasst folgende selbstständige Prüfungsteile:
- die Prüfung der meisterhaften Verrichtung der im jeweiligen Handwerk gebräuchlichen Arbeiten (Teil I),
- die Prüfung der erforderlichen fachtheoretischen Kenntnisse im jeweiligen Handwerk (Teil II),
- die Prüfung der erforderlichen betriebswirtschaftlichen, kaufmännischen und rechtlichen Kenntnisse (Teil III) und
- die Prüfung der erforderlichen berufs- und arbeitspädagogischen Kenntnisse (Teil IV).

Die einzelnen Teile der Meisterprüfung können in beliebiger Reihenfolge zu verschiedenen Prüfungsterminen abgelegt werden.

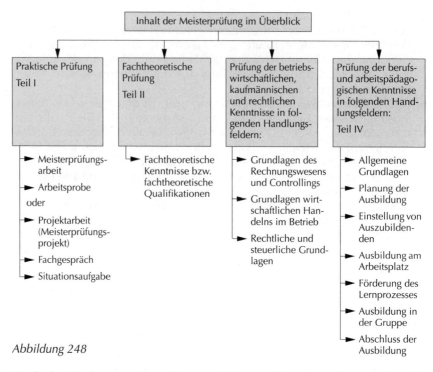

Abbildung 248

Prüfungsteil I

Nach den Strukturvorgaben für neue Meisterprüfungsverordnungen besteht Prüfungsteil I in der Regel aus drei verschiedenen Prüfungsbereichen, nämlich
- aus Projektarbeit
- und darauf bezogenem Fachgespräch und
- aus einer oder mehreren Situationsaufgaben.

Für eine Reihe von Handwerkszweigen wurden solche Meisterprüfungsverordnungen bereits verabschiedet und umgesetzt.

Prüfungsteil II

Für Prüfungsteil II sehen die neuen Meisterprüfungsverordnungen weiterhin eine schriftliche Prüfung in verschiedenen Prüfungsfächern im Sinne von fachtheoretischen Qualifikationen vor.

Prüfungsteil III

Im Prüfungsteil III sind innerhalb der drei Handlungsfelder die erforderlichen Kenntnisse auf folgenden Gebieten nachzuweisen:

- Handlungsfeld: Grundlagen des Rechnungswesens und Controllings:
  - Buchführung
  - Jahresabschluss und Grundzüge der Auswertung
  - Kosten- und Leistungsrechnung, Controlling
- Handlungsfeld: Grundlagen wirtschaftlichen Handelns im Betrieb
  - Handwerk in Wirtschaft und Gesellschaft
  - Marketing
  - Organisation
  - Personalwesen und Mitarbeiterführung
  - Finanzierung
  - Planung
  - Gründung

- Handlungsfeld: Rechtliche und steuerliche Grundlagen
  - Bürgerliches Recht, Mahn- und Klageverfahren, Zwangsvollstreckung, Insolvenzverfahren
  - Handwerks- und Gewerberecht, Handels- und Gesellschaftsrecht, Wettbewerbsrecht
  - Arbeitsrecht
  - Sozial- und Privatversicherungen
  - Steuern

Die Prüfung ist im Prüfungsteil III schriftlich durchzuführen. Die schriftliche Prüfung ist in einem der oben genannten Handlungsfelder auf Antrag des Prüflings oder nach Ermessen des Prüfungsausschusses durch eine mündliche Prüfung zu ergänzen (Ergänzungsprüfung), wenn diese das Bestehen des Teils der Meisterprüfung ermöglicht. *Schriftliche Prüfung*

Im Prüfungsteil IV sind innerhalb der sieben Handlungsfelder die erforderlichen Kenntnisse auf folgenden Gebieten nachzuweisen: *Prüfungsteil IV*

- Handlungsfeld: Allgemeine Grundlagen
  - Bedeutung und Stellung der Berufsbildung,
  - Bedeutung des dualen Systems der Berufsausbildung,
  - rechtliche Rahmenbedingungen der Ausbildung,
  - Aufgaben, Stellung und Funktion des Ausbilders,
  - Aufgaben der Handwerksorganisationen in der Berufsbildung sowie Möglichkeiten der Mitwirkung.
- Handlungsfeld: Planung der Ausbildung
  - Ausbildungsberufe und Ausbildungsplatzentscheidungen,
  - Ziele und Struktur der Ausbildungsordnung,
  - Eignung des Ausbildungsbetriebes,
  - betrieblicher Ausbildungsplan,
  - Ausbildung und Führungsstil,
  - Partner im dualen System.
- Handlungsfeld: Einstellung von Auszubildenden
  - Einstellungsverfahren,
  - Ausbildungsvertrag,
  - Eintragung und Anmeldung,
  - Einführung und Probezeit.
- Handlungsfeld: Ausbildung am Arbeitsplatz
  - Ausbildungsmethoden,
  - Lernen am Arbeitsplatz,
  - Lernhilfen/Medien,
  - Lernerfolgskontrollen und Leistungsbeurteilung, insbesondere Beurteilungsgespräche und Auswerten von Prüfungen.
- Handlungsfeld: Förderung des Lernprozesses
  - Lernvoraussetzungen, insbesondere Berücksichtigung kultureller Unterschiede bei der Ausbildung,
  - Anleiten zu Lern- und Arbeitstechniken, Fördern der Lernmotivation,
  - Sichern von Lernerfolgen,
  - Umgang mit Lernschwierigkeiten und Verhaltensauffälligkeiten,
  - Kooperation mit externen Beratungsstellen,
  - Förderung der Leistungsstärken.

- Handlungsfeld: Ausbildung in der Gruppe:
  - Teambildung,
  - Gruppenspezifische Ausbildungsmethoden, insbesondere Kurzvorträge und Moderation,
  - Lernen und Arbeiten im Team,
  - Konflikte und Konfliktlösung.
- Handlungsfeld: Abschluss der Ausbildung:
  - Vorbereitung auf Prüfungen,
  - Anmeldung zu Prüfungen,
  - Erstellen von Zeugnissen,
  - Fortbildungs- und Förderungsmöglichkeiten.

Schriftliche Prüfung

Die Prüfung im Prüfungsteil IV besteht aus einem schriftlichen und einem praktischen Teil. Im schriftlichen Teil sind Aufgaben aus mehreren Handlungsfeldern zu bearbeiten.
Der schriftliche Teil der Prüfung ist in einem der oben genannten Handlungsfelder auf Antrag des Prüflings oder nach Ermessen des Meisterprüfungsausschusses durch eine mündliche Prüfung zu ergänzen (Ergänzungsprüfung), wenn diese das Bestehen des Teils der Meisterprüfung ermöglicht.

Praktische Prüfung

Der praktische Teil der Prüfung besteht aus der Präsentation oder praktischen Durchführung einer vom Prüfling auszuwählenden Ausbildungseinheit und aus einem Prüfungsgespräch. In diesem hat der Prüfling seine Kriterien für die Auswahl und Gestaltung der Ausbildungseinheit zu begründen.

7.5.4.7 Befreiungen von Prüfungsteilen und Prüfungsfächern

Befreiungsmöglichkeiten

1. Der Prüfling ist von der Ablegung der Prüfungsteile III und IV der Meisterprüfung befreit, wenn er die Meisterprüfung bereits in einem anderen Handwerk bestanden hat.
2. Der Prüfling ist von der Ablegung des Teils III der Meisterprüfung kraft Gesetzes befreit, wenn in einer Prüfung aufgrund einer nach § 42, Abs. 2 HwO oder § 46, Abs. 2, § 81, Abs. 4 oder § 95, Abs. 4 des Berufsbildungsgesetzes erlassenen Rechtsverordnung oder in einer anderen Prüfung vor einer öffentlichen oder staatlich anerkannten Bildungseinrichtung oder vor einem staatlichen Prüfungsausschuss dem Teil III der Meisterprüfung vergleichbare Kenntnisse nachgewiesen worden sind.
3. Der Prüfling ist auf Antrag von der Ablegung der Prüfung in gleichartigen Prüfungsfächern durch den Meisterprüfungsausschuss zu befreien, wenn er die Meisterprüfung in einem anderen Handwerk bestanden hat.
4. Prüflinge, die andere deutsche staatliche oder staatlich anerkannte Prüfungen mit Erfolg abgelegt haben, sind auf Antrag durch den Meisterprüfungsausschuss von einzelnen Teilen der Meisterprüfung zu befreien, wenn bei diesen Prüfungen mindestens die gleichen Anforderungen gestellt werden wie in der Meisterprüfung. Der Abschlussprüfung an einer deutschen Hochschule gleichgestellt sind Diplome, die in einem anderen Mitgliedstaat der Europäischen Gemeinschaft oder in einem anderen Vertragsstaat des Abkommens über den

Europäischen Wirtschaftsraum erworben wurden und entsprechend der Richtlinie 89/48 EWG (Hochschuldiplom-Richtlinie) anzuerkennen sind. Das Bundesministerium für Wirtschaft und Technologie kann im Einvernehmen mit dem Bundesministerium für Bildung und Forschung durch Rechtsverordnung bestimmen, welche Prüfungen den Anforderungen einer Meisterprüfung entsprechen und das Ausmaß der Befreiung regeln. Das Ausmaß der Befreiung bestimmt sich nur noch dann nach der vom Bundeswirtschaftsministerium erlassenen Rechtsverordnung, wenn diese eine Befreiung im konkreten Einzelfall vorsieht. Die „Verordnung über die Anerkennung von Prüfungen bei der Eintragung in die Handwerksrolle und bei Ablegung der Meisterprüfung" gilt weiter. In allen übrigen Fällen entscheidet der Meisterprüfungsausschuss über die darüber hinausgehenden Befreiungsanträge.

5. Der Prüfling ist auf Antrag durch den Meisterprüfungsausschuss von der Ablegung der Prüfung in Teil IV (berufs- und arbeitspädagogische Kenntnisse) der Meisterprüfung zu befreien, wenn er eine nach dem Berufsbildungsgesetz, dem Seemannsgesetz oder dem Bundesbeamtengesetz geregelte Prüfung bestanden hat, deren Anforderungen den in Teil IV der Meisterprüfung geregelten Anforderungen entsprechen.

Anträge auf Befreiung sind schriftlich beim zuständigen Meisterprüfungsausschuss zu stellen. Die Nachweise über Befreiungsgründe sind beizufügen. Anträge auf Befreiung von einzelnen Teilen der Meisterprüfung können zusammen mit dem Antrag auf Zulassung oder mit der Anmeldung zu einem Teil der Meisterprüfung beim zuständigen Meisterprüfungsausschuss **gestellt** werden. Schriftliche Antragstellung

Gründe, die nach der Handwerksordnung zur Befreiung von Teilen der Meisterprüfung führen, sind beim zuständigen Meisterprüfungsausschuss **geltend zu machen.**

Anträge auf Befreiung von Prüfungsbereichen, Prüfungsfächern, Handlungsfeldern oder vom praktischen Teil der Prüfung im Teil IV sind spätestens mit der Anmeldung für den jeweiligen Teil der Meisterprüfung zu stellen.

7.5.4.8 Prüfungsergebnis, Prüfungszeugnis

Durch die rechtliche Selbstständigkeit der vier Prüfungsteile muss das Prüfungsergebnis für jeden Prüfungsteil getrennt festgestellt werden. Nach jedem Prüfungsteil ist dem Prüfling über das Ergebnis der Prüfung unverzüglich ein schriftlicher Bescheid mit Rechtsbehelfsbelehrung zu erteilen, aus dem die jeweilige Note hervorgehen muss. Über das Bestehen der Meisterprüfung insgesamt ist vom zuletzt tätig gewordenen, fachlich zuständigen Meisterprüfungsausschuss ein Zeugnis auszustellen. Aus diesem Zeugnis müssen die in den Prüfungsteilen erzielten Noten sowie Befreiungen unter Angabe der Rechtsgrundlage hervorgehen. Prüfungsergebnis

Das Zeugnis ist vom Vorsitzenden des Meisterprüfungsausschusses zu unterschreiben und von der Handwerkskammer zu beglaubigen.

7.5.4.9 Wiederholung der Meisterprüfung

Wiederholungsprüfungen

Die einzelnen Teile der Meisterprüfung können dreimal wiederholt werden.

7.5.4.10 Meisterbrief und Meistertitel

Schmuckblattform

Auf Antrag kann die Handwerkskammer gegen Entrichtung einer Gebühr einen Meisterbrief ausstellen. Der Meisterbrief wird meist in Schmuckblattform graphisch gestaltet und beurkundet das Prüfungsergebnis, jedoch ohne Angabe der Prüfungsnoten. Manche Handwerkskammern erstellen den Meisterbrief in Schmuckblattform ohne besonderen Antrag automatisch und verteilen die Meisterbriefe in einer Meisterfeier.

Meistertitel

> Wer die Meisterprüfung bestanden hat, ist ohne Rücksicht auf sein Alter berechtigt, den Meistertitel in Verbindung mit einem Handwerk oder in Verbindung mit einer anderen Bezeichnung, die auf eine Tätigkeit in einem Handwerk hinweist, zu führen. Der Meistertitel ist gesetzlich geschützt.

Der Meistertitel
- stärkt das Ansehen des Handwerkers in der Öffentlichkeit
- ist eine elementare Voraussetzung für die Sicherung eines qualifizierten Berufsnachwuchses
- ist Motivation für die Gründung von selbstständigen Existenzen und Erfolgsmodell für modernes unternehmerisches Denken und Handeln in unserer Gesellschaft
- ist Garant für die Qualität von Produkten und Dienstleistungen des Handwerks
- schafft durch Fachwissen und Kompetenz Vertrauen beim Verbraucher
- ist Leitbild für ein modernes, leistungs- und anpassungsfähiges sowie kundenorientiertes Handwerk.

7.5.4.11 Aufsicht

Höhere Verwaltungsbehörde

Die Höhere Verwaltungsbehörde führt die Aufsicht über die Meisterprüfungsausschüsse.

7.5.4.12 Übergangsvorschriften

Die Darstellungen des gesamten Kapitels 7.5.4 „Die Meisterprüfung als besonderes Fortbildungsziel im Handwerk" basieren im Wesentlichen auf den einschlägigen Regelungen des Gesetzes zur Ordnung des Handwerks (Handwerksordnung) vom 1.4.1998, der Meisterprüfungsverfahrensverordnung vom 17.12.2001 und der Verordnung über gemeinsame Anforderungen in der Meisterprüfung im Handwerk vom 18.7.2000 (AMVO). *Grundlage*

Die Prüfungsinhalte in den Prüfungsteilen III und IV und die Verfahrensregeln lt. AMVO, wie oben dargestellt, sind am 1.11.2000 in Kraft getreten. Die bis zum 31.10.2000 begonnenen Prüfungsverfahren werden auf Antrag des Prüflings nach den bisherigen Vorschriften zu Ende geführt. Bei der Anmeldung zur Prüfung bis zum Ablauf des 30.4.2001 sind auf Antrag des Prüflings die bisherigen Vorschriften anzuwenden. Prüflinge, die die Prüfung nach den bis zum 31.10.2000 geltenden Vorschriften nicht bestanden haben und sich bis zum 31.10.2002 zu einer Wiederholungsprüfung anmelden, können auf Antrag die Wiederholungsprüfung nach den bis zum 31.10.2000 geltenden Vorschriften ablegen. *Übergangsvorschriften*

Den Prüflingen wird empfohlen, sich bei Prüfungsanmeldungen oder laufenden Prüfungsverfahren oder Wiederholungsprüfungen in den genannten Zeiträumen von der zuständigen Handwerkskammer beraten zu lassen, sofern sie nicht schon automatisch von Seiten des Prüfungsträgers ausreichend informiert wurden.

7.5.5 Ausbildereignungsprüfung

Wofür die Ausbildereignungsprüfung abzulegen ist, wurde unter Abschnitt 1.3.6.2 „Fachliche Eignung für die Ausbildung" dargestellt.

Es gibt drei Rechtsgrundlagen für die Prüfung. *Rechtsgrundlagen*

```
            Rechtsgrundlagen
        für die Ausbildereignungsprüfung
        ┌──────────┼──────────┐
        ▼          ▼          ▼
  Berufsbildungs-  Ausbildereignungs-  Prüfungsordnung
  gesetz           verordnung
                   gewerbliche Wirtschaft
```

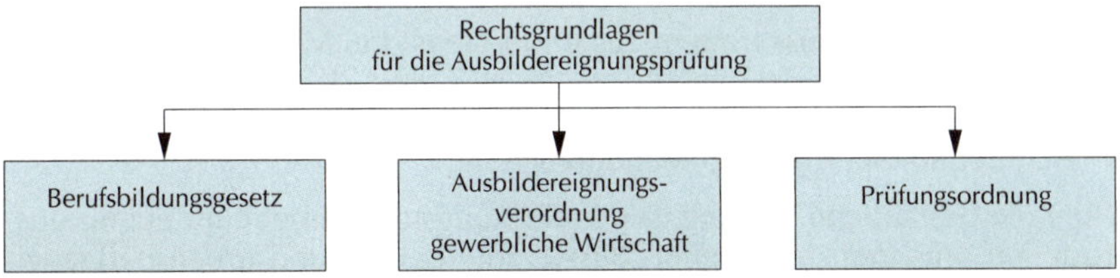

Abbildung 249

Ziel der Ausbildereignungsprüfung ist der Nachweis der berufs- und arbeitspädagogischen Qualifikation zum selbstständigen Planen, Durchführen und Kontrollieren in folgenden 7 Handlungsfeldern: *Handlungsfelder*

1. Allgemeine Grundlagen
2. Planung der Ausbildung
3. Mitwirkung bei der Einstellung von Auszubildenden
4. Ausbildung am Arbeitsplatz
5. Förderung des Lernprozesses
6. Ausbildung in der Gruppe
7. Abschluss der Ausbildung

Prüfungsteile | Die Prüfung besteht aus einem schriftlichen und einem praktischen Teil.

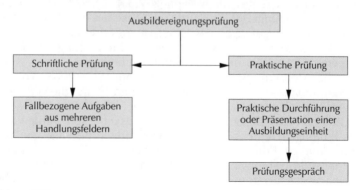

Abbildung 250

Im schriftlichen Teil soll der Prüfungsteilnehmer aus mehreren Handlungsfeldern fallbezogene Aufgaben unter Aufsicht bearbeiten.
Der praktische Teil besteht aus der Präsentation oder praktischen Durchführung einer vom Prüfungsteilnehmer auszuwählenden Ausbildungseinheit und einem Prüfungsgespräch, in dem der Prüfungsteilnehmer Kriterien für die Auswahl und Gestaltung der Ausbildungseinheit zu begründen hat.

Die Prüfungsausschüsse sind für den Bereich des Handwerks bei der Handwerkskammer errichtet. In den übrigen Bereichen bestehen Prüfungsausschüsse bei den für die Berufsbildung zuständigen Stellen.

Zusammensetzung des Prüfungsausschusses:

Prüfungsausschuss
Der **Prüfungsausschuss** besteht aus mindestens drei Mitgliedern:
- 1 Beauftragter der Arbeitgeber
- 1 Beauftragter der Arbeitnehmer
- 1 Lehrer an einer berufsbildenden Schule.

Zeugnis
Über die bestandene Prüfung ist dem Prüfungsteilnehmer ein Zeugnis auszustellen, aus dem hervorgeht, dass er die berufs- und arbeitspädagogische Qualifikation nach der Ausbildereignungsverordnung durch seine Prüfungsleistungen nachgewiesen hat.

Prüfungsgebühr
Der Prüfungsteilnehmer hat eine Prüfungsgebühr zu entrichten.

Wiederholungsprüfung
Eine nicht bestandene Prüfung kann zweimal wiederholt werden.

7.5.6 Rechtliche Bestimmungen zur finanziellen Förderung der Berufsbildung, insbesondere der Fortbildung

Die wichtigsten Gesetze zur finanziellen Förderung der Berufsbildung sind:

Abbildung 251

Das Arbeitsförderungsrecht
Das Arbeitsförderungsrecht ist ein Instrument der Arbeitsmarktpolitik. Das Gesetz enthält aber auch Regelungen zur finanziellen Förderung der Berufsausbildung und der beruflichen Weiterbildung.

Das Aufstiegsfortbildungsförderungsgesetz
Das Aufstiegsfortbildungsförderungsgesetz (AFBG) regelt die individuelle finanzielle Förderung der beruflichen Aufstiegsfortbildung.

AFBG

Das Bundesausbildungsförderungsgesetz
Das Bundesausbildungsförderungsgesetz (BAföG) regelt im Wesentlichen die finanzielle Förderung beim Besuch von Schulen, auch von berufsbildenden Schulen.

BAföG

Es gibt Fördermittel für:
- die institutionelle Förderung bzw. Projektförderung durch finanzielle Zuwendungen an Fortbildungsträger im investiven Bereich (zum Beispiel Berufsbildungs- und Technologiezentren der Handwerkskammer) und im Maßnahmenbereich (zum Beispiel bestimmte Lehrgänge)
- finanzielle Zuwendungen an die Teilnehmer an Fort- und Weiterbildungsmaßnahmen unter bestimmten Voraussetzungen.

Fortbildungsträger

Fortbildungsteilnehmer

Die drei wichtigsten Hauptzuwendungsgeber sind:

Abbildung 252

Über die wichtigsten Förderungsgesetze **und** Förderungsprogramme gibt die folgende Abbildung einen Überblick.

Abbildung 253

7.5.6.1 Förderung nach dem Arbeitsförderungsrecht im Sozialgesetzbuch (SGB III)

Förderung der Teilnehmer

Allgemeine Fördervoraussetzungen

Die Arbeitsverwaltung kann (Kannförderung) Arbeitnehmer bei Teilnahme an Maßnahmen der beruflichen Weiterbildung durch Kostenübernahme und Gewährung von Leistungen grundsätzlich fördern, wenn folgende allgemeine Voraussetzungen erfüllt sind:
- Die Weiterbildung ist notwendig, um einen Arbeitnehmer bei Arbeitslosigkeit beruflich einzugliedern, oder eine ihm drohende Arbeitslosigkeit abzuwenden oder
- die Weiterbildung wird wegen des Fehlens eines Berufsabschlusses in seiner Notwendigkeit anerkannt.
- Die Vorbeschäftigungszeit (z. B. Versicherungspflichtverhältnis oder Arbeitslosigkeit) ist erfüllt.
- Das Arbeitsamt hat den Arbeitnehmer vor Beginn der Teilnahme an der Weiterbildungsmaßnahme beraten und der Teilnahme zugestimmt.
- Die Weiterbildungsmaßnahme ist vom Arbeitsamt anerkannt.

Förderfähige Kosten

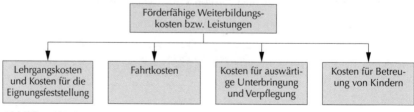

Abbildung 254

Als Lehrgangskosten können übernommen werden: *(Lehrgangskosten)*
- Lehrgangskosten einschließlich Kosten für erforderliche Lernmittel
- Arbeitskleidung
- Prüfungsstücke und Prüfungsgebühren
- Kosten für eine notwendige Eignungsfeststellung.

Als Fahrtkosten können gefördert werden: *(Fahrtkosten)*
- Pendelfahrten zwischen Wohnung und Bildungsstätte
- Bei erforderlicher auswärtiger Unterbringung An- und Abreisekosten und eine monatliche Familienheimfahrt.

Als Kosten für auswärtige Unterbringung und Verpflegung können Übernachtungs- und Verpflegungsgelder je Tag nach einschlägigen Vorschriften gewährt werden.

Für die Betreuung aufsichtsbedürftiger Kinder des Teilnehmers können Kosten in begrenzter Höhe monatlich je Kind übernommen werden.

Die Arbeitnehmer bzw. Teilnehmer an Weiterbildungsmaßnahmen erhalten die obigen Leistungen nur, wenn die Maßnahme den Zielen der Weiterbildungsförderung entspricht, angemessen dauert und die Maßnahme vom Arbeitsamt anerkannt ist.

> Eine Maßnahme entspricht dann der Weiterbildungsförderung, wenn sie das Ziel hat, *(Ziele der Maßnahmen)*
> - berufliche Kenntnisse, Fertigkeiten und Fähigkeiten festzustellen, zu erhalten, zu erweitern, der technischen Entwicklung anzupassen oder einen bestimmten Aufstieg zu ermöglichen
> - einen beruflichen Abschluss zu vermitteln oder
> - zu einer anderen beruflichen Tätigkeit zu befähigen.

Ferner gibt es Förderungsmöglichkeiten zur Weiterbildung nach dem Job-Aktiv-Gesetz, die sich auf Leistungen an Beschäftigte und Arbeitgeber erstrecken.

Weitere Einzelheiten zur Weiterbildungsförderung nach dem Arbeitsförderungsrecht ergeben sich aus dem Gesetz und den Anordnungen der Bundesanstalt für Arbeit.

Für Anträge auf Förderung ist das Arbeitsamt zuständig. Eine eingehende Beratung ist notwendig. *(Antragstellung)*

7.5.6.2 Förderung nach dem Bundesausbildungsförderungsgesetz

> Gefördert wird unter bestimmten Voraussetzungen der Besuch von bestimmten Schulen und Hochschulen durch Zuwendungen an Teilnehmer. *(Besuch von Schulen)*

Für die Beratung und Antragstellung ist das Amt für Ausbildungsförderung bei der Stadt oder beim Landkreis zuständig. *(Antragstellung)*

7.5.6.3 Ausbildungsförderungsgesetze der Länder

Nach den Ausbildungsförderungsgesetzen bzw. den Ausbildungsförderungsprogrammen der Länder werden unter bestimmten Voraussetzungen Zuwendungen an Besucher berufsbildender Schulen gewährt.

7.5.6.4 Begabtenförderung „berufliche Bildung" des Bundesministers für Bildung und Forschung

Nach diesem Programm können junge Handwerker bei Teilnahme an Maßnahmen zur beruflichen Weiterbildung gefördert werden (Maßnahmekosten wie Kursgebühren sowie Fahrt- und Aufenthaltskosten, aber keine Lebenshaltungskosten). Die Zuwendungen betragen in der Regel bis zu 1.800,00 EUR jährlich. Die Förderdauer beträgt drei Jahre. Die Förderung wird unabhängig von der Höhe des Einkommens und Vermögens geleistet.

Fördervoraussetzungen

Die Fördervoraussetzungen sind:

Abbildung 255

Information Antragstellung

Information, Beratung, Auswahl der Stipendiatinnen und Stipendiaten, Berechnung der förderfähigen Maßnahmekosten und Auszahlung des Förderbetrags erfolgen durch die zuständige Handwerkskammer, wo auch der Förderungsantrag zu stellen ist.
Die „Stiftung Begabtenförderungswerk berufliche Bildung (SBB)" unterstützt das zuständige Bundesministerium und die Handwerkskammern bei der Umsetzung des Begabtenförderungsprogrammes.

7.5.6.5 Förderung nach dem Aufstiegsfortbildungsförderungsgesetz (AFBG)

Förderfähige Fortbildungsmaßnahmen

Vorbereitung auf Fortbildungsprüfungen

Förderfähig nach dem AFBG ist die Teilnahme an Fortbildungsmaßnahmen, die auf Fortbildungsprüfungen nach dem Berufsbildungsgesetz, der Handwerksordnung oder auf vergleichbare Abschlüsse nach Bundes- oder Landesrecht oder Regelungen der zuständigen Stellen (z. B. Handwerkskammern) vorbereiten.

Die Teilnahme an einer Fortbildungsmaßnahme muss einen Abschluss in einem nach dem Berufsbildungsgesetz oder der Handwerksordnung anerkannten Beruf bzw. einem vergleichbaren bundes- oder landesrechtlich geregelten Berufsabschluss voraussetzen. Die Fortbildungsmaßnahmen können aus mehreren in sich selbstständigen Abschnitten (Maßnahmeabschnitte) bestehen.

Nicht förderungsfähig ist der Besuch von Hochschulen oder Fachhochschulen, da es sich hierbei nicht um eine berufliche Fortbildung im Sinne des AFBG handelt.

In Deutschland lebende Ausländer werden nach dreijähriger Erwerbstätigkeit analog zu den Voraussetzungen der Handwerksordnung gefördert.

Berufsabschluss

Förderung von Vollzeit- und Teilzeitmaßnahmen

Nach dem Gesetz ist eine Förderung der Teilnahme an Vollzeit- und Teilzeitmaßnahmen der beruflichen Aufstiegsfortbildung möglich. Auch die Kombination von Vollzeit- und Teilzeitkursen ist grundsätzlich förderungsfähig.

Die Fortbildungsmaßnahmen sind förderungsfähig, wenn sie

- **in Vollzeitform**
  - mindestens 400 Unterrichtsstunden umfassen,
  - innerhalb von 36 Kalendermonaten abschließen und wenn
  - in der Regel in jeder Woche an 4 Werktagen Lehrveranstaltungen mit einer Dauer von mindestens 25 Unterrichtsstunden stattfinden.

Vollzeitmaßnahmen

- **In Teilzeitform**
  - mindestens 400 Unterrichtsstunden umfassen,
  - wenn sie innerhalb von 48 Kalendermonaten abschließen und wenn
  - in der Regel innerhalb von 8 Monaten mit mindestens 150 Unterrichtsstunden Lehrveranstaltungen stattfinden.

Teilzeitmaßnahmen

Förderfähige Maßnahmen

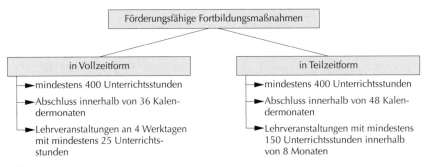

Abbildung 256

Unter bestimmten Voraussetzungen werden auch Fortbildungsmaßnahmen gefördert, die in neuen Lernformen (z. B. Selbstlernprogramme in Kombination mit Nahunterricht oder entsprechender mediengestützter Kommunikation) durchgeführt werden.

Förderfähige Kosten

Lebensunterhalt

Maßnahmekosten

Bei **Vollzeit**maßnahmen umfasst die Förderung Beiträge zu den Kosten des Lebensunterhalts **und** den Kosten der Fortbildungsmaßnahme (Maßnahmekosten). Da der Lebensunterhalt während einer **Teilzeit**maßnahme in der Regel aus Erwerbseinkommen bestritten werden kann, sind hier Förderungsleistungen nur zu den Maßnahmekosten (z. B. Kurs- und Prüfungsgebühren) vorgesehen. (Ausnahme: Zuschuss für Kinderbetreuungskosten, siehe unten!)

Art der Förderung

Zuschuss
Bankdarlehen

Die Förderbeiträge zu den Kosten des Lebensunterhalts werden zu einem Teil als Zuschuss und zum anderen Teil über ein zunächst zinsfreies und später zinsgünstiges Bankdarlehen finanziert. Die Förderung der Maßnahmekosten in Höhe der Lehrgangs- und Prüfungsgebühren erfolgt sowohl für die Teilnahme an Vollzeit- wie Teilzeitmaßnahmen durch Darlehen und Zuschuss. Der Zuschuss beträgt 35% der Maßnahmenkosten. Die Kosten für das Meisterstück werden in Form von Darlehen bis zur Hälfte der notwendigen Kosten, höchstens jedoch bis 1.534,00 EUR gefördert. Für allein Erziehende erhöht sich der Maßnahmebeitrag um die notwendigen Kosten der Betreuung eines Kindes bis zu 10 Jahren in Form eines Zuschusses.

Förderfähige Kosten und Art der Förderung im Überblick

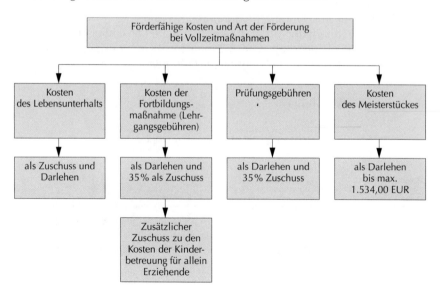

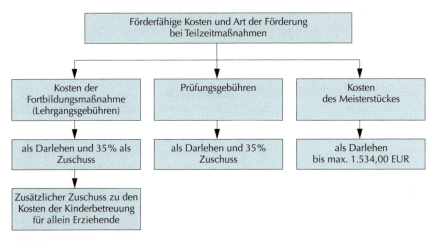

Abbildung 257

Höhe der Förderungsbeiträge

Die Höhe der Förderungsbeiträge zum Lebensunterhalt ist abhängig vom Einkommen und Vermögen des Fortbildungsteilnehmers und ggf. seines nicht dauernd getrennt lebenden Ehegatten.

Vom Vermögen bleiben anrechnungsfrei:
- für den Teilnehmer selbst 35.791,00 EUR
- für den Ehegatten 1.790,00 EUR
- für jedes Kind des Teilnehmers 1.790,00 EUR

Zur Vermeidung unbilliger Härten kann ein weiterer Teil des Vermögens anrechnungsfrei bleiben. Von der Berücksichtigung des Einkommens und des Vermögens der Eltern wird abgesehen, weil diese in der Regel gegenüber Teilnehmern an Maßnahmen der beruflichen Aufstiegsfortbildung nach dem Bürgerlichen Recht nicht mehr zum Unterhalt verpflichtet sind. Der **Unterhaltsbeitrag** beträgt beim Besuch von Vollzeitmaßnahmen teils als Zuschuss, teils als Darlehen je nach Familienstand ca. 500,00 bis 1.000,00 EUR monatlich.

Sowohl für Vollzeitmaßnahmen als auch für Teilzeitmaßnahmen besteht Anspruch auf Förderung der Kosten der Fortbildungsmaßnahme (Lehrgangs- und Prüfungsgebühren) als Zuschuss und Darlehen. Der anteilige Zuschuss beträgt 35 %. Die Kosten des Meisterstücks werden in Form eines Darlehens bis zur Hälfte der notwendigen Kosten, maximal 1.534,00 EUR gefördert. Der Darlehensförderbetrag ist auf 10.226 EUR festgelegt. Das Darlehen wird von der Deutschen Ausgleichsbank gewährt. Hierzu kommt ggf. ein vom Einkommen und Vermögen unabhängiger Zuschuss für Kinderbetreuungskosten für allein Erziehende.

Verzinsung und Rückzahlung des Darlehens nach dem AFBG

Für die Dauer der Fortbildungsmaßnahme und eine anschließende Karenzzeit von 2 Jahren besteht für das Darlehen keine Zins- und Tilgungspflicht (längstens für einen Zeitraum von 6 Jahren ab Beginn der Maßnahme). Das Darlehen ist später bei Beginn der Verzinsungspflicht je nach Wahl mit einem festen oder variablen Zinssatz zu verzinsen. Ferner ist das Darlehen nach Ablauf der genannten Karenzzeit von höchstens 6 Jahren innerhalb von 10 Jahren in monatlichen Raten zurückzuzahlen. Die nähe-

ren Einzelheiten richten sich nach dem Inhalt des Darlehensvertrages. Das Darlehen kann auch in Teilbeträgen vorzeitig zurückgezahlt werden.
Unter bestimmten Voraussetzungen kann das Darlehen ganz oder teilweise auch gestundet werden.

Rückzahlungsmodalitäten

Teilerlass des Darlehens bei Betriebsgründung

Gründet oder übernimmt ein Darlehensnehmer nach Beendigung der Maßnahme innerhalb einer Karenzzeit von 3 Jahren ein Unternehmen und trägt er dafür überwiegend die unternehmerische Verantwortung, dann werden ihm auf Antrag 75 % des auf die Lehrgangs- und Prüfungsgebühren entfallenden Restdarlehens erlassen. Voraussetzung ist allerdings, dass er das von ihm gegründete Unternehmen mindestens ein Jahr führt und spätestens am Ende des dritten Jahres nach der Existenzgründung mindestens zwei Personen zum Zeitpunkt der Antragsstellung für die Dauer von mindestens vier Monaten sozialversicherungspflichtig beschäftigt hat, von denen zumindest eine Person nicht nur geringfügig beschäftigt (325-EUR-Basis) sein darf. Nicht einbezogen in den Darlehenserlass ist das Darlehen, das für die Förderung des Meisterstücks gewährt wurde. In den ersten drei Jahren nach der Existenzgründung fällige Rückzahlungsraten werden auf Verlangen des Darlehensnehmers bis zu dem Betrag, der erlassen werden kann, gestundet.

Antragsverfahren

Zuständige Behörde

Der Antrag auf Gewährung von Förderleistungen nach dem Aufstiegsfortbildungsförderungsgesetz ist bei der zuständigen Behörde schriftlich zu stellen. Welche Behörde hierfür zuständig ist, haben die einzelnen Bundesländer im Vollzug des AFBG unterschiedlich geregelt. Jeder Antragsteller sollte sich rechtzeitig bei der zuständigen Handwerkskammer diesbezüglich informieren. Ferner ist es empfehlenswert, sich **vor** Beginn der Maßnahme über die Förderkonditionen im Einzelnen zu erkundigen und sich entsprechend beraten zu lassen. Die Förderung wird bei rechtzeitiger Antragstellung mit Beginn des Monats geleistet, in dem der Unterricht tatsächlich beginnt.

Förderausschluss – Förderbeschränkung

Förderausschluss

Förderbeschränkung

Die Teilnahme an einer Maßnahme wird nach dem Aufstiegsfortbildungsförderungsgesetz **nicht** gefördert, wenn sie nach dem Bundesausbildungsförderungsgesetz und nach § 44 des Arbeitsförderungsgesetzes (Unterhaltsgeld) oder nach bestimmten Förderungsmaßnahmen zur Rehabilitation schon gefördert wird. Der Anspruch auf Förderung nach dem AFBG ist auf die Leistungen zum **Lebensunterhalt** beschränkt, wenn die **Kosten der Maßnahme** nach dem Arbeitsförderungsrecht erstattet werden.

7.5.6.6 Fortbildungsförderung durch die Länder

In einzelnen Ländern gibt es finanzielle Förderprogramme zu beruflichen Fortbildungsmaßnahmen, die auf eine anschließende Existenzgründung ausgerichtet sind. Ferner wurden Programme zur individuellen Förderung von Handwerkern bei der Fortbildung geschaffen (z. B. Meisterpreis). Auskünfte dazu sollten bei der zuständigen Handwerkskammer eingeholt werden.

Förderprogramme der Länder

Wichtiger Hinweis
Bei allen finanziellen Förderungsmöglichkeiten der Aus- und Fortbildung ist es empfehlenswert, sich vor Teilnahme an der einzelnen Maßnahme bei den oben jeweils genannten zuständigen Stellen gründlich beraten zu lassen. Nur so kann erreicht werden, dass für den einzelnen Teilnehmer, je nach seinen persönlichen Voraussetzungen, die bestmögliche Förderung nach den jeweils aktuellen Förderbeiträgen erzielt wird. Die oben dargestellten finanziellen Förderungsmaßnahmen stehen unter dem absoluten Vorbehalt, dass ständig Änderungen der Förderbedingungen eintreten können.

Gründliche Beratung vor Teilnahme

7.5.7 Praktischer Leistungswettbewerb der Handwerksjugend

Der Praktische Leistungswettbewerb der Handwerksjugend findet jährlich auf Innungs-, Handwerkskammer-, Landes-, Bundes- und internationaler Ebene statt.
Er hat folgende Ziele:

Ziele

- Lehrlinge zu erhöhter Leistung anzuspornen
- den Ausbildenden in seiner Arbeit zu unterstützen
- begabte Lehrlinge, die als Preisträger hervorgehen, in ihrer beruflichen Entwicklung zu fördern
- die Berufsausbildungsleistungen des Handwerks in der Öffentlichkeit zu dokumentieren
- die Berufsnachwuchswerbung des Handwerks zu unterstützen.

Jeder Ausbildende bzw. Ausbilder ist aufgerufen, Lehrlinge mit überdurchschnittlichen Leistungen in der Gesellenprüfung zur Teilnahme an diesem Wettbewerb zu bewegen.

Aufforderung zur Teilnahme

Handlungsorientierte, fallbezogene Aufgaben

1. In Ihrem Betrieb haben zwei Lehrlinge ihre Berufsausbildung mit erfolgreich abgelegter Gesellenprüfung beendet. Bei einem abschließenden Gespräch im Betrieb wollen Sie die Lehrlinge noch über die grundsätzliche Bedeutung und Notwendigkeit der berufsspezifischen und berufsübergreifenden Fortbildung für ihre persönliche berufliche Weiterentwicklung und die damit verbundenen Chancen informieren.

Aufgabe:

a) Nennen Sie einige Gründe, warum die berufliche Fortbildung für die Weiterentwicklung von Wirtschaft und Gesellschaft so wichtig ist!
b) Welche Gründe sprechen für die Notwendigkeit einer hohen Fortbildungsbereitschaft jedes einzelnen Berufstätigen?

„Siehe Seite 346 des Textteils!"

2. Am Ende seiner Berufsausbildungszeit kommt zu Ihnen ein in Ihrem Betrieb ausgebildeter Lehrling, der seine berufliche Zukunft durch ständiges Weiterlernen möglichst erfolgreich gestalten will, und bittet um Informationen über die wichtigsten Fortbildungseinrichtungen des Handwerks, die grundsätzlichen Fortbildungsmöglichkeiten sowie Fortbildungsprüfungen für Handwerker.

Aufgabe:

a) Zählen Sie dem Lehrling die wichtigsten Fortbildungseinrichtungen des Handwerks auf!
b) Stellen Sie dem Lehrling die wichtigsten Fortbildungsmöglichkeiten für Handwerker zusammen!
c) Erläutern Sie ihm mögliche Fortbildungsprüfungen im Handwerk!
d) Nennen Sie ihm die einschlägigen weiteren Informationsstellen und Informationssysteme über die berufliche Fortbildung im Handwerk!

„Siehe Seiten 347 bis 349 des Textteils!"

3. Sie haben als Ausbildender zwei Lehrlinge ausgebildet, die die Gesellenprüfung mit gutem Erfolg bestanden haben. Die jungen Handwerker wollen schon zum jetzigen Zeitpunkt möglichst umfassend über die wichtigsten Rechtsgrundlagen, Zulassungsvoraussetzungen, Prüfungsinhalte, Meistertitel sowie Vorteile und Nutzen der Meisterprüfung von Ihnen informiert werden, da sie die Absicht haben, möglichst bald die Meisterprüfung abzulegen.

Aufgabe: Informieren Sie die jungen Handwerker umfassend und gehen Sie dabei auf folgende Punkte ein:

a) Geben Sie an, wer die Meisterprüfung abnimmt und erklären Sie die wichtigsten Rechtsgrundlagen!
b) Nennen Sie die Regelzulassungsvoraussetzungen zur Meisterprüfung!
c) Erläutern Sie die Prüfungsteile und Prüfungsinhalte!
d) Beschreiben Sie die Rechte, die mit dem Meistertitel verbunden sind!
e) Stellen Sie dar, welche Vorteile und welcher Nutzen der Meistertitel für den eigenen Betrieb und das gesamte Handwerk als Teilbereich unserer Gesamtwirtschaft bringt!

„Siehe Seiten 349 bis 358 des Textteils!"

4. Seit mehreren Jahren beschäftigen Sie in Ihrem Betrieb eine Bürokauffrau. Sie kommt zu Ihnen und teilt mit, dass sie gerne die Ausbildereignungsprüfung ablegen möchte und bittet Sie um entsprechende Informationen.

Aufgabe: Erläutern Sie Ihrer Mitarbeiterin die Ziele, Rechtsgrundlagen und Prüfungsinhalte der sieben Handlungsfelder der Ausbildereignungsprüfung!

„Siehe Seiten 359 bis 360 des Textteils!"

5. Sie haben in Ihrem Betrieb zwei Lehrlinge ausgebildet und sie nach bestandener Gesellenprüfung weiter als Arbeitnehmer beschäftigt. Da es sich um besonders fortbildungswillige junge Kollegen handelt, wollen sie sich bald fortbilden. Von älteren Kollegen haben sie erfahren, dass es bei Teilnahme an bestimmten Fortbildungsmaßnahmen finanzielle Zuwendungen auf der Basis von Förderungsgesetzen bzw. Förderungsprogrammen gibt. Die Mitarbeiter kommen zu Ihnen mit der Bitte, sie über wichtige finanzielle Förderungsmöglichkeiten zu informieren. Da Sie für Ihre Mitarbeiter eine systematische Fortbildungsplanung betreiben und alle einschlägigen Fortbildungsaktivitäten unterstützen, kommen Sie dem Wunsch auf Information dieser Mitarbeiter gerne nach.

Aufgabe: Informieren Sie Ihre Mitarbeiter über die einschlägigen Möglichkeiten zur finanziellen Förderung der beruflichen Fortbildung! Dabei orientieren Sie sich bei Ihrem Informationsvortrag zweckmäßigerweise an folgenden zentralen Fragen bzw. Inhalten:

5.1 Wer sind die Hauptzuwendungsgeber für die berufliche Fort- und Weiterbildung im Handwerk?

5.2 Nennen Sie wichtige Fördergesetze und Förderprogramme zur beruflichen Fortbildung und Weiterbildung!

5.3 Wer ist für die finanzielle Förderung der beruflichen Weiterbildung nach dem Sozialgesetzbuch (Arbeitsförderungsrecht) zuständig?
- ☐ a) Die Handwerkskammer
- ☐ b) Das Gewerbeamt
- ☐ c) Das Arbeitsamt
- ☐ d) Die zuständige Stadt- oder Gemeindeverwaltung
- ☐ e) Das Sozialhilfeamt.

5.4 Durch das Bundesausbildungsförderungsgesetz wird insbesondere gefördert:
- ☐ a) Der Besuch von bestimmten Schulen und Hochschulen
- ☐ b) Der Besuch von Abendkursen, die der beruflichen Fortbildung dienen
- ☐ c) Der Besuch von Ganztageskursen, sofern sie nicht mehr als sechs Wochen dauern
- ☐ d) Der Besuch von Ganztageskursen, sofern sie nicht mehr als vier Wochen dauern
- ☐ e) Der Besuch von Kursen, sofern sie mindestens drei Monate dauern.

5.5 Wer ist für die finanzielle Förderung nach dem Bundesausbildungsförderungsgesetz zuständig?
- ☐ a) Die Berufsberatung beim Arbeitsamt
- ☐ b) Das Amt für Ausbildungsförderung
- ☐ c) Die Handwerkskammer
- ☐ d) Das Sozialhilfeamt
- ☐ e) Der Berufsausbildungsausschuss der Handwerkskammer.

5.6 Wer erhält Zuwendungen nach den Ausbildungsförderungsgesetzen bzw. den Ausbildungsförderungsprogrammen der Länder?

5.7 Welche Förderungsvoraussetzungen muss ein junger Handwerker erfüllen, damit er nach dem Begabtenförderungsprogramm „Berufliche Bildung" des Bundesministers für Bildung und Forschung gefördert werden kann?

5.8 Durch das Aufstiegsfortbildungsförderungsgesetz wird gefördert:
- [ ] a) Vollzeit- und Teilzeitmaßnahmen der beruflichen Aufstiegsfortbildung
- [ ] b) Nur Vollzeitmaßnahmen der beruflichen Aufstiegsfortbildung
- [ ] c) Nur Teilzeitmaßnahmen der beruflichen Aufstiegsfortbildung
- [ ] d) Nur die Teilnahme an Lehrgängen zur Vorbereitung auf eine Handwerksmeisterprüfung
- [ ] e) Der Besuch von Fachhochschulen und Hochschulen.

5.9 Welche Kosten sind nach dem Aufstiegsfortbildungsförderungsgesetz förderfähig?

5.10 Wie hoch sind die Förderbeiträge bei Maßnahmen zur Aufstiegsfortbildung nach dem Aufstiegsfortbildungsförderungsgesetz?

5.11 Unter welchen Voraussetzungen kann ein nach dem Aufstiegsfortbildungsförderungsgesetz gewährtes Darlehen teilweise erlassen werden?

5.12 Wo ist der Antrag auf Gewährung von Förderleistungen nach dem Aufstiegsfortbildungsförderungsgesetz zu stellen?

„Siehe Seiten 361 bis 368 des Textteils!"

6. Ein in Ihrem Betrieb ausgebildeter Lehrling hat in der Gesellenprüfung als Bester abgeschnitten. Sie wollen, dass er am Praktischen Leistungswettbewerb der Handwerksjugend teilnimmt. Um ihn für die Teilnahme entsprechend zu motivieren, ist es zweckmäßig, ihn über Ziele und Teilnahmebedingungen sowie die einzelnen Wettbewerbsebenen zu informieren.

Aufgabe: Erläutern Sie dem jungen Handwerker Ziele, Ebenen, Teilnahmebedingungen und Vorteile des Praktischen Leistungswettbewerbs der Handwerksjugend!

„Siehe Seite 369 des Textteils!"

Lösungen

zu den handlungsorientierten, fallbezogenen Aufgaben mit programmierten Auswahllösungen

1 Handlungsfeld: Allgemeine Grundlagen

1.2 Handlungssituation: Bedeutung des dualen Systems der Berufsausbildung beurteilen

2.1 c) 2.2 e)

1.3 Handlungssituation: Rechtliche Rahmenbedingungen der Ausbildung kennen und berücksichtigen

3. a) 6. b)

1.5 Handlungssituation: Mit Partnern im dualen System zusammenarbeiten; die Handwerksorganisationen und ihre Aufgaben in der Berufsbildung kennen sowie Möglichkeiten der eigenen Mitwirkung in der Organisation abwägen und begründen

3. c) 4.2 d) 8.2 a)
4.1 e) 8.1 b) 8.3 a)

2 Handlungsfeld: Planung der Ausbildung

2.1 Handlungssituation: Ausbildungsberufe auswählen und Ausbildungsplatzentscheidungen treffen, Berufsausbildung als Teil der Personalplanung und Personalentwicklung

3. a)

2.5 Handlungssituation: Die Ausbildung in das betriebliche Führungssystem integrieren

2. b)

3 Handlungsfeld: Einstellung von Auszubildenden

3.1 Handlungssituation: Einstellverfahren für Lehrlinge planen und durchführen sowie dabei die Einflüsse auf Berufswahlentscheidungen beachten

1. c)

3.2 Handlungssituation: Ausbildungsvertrag abschließen

4. b) 8. c)   16. b) 22. d)
5. a) 15. d) 17. e)

3.3 Handlungssituation: Eintragung und Anmeldungen vornehmen

1.1 c) 1.2 e)

4 Handlungsfeld: Ausbildung am Arbeitsplatz

4.1 Handlungssituation: Didaktische Prinzipien und betriebliche Ausbildungsmethoden anwenden

2. c)

4.2 Handlungssituation: Lernen am Arbeitsplatz organisieren und unterstützen

3. e)

5 Handlungsfeld: Förderung des Lernprozesses

5.1 Handlungssituation: Lebenssituationen und Entwicklungsstand als Lernvoraussetzung von Lehrlingen erkennen und berücksichtigen

1. c)

5.2 Handlungssituation: Lern- und Arbeitstechniken vermitteln

1. d)

6 Handlungsfeld: Ausbildung in der Gruppe

6.3 Handlungssituation: Zwischenmenschliche Konflikte erkennen und lösen

1. a)

7 Handlungsfeld: Abschluss der Ausbildung

7.1 Handlungssituation: Auf Prüfungen vorbereiten

1.2 a)   1.3 c)

7.3 Handlungssituation: Ausbildungsverhältnis beenden, verlängern, Übernahme in ein Arbeitsverhältnis

1. d)

7.5 Handlungssituation: Fortbildungs- und Förderungsmöglichkeiten kennen und mitteilen

5.3 c)   5.4 a)   5.5 b)   5.8 a)

A

Abführung der Gesamtsozialversicherungsbeiträge 87
Abgeltung von Sachleistungen 200
Abiturienten 274
Abkürzung der Ausbildungszeit 189
Ablauf der Ausbildungszeit 338
Abschlussfrist 187
Abschlussprüfung 331
Abschlussprüfung als Ingenieur 91
Abschlussprüfungsausschuss 126
Abschlussprüfungszeugnis 341
Absolutes Kündigungsverbot 67
Abstimmungsgespräch 315
Abstraktionsfähigkeit 271
Adoleszenz 260
AFBG 361, 365
Affektive Lernziele 281
Aggressionen 324
Akkordarbeitsverbot 77
Akquisitionsinstrumente 180
Aktionsformen 218
Aktives Lernen 278
Aktualmotivation 290
Akzeleration 262
Allgemeinbildung 32
Allgemeine Führungsmittel 166
Allgemeine Grundlagen legen 27
Allgemeiner Kündigungsschutz 64
Alternative Ausbildungseinrichtungen 50
Alternative Ausbildungssysteme in Deutschland 50
Altersgerechtheit 217
Amtszeit des Betriebsrates und Auszubildendenvertretung 70
Anerkennung 168
Anforderungen an Ausbildungserfolgskontrollen 246
Anforderungsprofil 181
Anlage A zur Handwerksordnung 133
Anmeldung bei den Sozialversicherungsträgern 212
Anmeldung bei der Berufsschule 212
Anmeldung bei der Innung 212
Anmeldung bei der überbetrieblichen Unterweisung 212
Anmeldung zur Prüfung 335
Anrechnung auf die Ausbildungszeit 191
Antragsberechtigung 191
Antragstellung 363, 364
Antragsverfahren 368
Anweisung 167
Anwendungsauftrag 237
Anzeigen 180
Anzeigepflicht 83
Arbeitgeberpflichten 85
Arbeitnehmervertretungen im Betrieb 70
Arbeits- und Ausbildungsbedingungen des Ausbildenden 107
Arbeitsaufgaben 228
Arbeitsaufgabenanalyse 237
Arbeitsblätter 242
Arbeitsförderungsrecht 361
Arbeitslosenversicherung 86
Arbeitsmarkt 35
Arbeitsmarktpolitik 34
Arbeitsmarktpolitische Bedeutung der Berufsbildung 34
Arbeitsmittel 241
Arbeitsplan 234
Arbeitsproben 246, 333
Arbeitsschutzgesetz 72
Arbeitsschutzrecht 72
Arbeitsschutzregelungen 74
Arbeitsstrukturierung 309
Arbeitsunfälle 88
Arbeitsvertragliche Rechtsgrundsätze 187
Arbeitsvertragsrecht 60
Arbeitszeit 75, 79
Arbeitszeitrecht 79
Arbeitszeitrecht für Jugendliche und Erwachsene 81
Arbeitszergliederung 237
Ärztliche Betreuung 82
Assoziationslernen 279
Aufbau der Gesellenprüfung 332
Aufgaben der Berufsausbildung 140
Aufgaben der Handwerkskammer in der Berufsausbildung 120
Aufgaben der Innung in der Berufsausbildung 123
Aufgaben der Jugend- und Auszubildendenvertretung 71
Aufgabenrollen 307
Aufgabentiefe 229
Aufhebungsvertrag 203
Aufsicht über die Prüfungsausschüsse 358
Aufstiegsfortbildungsförderungsgesetz 361
Auftragorientiertes Lernen 223
Auftragsabwicklung 226
Auftragsmethode 225
Auftragsorientierte Ausbildung 227
Auftragsorientierte Lernsituation 291
Auftragsorientiertes Lernen und Lehren 226
Auftragsstrukturanalyse 228
Ausbildender 95, 107, 187
Ausbilder 95
Ausbilder als Fachmann 106
Ausbilder als Organisator 106
Ausbilder als Psychologe 106
Ausbilder als Vertreter des Auszubildenden 106
Ausbilder als Vorgesetzter und Führungskraft 107
Ausbildereignungsprüfung 359
Ausbildereignungsverordnung 92
Ausbildung 57
Ausbildung beenden 329
Ausbildung in nichthandwerklichen und handwerksähnlichen Berufen 133
Ausbildung planen 131

Ausbildungs- und Berufszufriedenheit 162
Ausbildungs- und Führungsstile 163
Ausbildungsbeauftragter 95
Ausbildungsbeitrag der Handwerkskammer 46
Ausbildungsberater 121, 154, 326
Ausbildungsberatung 122
Ausbildungsberufe 131, 133
Ausbildungsberufsbezeichnung 141
Ausbildungsberufsbild 141, 149
Ausbildungsdauer 141
Ausbildungseinheit 356
Ausbildungsförderungsgesetze der Länder 364
Ausbildunghilfskraft 95, 108
Ausbildungsmeister 108
Ausbildungsmittel 218, 241
Ausbildungsnachweise 196
Ausbildungsordnung 135, 148
Ausbildungspflicht 37
Ausbildungsplatzentscheidungen 131
Ausbildungsqualität 49
Ausbildungsrahmenplan 141, 150
Ausbildungsstätte 37, 93, 145
Ausbildungsstellen-Informations-Service 174
Ausbildungssuche 174
Ausbildungsverbund 146
Ausbildungsvergütung 196
Ausbildungsvertrag 186
Ausfall der Ausbildung 200
Ausführungsversuche 232
Aushang über Beginn und Ende der Arbeitszeit und Ruhepausen für Jugendliche 74
Aushänge 180
Aushänge im Betrieb 74
Auskunftspflicht 48, 59, 122
Ausländer 272, 274
Auslösung des Gesprächs 315
Außerbetriebliche Erfolgskontrollen 255
Austausch der Argumente 315
Auswahl von Lehrlingen 182
Auswahltests 184
Ausweich- und Fluchtreaktionen 324
Auswertung 354
Auswertungsgespräch 315
Autoritärer Führungsstil 163
Autorität 162, 270

B
BAföG 361
Bankdarlehen 366
Beanstandung 169
Beaufsichtigung 167
Beauftragung 167
Bedienungsanleitungen 242
Beendigung der Ausbildungszeit 338
Befragung 315
Befreiungen von Prüfungsteilen und Prüfungsfächern 356
Begabung 270
Begabungsbegriff 270
Begabungsschwerpunkte 182
Beginn des Berufsausbildungsverhältnisses 189

Begriffslernen 280
Behaltenseffekt 287
Behaltensfähigkeit 287
Behinderte 273, 274
Behinderungen 273
Beilegung von Lehrlingsstreitigkeiten 205
Beispiel für ein Berufsbild 149
Beispiel für einen einfachen Versetzungsplan 159
Beiträge 86, 88
Beitragsabführung 87
Beitragsberechnung 87
Beitragstragung 86
Beraten 101
Beratung 168
Berechtigung zum Einstellen und Ausbilden von Lehrlingen 89
Berichtsheft 168, 255
Berichtsheftführung 195
Berufliche Bildung 57
Berufliche Handlungskompetenz 136
Berufliche Schulen 43
Berufs- und arbeitspädagogische Qualifikation 359
Berufsausbildungsvertrag 186
Berufsberatung 117, 173, 300
Berufsbildung 32
Berufsbildungsausschuss 120
Berufsbildungsförderungsgesetz 59
Berufsbildungsforschung 47
Berufsbildungsgesetz 57
Berufsbildungsvorschriften 56
Berufseignung 178
Berufsfeldbezogene Ausbildungsinhalte 39
Berufsfindung 173
Berufsgenossenschaften 86, 88
Berufsgrundbildungsjahr 42
Berufsinformation 174
Berufsinformationszentren 174
Berufskrankheiten 88
Berufsoberschulen 43
Berufsorientierung 175
Berufspraktika 178
Berufsschulberechtigung 41
Berufsschule 301
Berufsschulpflicht 41
Berufsschultag 76
Berufsschulzeugnis 341
Berufswahl 178
Berufswahlkompetenz 175
Berufswahlreife 175
Berufswahlverhalten von Frauen 275
Beschäftigungsverbote 77, 78, 81
Besonderer Kündigungsschutz 65
Bestellung eines Ausbilders 93
Beteiligte und Mitwirkende in der Ausbildung 113
Betriebliche Ausbildung 55
Betriebliche Eignung für die Ausbildung 93
Betrieblicher Arbeitsschutz 72

Betriebliches Ausbildungszeugnis 341
Betriebs- und Arbeitsplatzerkundung 175
Betriebsärzte 73
Betriebsärztlicher Dienst 73
Betriebsaushänge 74
Betriebsbesichtigungen 176
Betriebsgebundene Ausbildung 38
Betriebsklima 162
Betriebskultur 160
Betriebsnummer 87
Betriebsorganisation 160
Betriebspraktika 176
Betriebsrat 69, 119
Betriebsräte und Jugendvertreter 65
Betriebsverfassungsrecht 69
Betriebswirtschaftliche Vorteile der Ausbildung 133
Beurlaubung vom Berufsschulunterricht 40
Beurteilen 101
Beurteilungsbogen 168, 247
Beurteilungsfehler 253, 254
Beurteilungsgespräch 246, 248, 255, 315
Beurteilungskategorien 251
Beurteilungsmerkmale 251
Bewältigung von Konflikten 325
Bewerbungsunterlagen 182
Bewerten 101, 250
Bewertungsmaßstäbe 252
Bewertungssysteme 252
Bewusstes Lernen 278
Beziehungsaspekt 312
Bildungspolitik 34
Bildungsrelevante Gesetze und Verordnungen 56
Blockunterricht 42
Brainstorming 319
Branchenüblichkeit 198
Bruttoausbildungszeiten 159
Buchführung 354
Bundesanstalt für Arbeit 86
Bundesausbildungsförderungsgesetz 361
Bundesinstitut für Berufsbildung 47
Bundesrecht 54
Bundesurlaubsgesetz 61
Bundesversicherungsanstalt für Angestellte 86

C
CERTQUA 347
Chancengleichheit 30
Computerunterstütztes Lernen 222, 224
Controlling 354

D
Datenübertragung 87
Debatte 315
Demokratischer Führungsstil 163
Demonstration 220
Didaktische Prinzipien 217
Didaktisches Regulationssystem 227
Differenzierung 31, 218, 274
Diskussion 315

Drei-Stufen-Methode 232
Drei-Stufen-Modell 284
Drogen 258
Duales Ausbildungssystem 29
Durchführen 140
Durchlässigkeit des Bildungswesens 30

E
Ehrenamtliche Tätigkeiten 124
Eignung des Ausbildungsbetriebes 145
Eignungsprofil 181
Einbehaltung des Arbeitnehmeranteils 87
Einfaches Ausbildungszeugnis 343
Einführung in den Betrieb 214
Eingrenzung des Gesprächsgegenstandes 315
Einigungsstellen 70
Einsichtiges Lernen 278
Einstellung zur Arbeit 251
Einstellung zur Umwelt 251
Einstellungsberechtigung 90
Eintragung des Berufsausbildungsvertrages in das Verzeichnis der Berufsausbildungsverhältnisse (Lehrlingsrolle) 211
Eintragungsvoraussetzungen für die Lehrlingsrolle 211
Einzelarbeit 219
Einzelausbildung 222
Einzelbetriebliche Bedeutung der Berufsbildung 35
Einzelbetrieblicher Ausbildungsplan 152
Einzelgespräch 236
Einzelvertragliche Regelungen 196
Elektronische Lehrstellenbörsen 181
Elternzeit 83
Elternzeitberechtigte 67
Empfangsgerät 312
Entscheidung des Gesprächs 316
Entscheidungs- und Zielkonflikte 322
Entwicklung 260
Entwicklungsbedingte Schwierigkeiten 269
Entzug der Einstellungs- und Ausbildungsbefugnis 94
Erbanlagen 260
Erfolgskontrollen 101
Erfolgssicherung 218
Erhaltungsrollen 307
Erholung 266
Erkenntnisgespräch 315
Erkundungsauftrag 237
Erstuntersuchung 77
Erziehen 100
Erziehungsgeld 84
Erziehungsschwierigkeiten 295
Erziehungsurlaub 83
Erziehungsurlaubsberechtigte 67
EU-Projekte 52
Europäische Union 51
Extreme Jugendgruppen 258

F
Fachausbildung 58

Fachgespräch 354
Fachkompetenz 138
Fachkräfte für Arbeitssicherheit 73
Fachliche Eignung für die Ausbildung 90
Fachliteratur 333
Fachoberschulen 43
Fachschulen 43
Fachstufen 142
Fachvortrag 220, 224
Fachzeitschriften 241
Fähigkeiten 261
Fähigkeitstests 184
Fahrt-, Verpflegungs- und
  Übernachtungskosten 194
Fahrtkosten 363
Fälligkeit der Vergütung 199
Fallmethode 220, 224
Familie 258
Fasslichkeit 217
Feedback 170, 312
Fehler der Zentraltendenz 254
Feinziele 282
Fertigkeiten 261
Finanzielle Förderung 361
Finanzielle Förderungsmaßnahmen für
  Auszubildende 89
Flexibilitätsklausel 151
Förderfähige Kosten 362, 366
Förderfähige Maßnahmen 365
Förderung der beruflichen Ausbildung 174
Förderung nach dem
  Arbeitsförderungsrecht 362
Förderung nach dem Aufstiegsfortbildungs-
  förderungsgesetz (AFBG) 364
Förderung nach dem Bundesausbildungs-
  förderungsgesetz 363
Fördermöglichkeiten 302
Fördervoraussetzungen Begabtenprogramm
  „berufliche Bildung" 364
Formen des Berufsbildungsrechts 54
Formen des Berufsschulunterrichts 42
Formvorschriften 187
Fortbildung 58, 347
Fortbildungsförderung durch die Länder 369
Fortbildungsmöglichkeiten 347
Fortbildungsplanung 348
Fortbildungsprüfungen 349
Fortbildungsträger des Handwerks 347
Fortzahlung der Vergütung 199
Frauen in „Männerberufen" 275
Freiheit der Berufswahl und Ausbildung 56
Freistellung 200
Freistellung bei Prüfungen 76
Freizeit 76
Fremdbestimmtes Lernen 280
Friedenspflicht 70
Frontalunterricht 219
Frustration 324
Führen eines Ausbildungsnachweises 195
Führung 161

Führungsmerkmale 307
Führungsstil 161, 163, 307
Führungssystem 161
Funktionen des Ausbilders 104
Funktionen von Ausbildungsmitteln 243

G
Gebote 167
Gebühr 211
Gebührenschuldner 330
Gedächtnis 286
Gefährliche Arbeiten 77
Gefühlswechsel 263
Geldbußen 95
Generationenkonflikte 322
Geplantes Lernen 278
Geselle 108
Gesellenprüfung 255, 331
Gesellenprüfungsausschuss 125
Gesellenprüfungszeugnis 341
Gesetz zum Schutz der Beschäftigten vor
  sexueller Belästigung am Arbeitsplatz 74
Gesetzliche Mindestinhalte des Berufs-
  ausbildungsvertrages 188
Gesetzliche Vertreter 187
Gesprächsanlässe 314
Gesprächsarten 314
Gesprächsaufbau 315
Gesprächsführung 316
Gesprächsklima 312
Gesprächsregeln 316
Gesprächsverhalten 316
Gesundheitliche Betreuung 77
Gesundheitsschutz 81
Gewohnheiten 261
Gleichgültigkeitsstil 163
Gleichwertigkeit von Berufsbildung und
  Allgemeinbildung 31
Graphiken 242
Gremien 124
Grenzen der Planbarkeit 151
Grobziele beim Lernen 282
Grundausbildung 57
Gründe für die Aus- und Weiterbildung 32
Gründe für Fortbildung 346
Grundgesetz 55
Grundlagen des programmierten Lernens und
  Lehrens 221
Grundregeln für den Ausbilder 269
Grundsätze für die Durchführung der Unter-
  weisung 230
Grundstruktur des Bildungswesens 27
Grundstufe 142
Gruppe 305
Gruppenarbeit 219, 317
Gruppenausbildung 222, 234
Gruppenbeziehungen 306
Gruppenbildung 305
Gruppendiskussion 318
Gruppendynamik 307
Gruppenformen 305

Gruppenführer 307
Gruppenführung 305
Gruppengespräch 236, 315
Gruppenidentität 323
Gutachtliche Beschreibung 252
Gymnasiasten 259

H
Habituelle Motivation 290
Habituelle Personeneigenschaften 261
Haftung des Arbeitnehmers 64
Haftungsgrundsätze 64
Hälften des Gehirns 288
Handeln 137, 259
Handlungsfeld 27
Handlungskompetenz 136, 137
Handlungsorientiertes Lernen 140
Handlungssituation 27
Handwerksberufe 90, 133
Handwerkskammer 116
Handwerkskammer als zuständige Stelle 119
Handwerksordnung 59
Hauptberuflicher Ausbilder 108
Hauptpause 267
Hauptschüler 259
Hauptsysteme der beruflichen Bildung 51
Höchstarbeitszeit 75, 79
Höhe der Vergütung 196
Horizontale Durchlässigkeit 31

I
Image des Betriebes 176
Individualisierung 31, 218, 274
Individualkommunikation 310
Individuum 259
Information 170
Informations- und Werbematerialien für die Nachwuchswerbung 177
Informelle Gruppe 306
Inhalt des Tarifvertrages 69
Innerbetriebliche Ausbildungserfolgskontrolle 246
Innovationsaufgaben des Ausbilders 103
Innovationsorientierung 160
Innovieren 102
Insolvenzgeld 63
Intelligenz 264
Interaktion 311
Interessen 261
Internet 177
Interpersonaler Konflikt 321
Intrapersonaler Konflikt 321

J
Jahresabschluss 354
Jugend- und Auszubildendenvertretung 69, 119
Jugendarbeitsschutzrecht 75
Jugendgruppen 308
Jugendliche 75
Jugendschutzgesetz 78

K
Kammer- und innungseigene Prüfungsausschüsse 335
Kartenabfrage 316
Kernpunkte 237
Kettenlernen 279
Kinder 75
Kinderbetreuungskosten 363
Klage beim Arbeitsgericht 205
Klischeevorstellungen 269
Kognitive Lernziele 281
Kombination von Führungsstilen 164
Kommunikation 310
Kommunikationsaspekte 312
Kommunikationsfähigkeit 271
Kommunikationskanal 311
Kommunikationsstörungen 313
Konferenz der Kultusminister 27
Konfliktarten 322
Konfliktbewältigung 326
Konfliktbewertung 323
Konfliktgespräche 315, 327
Konfliktlösung 323, 325
Kontrastfehler 254
Kontrollbogen 234
Kontrolle 167
Kontrollieren 140
Körperbild 263
Körperliche Entwicklung 263
Korrekturfehler 254
Kosten der Berufsschule 45
Kosten des Ausbildungsbetriebes 44
Kosten für Unterbringung und Verpflegung 363
Kosten- und Leistungsrechnung 354
Kosten-/Nutzenanalyse 132
Kostenträger der Berufsausbildung 44
Krankenkassen 86
Krankenversicherung 86
Krankheit 200
Kundenauftrag 226
Kundenorientierung 160
Kündigung aus wichtigem Grunde 202
Kündigung des Berufsausbildungsverhältnisses 201
Kündigungsmöglichkeiten 201
Kündigungsschutz 83
Kündigungsschutz für schwer behinderte Auszubildende 67
Kündigungsschutzklage 65
Kündigungsschutzrecht 64
Kündigungsverbot während der Elternzeit 68
Kurzpausen 267
Kurzvorträge 318
Kurzzeitgedächtnis 286

L
Ladenschlussgesetz 74
Länderverfassungen 55
Landesversicherungsanstalten 86
Langzeitgedächtnis 286
Latente Konflikte 322

Learning by doing 280
Lehr- und Fachbücher 241
Lehr- und Lernformen 218
Lehren 100
Lehrfilme 242
Lehrgangskosten 363
Lehrgangsmethode 225
Lehrgespräch 223, 235, 315
Lehrgesprächsskizzen 239
Lehrling 187
Lehrlingsbetreuungsgebühr 46
Lehrlingsrolle bei der Handwerkskammer 211
Lehrlingsstreitausschuss 203
Lehrlingswart 123, 326
Lehrmittel 242
Lehrstellenbörsen 181
Lehrverfahren 218, 225
Leistungsfeststellung 250
Leistungskurve 266
Leistungsorientierung 160
Leistungsprofil im Ablauf des Lebens 268
Leistungsprofil im Tagesablauf 265
Leistungsprofil im Wochenablauf 268
Leistungsstarke 274
Leistungswettbewerb 369
Leitfragen 234
Leittexte 233
Leittextmethode 223, 233
Leitziele 282
Lernabschnitte 237
Lernanforderungen 285
Lernauftrag 223, 236
Lernbeeinträchtigte 272, 274
Lernbegriff 277
Lernberatungsgespräch 235
Lernbereitschaft 271, 285
Lerndreieck 277
Lernerfolgskontrollen 255
Lerngegenstand 277
Lernhilfen 229, 296
Lernkurve 293
Lernmittel 241
Lernmotivation 290
Lernorte 43
Lernprozess 284
Lernschwierigkeiten 295
Lernsituation 277
Lerntechniken 288
Lerntempo 271
Lerntransfer 293
Lerntypen 279
Lernzielbereiche 281
Lernzielbeschreibung 283
Lernziele 281
Lernzielklassifikationen 281
Lernzielniveau 282
Lernzielstufen 282
Logikfehler 254
Lohnabtretungsverbot 63
Lohnabzugsverfahren 86

Lohnaufrechnungsverbot 63
Lohnpfändungsschutz 62
Lohnsicherung 62
Lohnsicherungsmaßnahmen 63
Lösungshilfen 297
Lösungskompetenz 323

M
Management by Exceptions 165
Management by Objectives 165
Managementkonzepte 165
Mängel der Eignung 94
Manuelles Meldeverfahren 87
Massenkommunikation 311
Maßnahmekosten 366
Medien 174
Medieneinsatz 241
Mediengestützte Aus- und Fortbildung 221, 365
Medienkompetenz 223
Mehrarbeit 77
Meisterbrief 358
Meisterprüfung 91, 349
Meisterprüfungsausschüsse 350
Meisterprüfungsberufsbild 350
Meisterprüfungsprojekt 354
Meisterprüfungsverfahrensverordnung 350
Meisterprüfungsverordnung 354
Meistertitel 358
Meldepflicht 87
Menschenbild 161
Metaplantechnik 316
Methodenkonzeptionen 225
Methodensysteme 225
Mildefehler 254
Mindestanforderungen 153
Mind-Mapping 288
Mitarbeitergespräch 315
Mitarbeiterorientierung 160
Mitbestimmung 71
Mitwirkung bei Gesellen- und Abschluss-
    prüfungen 125
Mitwirkungsmöglichkeiten 124
Modell der vollständigen Handlung 233
Moderation 316
Moderationsmaterialien 317
Moderationsmethode 316
Moderator 316
Motivation 171, 270
Motivationsförderung 292
Motivationshilfen 296
Motive 261
Mutterschaftsgeld 82
Mutterschaftsversicherung 82
Mutterschutz 67
Mutterschutzlohn 82
Mutterschutzrecht 81

N
Nachhilfemaßnahmen 295
Nachtarbeitszeit 80
Nachuntersuchung 77

N

Nettoausbildungszeiten 159
Neue Ideale 264
Nichthandwerkliche Berufe 90, 92
Nichtige Vereinbarungen im Berufs-
  ausbildungsvertrag 192
Non-verbale Kommunikation 311
Notenskala 252

O

Objektivität 246
Öffentliche Verantwortung 29
Operationalisierung 283
Ordnung des Gesprächs 316
Ordnungswidrigkeiten in der betrieblichen
  Berufsausbildung und deren Ahndung 95
Organisationsentwicklung 309
Orientierungsgespräch 235

P

Pädagogische Aufgaben des Ausbilders 100
Partner in der Ausbildung 113
Passives Lernen 278
Pausen 267
Personalentwicklung 132
Personalentwicklungsmaßnahmen 309
Personalplanung 131
Persönliche Begrüßung 214
Persönliche Eignung für die Einstellung 90
Persönliche Kontakte 181
Persönlichkeitskompetenz 138
Persönlichkeitstests 184
Pflegekassen 86
Pflichten aus dem Urlaubsrecht 62
Pflichten des Ausbildenden 193
Pflichten des Auszubildenden 194
Planen 140
Planmäßige Berufsausbildung 148
Planungsbedarf 151
Podiumsgespräch 315
Praktische Fähigkeiten 251
Praktische Prüfung 356
Praktisches Lernen 278
Praxisnähe 217
Primarbereich 29
Primäre Motive 290
Primärgruppe 305
Primitives Lernen 278
Probezeit 154, 215, 300
Problemaufgaben 229
Problemgespräch 235
Problemlösenlernen 280
Programme für das programmierte Lernen
  und Lehren 221
Programmierte Prüfung 222
Programmierte Unterweisung 221
Programmierter Unterricht 221
Programmiertes Lernen 224
Projektarbeit 320
Projektarbeit im Team 320
Projektausbildung 220, 224
Projektmethode 225

Prüfungsanforderungen 141, 332
Prüfungsausschuss 360
Prüfungsfächer 332
Prüfungsgebühr 330, 337, 353
Prüfungsgegenstand 330
Prüfungsgespräch 315, 356
Prüfungsordnungen 332
Prüfungsteile 360
Prüfungszeugnis 349
Psychomotorische Lernziele 281
Pubertät 260
Punkte-System 252
Punktetechnik 316

Q

Qualifikationsnachweise nach Handlungs-
  feldern 332
Qualifikationsprofil des Ausbilders 99
Qualifiziertes Ausbildungszeugnis 344
Qualitätsorientierung 160
Qualitätszirkel 310

R

Realschüler 259
Rechte der Arbeitnehmervertretung 70
Rechte des einzelnen Arbeitnehmers und
  Auszubildenden 71
Rechtscharakter des Berufsausbildungs-
  verhältnisses 186
Rechtsgrundlagen für die Abschlussprüfung 331
Rechtsgrundlagen für die Ausbildereignungs-
  prüfung 359, 360
Rechtsgrundlagen für die Gesellenprüfung 331
Rechtsgrundlagen für die Meisterprüfung 350
Rechtsgrundlagen für die Prüfungen 329
Rechtsgrundlagen für die Zwischenprüfung 329
Referenzen 182
Reflexionsgespräch 235
Regelausbildungszeit 189
Regellernen 280
Regression 324
Reifung 260, 277
Reifungsprozess 262
Reizeinflüsse 258
Rentenversicherung 86
Reorganisation 283
Reproduktion 283
Reproduktives Lernen 279
Resignation 324
Rollenkonflikte 307, 322
Rollenspiel 220, 224, 319
Ruhepausen 76, 80
Ruhezeit 80

S

Sachleistungen 199
Sachliche und zeitliche Gliederung 148
Samstagsruhe 77
Schadenersatz 204, 205
Schadensersatzpflicht des Auszubildenden 64
Schaukästen 242
Schichtzeit 76

Schlüsselqualifikationen 138
Schöpferische Neuleistung 283
Schriftform 187
Schriftliche Ausarbeitungen 246
Schriftliche Erfolgskontrollen 246
Schriftliche Prüfung 356
Schulische Ausbildung 55
Schulpflichtgesetz 41
Schulzeugnisse 182
Schutzfristen vor und nach der Entbindung 82
Schwachstellen des dualen Systems 49
Schwerbehinderte 67, 85
Schwerbehindertenrecht 85
Schwerbehindertenvertretung 70
Sechs-Stufen-Methode 232
Sekundarbereich I 29
Sekundarbereich II 29
Sekundäre Motive 290
Sekundärgruppe 305
Selbst gesteuertes Lernen 280
Selbstverständnis des Ausbilders 110
Sendegerät 312
Sender 311
Sicherheitsbeauftragte 73
Sicherheitsfachkräfte 73
Signale 312
Situationsaufgabe 354
Situative Anpassung 164
Sonderformen des betrieblichen Lernens 228
Sonderschüler 259
Sonn- und Feiertagsarbeit 80
Sonn- und Feiertagsruhe 77
Soziale Kontakte 264
Soziale Pflegeversicherung 86
Sozialer Arbeitsschutz 73
Soziales Lernen 279
Sozialformen 218, 219
Sozialpolitische Bedeutung der Berufsbildung 35
Sozialversicherungsrecht 86
Soziogramm 306
Spannungsfelder des Ausbildungspersonals 109
Speichermodelle des Gedächtnisses 286
Spezialisierung 39, 142
Spezielle Lernhilfen 297
Spezifische Begabungen 302
Standardaufgaben 229
Standardisierte Fragen 247
Stellung des Ausbilders 104
Steuerliche Grundlagen 355
Stille Lenker 307
Störende Rollen 308
Störungen der Adoleszenz 265
Streitgespräch 315
Strengefehler 254
Struktur der Ausbildungsordnung 135
Stufenausbildung 142
Systematische Arbeitsunterweisung 223, 230

T
Tafel 242

Tageslichtprojektor 242
Tagesrhythmus 266
Tarifgebundenheit 68, 197
Tarifklausel im Berufsausbildungsvertrag 197
Tarifvertragliche Finanzierungsregelungen 45
Tarifvertragliche Regelungen 196
Tarifvertragsparteien 68
Tarifvertragsrecht 68
Tätigkeitsspektrum 229
Teamarbeit 310
Teambildung 310
Teilerlass des Darlehens bei Betriebsgründung 368
Teillernziele 282
Teilzeitmaßnahmen 365
Telelearning 223, 347
Tendenz zur Mitte 254
Tertiärer Bereich 29
Textfragen 247
Theoretische Fähigkeiten 251
Transparenz 30, 246

U
Üben 293
Üben und Festigen 232
Überbetriebliche Ausbildung 146
Überbetriebliche Ausbildungsstätten 40
Übergangsvorschriften 359
Übernahme in ein Beschäftigungsverhältnis 339
Überstrahlungsfehler 254
Übertragung 283
Übertragungsfähigkeit 271
Überwachen 101
Überwachung der Eignungsvoraussetzungen 94
Übungsarbeiten 246
Übungshilfen 297
Übungsprüfungsaufgaben 333
Ultrakurzzeitgedächtnis 286
Umschulung 58
Umschulungsprüfungen 349
Umwelt 259
Umwelteinflüsse 257, 260
Unbewusstes Lernen 278
Unfälle im Zusammenhang mit dem Besuch von Schulen 88
Unfallgefahren 77
Unfallschutzrecht 88
Unfallverhütung 88
Unfallversicherung 86
Unterkunfts- und Verpflegungskosten 42
Untersagungsgründe 94
Unterscheidungslernen 279
Unterweiser 96
Unterweisungsauftrag 215
Unterweisungsentwürfe 239
Unterweisungsfehler 234
Unterweisungslehre 230
Unverschuldete Verhinderung 200
Urlaub 77
Urlaubsentgelt 62
Urlaubsrecht 60

V

Validität 246
Verbale Kommunikation 311
Verbot von Kinderarbeit 75
Verbote 167
Verbote nach dem Jugendschutzgesetz 79
Verdrängung 324
Verfahren zur Erstellung von Ausbildungs-
  ordnungen 136
Vergessenskurve 286
Vergütung oder Freizeitausgleich bei zusätzli-
  cher Arbeit 200
Vergütungsanspruch 196
Verhalten 259
Verhaltensauffälligkeiten 295, 297
Verhaltensbeurteilung 247
Verhaltenstraining 320
Verjährung 63
Verlängerung bei nichtbestandener Prüfung 339
Verlängerung der Ausbildungszeit 192
Verlängerung der Probezeit 215
Verletzung der Ausbildungspflicht 194
Versetzungsplan 158
Versicherungsnummer 87
Versicherungspflicht 86
Versicherungsschutz 88
Versicherungsträger 86
Vertikale Durchlässigkeit 31
Vertragsabschluss 187
Vertragsaushändigung 187
Vertragspartner des Ausbildungsvertrages 187
Verzeichnis anerkannter Ausbildungsberufe 133
Verzinsung und Rückzahlung des Darlehens
  nach dem AFBG 367
Videoaufzeichnung 242
Videokamera 242
Vier-Stufen-Methode 231
Vollzeitausbildung 186
Vollzeitmaßnahmen 365
Vorbereitung des Auszubildenden 231
Vorbereitungskurse auf Prüfungen 333
Vorbild 270
Vorbildfunktion des Ausbilders 103
Vormachen und Erklären 232
Vorschriften zum Mutterschutzrecht 83
Vorstellung des Ausbildungsbetriebes 214
Vorstellungsgespräch 183, 315
Vorteile der systematischen Arbeits-
  unterweisung 231
Vorteile des dualen Systems 48
Vorzeitiges Ablegen der Gesellenprüfung 338

W

Wegunfälle zwischen Wohnung und Arbeits-
  stätte 88
Wehrdienstleistende 66
Weiterbildungsberater 348
Weiterbildungsinformationssysteme 348
Werbeveranstaltungen 176
Werdende Mütter 67
Wertewandel 179

Wiederholung der Prüfung 341
Wirtschaftspolitische Bedeutung der Berufs-
  bildung 33
Wissenslücken 295

Z

Zeitpunkt der Urlaubseinbringung 61
Zeitrahmen 150
Zeitrichtwerte 151
Zeugnis 360
Ziel der Abschlussprüfung 331
Ziel der Ausbildereignungsprüfung 359
Ziel der Gesellenprüfung 331
Ziel der Meisterprüfung 350
Zielgruppen der Nachwuchswerbung 176
Zielklarheit 217
Zuerkennung der fachlichen Eignung 92
Zufälliges Lernen 278
Zulassungsvoraussetzungen zur
  Gesellenprüfung 336
Zulassungsvoraussetzungen zur
  Meisterprüfung 352
Zurufabfragen 316
Zusammenarbeit mit dem Betriebsrat 119
Zusammenarbeit mit dem Gewerbe-
  aufsichtsamt 118
Zusammenarbeit mit den Eltern des
  Lehrlings 118
Zusammenarbeit mit der Arbeitsverwaltung 117
Zusammenarbeit mit der Berufsschule 113
Zusammenarbeit mit der
  Handwerkskammer 115
Zusammenarbeit mit der Innung 116
Zusammenarbeit mit der Jugend- und
  Auszubildendenvertretung 119
Zusammenarbeit mit der überbetrieblichen
  Unterweisungsstätte 115
Zusammenarbeit zwischen Arbeitgeber und
  Betriebsrat 70
Zusammenfassung des Gesprächs 316
Zusätzliches Urlaubsentgeld 62
Zusatzurlaub 61
Zuschuss 366
Zuschuss des Arbeitgebers 82
Zuschüsse des Bundes und der Länder 46
Zuständige Stelle für die Berufsausbildung 119
Zuständigkeit – Meisterprüfungsausschuss 351
Zuständigkeit bei Lehrlingsstreitigkeiten 205
Zuständigkeit der Länder 47
Zuständigkeit der Wirtschaft 47
Zuständigkeiten im dualen System 46
Zuweisung des Ausbildungs- bzw. Arbeits-
  platzes 215
Zweck von Ausbildungsordnungen 135
Zwiegespräch 315
Zwischenbetriebliche Finanzierungs-
  regelungen 45
Zwischenprüfung 255, 329
Zwischenprüfungsausschuss 329